本书受国家社会科学基金重大项目
（批准号：12&ZD185）"欧洲文明进程研究"资助

欧洲文明探索

侯建新 —— 主编

EXPLORATION OF
EUROPEAN
CIVILIZATION

中国社会科学出版社

图书在版编目(CIP)数据

欧洲文明探索/侯建新主编. —北京:中国社会科学出版社,2019.12
ISBN 978-7-5203-5978-8

Ⅰ.①欧… Ⅱ.①侯… Ⅲ.①文化史—欧洲 Ⅳ.①K500.3

中国版本图书馆 CIP 数据核字(2020)第 022815 号

出 版 人	赵剑英
责任编辑	张 湉
责任校对	姜志菊
责任印制	李寡寡

出　　版	中国社会科学出版社
社　　址	北京鼓楼西大街甲 158 号
邮　　编	100720
网　　址	http://www.csspw.cn
发 行 部	010-84083685
门 市 部	010-84029450
经　　销	新华书店及其他书店

印　　刷	北京君升印刷有限公司
装　　订	廊坊市广阳区广增装订厂
版　　次	2019 年 12 月第 1 版
印　　次	2019 年 12 月第 1 次印刷

开　　本	710×1000　1/16
印　　张	25.5
插　　页	2
字　　数	366 千字
定　　价	128.00 元

凡购买中国社会科学出版社图书,如有质量问题请与本社营销中心联系调换
电话:010-84083683
版权所有　侵权必究

序　言

在中国数千年文明史中，历史学一直享有特殊地位，因为它具有坚守正义，秉笔直书，经世致用的优良传统。"以史为鉴，可以知兴替"，所谓"史"，一些情况下是亲身经历或口耳相传的口述史；更多情况下是史家记载下来的文字"历史"，也就是有记载有分析、人们阅读后希冀有所得的史学作品。在中华民族长期的生活实践中，人们保持着一份对历史学的尊敬，在一定意义上出于对历史记载者的信任，信任他的良知及功力。今天，对历史学的需求有增无减。不仅有本国历史，还有他国历史，世界历史。不但国家的治理依然需要从历史学中获取经验，而且几乎每一个企业，每一个社会组织，甚至每一个希望有所成就的人，客观上都有着对历史学的需求，也就是说，历史学的服务对象，已经从中国传统社会中的主要是政府，扩展到了整个社会。人们从历史获得启迪和灵感，也获得心理归宿。显然，时下历史学仍有不可替代的地位与功能，并且对史学工作者提出更高的标准。

有鉴于此，史学研究者和史学教师必须对历史心怀虔敬，必须有道德坚守，既要表达历史学的时代性，愈要守护历史学的历史性，即作为一门严谨的人文学科自身固有的专业规则，强调科学严谨的治学态度，决不人云亦云。然而这不是人人都能做到的。过去，我国史学界曾经长期受到"以论带史"（或"以论代史"）研究模式的影响，以原则为先导,先确定一个"正确的观点",然后漫无边际地选择"史例",甚至不惜"剪裁"史料,以证明自己的观点,到后来也弄不清哪一种描述是事实真相了,史学失去了自身的面貌,失去了尊严。一些西方学者,例如某些后现代史学学者,为了追求自己预定的观念或"模式",同样出现损害或虚无历史事实的问题。列奥·施特劳斯被认为是 20 世纪颇有深度的思想家,曾经对西方近代以来"政治的哲学化"和"哲学的政治化"两种倾向提出批评。其实,同样存在史学政治化的现象。在那样的情况下,历史研究不是从活生生的、有血有肉的历史事实本身出发,而是让史料成为人为"模式"或"哲学图式"的填充物和证明物,于是,历史被概念化、简单化,乃至标签化,史学本身的地位被极大地矮化了。这是极其有害的。

依凭证据说话是历史学的根本属性,失去真实,史学也就失去生命。对于史学工作者而言,追求真理与追求历史知识的准确性、真实性具有同等价值。史实失真,何以问道?失真的史实,势必导致扭曲的认知,假设限于书斋论道,不过自生自灭罢了;要是作为规范的历史知识传播给国民,客观上已是欺骗;倘若不期然而然地形成对国计民生的误导时,便是一场灾难!历史学离我们很近。所以,对历史应当心存敬畏,史学工作者应谨遵职业操守,维护史学尊严,承担起这份不可推卸的社会责任。

《欧洲文明探索》是欧洲文明研究院部分同仁的论文集结。天津师范大学欧洲文明研究院成立于 2010 年,2014 年批准为实体研究机构,是独立的二级学院。除科研工作外,还承担本校世界史学科博士、硕士研究生培养和学位授予职责,参加"世界史—外语双学位实验班"教学以及世界史本科教学,以及主办专业学术期刊《经济社会史评论》。2012 年我们承担了国家重大招标项目"欧洲文明进程研究",以欧洲文明研究院为平台,联合国内外 12 家高校和科研机构的教授组成课题组,现已结项,最终成果《欧洲文明进程》(十七卷本),由商务印书馆出版,本书的部分文章是这个项目的阶段性成果。该书出版过程中,欧洲文明研究院徐滨教授以及陈太宝博士做了大量的工作,中国社会科学出版社张湉女士等付出了辛勤的劳动,在此一并表示诚挚的感谢。

侯建新

2019 年 11 月 6 日

目　录

起源与观念

抵抗权:欧洲封建主义的历史遗产 …………………… 侯建新(3)

中世纪晚期德意志帝国改革与民族国家构建 ………… 王亚平(24)

中世纪西欧法律观念下的王权 ………………………… 陈太宝(45)

论欧洲政治思想的犹太来源 …………………………… 饶本忠(59)

基督教与近代西欧私人财产权利观念的形成 ………… 赵文君(74)

近代早期欧洲文明重建与史学再造 …………………… 张乃和(86)

比较文明视角下的欧洲与中东:同源性与异质化的

　　历史考察 …………………………………………… 哈全安(108)

发展与权利

外来移民与外国商人:英国崛起的外来因素 ………… 刘景华(117)

13 世纪世界贸易体系及其维护机制 …………………… 杜宪兵(155)

中世纪英国维兰土地权利考察 ………………………… 孙立田(167)

15—16 世纪英国契约租地的兴起及影响 ……………… 孙晓明(186)

英国农村劳动力转移与城市化:历史、经验及教训 …… 谷延方(201)

英国议会圈地投资中的个人权利 ………………………… 徐　滨（221）

生活与习俗

英国中世纪晚期普通民众的赡养习俗 ……………………… 王玉亮（251）
中世纪晚期英格兰市民资格的变革与社会流动 …………… 姜启舟（259）
19世纪末以前英国基础教育教师收入初探 ………………… 张晓晗（276）
德国传教士汤若望与东亚国家文化交流
　　——以汤若望北京之行与朝鲜世子的交往为中心 …… 王　臻（293）
11世纪拜占庭帝国的历史书写转型探析
　　——以邹伊和塞奥多拉的"紫衣女性"形象为例 ……… 刘宇方（305）

冲突与和平

我们为什么对德宣战
　　——对一战期间英国反德宣传策略的分析 …………… 刘英奇（333）
十月革命视域下苏（俄）远东苏维埃政权建立 …………… 黄秋迪（351）
二战以来联邦德国乡村地区的发展
　　与演变 ……………………………… 孟广文　Hans Gebhard（364）
第一次石油危机与东欧剧变
　　——以波兰为例 ………………………………………… 刘合波（387）

起源与观念

抵抗权：欧洲封建主义的历史遗产

侯建新[*]

摘　要：西罗马帝国覆灭后，欧洲公共权力分散，面对内外安全威胁，在特定的历史条件下，社会产生了一种自下而上的、以个人关系为纽带的军事防御体系，即欧洲封建制度（Feudalism）。该统治方式的特点在于，其基本关系不是国王与臣民，而是领主与附庸。领主与附庸双方都有可以享有的权利和义务，均受封建法保护。附庸的权利得到法律认定和保护，其逻辑的演绎势必产生维护权利的主张，此即欧洲著名"抵抗权"的起点，从而孕育着欧洲封建制最深刻的内在矛盾。西欧中世纪的阶级斗争或等级斗争，不仅诉诸暴力，也诉诸法庭，"谈判"与"妥协"成为解决社会冲突的重要选项。从这种解决社会冲突的方式中，西欧封建主义获得了其最重要的历史遗产。"大宪章"的斗争模式反复出现，使欧洲社会不断调整和更新，而且反复小、社会发展成本低。

关键词：欧洲；封建制；领主附庸关系；抵抗权；历史遗产

我国一般将 Feudalism 译为"封建主义"或"封建制度"，是西方学者关于欧洲[①]中世纪社会的抽象概况。在西欧，这一概念涵盖了中世纪的

---

[*]　侯建新，天津师范大学欧洲文明研究院教授。
[①]　本文的欧洲概念主要指西欧。

社会关系,也涵盖了经济关系,至今仍然是认识前资本主义欧洲社会的重要线索。欧洲封建主义是一份极为复杂的历史遗产,人们一方面对其糟粕批判与扬弃之,另一方面又不断地回顾与重温之,希冀从中发现某些对于未来的启示。① 抵抗权,这一现代社会的重要观念,被认为公民权利之首要,法治社会之必须,就是根植于西欧中世纪的封建制度中。法国学者基佐从7世纪托莱多基督宗教会议制定的教规中就发现了这种抵抗权观念。托莱多教规表明,当时人们的君王概念就遵循了他们先辈的至理名言:"国君公正则立,不公正则废"(Rex ejus, eris si recta facis, si autem non facis, non eris)。所谓公正就是"君权,如同人民,必须尊重法律"②,否则人们有权利抵抗之。抵抗权的历史源远流长,本文主要讨论抵抗权与欧洲封建制的关系。

  国际学术界近期相关的研究动态,有两点需予以介绍。其一,欧洲文明与古典文明的关系。新近关于欧洲中世纪早期(5世纪—10世纪)的研究成果,彰显了封建制的历史地位,③ 其中着重讨论了中世纪文明与古典文明的连续性与非连续性问题。一些学者认为,罗马因素与中世纪早期关系密切;④ 另外一些学者反对一般化地谈论从古典文明到欧洲文明的历史连续性,他们根据考古学的证据,坚持认为5世纪"蛮族"入主欧洲后,在罗马帝国废墟上创建了新文明,后者与古典文明之间存在着强烈的对比与差异。⑤ 牛津大学威克汉教授指出,无论中世纪早期保留了

---

① Mark Bloch, *Feudal Society*, *Social Classes and Political Organization*, L. A. Manyon tran., Chicago: The University of Chicago Press, Vol. 2, 1961, p. 452.
② [法] 基佐:《欧洲文明史——自罗马帝国败落起到法国革命》,程洪逵、沅芷译,商务印书馆2005年版,第174—175页。
③ Chris Wickham, *Framing the Early Middle Ages: Europe and the Mediterranean*, *400—800*, Oxford: Oxford University Press, 2005; Matthew Innes, *Introduction to Early Medieval Western Europe*, *300—900: the Sword, the Plough and the Book*, London: Routledge, 2007; Rosamond McKitterick ed., *The Early Middle Ages: Europe, 400—1000*, Oxford: Oxford University Press, 2001.
④ Glen W. Bowersock, Peter Brown, Oleg Grabar eds., *Late Antiquity: A Guide to the Postclassical World*, Massachusetts: Harvard University Press, 1999.
⑤ Bryan Ward-Perkins, *The Fall of Rome: And the End of Civilization*, Oxford: Oxford University Press, 2005, pp. 167 – 9.

多少罗马文明的因素，整体上来讲，欧洲中世纪早期的社会图景极不同于罗马时代。① 欧洲文明虽然建立在罗马帝国的废墟之上，并非粗野无文，相反，迈出第一步时，就显示了其特有的风格，使社会不同等级的人群均处于一种张力之中。承载着封建制的欧洲文明虽然起始于中世纪早期，但并非横空出世，而是有着深厚的、源于不同质的文化传统。② 其二，不能割断欧洲封建制度与资本主义制度的联系，否则不能理解欧洲中世纪文明为什么能一步一步地迈向现代社会。以往，人们普遍认为西欧向现代社会过渡最早发生在十五六世纪，然而当代学者认为发生的更早。今天的历史学家不再相信中世纪是一场"吕伯大梦"、"黑暗时代"的假设，他们以极其丰厚的史实表明，进入公元第二个千年后，政治、经济、社会、观念与文化等领域，均发生了一系列重大的结构性变迁。③ 著名英国史学家戴尔近期问世的《转型时代》明确指出，英格兰的社会转型始于13世纪——英国典型封建制时期。法国年鉴学派名家布鲁代尔则在更早指出，十一二世纪欧洲进入了她的第一个青春期，此时正是封建制在欧洲普遍推广时期。欧洲早期的创造力与封建制存在什么内在联系，后者的哪些要素发生了作用？

消除这样的疑惑，需从欧洲封建制产生的背景和内容谈起。

一　欧洲封建制何以产生

本部分旨在说明，欧洲封建制不是统治者的政治设计，也不是中央

---

① Chris Wickham, *The Inheritance of Rome: A History of Europe from 400 to 1000*, London: Allen Lane, 2009, p. 9.

② 侯建新：《交融与创生：西欧文明的三个来源》，《世界历史》2011年第4期。

③ Alan Macfarlane, *The Origins of English Individualism*, Oxford: Basil Blackwell, 1978; Charles Homer Haskins, *The Renaissance of the Twelfth Century*, Boston: Harvard University Press, 1928; Lynn White, *Medieval Technology and Social Change*, Oxford: Oxford University Press, 1962; Pierre Chaplais, *English Diplomatic Practice in the Middle Ages*, New York: Hambledon, 1982; Colin Morris, *The Discovery of the Individual, 1050—1200*, Toronto: University of Toronto Press, 1987; Giles Constable, *The Reformation of the Twelfth Century*, Cambridge: Cambridge University Press, 1996; Clifford Backman, *The Worlds of Medieval Europe*, Oxford: Oxford University Press, 2003; Christopher Dyer, *An Age of Transition? Economy and Society in England in the Later Middle Ages*, Oxford: Oxford University Press, 2005.

政府自上而下推行的某种制度，而是面对安全威胁、情急之下西欧社会的富有个性的应变；是在特定的历史条件下，西欧社会出现了一种自下而上的、以个人关系为纽带的军事防御体系，也是一种新的社会秩序。此点有助于理解西欧封建制自它产生之日，就包含着强暴与自愿、压迫与选择等多种因素；有助于理解保护者和被保护者即领主附庸关系中的双向忠诚，也有助于理解抵抗权何以与封建制发生联系。

公元 5 世纪起，中央政府软弱、权力分散成为西欧社会最明显的特征。蛮族入主欧洲后，在罗马帝国的废墟上先后建立起一系列蛮族王国，法兰克王国是其中主要代表。到公元 800 年，查理曼统治下的法兰克王国达到鼎盛时期，其统治领域涵盖了后来西方文明的中心区域。不过，即使最强盛的时期，法兰克王国也是一个相当松散的王国，不同于罗马帝国，更不同于古代中国的政治格局。查理曼死后，王国的统治力急剧衰落并分裂。它们是：西法兰克王国——法兰西，后来法国的雏形；东法兰克王国——德意志，后来德国的雏形；中法兰克王国，后来意大利的雏形。从此，社会更加动荡不安。日耳曼人实际上是一个拥有武装、占据统治地位的少数族，既野蛮又狂暴，软弱的政府不能有效的约束，整个社会为动乱所困扰。私人的仇怨总是通过武力方式解决，一队队全副武装的匪帮在乡村横行，所到之处烧杀劫掠，几乎无助的罗马人常常成为血腥袭击的对象，日耳曼普通民众同样不得安全。在英吉利海峡的另一边，不列颠岛也充斥着暴力和无序。一首盎格鲁-撒克逊的诗歌写到："善良战邪恶；青春战腐朽；生命战死亡；光明战黑暗；军队战军队；仇人战仇人。宿敌战事无休止，夺取土地报冤仇。且令智者细反省，此世争斗竟为何。"[①]

不仅内乱，还有严重的外患。那时候，从苏格兰的沼泽到西西里的山地，一句祈祷语在基督徒中间广为流传："主啊，拯救我们吧，让我们

---

① 转引自［美］哈罗德·J. 伯尔曼《法律与革命——西方法律传统的形成》，贺卫方等译，中国大百科全书出版社 1996 年版，第 71 页。

免遭暴力的折磨！"9世纪的西欧濒临被吞噬的威胁，三面同时受到攻击，饱受摧残：南面是信奉伊斯兰教的阿拉伯人，东面是马扎尔人，北面是包括丹麦人在内的北欧海盗。北欧海盗，又称维京人，善于造船，还是了不起的水手，以劫掠为生。起初，劫掠后即撤离，后来袭击成功后便在当地定居下来。不列颠岛有维京人的定居区，称为丹麦法区（Danelaw），当地人被迫缴纳巨额丹麦金。今天法兰西西北部地区的诺曼底（Normandy），曾是当年维京人的殖民点，被称作诺曼兰（Norsemanland），意为"挪威人的土地"。

东方则是马扎尔骑兵的袭击。马扎尔人来自中亚大草原，有人认为他们是匈奴人的遗族。大约从890年开始，他们跨过多瑙河，一路向西逼近。征服了意大利北部，强迫巴伐利亚和萨克森纳贡，骚扰莱茵河流域。马扎尔人也实行恐怖政策，每袭击一个地方，就把那里的男女老幼杀光，一些年轻的女子和男童或许能留下，供其役使和享乐。在这种残酷手段的威慑下，手无寸铁的居民常常不战而降或纳贡称臣。

在南部，则是穆斯林阿拉伯人的进攻与抢掠。第一个战场是意大利南部，846年曾洗劫了罗马。另一个战场是西班牙半岛。查理马特的成功抵御战以后，穆斯林的威胁性相对减小，但依然是欧洲社会动荡不安的外部因素。暴力司空见惯，久久挥之不去，即使进入11世纪早期，沃尔姆斯的伯查德主教仍然惊骇道："谋杀每天都在发生，如同身处野兽之中。"①

维京人、马扎尔人和阿拉伯人的侵袭，一方面使西欧饱受蹂躏，一方面则催生了一种新的社会组织形式——封建制。由于内部的社会秩序几近丧尽，外部的入侵又得不到有效的抵抗，结果，一种自发应变的社会组织应运而生：凡有能力的领主纷纷征召军队，抵御入侵，并在自己的领地内把控政权，这就是地方诸侯实权之来源。如同麦柯尼尔所说，

---

① Hunt Janin, *Medieval Justice: Cases and Laws in France, England and Germany, 500—1500*, Jefferson: McFarland, 2004, p. 125.

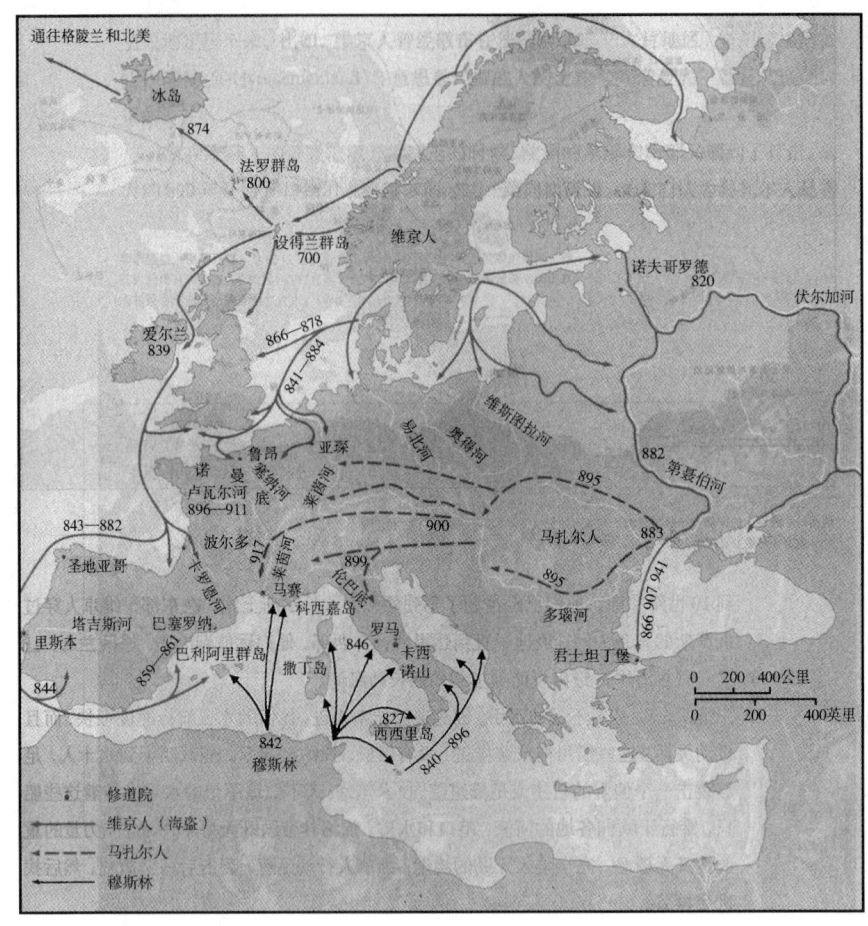

9 世纪欧洲

资料来源:约翰·巴克勒、贝内特·希尔、约翰·麦凯:《西方社会史》(第 1 卷),霍文利等译,广西师范大学出版社 2005 年版,第 377 页。

"在这样的进攻之下,查里曼的继承者们无法保持有效的中央政权,各地的伯爵和权贵只能尽其所能进行自卫。这样,一种相当有效的地方防御体系逐渐形成,它就是封建制"。①

862 年,法兰西国王秃头查理曾颁布一道著名的诏令,描绘了可悲的

---

① [美]威廉·哈迪·麦柯尼尔:《西方文明史纲》,张卫平等译,新华出版社 1992 年版,第 208 页。

混乱状态，指令每个贵族建造城堡，尽一份社会义务。其实，这完全是多余的话，地方城堡不因其指令而建造，也不因其指令而拆除，社会已经到了可以不理会国王的命令而自行其是的地步了。据统计，900年时，法兰西的公爵领和伯爵领有29个，到987年已经增加到50多个世袭领地，即规模不同的公爵领和伯爵领，他们与法兰西国王仅在名义上保持着封君封臣的关系。[1] 抵御外敌靠地方豪强，战争则进一步分裂领土，破坏王国的统一。这些公爵和伯爵往往再次分封土地，形成较低一级的封建主，一般称之为堡主（Castellans）。城堡其实就是一个军事要塞，为寻求庇护的居民提供设防地。城堡不是国家公共权力之下的防御工事，而是由大小封建主建造并掌控的地方性的私人防御体系。[2] 城堡周围成为一个统治区，封建主依据公爵、伯爵封授的或自己篡夺的权力，对辖区内居民征缴劳役和捐赋。这样，城堡便成为新的社会基础。[3] 如同梅特兰所说，"封建主义在社会最底层运行和最高层的运行一样。当武装的封臣围绕在国王身边的时候，底层人物也将自己分别置于各类领主的保护之下，他们耕种领主的土地，而领主则进行必要的战斗。"[4] 那个时期，人们最急切的需要是安全。人们接受甚至感激领主的保护，哪怕他们是残暴的、蛮横的，哪怕要付出自由的代价。汤普逊评论说，"农民屈从农奴制，不是全部出于男爵的强暴，常常有乐于接受的。自由人的归入封建体系，也不是完全由于强者对弱者恐吓的结果……它们遏阻了无政府状态，它们保护了生命和财产；正因为这样，它们代表着社会进步的现象而非社会衰退的现象"。[5]

---

[1] Heinrich Mitteis, *The State in the Middle Ages: A Comparative Constitutional History of Feudal Europe*, H. F. Orton trans., Amsterdam: North-Holland, 1975, p. 120.

[2] N. J. G. Pounds, *The Medieval Castle in England and Wales: A Social and Political History*, Cambridge: Cambridge University Press, 1990, p. 300.

[3] J. Aldebert, *History of Europe*, Paris: Hachette Livre, 1992, p. 191.

[4] F. W. Maitland, *The Constitutional History of England: A Course of Lectures*, Cambridge: Cambridge University Press, 1946, p. 57.

[5] ［美］汤普逊：《中世纪经济社会史》上册，耿淡如译，商务印书馆1997年版，第320页。

布洛赫将欧洲封建制分为两个阶段，从 8 世纪至 11 世纪中叶为第一个阶段；从 11 世纪中叶到 15 世纪为第二个阶段。也就是说，进入 8 世纪以后，领主附庸关系逐渐成为最重要的社会纽带。① 732 年，查理·马特成功抵御了阿拉伯人的侵犯。马特的成功在于推行采邑制，因此被称为"封建主义的创立者"。② 马特废除了无条件分赠土地的制度，将骑士义务和采邑的封授联系在一起；马特还引进重骑兵，所谓重骑兵，就是拥有一套特定的装备和高大战马的武士。在公元 1000 年，仅是将一名骑士从头到脚武装起来的价钱就可以买一大块农田。③ 从此，骑士逐渐垄断了军事，进而发展起欧洲特有的骑士精神。④ 另外，通过封臣制度进入了土地财产体系，著名的"骑士领（骑士的采邑）"即由此而来。

骑士和领主的关系，以及领主和他的上级领主的关系，都被称为领主附庸关系，或封君封臣关系（lord-vassal relationship），这是一种以个人为纽带的效忠关系。在"臣服礼"上，个人行为的印记相当明显：二人相对而立，封臣脱去帽子，卸下武器，合掌置于领主的双手之间，有时以单膝跪地的姿势加以强化。先伸出手的封臣发誓效忠，承认自己是他的"人"（homme, homo）；然后双方以唇相吻，表示封臣从此后就变成了领主"嘴上和手中的人"。有学者说，在一定意义上，它就像一种婚姻契约。事实上，12 世纪的法学家就把它比作婚姻契约，后来又加入了基督教痕迹。⑤

11 世纪是西欧封建制度产生和发展的关键时期，在其后的一个多世

---

① 封臣制（Vassalage）据认为可能源于日耳曼人的侍从（comitatus）或高卢-罗马人的庇护制（clientela）。见 [英] 佩里·安德森《从古代到封建主义的过渡》，郭方、刘健译，上海人民出版社 2000 年版，第 131 页。

② Hugh Trevor-Roper, *The Rise of Christian Europe*, London: Thames & Hudson, 1966, p. 96.

③ Georges Duby, Robert Mandrou, *A History of French Civilization*, New York: Random House, 1964, p. 43.

④ Richard Barber, *The Knight and Chivalry*, New York: Charles Scribner's Sons, 1970; Andrea Hopkins, *Knights*, New York: Artabras, 1990.

⑤ Colin Jones, *The Cambridge Illustrated History of France*, Cambridge: Cambridge University Press, 1994, p. 79.

纪中，封建主义作为一种制度在整个欧洲得以确立。①

二 欧洲封建制的外部特征

本部分讨论欧洲封建制的基本内容或外部特征，它们是其精神内核的载体，不能不较为详细地考察与分析之。

封建制在欧洲的确立和推广经历了一个过程，因历史条件、地理环境和文化习俗的差异，各地区的封建化有着不同的时间表。法兰西被认为是欧洲封建主义的故土，庄园制和农民依附制先行一步。公元843年凡尔登条约后，法兰克王国分裂为东、中、西法兰克三部分，王系皆属加洛林家族，其实三个王国互不相属。自9世纪末，西法兰克的卡佩家族兴起，与加洛林家族争夺王位，987年建立卡佩王朝，取代加洛林家族，改称法兰西（France）王国，虽然改朝换代，王权依然软弱。英格兰的封建制是由诺曼征服者从外部输入的。从8世纪到11世纪，英格兰遭到北欧海盗的几度侵扰，与欧洲大陆一样，外敌的军事压力导致了委身制的增长和农民地位普遍下降。诺曼征服后，英王威廉一世将盎格鲁-撒克逊旧贵族的土地大部没收，自己直接控制可耕地的六分之一和大部分森林，成为全国最大的封建主，其余土地分为5000个采邑，分封给自己的诺曼底亲信。通过土地分封，建立起法兰西式的领主附庸关系，威廉还根据附庸所得土地多少授予他们贵族称号。由于英吉利海峡的阻隔，更多地保留了日耳曼因素，比之法兰西，英格兰封建王权相对强大。但不可夸大这些区别，它与法兰西及西欧其他地区和国家均属于同一个文明圈。与法兰西国王一样，英格兰国王的消费主要靠自己的领地，他在非王室领地的庄园里不能为所欲为。英、法王权都没有常备军，没有官僚机构，没有全国范围内的土地收入和其他规范性岁入，王室甚至长时期

---

① Georges Duby, Robert Mandrou, *A History of French Civilization*, p. 59; Georges Duby, *The Early Growth of the European Economy: Warriors and Peasants from the Seventh to the Twelfth Century*, Ithaca: Cornell University Press, 1974.

没有固定的驻地。

  德意志则在欧洲演绎了另外一种方式。东法兰克人的土地主要是加洛林帝国新近征服的领土，几乎完全位于罗马文化的疆域之外，保存着大量自由农民和部落贵族。在9世纪至10世纪蛮族进攻的新浪潮中，法兰西三面受敌，而德意志人只遭到马扎尔人的侵袭。外敌的威胁，促使分散的公爵们推出较强大的萨克森公爵为君主，后者纠合诸侯，在勒赫菲尔德战役中重创马扎尔人，从而产生萨克森王朝。12世纪封建制终于走进德意志：农民阶层陷入了农奴制，封建义务强制实行；另外，贵族附庸始终保持着独立的权利，任何形式的君主世袭制度都难以推行。1356年卢森堡王朝的查理四世颁布《黄金诏书》，正式规定德皇由公爵贵族（称为"选侯"）选举产生。王权弱小，形同虚设，各地独立或半独立性质的诸侯国、城市等政治单位多达数百个。19世纪著名学者托克维尔研究了英、法、德三国中世纪的制度，发现它们惊人地相似，并进而说"从波兰边界到爱尔兰海，领主庄园、领主法庭、采邑、征收年贡土地、服徭役、封建义务、行会等，一切都彼此相似，有时连名称都一样。"①总之，封建制在欧洲大部分地区逐渐推广开来。

  西欧封建制的外部特征是显而易见的。首先是权力的分散性，即它从来不是统一的、强有力的统治。我国一些学者将封建主义与专制制度联系起来，这样的理解在欧洲是行不通的；恰好相反，在欧洲，封建制意味着分散的权力结构。布洛赫指出：尽管公共权力的观念仍然存在，但封建主义是与国家的极度衰弱，特别是与国家保护能力的衰弱同时发生的，从而带来了所谓"封建无政府状态"。实际上，无数大小领主们在各自的领地上行使政治权力，与它相对应的是极端的领土分裂。例如，法兰西的卡佩王室最初偏安于拉昂－巴黎地区的一块弱小飞地，不得不面对比王室领地还大的其他领主。例如安茹伯爵，他在安茹、诺曼

---

① ［法］托克维尔：《旧制度与大革命》，冯棠译，商务印书馆1997年版，第55页。

底、布列塔尼等地拥有大片领土,超过法兰西王室领地五六倍,且拥有英格兰国王头衔!"卧榻之侧,岂容他人鼾睡"?然而法兰西国王的身上抖不起东方君主的霸气,不但容忍别人在眼皮底下安然耸立,而且未经许可不能踏进一步,也不能拿走一草一木。可见附庸权利之独立,封建权力之分散!欧洲的权力中心是软弱的,甚至是缺失的,因此其社会架构与王权至上的东方国家或地区明显不同。领主附庸关系是在个人之间签订的,因此领主只对自己直接的附庸有一种统治关系,对附庸的附庸无从置喙。即使在王权相对强大英格兰,随着时间推移,国王统治力也不能达到所有层级的附庸或骑士,更不要说所有不同庄园的村民。从社会整体讲是完全不对称的,不规则的,其统治关系极其复杂多变,如一个附庸可能同时效忠两个领主甚至多个领主,而所效忠的领主之间又结成复杂的效忠关系。欧洲史学家早就指出,关于欧洲的社会结构,与其比喻为金字塔形,不如说成网状物。汤普逊说:"'纺织物'这个词可更好地描写出这一情况,因为诸阶级互相错综地交织着,构成了一个个紧密的社会集团,虽然类型不一"。① 20 世纪初,中国史学家陈衡哲也有类似的比喻,她说封建制"如罗网一般,能把那个涣散的欧洲社会轻轻地维系着"②。它是无序中的有序,欧洲因此变得相对稳定了。这种统治方式(a method of government)的特点在于:它的基本关系不是国王与臣民,也不是国家与公民,而是领主与附庸。③

其次,欧洲封君封臣制度是非血缘关系,而是有一定选择的个人关系。虽然它留有血缘关系的印记,如其个人从属关系仍保留着原始亲兵制中准家族(quasi-family)成分,但该社会并不只是依赖血缘关系。布洛指出,"更确切地说,严格意义上的封建关系纽带正是在血族关系不能发挥有效作用的时候才发展起来的"。西欧的封君封臣制度是弱者对强者

---

① [美]汤普逊:《中世纪经济社会史》下册,耿淡如译,商务印书馆1997年版,第381页。
② 陈衡哲:《西洋史》,东方出版社2007年版,第130页。
③ Rushton Coulborn ed., *Feudalism in History*, Princeton: Princeton University Press, 1956, pp. 3 – 7.

的投靠，大多出于自愿，双方都是自由人。诸多日耳曼法典都有明确规定，一个自由人有选择自己领主的权利。封君封臣之间互有权利和义务，并且受到封建法的保护。

再次，是庄园制。随着王权日益衰微，政府的行政司法机构形同虚设，各地领主在当地取得了事实上的司法权和行政权。一些贵族往往比国王更有实力，他们依靠军力获得统治权，并且承担起本属于中央政府的职能：抵抗外族侵略，维持社会治安，甚至铸造新币，发布律令等。正因为没有一个高度整合的行政、司法体系，也没有一支常备军，所以国王不是高高在上的帝王，他与诸侯是封君与封臣的关系，以相互忠诚的纽带联结在一起。"'封建制度'基于封君和封臣的等级制度，封君和封臣集体处理政治和军事事务。"[①] "国王靠自己生活"，国王依靠自己庄园的收入维持王室的生活和政府的日常开支，只有在战争时期才能向全国臣民征税。实际上，像其他封建主一样，在相当长一段时期内，西欧的国王和皇帝没有固定的驻地。他们终年在其所管辖的领地之间巡行，称为"巡行就食"，因为把食物运到集中地的费用过于昂贵；或者说王权和其他封建主没有足够的权力支配附庸及其庄园。法兰克国王、盎格鲁-撒克逊国王、诺曼诸王、金雀花诸王无不如此。欧洲没有、也不可能有像中国那样的"漕运"[②]。这解释了国王和封建主的许多庄园里都有一个临时住处，即使庄园被让渡出去，仍保留一块落脚地。德皇康拉德二世1033年的行程是：从勃艮第旅行到波兰边境，然后返回，穿过到香槟，最后回到卢萨提亚直线距离竟达1500英里左右![③] 庄园是经济组织，也是政治组织，而feudalism一词就是由通俗拉丁语"feodum"（封地、采

---

① Jerry H. Bentley, Herbert F. Ziegler, *Traditions & Encounters: A Global Perspective on the Past*, New York: McGraw Hill Higher Education, Vol. 1, 2006, p. 443.

② 漕运，指中国皇权时代从内陆河流和海运将征缴的官粮送到朝廷和运送军粮到军区的系统，包括开运河，造船只，征收官粮、军粮等。中国皇权直接征收编户农民租赋（包括土地的地租），"漕运"被认为是王朝运转的命脉，因此中国历代皇权都开凿运河，以通漕运。

③ Mark Bloch, *Feudal Society*, *The Growth of Ties of Dependence*, L. A. Manyon tran., Chicago: The University of Chicago Press, Vol. 1, 1961, pp. 62 – 3.

邑）演化而来的。①

三　欧洲封建制的历史遗产

本部分集中讨论领主附庸关系，以及领主附庸关系与抵抗权的内在逻辑。领主附庸关系是整个社会运作的纽带，标志欧洲封建制的最原始特征，同时也孕育着欧洲封建制最深刻的内在矛盾。

西方史学界在 20 世纪中叶颇为流行的一种见解认为，封建制的领主附庸关系主要是由经济利益决定的，也就是说，是由领主和附庸之间相互的物质支持与交换（exchange of material patronage）决定的，物质上的互利互惠是封君封臣关系的基础。② 当代历史学家的著述中也不难发现类似的观点。③ 从 20 世纪晚期开始，一些史学家对这种观点提出有力的质疑，他们怀疑物质交换在领主附庸关系中是否真的具有那样的决定性作用。他们认为，中世纪的政治行为不仅取决于物质利益，也取决于普遍奉行的原则和理念，比如权力和权利观念等。④ 表面上的政治行为常常是某种观念的显示。欧洲关于领主附庸关系的新近研究成果，是在一个新的背景下展开的，那就是更加重视中世纪早期的研究。长期以来，500—1000 年，也就是封君封臣制形成期的社会被视为"低能儿"⑤，他们认为，罗马文化已经腐朽衰退，蛮族入侵导致野蛮化，而西欧新文明尚未

---

①　F. W. Maitland, *The Constitutional History of England: A Course of Lectures*, p. 152.

②　K. B. McFarlane, *The Nobility of Later Medieval England*, Oxford: Oxford University Press, 1973.

③　Chris Given-Wilson, *The Royal Household and the King's Affinity: Service, Politics and Finance in England, 1360—1413*, London: Yale University Press, 1986; Rosemary Horrox, *Richard III: A Study of Service*, Cambridge: Cambridge University Press, 1989; A. J. Pollard, *North-eastern England during the Wars of the Roses: Lay Society, War and Politics, 1450—1500*, Oxford: Clarendon Press, 1990.

④　J. L. Watts, "Ideas, Principles and Politics", in A. J. Pollard, ed., *The Was of the Roses*, Basingstoke: Macillan, 1995, pp. 234 - 47; Anthony Musson, W. M. Ormrod, *The Evolution of English Justice: Law, Politics and Society in the Fourteenth Century*, Basingstoke: Macillan, 1999; Anthony Musson, *Medieval Law in Context: The Growth of Legal Consciousness from Magna Carta to the Peasants' Revolt*, Manchester: Manchester University Press, 2001.

⑤　Chris Wickham, *The Inheritance of Rome: A History of Europe from 400 to 1000*, p. 9.

开始发展。随着中世纪早期历史研究的兴起,早期中世纪已经从"黑暗时代"转变为"现代欧洲文明的漫长早晨"①。黑暗中透着曙光,野蛮的行径中体现着某种原则。在新史学家的笔下,蛮族不再是只知道流血打仗和饮宴无度的饮血族集团,而是善于审时度势、正在形成中新的社会组织。在这样的判断下,中世纪早期的历史主题应是考察日耳曼、罗马因素等怎样逐渐整合成一种崭新的文明。② 眼下,剑桥大学等联合攻坚的课题:"文化记忆与历史资源400—1000年",正是考察中世纪早期社会"如何利用历史资源建构新的社会共识"③。显然,他们正在从文明高度重新审视中世纪早期的历史,重新审视封建制中的领主附庸关系。

领主附庸关系从法律和实践层面看,表现为领主和附庸相互承担和享有一定的权利和义务,可归纳为以下几方面:其一,从形式上看,双方都是自由人,各有所求,自愿结成,而且是双方面对面的约定;其二,从内容上看,双方都承担了权利和义务,都发誓履行自己的诺言;其三,对约定的束缚也是相互的,"由于行了臣服礼而封臣对封君有多少忠诚,则封君对封臣同样也有多少忠诚",所以,从原则上讲,如果一方没有履行义务,封君可以宣布他不再是他的封臣,封臣同样可以宣布他不再是他的封君。

笔者不认为这是现代意义上的契约关系。首先,双方当事人的身份是不平等的,恰好相反,该契约正是规定了领主和附庸双方不平等的身份。从此,附庸听从领主的号令,为其牵马执镫,冲冲杀杀,成为领主的人(homo),显然,首先它是人的依赖关系的一种表现形式。11世纪20年代,普瓦都的威廉伯爵(Count William of Poitou)对他的附庸说:"你是我的人,你的义务就是满足我的愿望。如果我命令你向一位农民致

---

① Jennifer R. Davis, Michael McCormick, ed., *The Long Morning of Medieval Europe: New Directions in Early Medieval Studies*, Aldershot: Ashgate, 2008, p. 1.
② Rosamond McKitterick ed., *The Early Middle Ages: Europe, 400—1000*, p. 27.
③ *Cultural Memory and the Resources of the Past: 400—1000* (CMRP), http://heranet.info/cmrp/index.

意,你的义务就是服从……"① 颐指气使,溢于言表。其次,双方的权利义务是不对等的,附庸总是付出的多、得到的少。再次,对双方关系的规定是既定的,是按照惯例而行,而且一经约定不能自由解除,甚至世世代代不能解除。封土移交给附庸下一代时,继承人要向领主再行臣服礼,表示对臣服关系的确认,人身依附关系的印记清晰可见。最后,对双方的惩罚也不是对等的。例如,诺曼底的一项习惯法规定,如果封君杀死封臣或封臣杀死封君,一律处以死刑,封君和封臣都须为杀人付出生命的代价;不过,对封臣必须执行绞刑,一种屈辱性的刑罚。②

西方学者普遍认为,封君封臣关系是一种契约式关系或准契约关系。"采邑关系被认为是一种准契约式关系。与其臣属一样,封建主也负有义务,违背这些义务同样构成一种重罪。"③ 梅因和布洛赫则直接称其为"契约"关系。梅因在 19 世纪时写到:"最早的封建社会既不是仅仅由情绪结合起来的,也不是靠一种拟制来补充其成员的,把他们结合在一起的纽带是'契约'。他们用和新伙伴缔结一个契约的方法来获得新伙伴……把封建制度和原始民族纯粹惯例加以区分的主要东西是'契约'在它们中间所占的范围。"④ 布洛赫指出:"附庸的臣服是一种名副其实的契约,而且是双向契约。如果领主不履行诺言,他便丧失其享有的权利。"⑤ 这是一种相互的权利和义务关系:封臣有义务为领主出谋划策,使他正确地处理事务;更重要的是服军役,自备马匹、武器和粮饷,较大的封臣还要带上他的骑士。假若封君被俘,封臣要帮助缴纳赎金;封君巡游封臣的领地,封臣有义务款待。不过,任何义务都含有限定:如军役不是无限期的,一般是一年 40 天。又如,限定一年款待封君的次

---

① Colin Jones, *The Cambridge Illustrated History of France*, p. 80.
② Mark Bloch, *Feudal Society*, Vol. 1, p. 228.
③ [加]查尔斯·泰勒:《市民社会的模式》,冯青虎译,中央编译出版社 1998 年版,第 12 页。
④ [英]梅因:《古代法》,沈景一译,商务印书馆 1996 年版,第 205 页。
⑤ Mark Bloch, *Feudal Society*, Vol. 2, p. 451.

数，停留时间的长短，甚至限定封君随从人员和马匹的数量，以至规定出膳食标准。另外，封君对封臣也有义务，一是提供保护，二是提供采邑。封主与封臣双方都有必须履行的义务，均受到封建法的保护，无论谁违背了所承担的义务都将构成一种重罪。特别是在11世纪后，朝着增大附庸的人身自由和经济自主性方向的发展，领主—附庸关系被称为"互惠性因素合法化"①。

附庸的权利得到法律认可和保护，其逻辑的演绎势必产生主张和维护权利的抵抗，即附庸抵抗领主、弱势抵抗强势的权利。换言之，抵抗权是检验附庸权利真伪虚实的试金石。正如德国著名法学家鲁道夫·冯·耶林指出："无论个人的权利，还是民族的权利，大凡一切权利都面临着被侵害、被抑制的危险——因为权利人主张的利益常常与否定其利益主张的他人的利益相对抗——显而易见，这一斗争下自私法，上至公法和国际法，在法的全部领域周而复始。被侵害的权利在国际法上以战争的形式加以主张，对国家权力的恣意行为和违宪，国民采取暴动、骚乱、革命的形式加以抵抗……合法地主张权利。"②弗里德里克·海尔更具体地指出：附庸对封君的制约是契约因素的必然产物，是欧洲中世纪政治、社会和法律发展中的一个基本点。"有关抵抗权的整个观念就是这种存在于统治者和被统治者之间、高贵者和低贱者之间的契约概念所固有的"。③

关于抵抗权，早期日耳曼人就存在着类似的观念。"在日耳曼人的观念中，服从不是无条件的，毋庸置疑，如果受到国王不公正的对待，每位成员都有权反抗和报复。"④查理曼统治时期曾经出现了这样的规定：

---

① [美]哈罗德·J.伯尔曼:《法律与革命——西方法律传统的形成》，贺卫方等译，中国大百科全书出版社1996年版，第373页。
② [德]鲁道夫·冯·耶林:《为权利而斗争》，胡宝海译，中国法制出版社2004年版，第15页。
③ Friedrich Heer, *The Medieval World: Europe, 1100—1350*, New York: Praeger Publishers, 1961, p.36.
④ Fritz Kern, *Kingship and Law in the Middle Ages*, New York: Harper & Row, 1970, p.87.

封臣不能轻易背离其封君，除非封君要杀死他，当众打他，侮辱他的妻女或剥夺他的遗产。① 伴随着封建制形成期的步伐，附庸抵抗的合法性进一步发展。在801—813年的法兰克王国敕令中，明确载有这样的条款：如果证明领主有下列罪行之一，附庸就可以"背弃他的领主"：第一，封君不公正地奴役他；第二，封君想谋害他的生命；第三，封君和封臣的妻子通奸；第四，封君拔剑向他进攻企图杀死他；第五，封臣将自己的手交付给封君之后，封君未能向他提供应尽的保护。《圣路易斯法令》（Etablissements de St. Louis）中也完整地规定了领主和附庸之间的关系："领主和附庸之间的义务是相互的，双方必须以同样的关注来保持它。不履行义务或由于冒犯领主而有罪的附庸将失去他的封地。如果领主拒绝执行法庭的判决，或引诱附庸的妻子或女儿，那么附庸将免于义务。"② 文献是粗陋的，语义也不免重叠，然而其中的含义是明确无误的，也是相当具体的。很明显，维系这样的臣服关系是有一定条件的，领主不能为所欲为。人们普遍承认，附庸拥有离弃恶劣领主的权利，这就是欧洲著名"抵抗权"的起点。在其后欧洲发展的历史长河里，人们不断地回溯之，因为在这里可以发现欧洲封建制最原始的特征。由此可以理解，许多表面看来似乎只是偶然性的起义，其实基于一条传统深厚的原则："一个人在他的国王逆法律而行时，可以抗拒国王和法官，甚至可以参与发动对他的战争……他并不由此而违背其效忠义务"——此话出自《萨克森法鉴》。"抵抗权"的观念，在中世纪早期的其他文献中，如在843年的《斯特拉斯堡誓言》及秃头查理与其附庸签订的协定中均有文字可查。

欧洲的封建誓约体系是包括国王在内的。誓约制约体系不仅涵盖国王，而且是该体系中的核心部分。国王的加冕誓词清楚地表明，国王的

---

① Henry Royston Loyn, John Percival, *The Reign of Charlemagne: Documents on Carolingians Government and Administration*, London: Edward Arnoldn, 1975, p. 84.

② R. W. Carlyle, A. J. Carlyle, *A History of Medieval Political Theory In the West*, New York: Barnes & Noble, Vol. III, 1903, p. 26.

权力同样可以从领主附庸的关系中得到解释。科尔曼指出：一般说来国王的权力被认为是执行正义，自己也应服从法律，如果他没有做到，另一方可以废除约定。① 所以，人们不难发现国王与其他贵族因地权、地界问题产生争议，对簿公堂。比如1233年，国王亨利三世指责伯爵理查德·马歇尔侵犯了王室领地。但伯爵宣称自己不是侵犯者，因为国王首先侵犯了他的土地。伯爵宣称，由于国王违约在先，根据相互的权利与义务原则，效忠关系便自动解除，伯爵不再有效忠国王的义务。他说："为了国王的荣誉，如果我屈从于国王意志而违背了理性，那我将对国王和正义犯下更严重的错误。我也将为人们树立一个坏的榜样：为了国王的罪恶而抛弃法律和正义。"② 这个例证表明，国王不能支配王国每个庄园的土地，除非在他的王室领地上。同时也再一次表明，在中世纪人的观念中，附庸的服从和义务不是没有条件的，即使受到国王不公正的对待，也有反抗和报复的权利。

最著名的案例当属英格兰的大宪章运动。英王约翰多次违背即位时的承诺，远征法兰西又要额外征收盾牌钱，引起贵族震怒，坚称国王若一意孤行，他们将撤回忠诚，并与国王作战，直到国王颁布一部自我约束的宪章为止。③ 1215年，最终上演了贵族武力迫使约翰王接受"贵族条款"一幕，这就是历史上赫赫有名的《大宪章》（Magna Carta）。显然，这是一场有理念、有组织的维权斗争。此次抵抗运动初步确立的"未经纳税人同意不得向其征税"的原则，还为议会的产生奠定了基础。《大宪章》一类的法律文献在欧洲反复出现，例如1222年《匈牙利黄金诏书》、《耶路撒冷王国条令》、《勃兰登堡贵族特权法》、1287年的《阿拉冈统一法案》、《布拉邦特的科登勃格宪章》、1341年的《多菲内法规》、1356年

---

① Janet Coleman, *A History of Political Thought: From the Middle Ages to the Renaissance*, Oxford: Blackwell, 2000, p. 16.
② Fritz Kern, *Kingship and Law in the Middle Ages*, pp. 88–9.
③ William Stubbs, *The Constitutional History of England: in Its Origin and Development*, Oxford: Clarendon Press, Vol. 1, 1903, pp. 561, 567.

《朗格多克公社宣言》。布洛赫强调说，从这种解决社会冲突的方式中，"西欧封建主义获得了它的最原始的特征之一"①。

西欧领主附庸关系的两个重要特征是权利的互惠性和互制性，而后者更重要，它使前者的实现成为可能。伯尔曼对于这一点高度重视并高度评价，他说：附庸或领主基于足够严重的刺激有权解除契约，"这不仅从理论的观点看是至关重要的，而且在特殊情况下也具有实质性的实际重要性。如果一方违背其义务并由此给另一方造成严重损害，那么另一方就有权通过一种称之为'撤回忠诚'（diffidatio）的庄严的蔑视性表示解除相互关系……撤回忠诚是从 11 世纪开始的西方封建关系的法律特性的一个关键"。伯尔曼将封建契约分为效忠契约（contract of homage）和忠诚契约（contract of fealty）。他指出，这两种契约都是一种获得某种身份的契约。效忠契约上的"互惠是由这样的事实构成的，即封臣变成了领主的人，而领主则成了封臣的领主。这是一种由接吻加以确证的终身关系，它相当于——大致——婚姻关系"②。格兰维尔写于 1187 年的英格兰法律专著认为，除了尊敬这一点以外，一位封臣对他的领主并不比一位领主对他的封臣承担更多的义务。如果领主违背忠诚的义务，那么封臣就得以免除服务的义务。撤回忠诚是从 11 世纪开始的欧洲封建关系的法律特性的一个关键。

布洛赫曾认为，日本 11 世纪后与欧洲有许多相似性，如政治权力的分割、职业武士兴起、庄园出现等。然而，比照欧洲封建制"最原始的特征"，他最后还是排除了日本与欧洲社会的认同。他认为日本的附庸的从属性要高得多，其契约性质则少得多，而且天皇的神圣权力处于各附庸誓约体系之外。他在《封建社会》封笔处再次强调欧洲封建制所蕴涵的约束统治者的契约观念——抵抗权，他写道："西欧封建主义的独创性

---

① Mark Bloch, *Feudal Society*, Vol. 2, p. 444.
② [美] 哈罗德·J. 伯尔曼：《法律与革命——西方法律传统的形成》，贺卫方等译，中国大百科全书出版社 1996 年版，第 374 页。

在于，它强调一种能够约束统治者的契约观念。因此，欧洲封建主义虽然压迫穷人，但它确实给我们的文明留下了我们现在依然渴望拥有的某种东西。"①

抵抗权使欧洲封建制具有两重性。欧洲封建制是身份制度、等级制度，说到底是一种人身依附制度，这一点与世界上其他地区的前资本主义社会没有什么不同。也就是说，低贱者不是不受压迫和盘剥，也不是不贫困，这里仅仅是说，他已根据一种法律体系取得了权利——尽管是一种等级权利；尽管是低级权利，可他有条件坚持某些权利，从而获得某种程度的保护。耐人寻味的是，这样的法律条款也是封建法的一部分；也就是说，它几乎同时为统治者和被统治者承认，达到相当程度的社会共识。这是欧洲封建制的深刻的内在矛盾，一种特有的张力。所以，西欧中世纪的阶级斗争或等级斗争，不仅诉诸暴力，也诉诸法律，对立双方的博弈往往在法庭上或谈判桌上进行。恩格斯称法庭斗争和货币赎买是西欧农奴获得解放的两大利器，从而对这样的斗争形式给予高度评价。贵族可以依法质问国王，同样，农奴依据习惯法也可以在庄园法院与领主周旋。附庸乃至农奴依法抵抗，成为欧洲封建制一个十分显著而独特的特征。正如一百多年前著名法国政治家和学者基佐指出："封建制度输入欧洲社会的唯一的政治权利是反抗的权利……封建制度所支持的和实施的反抗权利是个人反抗的权利……我们应该归功于封建制度，是它将这种思想感情重新引进了欧洲的生活方式中来，并不断公开地承认它、保卫它。"②

个人或团体的抵抗权，是欧洲封建制的历史遗产之一，并产生深远影响。阶级斗争是普遍存在的，然而世界范围内这样的抵抗斗争并不多见，近代以前尤为罕见。有权利，才有维护权利的抗争，"谈判"与"妥

---

① Mark Bloch, *Feudal Society*, Vol. 2, p. 452; chapter 32, 33.
② ［法］基佐：《欧洲文明史——自罗马帝国败落起到法国革命》，程洪逵、沅芷译，商务印书馆 2005 年版，第 84 页。

协"才有可能成为解决社会冲突和社会矛盾的选项。"大宪章"的斗争模式在以后欧洲不同历史时期不断出现不是偶然的。这样的斗争结果,有利于避免"零和游戏"的陷阱,有利于普通民众及民权的发展,最终有利于整个社会物质和精神力量的良性积累。西欧中世纪正是这样,有兵戎相见的暴力,也有法庭斗争和谈判,不断的法庭较量使法律及司法审判体系日臻改善,同时也在改变着统治者和被统治者自身。特别要指出的是,在各式各样的权力、权利博弈中,普通民众主体逐渐发生了深刻变化:财产和财富积累,消费水准提升,观念和精神风貌不断升华。诚如马克思指出:"不但客观条件改变着,例如乡村变为城市,荒野变成了清除了林木的耕地等等,而生产者也改变着,炼出新的品质……造成新的力量和新的观念,造成新的交往方式,新的需要和新的语言。"[①] 至中世纪晚期,资产阶级出现,并且羽翼逐渐丰满,一个新时代呼之欲出。封建制本是等级制并极力维护等级制,可是它最终却孕育出非身份性的国民群体!不难发现,抵抗权的确立和发展功不可没,它使欧洲社会可以在旧外壳下不断调整和更新,而且反复小、社会发展成本低。西欧起步晚却首先迈入市民社会和工业社会,与这份遗产有无关联呢?!

(发表于《世界历史》2013年第2期)

[①] 中共中央编译局:《马克思恩格斯全集》第46卷(上),人民出版社1979年版,第494页。

中世纪晚期德意志帝国改革与民族国家构建

王亚平*

摘　要：15 世纪以后的西欧，英国和法国相继实现了议会君主制，为民族国家的最终建立提供了必要的政治条件；但在德意志帝国，自 14 世纪以来逐渐确立的邦国制度以及帝国区域性的经济中心，削弱了王（皇）权的集权，形成了多头的政治局面，致使英、法以及罗马教会等外部势力乘机染指德意志事务。这些都极大地阻碍了德意志迈向民族国家的进程。15 世纪末期，德意志的皇帝力图通过征收统一赋税、设立帝国法庭等帝国改革措施强化帝国的最高权力。帝国改革虽然没有达到预期的政治目的，但却是德意志向近代民族国家迈进的重要一步。

关键词：中世纪晚期；德意志；邦国；神圣罗马帝国

一　有关帝国改革的研究

在经历黑死病的肆虐、百年战争的战乱之后，西欧的经济结构和社会等级发生了质的变化，英国和法国的民族感情和民族意识有所增强，

---

* 王亚平，天津师范大学欧洲文明研究院教授。

先后通过议会君主制的政治道路走向了民族国家，即使基督教教会也没有置身在这个巨大的历史演变之外。15 世纪初期，为弥合 1378 年西方教会的大分裂而在比萨、康斯坦茨以及巴塞尔等地召开的宗教会议，不仅开启了基督教教会史上重要的宗教会议时代，而且表现出较为强烈的民族意识，产生了西班牙人、英国人、法国人、德国人的意识。① 在这一历史阶段，德意志似乎并未落后于西欧其他地区，无论是在经济结构还是在社会等级结构方面，乃至宗教意识方面，同样发生了本质变化，德意志的民族意识也极大地增强，最为典型的标志是"神圣罗马帝国"于 1474 年第一次被称为"德意志民族的神圣罗马帝国"（Das Heilige Römische Reich Deutscher Nation）。② 然而，德意志帝国在政治上却迟迟没有走上议会君主制的道路。抑或可以这样说，自中世纪早期形成的德意志帝国政治形态没有发生很大变化，在政治制度的构建方面似乎远远落后于西欧其他国家。因此自 19 世纪以来，德国历史学家似乎异常关注政治制度史，并且带有较为明显的民族主义情绪，尤其是 20 世纪 40、50 年代那些具有纳粹政治背景的历史学家。③ 他们把这一历史现象局限在制度史的研究范围内进行讨论和分析，将其归咎为在采邑制体制下产生和发

---

① Heinrich Lutz, *Das Ringen um deutsche Einheit und kirchliche Erneuerung. Von Maximilian I, bis zum Westfälischen Frieden 1490 bis 1648*, Berlin: Propyläen Verlag, 1983, S. 91.

② 10 世纪初，在东法兰克王国基础上延伸出了德意志王国，962 年德意志的国王奥托一世在罗马由教皇加冕"罗马皇帝"，开始有了帝国的概念；1157 年，弗里德里希一世皇帝在与罗马教皇进行权力之争时为帝国加上了神圣，即"神圣帝国"（Sacrum Imperium）。1254 年，在荷兰的威廉的文档中最先出现了"神圣罗马帝国"（Sacrum Romanum Imperium）的提法，在此后的国王的文档中一再出现，一直延续到 15 世纪中叶以后，参见 Karl Zeumer, *Heiliges Römisches Reich der Deutschen Nation, Eine Studie über den Reichstitel*, Weimar: Hermann Böhlaus Nachfolger, 1910, S. 14f。

③ 比较典型的是迈尔（Th. Mayer），他的学生布伦纳（O. Brunner），以及希尔施（H. Hirsch），普拉茨霍夫（W. Platzhoff），有些还在纳粹政府中担任官职。虽然他们研究的目的含有很浓重的纳粹政治的倾向，但从客观的角度看，这些历史学家们在制度研究上都提出了独到的见解，二战之后，他们中的大多数依然在德国大学从事研究和教学工作。例如，迈尔在二战后因是纳粹成员而被捕，他的著作也被列入清纳粹化运动的清单中，但在 20 世纪 50 年代之后他依然在德国中世纪史研究方面做了大量工作，他提出，在西欧中世纪早期和中期封臣和封君之间的依附关系构成了"个人联合的政体"，这一观点至今还被大多数历史学家们认同。

展的邦国制度。① 在对这一时期的研究中，学者们普遍把邦国看作是中世纪晚期的一种国家形态，是从采邑制国家向等级制国家或者说是向现代国家过渡的一种国家形态。

　　进入 60 年代，德国历史学家受法国年鉴学派的影响，在深入研究制度史方面提出了新的问题，他们开始从多个视角探讨邦国体制中邦国与帝国的关系。1960 年，施文尼科的《"没有税收就没有国家"》② 从分析 15 世纪末期至 18 世纪的法律文献以及那个时代法学家的著作入手，阐述了社会各等级通过纳税参与邦国管理的原因和过程，论述了德意志从等级制国家向税收国家转变的过程。学者们还把这一政治现象与中世纪晚期采邑制的演变联系起来，着重研究 14 世纪邦国制形成和发展的历程。③ 他们认为，"14 世纪很明显是一个过渡的时代"，④ 在这个历史阶段，邦国无疑是采邑制国家最终的政治形态，邦君们是在掌控一个区域的基础

---

① 这个时期比较具有代表性的著作是：斯潘根贝格的《从采邑国家到等级国家》（Hans Spangenberg, *Vom Lehnstaatzum Ständestaat: ein Beitragzur Entstehungd der land Ständischen Verfassung*, München: Oldonbourg, 1912）；布伦纳的《邦国和统治》（Brunner, Otto, *Land und Herrschaft: Grudfragen der territorialen Verfassungsgeschichte Südostdeutschlandsim Mittelalter*, Rohree Baden bei Wien: Rohrer, 1939）；米泰斯的《采邑权和国家权力》（Heinrich Mitteis, *Lehnrecht und Staatsgewahlt: Untersuchungenzurmittelalterlichen Vetfassungsgeschichte*, Weimar: Böhlau, 1933）以及他的《中世纪中期的国家》（*Der Staat des hohen Mittelalters: Grundlinieneinervergleichenden Verfassungsgeschichte des Lehnszeitalters*, Weimar: Böhlau, 1940）；托伊尔考夫的《邦国和采邑制》（Gerhard Theuerkauf, *Land und Lehnswesenvom 14, Jahrhundert zum 16, Jahrhundert: Ein Beitrag zur Verfassung des Hochstifts Münster und zum nordwestdeuschen Lehnrecht*, Köln: Böhlau, 1961）；等等。

② Andreas Schwennicke, "Ohne Steuer kein Staat": Zur Entwicklung und politischen Funktion des Steuerrecht in den Territorien des Heiligen Rönischen Reichs (1500—1800), Frankfurt am M.: Klostermann, 1960.

③ 德国著名的中世纪史学会——康斯坦茨中世纪史工作协会（Konstanzer Arbeitskreis für mittelalterliche Geschichte）以德意志 14 世纪的邦国制为主题分别于 1967 年 3 月、1968 年 4 月两次召开研讨会，并把研讨会上的所有论文汇编成题为《14 世纪德意志的疆域国家》（Hans Patze, hrsg., *Der deutsche Territorialstaat im 14, Jahrhunder*, Sigmaringen: Jan Thorbecke Verlag, 1970）的 2 卷本论文集，收录在该工作协会主编的《报告与研究》（Vorträge und Forschung）丛书中。

④ Hans Patze, "Neue Typen des Geschäftsschriftgutes im 14, Jahrhundert", in Hans Patze hrsg., *Der deutsche Territorialstaat im 14, Jahrhunder*, Vorträge und Forschung Bd. XIII, Sigmaringen: Jan Thorbecke Verlag, 1986², Bd. 1, S. 21.

上实现对邦国的统治。① 此外，德国历史学家依然没有放弃从法学的角度分析邦国制的学术传统，维洛维特在研究邦国统治的法律基础时认为，德意志的邦国是近代社会中最为复杂的政治产物，其内部的牢固性取决于各种统治因素的法律价值，例如邦国的最高司法权、经济特权、保护权和采邑权等等，为此他较为详细地分析了16—17世纪邦国的机构形式和邦国的法律体系。②

对邦国与帝国关系的深入研究引起学者们对15世纪末期16世纪初帝国改革的关注，其中颇具影响力的是海因茨·安格迈尔（Heinz Angermeier）的研究。自1959年参加《帝国会议档案》（Reichstagsakten③）的编辑工作之后，安格迈尔就将全部精力投入到帝国改革研究，直至21世纪初，他就帝国改革问题撰写了一系列论文，出版了多部著作。他在研究中强调德意志中世纪的传统在近代社会的延续；论述了14世纪以后帝国境内出现的各种政治联盟为帝国改革奠定了政治基础；阐述了帝国改革与宗教改革之间的联系；充分肯定了作为帝国统一法律基础的《和平条例》的历史影响和意义。1984年安格迈尔出版了专著《1410年—1555年的帝国改革》，④ 专门讨论从中世纪向现代过渡这一历史时期德意志的国家形态，把帝国的改革看作是德国从中世纪向近代社会过渡的一个标志性政治事件。1991年，安格迈尔把其近30年来发表的所有关于帝国改革的论文汇编为《德国历史中的老帝国》的⑤论文集，从这本论文集中可

---

① Bernhard Diestelkamp, "Lehnsrecht und spätmittelalterliche Territorien", in Hans Patze, hrsg., *Der deutsche Territorialstaat im 14, Jahrhunder*, Bd. 1, S. 67.

② Dietmar Willoweit, *Rechtsgrundlagen der Territorialgewalt, Landesobrigkeit, Herrschaftsrechte und Territorium in der Rechtswissenschaft der Neuzeit*, Köln - Wien: Böhlau, 1975.

③ "Reichstagsakten"是研究德国近代史的重要原始史料集，由朗克的学生尤里乌斯·魏茨泽克（Julius Weizsäck）主持编撰，1867年出版了第一卷，直至今天这个史料集依然不断增添新的内容，继续编撰出版新的卷本。

④ Heinz Angermeier, *Die Reichsreform 1410—1555: Die Staatsproblematik in Deutschland zwischen Mittelalter und Gegenwart*, München: Beck, 1984.

⑤ Heinz Angermeier, *Das alte Reich in der deutschen Geschichte, Studien über Kontinuität und Zäsuren*, München: Oldenbourg, 1991.

以看出他研究的系统性以及研究视角的多样性。他首先研究了老帝国这一政治平台上所发生的一切,即"受到罗马的牵制、采邑权与个体在权力上的交织、领土邦国的差异、选帝侯和国家的传统、市民阶层、农民运动、宗教改革和宽容问题、联盟和抗议运动、联合的性质和统一的意识、革命的幽灵和民族的思想"等。所有这些都被整合到帝国统治权之下,而作为帝国权力机构的帝国会议、帝国法庭等机构则从法的角度维系了老帝国的统治权。此外,安格迈尔还指出,德意志的老帝国既不同于欧洲西部的那种集权的国家体制,也不同于东欧的那种联邦的组织形式,是一种被分割的但又有着约束力的联邦式的制度结构,有着独特的自我认知。这种自我认知源自德意志内部各种条件和传统,其地处欧洲中部的地理位置,及其独特的政治灵活性。最后安格迈尔强调,在帝国内由于诸侯的从属性,因此在政治事件中公共目的和私人的目的总是并存。①

在中国德国史研究领域,学者们大多关注宗教改革运动,鲜有关于德意志帝国和邦国方面的论文和著作,有关15、16世纪帝国改革方面的研究几乎还是一个盲点。因此,本文拟在借鉴德国历史学家研究成果的基础上,分析中世纪晚期德意志帝国的改革及其对现代民族国家建构的影响。

二 改革前德意志的多头政治

在西欧中世纪的历史上,王权、贵族、教会是三股势均力敌的政治力量,它们之间或互相博弈,或相互结盟,以此实现权力的制约,这种政治斗争在德意志帝国尤为突出,三股政治力量的博弈充斥着德意志整个中世纪的三次重大转折阶段。第一次是在10世纪初,德意志的五大公国因共同抵御外族入侵联合起来,共同选举出德意志国王,从而形成了势力强大的贵族集团,奥托继任国王后削弱世俗贵族的政治势力,给予

---

① Heinz Angermeier, *Das alte Reich in der deutschen Geschichte*, *Studien über Kontinuität und Zäsuren*, S. 9f.

主教和大主教与公爵、伯爵相同的政治、司法、军事和经济特许权，即"奥托特恩权"。为了进一步控制教会贵族，奥托在实施对外扩张时首先把矛头指向意大利，在第二次进军意大利时在罗马加冕为"罗马帝国"的皇帝，开启了德意志帝国的历史。自此之后，德意志的国王与罗马教皇之间有了难以隔断的政治渊源。

第二次是 11 世纪中期，亨利四世年幼登基，摄政的科隆大主教和美因茨大主教借机扩大大主教区的势力范围，各大公爵、伯爵也趁机瓜分王室领地。亨利四世亲政后推行的收回政策极大地触动了教俗贵族的经济利益，他们与教皇格里高利七世结成联盟，在主教授职权的争斗中迫使亨利四世不得不向教皇和教俗贵族妥协，但处于危难中的王权获得市民阶层的支持，自此改变了德意志的政治结构。

对德意志帝国的历史进程产生第三次重大影响的历史阶段是 12 世纪末，斯陶芬家族与韦尔夫家族争夺王位，教俗贵族分成两大阵营，分别选立两个国王，造成王位更替乱象丛生，以致英国和法国伺机加入德意志的王位之争中。13 世纪初，登上皇位的弗里德里希二世为了拉拢教俗贵族，先后颁布了《与教会诸侯联盟》和《有利于诸侯的法令》两大法令，分别给予教俗贵族各种特许权，为具有绝对独立性的邦国制度的形成提供了有利的政治条件，同时也最终确立了王位的选帝侯制度。[①] 13 世纪中叶，英国、法国先后在实现议会君主制的进程中逐步确立了绝对的王权权威，但德意志却是反其道而行之，邦君诸侯各自为政的态势更为明显，出现了"大空位时期"（Interregnum），正如恩格斯所说，"皇帝要由选举决定，这就绝对不允许一个王朝的权力成为民族的体现，相反地只要各诸侯开始感到某皇室的权力变得十分强大，就经常引起——尤其是在有决定意义的十五世纪——王朝的交替。"[②] "大空位时期"加剧了帝

[①] 自 13 世纪以来，虽然德意志的诸侯都有权参与国王的选举，但决定国王候选人的仅限于七位教俗诸侯，即美因茨的大主教、科隆的大主教、特里尔的大主教、莱茵行宫的伯爵、萨克森的公爵、勃兰登堡伯爵以及波西米亚国王，他们被称为七大选帝侯。

[②] 《马克思恩格斯全集》第 18 卷，人民出版社 1964 年版，第 648 页。

国的多头政治。

德意志帝国政治的多头性，严重阻碍了帝国内的商业贸易的顺畅。14世纪以后，德意志区域性经济可以按照地理位置划分为三个区域，即：被美因茨、科隆、美因河岸边的法兰克福、沃尔姆斯、斯特拉斯堡和巴塞尔等城市环绕的莱茵河流域经济区域；以地处北海和波罗的海沿岸的不莱梅、汉堡、吕贝克、但泽等城市为核心的沿海经济区域；德意志南部多瑙河沿岸的乌尔姆、奥格斯堡、慕尼黑、累根斯堡帕骚、维也纳等城市构成的经济区域。与西欧其他王国和地区相比，德意志中世纪晚期城市的贸易功能似乎更为突出，正如美国学者汤普逊所说："城市间的商业联系是德意志城市的突出特点。"① 然而，已经初具形态的邦国政治体制为城市间的贸易设置了很大障碍，尤其是"大空位时期"的无政府状态更增强了这种态势，国王与贵族和选帝侯们之间的争斗不仅常常以牺牲城市的利益为代价，而且各邦君诸侯在莱茵河、多瑙河、易北河等重要水路交通上增设关卡。② 增设的关卡极大地提高了运输成本，14世纪中叶，从宾根到科布伦茨期间直线约50公里的运输成本，仅关税一项就上升了53%至67%。③

除了国内贸易障碍外，还有货币的不统一。从14世纪上半叶起，为了克服因货币不统一给贸易造成的阻碍，在德意志先后出现了一些地区性的货币联盟，如：下萨克森地区的城市结成的生丁货币联盟（Rappenmünzbund④）、北海沿岸城市结成的文迪货币联盟（Wendischer Münzverein）、莱茵兰地

---

① [美] 詹姆斯·W. 汤普逊：《中世纪晚期欧洲经济社会史》，徐家玲等译，商务印书馆1992年版，第176页。

② 有关关卡的设立和数量的增长，请参见 Friedrich-Wilhelm Henning, *Handbuch der Wirtschafts- und Sozialgeschichte Deutschlands*, Bd. 1., Paderborn-München-Wien-Zürich, 1991, S. 286f, 210；[英] M. M. 波斯坦等《剑桥欧洲经济史》第2卷，王春法主译，经济科学出版社1987年版，第155页；Hermann Aubin, *Handbuch der deutschen Wirtschafts-und Sozialgeschichte*, Bd. 1, S. 210。

③ Friedrich-Wilhelm Henning, *Handbuch der Wirtschafts-und Sozialgeschichte Deutschlands*, Bd. 1., S. 286f.

④ "生丁"（Rappen）是中世纪德意志西北地区通行的一种货币名称，近代社会以后是瑞士货币中的一种，1瑞士法郎=100生丁。

区的莱茵货币联盟（Rheinischer Münzverein），等等。大约在同一时期，上弗兰肯的诸侯也结成了类似的货币联盟。1403 年位于莱茵河上游的诸城市和一些封建主结成货币联盟，此后符腾堡和施瓦本地区的城市也纷纷效仿。14 世纪中叶，两任皇帝路德维希和西格蒙德都试图统一币制，但都未成功。1426 年，帝国的财政大臣康拉德九世竭力推行帝国的统一金币，即"苹果古尔盾"（Apfelgulden①），但遭到汉萨同盟的坚决抵制，直到 16 世纪德意志帝国始终没有确立统一的货币。②

货币的不统一以及关税造成的成本上升，严重侵害了城市的收益。"大空位时期"之后，德意志的社会各等级都有意识地联合起来，以同盟或者联合会的形式维护本地区的和平与安定，尤其是在弗里德里希二世之后连续发生的王位之争、国王与贵族和选帝侯们之间的争斗常常以牺牲城市的利益为代价，这就促使那些利益相关的德意志城市结成同盟，增强自我保护能力，实现互利。例如，1226 年结成的莱茵城市同盟（Rheinischer Städtebund），③ 1376 年上施瓦本地区的 14 座帝国城市结成的施瓦本城市同盟（Schwäbischer Städtebund）以及为了抑制城市同盟影响的扩大而结成的名为"狮子同盟"的贵族同盟。④ 此外，还有 1381 年结成的南德意志城市同盟（Süddeutscher Städtebund），该同盟发展为"康斯坦茨同盟"（Konstanzer Bund），囊括了 50 座帝国城市。⑤ 自 14 世纪以来，各种类型的城市同盟、贵族同盟，实际上是处在政治分裂状态下的社会各阶层为维护自身经济利益而实现的一种新的政治联合，这种政治

---

① 因这种金币上印有"帝国苹果"的图案，故得此名。
② Hermann Kellenbenz, *Deutsche Wirtschaftsgeschichte*, München: Beck, 1977, Bd. 1, S. 196ff.
③ 有关莱茵城市同盟，参见 Carl Friedrich Menzel, *Geschichte des rheinischen Städtebundes im 13, Jahrhundert*, Hannover: Hahn, 1871, S. 9ff; Friedrich-Wilhelm Henning, *Handbuch der Wirtschafts- und Sozialgeschichte Deutschlands*, S. 277。
④ 因该同盟成员的家族族徽都是狮子，故命此名，参见 Adereas Ranft, *Adelsgesellschaften, Gruppenbildung und Genossenschaft im spätmittelalterlichen Reich*, Sigmaringen: Thorbecke, 1994, S. 199f。
⑤ Hilmar Grundmann hrsg., *Handbuch der deutschen Geschichte*, Stuttgart: Klett-Cotta, 1981, Bd. 1, S. 685f.

联合在很大程度上提升了市民的政治影响力。德国法学史家奥托·封·吉尔克从法学的角度解释这种联合，认为政治联合的性质是各个法律载体自由联合成为一个具有自己的法律秩序及和平秩序的新的法人，它同时也具有自己的政治利益。为了维护利益，他们创立了自己的机构，并且在各个方面相互协调。但是吉尔克并不认为这种新的法律载体取代了传统法律载体，而是以独立的、具有自身法律地位的形式存在。[①] 可见，这种新的政治联合在一定程度上促进了帝国改革的发生。

三　帝国改革的动因及内容

14世纪上半叶，德意志的选帝侯们因选举国王发生严重分歧，以美因茨大主教为一派的选帝侯和诸侯们拟选举哈布斯堡家族的成员为国王；以科隆大主教为首的另一派则想把卢森堡家族的成员推上王位，哈布斯堡家族和卢森堡家族拉拢各自的支持者，两派的政治实力势均力敌，德意志历史上再次出现两王并立的政治局面。以被选出的两位国王为首的两派政治势力相互攻击，甚至发生武装冲突。英国国王爱德华三世、法国国王腓力四世和阿维尼翁教皇也借机渗入其中，德意志的各个政治派别也因此有了外部援手。

1346年，哈布斯堡家族的国王突然辞世，卢森堡的卡尔四世[②]毫无争议地成为德意志国王。卢森堡家族与法国王室有着极为密切的关系，卡尔四世娶法王腓力四世的孙女为妻，由于这段婚姻，卡尔四世很快获得阿维尼翁教皇的认可，为统一德意志王位的卢森堡王室增添了政治筹码。为了稳固在帝国刚刚确立的皇权，卡尔四世对选帝侯们再次做出重大让步，于1356年颁布《金玺诏书》（Goldene Bulle）。《金玺诏书》被德国历史学家看作是中世纪德意志帝国的第一部基本法，它第一次以法律的

[①] Otto von Gierke, *Die Genossenschaftstheorie und die deutsche Rechtsprechung*, Berlin: Weidmann, 1963, Bd. I, S. 459ff; Bd. 2, S. 385ff.

[②] "卡尔四世"（Karl IV），国内学者通常按照英语的发音音译为"查理"，笔者按照德语音译为"卡尔"。

形式明文规定了选帝侯选举国王的程序，同时也以法律的形式确认了选帝侯们已经享有的各项权利。①

首先，选帝侯在自己的邦国内与国王享有同等的地位和权利，享有最高统治权和不受帝国司法权干预的最高司法权；其次，选帝侯有权参与帝国的政务，共同决定帝国内外的政策；再次，选帝侯享有开采矿山、盐矿、铸币和收取关税的经济特权；最后，选帝侯有权保护犹太人，有权禁止城市接受外来居民，有权限制或取缔城市间结成的同盟。②《金玺诏书》从法律的角度保障了选帝侯们的各项权利，这就使邦国在政治、经济、司法和军事上都保持完全独立，保证选帝侯邦国领地不因任何因素被分割，增进了邦国的领土化，但它却是阻碍德意志实现政治统一的巨大绊脚石。

选帝侯制度不仅没有防止王位的双重选举，反而更加剧了帝国的政治分裂，帝国内形成了具有各自政治中心的区域。在西部地区，美因茨、科隆和特里尔三大教会选帝侯控制着莱茵河中游和下游教会地区的教会领地，同时还掌控了这个地区的几乎所有世俗领地。四大世俗选帝侯之一的莱茵行宫伯爵一直控制着埃尔萨斯地区；后起的符腾堡伯爵也以斯图加特为中心划定了稳固的政治区域。

另一方面，13世纪末期成立的瑞士联邦开始逐渐脱离德意志帝国，并最终于15世纪末完全独立。在帝国的北部，不来梅大主教、梅克伦堡—波莫瑞公爵、德意志骑士团以及立沃尼亚各自为政，此外还有控制着北海和波罗的海贸易的汉萨城市同盟。在帝国的中部，马格德堡的大主教将其势力范围扩大到易北河中游地区；勃兰登堡的选帝侯以柏林为中心，扩大其势力范围；维尔茨堡和班贝克的主教自行把教会的领地联合起来，形成联合管辖区；在帝国的东部和东南部则是波西米亚和摩拉维

---

① Peter Moraw, *Von offener Verfassung zu gestaltete Verdichtung*, *Das Reich im späten Mittelalter 1250 bis 1490*, Berlin: Propyläen-Verl, 1985, S. 247f.

② Wolfgang Lautemann, *Geschichte in Quellen*, *Mittelalter. Reich und Kirche*, München: Bayer Schulbuch-Verlag, 1989³, S. 772ff.

亚的属地。①

1377年，教廷从阿维尼翁迁回罗马，结束了75年的阿维尼翁教廷，随之发生了持续40年的"西方教会大分裂"（Abendländisches Schisma）②，初登王位的文茨尔一世（Wenzel I）面对这一突变的国际形势举棋不定，致使法国国王趁机将政治触角伸进意大利，这就极大地削弱了德意志皇权自中世纪以来在意大利已有的权威，同时也损害了德意志西部地区商人在意大利的经济利益，激化了德意志帝国内部诸侯以及社会各等级之间的矛盾，诸侯与国王的冲突也更为激烈，产生了废黜国王的呼声。1400年4月，美因茨大主教、科隆大主教以及莱茵行宫伯爵三大选帝侯联合召集诸侯会议，宣布文茨尔一世是一个"无所事事、懒政、粗心大意的失职者，不配掌有神圣罗马帝国"，③欲将其废黜另立新君，由此引起反对派强烈反对，两王并立的政治局面再现，直到1411年7月西格蒙德被选立为王才重新结束这一分裂局面。1414年，为了消除帝国政治分裂的因素，新登基的国王西格蒙德强势介入为弥合教会大分裂而在康斯坦茨举行的"普世宗教会议"（ökumenisches Konzil）。

康斯坦茨普世宗教会议开启了罗马教会历史上的宗教会议时代，1415年，宗教会议颁布《神圣宗教会议》（Haecsancta）的教令，不仅强调定期召开宗教会议的重要性，而且还强调教皇必须服从宗教会议的决议，否定了教皇自4世纪以来一直享有的至高无上的权威，最终于1417年结束了西方教会的大分裂。④ 康斯坦茨普世宗教会议聚集了来自欧洲各

---

① Heinrich Lutz, *Das Ringen um deutsche Einheit und kirchliche Erneuerung, Von Maximilian I. bis zum Westfälischen Frieden 1490 bis 1648*, S. 148 – 152.

② 1378年罗马教廷枢机主教团形成了意大利籍教士和非意大利籍教士的两大派，两派各自选举出两位教皇，直至1417年枢机主教团才在选举教皇的问题上达成一致，西方学者称之为"西方教会大分裂"。参见 Hans-Georg Beck usw., *Handbuch der Kirche*, Freiburg-Basel-Wien: Herder, 1985, Bd. III/2, S. 490ff.

③ Karl Zeumerbearb, *Quellensammlung zur Geschichte der Deutschen Reichsverfassung in Mittelalter und Neuzeit*, Tübingen: Mohr, 19132, S. 223ff.

④ Hubert Jedin hrsg., *Handbuch der Kirchengeschichte*, Freiburg · Basel · Wien: Herder, 1985, Bd. III/2, S. 547ff.

地 700 余名与会者，为了有效组织会议，与会的教会学者按照中世纪大学的组织机制结成了社团（Nation①），1415 年 1 月共有四个宗教会议社团，即德意志社团（包括来自丹麦、斯堪的纳维亚、波西米亚、波兰、匈牙利以及苏格兰的与会者）、意大利社团、法国社团和英格兰社团。按照西格蒙德旨意，宗教会议在作出决议时不再是每个参加者都有表决权，而是每个社团和枢机主教团各自只有一票的表决权。这种表决方式，无疑在客观上强化了英法百年战争期间已经生长出来的民族意识。德国学者卢茨认为，康斯坦茨宗教会议不仅对基督教教会有着重要意义，而且对世俗社会和政治产生了极大影响，从这个历史时期起，欧洲社会产生了明显的"大民族"（Großnation）的民族意识。但是他也强调，这种民族意识和民族感情在德意志更多地体现在人文主义领域。在这个问题上，他似乎比较赞同德国实证主义史学家朗克的观点。朗克认为，1490 年前后欧洲很多王权都有了集权统治，强大到足以使反抗力量屈服，也能排除外来影响，把各个群体的民众联合在一起，培育共同的意识，但这种现象在德意志还没有出现。②

民族意识之所以在德意志没有像英法那样自下而上生长的一个重要原因在于，中世纪晚期以来，大大小小的邦国以及各种类型的城市和城市同盟在政治上具有独立性，在经济上具有利益的不统一性。邦国的领土主权不仅肢解了帝国皇帝的权力，而且也极大地削弱了帝国的财政来源，帝国会议的职能和权限受到很大制约，《帝国和平条例》的法律效力大打折扣。为此，西格蒙德登上王位后首先进行了司法改革，他于 1434 年 9 月颁布《十六条款纲领》（Programm

---

① Nation 源自拉丁语 natio，在 12 世纪的大学里，来自同一个地区的大学生们自行组成一个社团，类似于"同乡会"，称之为 natio，故翻译为"同乡会"似更确切。康斯坦茨宗教会议参照大学同乡会的模式组织与会者，但来自各地的教士并不一定都是当地人，这个 natio 已不再含有"同乡会"的含义，而是"地区"的概念。直到 16 世纪以后，Nation 又被赋予了政治学意义上的"民族国家"的含义。

② Heinrich Lutz, *Das Ringen um deutsche Einheit und kirchliche Erneuerung, Von Maximilian I, bis zum Westfälischen Frieden 1490 bis 1648*, S. 117.

von 16 Artikeln)，提出在帝国原有的"菲莫"（Feme①）法庭的基础上建立一种新的法律制度。菲莫法庭自 13 世纪以后在德意志地区出现，它的主要职能是调节各邦国在领地政策方面产生的矛盾和冲突，主审法官和陪审法官通常都是由大贵族、贵族以及各等级的代表组成。进入 15 世纪，菲莫法庭的权限越来越大，甚至被委以监管帝国直辖的自由伯爵的权力，侵犯了国王的权力，这无疑是西格蒙特要帝国司法改革的一个重要原因；但西格蒙德的司法改革尚未正式启动就因其去世而搁浅。

西格蒙特的继任者、哈布斯堡家族的弗里德里希三世被选立为国王后，注重扩大哈布斯堡家族的领地和势力范围，致使各地诸侯家族纷争不止，英法以及罗马教会再次有机会染指德意志内政，这就迫使弗里德里希三世重提改革的主张，而且首次提出了"德意志民族的神圣罗马帝国"（Heiliges Römisches Reich deutscher Nation）的称谓。在推行政治改革方面做出极大贡献的是弗里德里希三世的儿子马克西米利安一世。为了维护德意志皇权在意大利的权势，以及与法国国王争夺勃艮第的继承权，马克西米利安一世意欲率军前往意大利与法王作战。为筹集军费，他于 1495 年 3 月在沃尔姆斯召开会议，这次会议被德国历史学家看作是帝国改革的开始，改革的内容主要体现在两个方面。首先是帝国的组织建构。沃尔姆斯会议是德意志历史上第一次以"帝国会议"（Reichstag）的名义，而不是以"宫廷会议"（Hoftag）的名义召开，仅从会议名称的这种改变就说明，这次帝国会议在组织建制方面有了重大改革，它不再是仅涉及与王室和诸侯有关的事务，而是涉及帝国社会的各阶层。召开这次帝国会议的主要目的是筹集抵抗奥斯曼土耳其人进攻的军费，会议作出决议，"德意志民族的神圣罗马帝国"15 岁以上的所有臣民都有义务

---

① "Feme" 是 13 世纪以后使用的一个法律专业词汇，意为"属于同等法庭的自由人的联盟"，此外还有"处罚"的意思。14 世纪以后，"Feme"转意为"自由法庭"（Freigericht，或 Freistuhl）。

缴纳名为"共同芬尼"(Gemeine Pfennig①)的帝国税。② 参加沃尔姆斯帝国会议的诸侯以及社会其他等级的代表在接受这一提案的同时提出，必须组成一个由社会各等级代表参与商议帝国重要事务的常设帝国权力委员会(Reichsregiment)，监督帝国做出的有关财政、外交、战争等重大国务事宜的决定，以防止哈布斯堡家族利用帝国的权力侵犯邦君的权利。这一提案无疑进一步强调了帝国会议这一新建制的重要性，不仅改变了自中世纪以来帝国宫廷会议的组织模式，而且也涉及此后在帝国会议上提出的议题和做出的决议，为帝国会议赋予了议会君主制的性质。1500年7月，马克西米利安一世在奥格斯堡帝国会议上颁布了成立"帝国权力委员会"的敕令，规定了委员会的人员构成（由选帝侯和诸侯、骑士、市民构成）、组织结构极其职能和权限、帝国成员应该缴纳的各种赋税，等等。③

沃尔姆斯帝国会议的另一项重大改革是司法改革。司法审判权的统一是帝国统一的重要方面，也是王权集中的一种表现。马克西米利安一世在这次帝国议会上就"推行和平与法律"的协议与社会各等级达成一致，即每个等级都有义务维护共同建立起来的新秩序。根据这一决议，马克西米利安一世于1495年8月签发《永久和平条例》，成立帝国议会法庭，审理和解决邦国之间产生的纠纷和矛盾。此外，为了加强司法权力，打破各邦国的界线，帝国议会法庭在帝国境内划分了六个司法管辖区，由皇帝任命每个管辖区的帝国法官以及四位陪审法官，由他们组成审判团。此外，《永久和平条例》还废除了自中世纪以来一直实行的私战自卫权(Fehderecht)，所有纠纷只能通过法庭

---

① "共同芬尼"是一种按照个人的地位和财产制定的人头税、收入税和财产税，在各地都遭到很大的阻力，最终于1505年停止征收。参见 Eberhard Isenmann, "Reichsfinanzen und Reichssteuern im 15, Jahrhundert", in *Zeitschrift für Historische Forschung*, 7 (1980), S. 1 – 76。

② Eberhard Isenmann, "Reichsfinanzen und Reichssteuern im 15, Jahrhundert", S. 129 – 218.

③ Arno Buschmann, *Kaiser und Reich. Verfassungsgeschichte des Heiligen Römischen Reiches Deutscher Nation vom Beginn des 12, Jahrhunderts bis zum Jahre 1806 in Dokumenten*, Baden-Baden: Nomos Verlagsgesellschaft, 1994², S. 196f.

以和平的方式解决。①

四 帝国改革的历史意义

1495 年沃尔姆斯帝国会议所涉及的改革内容不是很多，且改革的时间并不长，在历史的长河中可谓是"昙花一现"，但其对此后历史进程的影响却是深远的。从 19 世纪晚期起，朗克等德国历史学家们就十分关注 15 世纪末 16 世纪初的帝国会议，他们深入研究了这一历史时期历次帝国会议的档案，以及宗教会议时期的一系列文献，特别是《西格蒙特改革》(Reformatio Sigismundi)，赋予这一时期以"改革"的特点。② 德国传统史学家认为，沃尔姆斯帝国会议提出的征收帝国赋税、组建帝国军队、划分帝国司法管辖区以及成立帝国权力机构，都在改变着旧的政治传统，因而是一次十分重要的政治改革，是德国走向现代民族国家的一个重要历史事件。③

20 世纪 70 年代，雷根斯堡大学教授海因茨·安格迈尔就帝国改革问题发表一系列相关著作和论文；此后，哥廷根大学的莫拉夫等学者也就此问题进行了新的研究；这些新的研究着重从制度史变革的角度论述帝国改革，安格迈尔被德国历史学界看作是帝国改革研究的新的领军人物，④ 他提出了新的视角。安格迈尔认为，1495 年召开沃尔姆斯帝国会议的目的并不是要进行帝国改革，而是企图借助诸侯的力量扩张哈布斯堡家族的势力范围；诸侯及各社会等级也在力求维护已获得的权利，从这两方面来说，帝国改革的目的具有守旧的特点。同时他认为，1495 年的

---

① 20 世纪 50 年代末期，安格迈尔撰文对改革的定义和内容作了系的综述，参见 Heinz Angermeier, "Begriff und Inhalt der Reichsreform", in *Zeitschrift für Rechtsgeschichte*, G. A., 75 (1958), S. 181–205。

② Eike Wolgast, "Reform, Reformation", in Otto Brunnerhrsg, *Geschichte Grundbegriff, Historisches Lexikon zur politische-sozialen Sprache in Deutschland*, Stuttart: Klett-Cotta, 2004, Bd. 5, S. 313ff.

③ Heinz Angermeier, "Begriff und Inhalt der Reichsreform", S. 181f.

④ Karl-Friedlich Krieger, *König, Reich und Reichsreform im spätmittelalter*, München: Oldenbourg, 2005, S. 114.

帝国会议充其量只是一件未完成的"作品",一是因为事实上的财政制度还只是一个没有实现的愿望;另一方面,帝国还缺少一个保证帝国职能履行的制度。① 正是因为国王和诸侯的目的不同,帝国改革中存在着两股改革势力的对立和博弈,这场博弈没有导致国家权力的统一,反而进一步加深了国家权力的分裂。② 彼得·莫拉夫也认为,德意志在通向现代化的进程中存在着帝国的和邦国并存的"二元性",而且帝国和邦国是互为条件的,帝国弥补了邦君统治在国家性方面的不足,邦国制则为帝国创造了现代结构。他认为皇帝和邦君之间虽然存在着冲突,但邦君的统治并没有削弱帝国的集权,反而说明了等级的崛起,增强了帝国的集权,邦君承担了帝国因缺少管理机构而无法承担的职能。③ 在中世纪晚期多头政治的德意志,恰恰是在皇帝与各等级的对峙中体现出帝国改革的核心。正是基于这一点,莫拉夫并不把沃尔姆斯帝国会议看作是一场政治的"改革",而是将其视为"帝国制度的改建"(Umgestaltung der Reichsverfassung)。④

诚然,沃尔姆斯帝国会议的实际效力有限,政治改革也不可能仅通过一次会议就能实现,而且德意志的多头政治导致帝国改革的成效具有很大的局限性。尤其是在经济制度改革方面,由于帝国地区性经济的独立性较强,币制改革和税制改革都先后搁浅,统一征收帝国税也没有达到预期效果。但应该强调的是,这次帝国会议对德意志此后的历史进程产生了不可忽视的影响。首先,国王把原有的"宫廷会议"改称为"帝国会议",这一改变的意义在于,此前国王主要是基于个人或者王室的原

---

① Heinz Angermeier, *Das alte Reich in der deutschen Geschichte, Studien über Kontinuität und Zäsuren*, 1991, S. 186ff.
② Heinz Angermeier, *Die Reichsreform 1410—1555, Die Staatsproblematik in Deutschland zwischen Mittelalter und Gegenwalt*, S. 330.
③ Peter Moraw, "Fürstentum, Königtum und" Reichsreform " im deutschen spätmittelalter", in Walter Heinemeyer hrsg., *Vom Reichsfürstenstande*, Köln: Gesamtverein d. Dt. Geschichts-u. Alterumsvereine, 1987, S. 117f.
④ Peter Moraw, *Fürstentum, Königtum und "Reichsreform" im deutschen spätmittelalter*, S. 132.

因召开会议,而沃尔姆斯会议则是第一次涉及社会各等级的事务,参会人员不仅包括那些与国王有着密切关系的诸侯,而且还扩大到市民等级。帝国权力委员会成员的阶层涵盖面变得更广。① 帝国权力委员会无论在形式上还是实质上都具有了帝国行政机构的性质,② 它的成员不仅包括在帝国具有举足轻重作用的 20 位教俗大贵族,而且还有帝国自由城市(Freie Stadt)的代表。15 世纪末,德意志帝国有 80 余座自由城市,分布在帝国各个地区特别是在帝国的北部和西部。这些城市不仅是商业贸易中心,同时也在各邦国的政治事务中起着举足轻重的作用。在德意志已经形成的、以城市为中心的各个经济区域分别与法国、英国有着不同的经济联系,市民阶层代表进入帝国权力委员会,通过这一途径参与决定有关财政、防御、宣战和外交等帝国政治事务,市民阶层的参与在一定程度上左右了帝国与英国、法国乃至意大利等国家和地区的关系。

其次,帝国法庭的设立推进了帝国制度的改进,帝国法律管辖区的划分打破了邦国的界线,是此后帝国现代行政划区的雏形。尽管邦国制并没有因为这次帝国改革有所改变,但帝国的皇帝则可以通过帝国法庭干预邦国事务,以此强化国王的采邑权,调解和处理帝国与邦国之间的关系。另一方面,帝国法庭(Reichsgericht)取代王室法庭(Hofgericht)成为帝国的最高司法审判机构,更有效地保证了《永久和平条例》在帝国境内的推行,在废除私战、通过法律和平地解决纠纷方面产生了明显成效,这是向现代法律制度迈进的一大步。③

---

① Peter Moraw, "Versuch über die Entstehung des Reichstages" in Hermann Weber hrsg., *Politische Ordnungen und soziale Kräfte im Alten Reich*, Wiebaden: Steiner, 1980, S. 1ff.

② 德国历史学家们多有这种看法,对此进行较为详细的阐述,例如:Eberhard Isenmann, "Kaiser, Reich und deutsche Nation am Ausgang des 15, Jahrhunderts" in Joachim Ehlers hrsg., *Ansätze und Diskontinuität deutscher Nationsbildung im Mittelalter*, Sigmaringen: Thorbecke, 1989, S. 192ff; Karl-Friedrich Krieger, *Die Lehnshoheit der deutschen Könige im spätmittelalter*, Aalen: Scientia—Verla, 1979, S. 422ff; Ernst Schubert, *König und Reich, Studien zur mittelalterlichen deutschen Verfassungsgeschichte*, Göttingen: Vandenhoeck & Rubrecht, 1979, S. 323ff.

③ Dietmar Willoweit, "Reichsreform als Verfassungskrise, überlegungen zu Heinz Angermeier, Die Reichsreform, 1410—1500", *Der Staat*, 26 (1987), S. 273ff.

再次，虽然这次帝国改革没有具体涉及教会，但帝国制度的改建是德意志政治世俗化的一大进步。自中世纪早期起，"君权神授"的教义思想是帝国政治理论的基础。13世纪，在英法相继产生了议会制度，由此提出了"主权论"对议会制这种新的建制进行理论阐述。① "主权论"对西欧中世纪晚期政治制度的演变产生了极大的推动作用，改变了"君权神授"影响下的教会和世俗君权的关系。虽然在德意志王位的选举方面教会选帝侯仍然起着举足轻重的政治作用，但是帝国权力委员会的建立无疑在一定程度上制约了教会的权力。此外，帝国改革也为此后的宗教改革提供了有利的政治条件。

沃尔姆斯帝国会议产生的第四个重要影响是在意识形态领域。15世纪中期至16世纪初，德意志民族意识的增长则受到很大的阻碍，这种阻碍主要是德意志的多头政治及以此为基础建立的邦国制度。抑或可以这样说，体现整个西方基督教政治秩序的帝国旧思想虽然已经过时，但并没有完全消失。② 另一方面，尽管在中世纪德意志帝国的政治权力与英、法一样都是基于采邑权，但诸侯与国王之间的依附关系较并不十分紧密。社会的公共权力被严重分割成为诸如司法审判权、征收关税权或者是护送权（Geleitsrecht③）、铸币权和矿山权等各种权利，这些权利并没有包含在采邑权中，所有这些权利都是诸侯或者城市逐一获得的，享有转让或者继续封授给他人的权利。正如拉贝所说，中世纪的统治权基本上是与个人相关的而不是与地区相关的。这个被分割的政治权力依然是一种个人权力，而不是地区性权力，这种个人的权力是德意志实现统一的最

---

① 笔者曾就这个问题发表论文进行阐述，参见王亚平《浅析13世纪西欧提出的主权论》，《世界历史》2010年第4期。

② Horst Rabe, Deutsche Geschichte, 1500—1600, *Das Jahrhundert der Glaubensspaltung*, München: Beck, 1991, S. 13.

③ "护送费"是中世纪以及近代早期德国邦君诸侯的重要收入之一，源自中世纪早期商人为防止强盗的抢劫而雇佣的武装保护者，被护送者向护送者缴纳一定的费用。邦国形成后，武装的保护演变为信函，商人向邦君购买保护信函出入其邦国领地进行经济活动。参见 B. Koehler, "Geleit", in Adalbert Erler, hrsg., *Handwörterbuch zur deutschen Rechtsgeschichte*, Berlin: Schmidt, 1971, Bd. 1. S. 1482ff。

大障碍。德国历史学家们普遍认为，1495 年沃尔姆帝国会议上提出征收"共同芬尼"（Gemeine Pfinnig）的帝国税、1500—1502 由帝国社会各等级代表组成帝国权力机构，以及 1504 年起帝国法庭划定司法辖区等，所有这些改革措施都削弱了皇帝的个人权力，促进了帝国在制度建设方面朝着民族国家的方向发展；① 同时他们也不否认，这次改革并没有达到帝国改革要创建稳固的帝国统治权的目的，帝国各等级没有结成一个整体，也没有组建起一个有效力的等级机构。②

公权被分割以及邦国的独立和封闭，与这一历史时期社会人员和资源的流动形成了巨大反差，产生了难以克服的矛盾，致使社会出现不安定和不稳定的因素日益增加，因此恢复一个具有强势的德意志皇权不仅是马克西米利安一世等皇帝的愿望，而且也是社会各等级乃至邦君诸侯的共同愿望和要求。1494 年 8 月，法国国王查理八世率军进入那不勒斯，为德意志皇帝强化皇权提供了有利契机，同时也拉开了欧洲诸国争夺欧洲霸权的意大利战争的序幕。欧洲的历史学家把查理八世进军意大利看作是欧洲近代历史的开端，他们的论据是，欧洲的统治地位总是与占领意大利联系在一起的。③ 自中世纪以来，与罗马教会的关系，对德意志的君王来说始终具有举足轻重的作用；不仅如此，与意大利的商业贸易更是涉及君王和市民的利益。自 15 世纪起，日益强大的威尼斯共和国逐渐把德意志帝国的势力排挤出意大利北部地区，给德意志与地中海地区的贸易往来造成很大损失，这些都是促使马克西米利安一世卷入意大利战争的主要原因，也是德意志的诸侯与各社会等级共同支持皇帝征收"共同芬尼"税的主要原因。也正是基于这一点，多头政治的德意志才能在一定程度上达成一致。或许可以这样说，在有关意大利的问题上，德意

---

① Horst Rabe, *Deutsche Geschichte 1500—1600*, *Das Jahrhungdert der Glaubensspaltung*, München, S. 103f.

② Heinrich Lutz, *Das Ringen um deutsche Einheit und kirchliche Erneuerung*, *Von Maximilian I, bis zum Westfältischen Frieden 1490 bis 1648*, S. 117.

③ Ibid., S. 153.

志历史上首次体现出德意志的民族意识，与此同时发生的土耳其的入侵更增强了这种民族意识。1512年，在科隆召开的帝国会议闭幕时，马克西米利安一世第一次在帝国的官方文件中标注了"德意志民族的神圣罗马帝国"的字样。① 如果说英国和法国的民族意识是在百年战争时期"自下而上"生长起来的话，那么德意志的民族意识则是在帝国实施改革的过程中"自上而下"地增强的。

五 结论

综上所述，沃尔姆斯帝国会议可以说是中世纪晚期德意志帝国改革的开端，虽然这次改革的成效由于帝国政治局势和社会发展的特点而带有很大的局限性，但它的确为德国向近代社会转型开辟了道路。帝国改革不仅促进了帝国制度的改进，增强了帝国统治权力对各独立邦国的渗透，也提升了德意志的民族意识。此外还应该强调的是，这次帝国改革对帝国与教会的关系也产生了重要影响，为16世纪的宗教改革提供了有利的政治条件。一方面，帝国改革强调社会各等级对帝国事务的参与以及在改革中设立行政建制，不仅在很大程度上限制了皇帝个人的政治权力，而且也在实践中否定了自中世纪早期以来一直奉行的"君权神授"的政治理论，罗马教会赖以干预世俗政治的理论基础被动摇，罗马教会在世俗政治方面的权威被削弱，从而在宗教改革后期才能制定出"教随国定"的原则。另一方面，罗马教会在政治上的强势无疑是其宗教崇拜的一个先决条件，而宗教权威抑制的是个人信仰的自由。13世纪以后西欧在经济结构和社会结构上的变化致使社会中人的主体性越来越凸显，这就为马丁·路德"因信称义"这种的宣扬个性信仰的宗教主张提供了有利的政治条件。宗教改革之前，韦尔多派、卡塔尔派以及艾克哈特大师的新神秘主义虽然都提出过个性信仰的主张，但都被强势的罗马教会

---

① 有关这一文献参见 Karl Zeumer, bearb, *Quellemsammlung zur Geschichteder Deutschen Reichsverfassung in Mittelalter und Neuzeit*, S. 297ff。

宣布为异端，遭受压制乃至镇压。德意志帝国改革通过等级会议提升了社会各等级的政治影响力，为通向个性信仰的道路扫清了政治上的障碍，有着相似政治要求的人们同样也因采用了相同的信仰方式，结成了不同的教派。抑或可以这样说，帝国改革使德意志中世纪政教二元对立的政治传统的影响日趋减弱，宗教改革运动也最终促使帝国的政教"分道扬镳"。

（发表于《历史研究》2015 年第 2 期）

中世纪西欧法律观念下的王权

陈太宝*

摘　要：中世纪西欧素有法律传统。该传统既体现在日耳曼习惯法中，也体现在基督教观念中。根据日耳曼传统，习惯法源于人们共同的习俗和观念，遵循着古法原则，并非由国王制定然后自上而下推行的法律。根据基督教观念，国王和世俗政府被置于上帝和神法之下，民众对上帝的忠诚胜过对世俗统治者的忠诚。总之，法律第一位，国家第二位。在这种法律政治环境下，西欧逐渐形成了国王要在法律下统治的观念。中世纪学者不断总结阐述这一观念，最终在中世纪形成了法律限制统治权威的传统。

关键词：中世纪；西欧；法律观念；王权

中世纪西欧王权与法律的关系是一个深具历史意义的命题。许多学者将其视为一个历史"逆推"过程，认为"王在法下""契约观念"等思想只是现代人臆断的结果，是17世纪"托利党"和"辉格党"政治斗争的产物。还有学者认为，这样的命题过于"学究且不切实际"。[①] 但王

---

* 陈太宝，天津师范大学欧洲文明研究院讲师。
① Fritz Schulz, "Bracton on Kinship", *The English History Review*, Vol. 60, No. 1 (May, 1945), p. 165.

权与法律关系的命题并非近代才出现,该命题本身即为一个历史现象。中世纪许多学者都把国王与法律的关系作为重点。一定程度上讲,中世纪王权观念是在分析国王与法律的关系中形成的。可见,该命题并非"不切实际"。

一 日耳曼传统中的法律至上观念

某种程度上讲,中世纪西欧文明即为日耳曼文明,其影响主要体现在日耳曼习惯法当中。对此,民国时期著名法学家李宜琛先生早有论述:"第五世纪直至第十五世纪,约一千年间,所谓欧洲中古之法制,殆咸为日耳曼法所支配焉。"[①] 日耳曼习惯法是相沿已久的社会习俗,主要是社会成员在长期的交往中自发形成的稳定的看法、观点和礼仪,是社会成员普遍认可的。日耳曼习惯法的首要特点就是其古法原则。中世纪早期学者塞维利亚的伊西多尔(Isidore of Seville,560—636)在其百科全书式著作《词源》中这样写道:"法律体制基于法律与习惯。两者之间的区别是,法律是成文的,习惯恰好相反,是因其古老而合法,是非成文的。"[②] 在此,伊西多尔道出了日耳曼习惯法的古老性特点。

习惯法的古法原则,说明越古老的习惯,越具有不可动摇的权威。习惯法必须是旧有的法律,自古已然的法律。在中世纪观念中,古老永恒之物,即是公正之物,而公正首先是指法律。卡莱尔教授指出:"正义首先是指法律,是与统治者的专横和变化无常的意志截然不同的法律。"[③] 正是由于习惯法的古法原则,决定了日耳曼法不是由国王制定,然后自上而下推行的法律,即是说,法律并非纯粹统治者意志的体现,而是源于人们共同的习俗和观念。

---

① 李宜琛:《日耳曼法概说》,中国政法大学出版社 2003 年版,第 2 页。
② Hunt Janin, *Medieval Justice: Cases and Laws in France, England and Germany*, Jefferson: McFarland & Company, 2004, p. 11.
③ R. W. Carlyle and A. J. Carlyle, *A History of Medieval Political Theory in the West*, Vol. 6, Edinburgh and London: William Blackwood & Sons Ltd., 1928, p. 506.

根据中世纪法律观念，法律地位高于国家。现代社会，法律需经国家批准方可有效。但在中世纪，法律先于国家存在，无须国家批准也具权威。"如果法律不是古法和善法，即使它是国家正式颁布的，那它也根本不是法律。"① 法律相比国家具有古老的历史和更高的权威性，连国王自己也公开承认这一特点。所以，中世纪国王颁布法典时，不是强调法律由自己制定，而是强调继承自先王和习俗，以此确定所颁法典的权威地位。典型的例证就是《阿尔弗雷德法典》序言中国王所做的声明："我，阿尔弗雷德国王，现将我们祖先尊奉的法律集中一起，记述下来……我不敢写进我自己的法律，因为我不知道后人喜欢什么……我在此收集了我认为最公正的法律，不管它们来自我的亲族伊尼国王，还是麦西亚国王奥法，或者第一个皈依者埃塞尔雷德。"② 阿尔弗雷德国王明确表示，所颁法律源自先王伊尼、麦西亚、奥法和埃塞尔雷德。国王颁布法典的行为并非近代意义的立法。所颁法典只是记录的习惯法，国王只是做出整理收集而已。"中世纪早期的法典不是立法行为，而是习惯的记录和修订。法典被统治者及其贤人一次次的修改，但并非由他们制定。"③

更重要的是，按照中世纪传统，国王不能仅凭个人意志颁布法典，他还必须同王国内的其他政治力量和宗教力量协商，并征得他们的同意。所颁法律必须是"由贵族制定并得到大家同意的"。④ 中世纪学者对此都有过总结。格兰维尔指出，"法律是在显贵们同意下由国王制订的"；而布莱克顿则强调："法律的威力在于显贵们的商讨和同意，在于整个共同体的认可和国王的权威；当法律得到相关的习惯及国王的誓言的支持时，

---

① Fritz Kern, *Kingship and Law in the Middle Ages*, New York: Harper & Row Publishers, 1970, p. 149.

② C. Stephenson and F. G. Marcham eds., *Sources of English Constitutional History: A Selection of Documents from A. D. 600 to The Present*, New York and London: Harper & Brothers Publishers, 1937, p. 10.

③ R. W. Carlyle and A. J. Carlyle, *A History of Medieval Political Theory in the West*, Vol. 6, Edinburgh and London: William Blackwood & Sons Ltd., 1928, p. 507.

④ J. E. A. Jolliffe, *The Constitutional History of Medieval England*, London: Adam and Charles Black, 1948, p. 27.

没有经过商讨和各方的一致同意,是不能改变也不能取消的。"① 可见,中世纪的法律从来没有被当作人们的主观意志的表达,而被视为一种只能被发现,不能被制定的客观规定。② 根据日耳曼政治观念,国家的目的就是维护已存的法律秩序。所以,在某种意义上,日耳曼共同体就是一个维持法律和秩序的组织。这是日耳曼文明带给中世纪的古老而且强大的传统。在这一传统下,国王的权力和恣意行为受到一定程度的限制。法律的权威源自其古老性,同时也源自人们的共同认可。习惯法这种与生俱来的权威性限制了王权的权威性。不是王权赋予法律以权威,恰恰相反,是法律赋予王权以权威。

二　基督教观念中法律高于国家的观念

根据基督教观点,国家必须尊敬和加强的不是世俗法律,而是神法和自然法以及教会法。换言之,基督教将国王束缚于另一项法律,即神法。对此,教父时代的圣奥古斯丁已有较为系统的论述。奥古斯丁被称为"古代基督教作家中的最后一人,同时也是中世纪神学的开路先锋"。③ 在他的神学思想中蕴含着法律观念,其法律思想直到13世纪中期仍深具影响力。奥古斯丁将基督教神学与斯多葛学派自然法观念相结合,将法律描述为三个不同的层次,将古典法律思想进行了基督教化的改造。在奥古斯丁看来,最重要也最高层级的法律是神法(divine law)。神法来自上帝的意志和上帝的理性,它是永恒的,永远约束人类行为。其次是不可改变的自然法(natural law)。自然法是神法在自然界的体现,可被人类所理解和领悟。第三层次也是最低级的法律是实在法或制定法(positive law)。人类不能完全体认上帝的意志,所以不能直接依靠神法和自然法统治,需要制定适合人类政治实体的法律,比如罗马帝国的罗马法。

---

① R. W. Carlyle and A. J. Carlyle, *A History of Medieval Political Theory in the West*, Vol. 6, Edinburgh and London: William Blackwood & Sons Ltd., 1928, p. 509.
② 丛日云主编:《西方政治思想史》(中世纪卷),天津人民出版社2005年版,第398页。
③ 同上书,第90页。

制定法因不同时期不同国家而不尽相同。但如果制定法与自然法和神法不冲突，那么这些制定法或习惯法就要被遵守。通过奥古斯丁对法律的分类可知，世俗法律并非最高权威的法律，在其之上有神法和自然法的制约。可见，早在圣托马斯·阿奎那于13世纪完成自然法的体系化之前，基督教教义中就已经存在如下坚实传统：在世俗法之上存在着更高的标准，它是衡量世俗法的尺度，可能使世俗法归于无效。① 基于以上理论根据，奥古斯丁认为，所有人包括国王在内，都要服从法律，当世俗统治者遵守法律时，他就是合法的统治，这是世俗权力合法性的基础。奥古斯丁通过这一观点，奠定了"在法律下统治"的观念。他虽没有明确表述出这一理论，但却隐含着无人能够位居法律之上的思想，即使国王亦是如此。中世纪法律至上观念的出现，很大程度上得益于这位教父。进入中世纪，奥古斯丁的法律思想通过其神学思想得以流传，为中世纪留下了重要的法律遗产。

　　世俗权威在上帝和神法面前位居次要地位，这意味着王权统治并非至高无上。按照基督教有关政府起源理论，强制性的王权统治并非至善的统治形式。该政治思想源于《圣经》，并经教父的阐述而明确。根据《圣经》，以色列人从摩西开始直到撒母耳，都是先知根据法律权威治理民众，在此之前并无国王。当撒母耳年迈时，上帝愤怒人们不遵从自己，便立王来治理他们。②《圣经》的这一教义使人们相信，"国王并不是真正必需的，以色列人祈求上帝为他们立王导致上帝的不满，他们像非犹太人一样走上邪路。"③ 经过安布洛斯、奥古斯丁、大格里高利以及圣伊西多尔等教父的阐述，最终形成了基督教关于政府起源的理论：最初，并没有强制性的统治，因为人类的原罪，上帝才将人类置于世俗权威的统

---

① ［爱尔兰］J. M. 凯利：《西方法律思想简史》，王笑红译，法律出版社2002年版，第98页。
② 参见《圣经·撒母耳记上》，第8，9，10章。
③ John Dickinson, "The Mediaeval Conception of Kinship and Some of Tts Limitations", *Speculum*, Vol. 1, No. 3 (Jul., 1926), p. 311.

治之下，以此来补救人性的堕落。① 希腊罗马时代，亚里士多德把世俗世界的城邦理解为"至善"的社会组织，但中世纪基督教观念与此不同，它虽然承认国家有执行正义、抑制罪恶的使命，但国家的起源是恶的，它带着抹不掉的污点。② 因此，基督徒对世俗政权的忠诚远比不上对上帝的忠诚，正如学者所形容的，基督徒对君王只跪一条腿，只有对上帝才跪两条腿。可见，国王在中世纪人们心中并不占据最神圣的地位，民众也没有把全部的忠诚都献给国王。来源于上帝的法律也带有至上性，这一点与日耳曼传统一致。加之中世纪西欧多元的法律政治环境，使法律至上观念成为可能。在伯尔曼看来，"西方法律传统最突出的特征可能是在同一个社会内部各种司法管辖权和各种法律体系的共存和竞争。正是这种司法管辖权和法律体系的多元性使法律的最高权威性成为必要和变得可能。"③

总之，不管是神法还是世俗法，国王都必须遵守。"日耳曼和教会观念一致认为，国家的存在就是为了实现法律；国家权力是手段，法律是目的；国王依靠法律，法律优于国王并以此作为国王存在的基础。"④ 这一阐述，一方面体现了中世纪国王权力有限的日耳曼传统，另一方面，教会思想也为这一传统的深入发展进一步提供了理论支持。在中世纪，法律第一位，国家第二位。换言之，国家仅是将法律付诸实践的工具；它的本性源自法律，法律位居其上。法律先于国家；国家为了法律通过法律而存在，而不是法律通过国家而存在。⑤

---

① R. W. Carlyle and A. J. Carlyle, *A History of Medieval Political Theory in the West*, Vol. 1, Edinburgh and London: William Blackwood & Sons Ltd., 1928, p. 129.

② 丛日云：《西方政治文化传统》，吉林出版集团有限责任公司 2007 年版，第 352 页。

③ [美] 哈罗德·J. 伯尔曼：《法律与革命》，贺卫方等译，中国大百科全书出版社 1996 年版，第 11 页。

④ Fritz Kern, *Kingship and Law in the Middle Ages*, New York: Harper & Row Publishers, 1970, p. 70.

⑤ Ibid., pp. 154 – 155.

三 国王在法律下统治的理论

法律在中世纪的重要地位,即使国王也不可无视它的存在。因为如果脱离了法律,国王也将无法有效统治,这是中世纪西欧国王的统治模式。政治学家萨拜因这样描述中世纪的法律:"在中世纪人们的心目中,法律却绝不只存在于天上。它更像是一种无边缭绕的大气,从天上一直笼罩到大地,深深嵌入在人际关系的各个方面。……所有的法律都确实被认为是永远有效的并在某种程度上是神圣的,一如神意被认为是一种普世存在的力量,它渗透进了人之生活中甚至最无关紧要的细节之中。"[①]法律浸润在整个中世纪西欧生活中。在这样的历史背景下,国王不可能脱离法律进行统治。

这一特点在中世纪英国尤为突出。按照中世纪传统,国王就职加冕时,都要进行宣誓,其中重要的内容就是要宣誓维护正义、尊重法律。9世纪,威塞克斯国王埃格伯特治下的一位主教曾表示,新国王应该宣誓保护教会,为所有臣民阻止不公,维持正义。[②] 10世纪中后期,埃德加国王的加冕誓词同样表明,国王要保护教会,维持合法统治,并施以民众以公正。[③] 在法律下进行统治的理念已成为国王统治的标准原则,相应的,公平、正义成为好国王的必备品质。11世纪的约克大主教伍尔夫斯坦(Wulfstan,1008—1095)在其政治著作《政体构成》(*Institutes of Polity*)中,概括了一个基督教国王应具备的七项品质:"敬畏上帝、热爱真理、谦以待人、严惩恶徒、善待滋养穷人、保护教会、在亲疏之间根据

---

① [美]乔治·萨拜因:《政治学说史》,邓正来译,上海人民出版社2008年版,第251页。

② Bryce Lyon, *A Constitutional and Legal History of Medieval England*, New York: WW Norton & Co., 1980, p.40.

③ C. Stephenson and F. G. Marcham eds., *Sources of English Constitutional History: A Selection of Documents from A. D. 600 to The Present*, New York and London: Harper & Brothers Publishers, 1937, p.18.

公正的法律做出公正的判决。"① 不难看出,公正对待法律已成为当时社会对国王的基本要求。

盎格鲁—撒克逊时期的宣誓传统被诺曼国王所继承。如同盎格鲁—撒克逊国王一样,诺曼国王也进行宣誓,承认某些义务,以此为条件换取贵族的服从与支持。在宣誓行为中,国王按照法律统治的观念不仅没有改变,反而更被明确和强调。征服者威廉在加冕仪式上宣誓,"他将保护教会和教士,他将公正的统治并悉心照料全体人民,他将制定维护公正的法律,他将禁止所有破坏行为和不公正的审判。"② 威廉国王做出的承诺对自己是一种制约,不过这时的限制作用还比较模糊,而且当威廉巩固统治之后并没有认真履行其承诺。但国王发表加冕宣誓,向民众承诺其统治责任并表示要维护法律的行为和观念,成为传统被继承和保留下来。

亨利一世时期宣誓传统进一步发展。亨利一世不仅做出了依照法律统治的宣誓,而且以书面特许状的形式予以公布:"我会给教会自由;我不会出卖或出租其财产;在大主教、主教或修道院长死后,在继位者上任之前的空位期不侵占教会或其封臣领地的财产。我禁绝曾使英格兰遭受不公正待遇的罪恶习惯。"③ 后世学者对此宣誓行为评价不一,但其长期的历史价值不可忽视。不能否认,亨利一世在当时统治不稳固的政治环境下订立誓言,这是新国王尽可能获取支持的权宜之计,其时效价值不宜估计过高。正是从这一角度讲,霍莱斯特教授认为亨利一世的誓言"既非宪政君主制的前奏,也非国王的慷慨行为,只是亨利面临自己兄长对抗时,争取支持的权宜之计。"④ 不过,亨利一世誓词的意义并不在于它的时效价值,而在于它的历史价值。莱昂认为:"不管国王

---

① H. R. Loyn, *The Governance of Anglo-Saxon England*, 500—1087, London: Edward Arnold, 1985, p. 87.

② D. C. Douglas and G. W. Greenaway, eds., *English Historical Documents*, Vol. II, New York: Oxford University Press, 1981, p. 228.

③ Ibid., p. 433.

④ C. Warren Hollister, *The Making of England: 55 B. C. to 1399*, Lexington: D. C. Health and Company, 1992, p. 127.

有无执行这些誓言,这是第一次以书面的形式承认国王在法律之下并依照法律统治。"① 后世,亨利一世誓词的条款常被作为重要的先例来援引,成为贵族限制王权保护自身权利的重要历史依据。誓词中明确了大量的封建习惯,并为诺曼国王与其直属封臣的关系树立了标准。这些承诺后来成为自由大宪章的重要内容。由此可见,许多历史事件要经过一定时期的历史沉淀,其影响才会逐渐显现出来,而在较短时段内也许并不明朗。

国王斯蒂芬继位时模仿亨利一世同样做出了宣誓。1135 年,斯蒂芬发布特许状,承诺维持忏悔者爱德华和亨利一世时期的权利和法律。1136 年,斯蒂芬再次重申其继位时的誓言。② 以上诺曼时期国王的宣誓传统留给中世纪英国的是王权有限先例,规定了国王合法应该具有的权利和责任。明确权利,同时也意味着限制权利。亨利二世继位时,仿照亨利一世,在其加冕典礼之后,颁布特许状做出宣誓,声明要维护亨利一世时期的习惯和权利。③ 亨利三世和爱德华一世也遵循传统做出加冕宣誓,他们都承诺保护教会,维持和平,给予正义,依据习惯和法律统治,并革除不公正的法律。

上述国王进行继位誓言,某种动机是新国王在争取支持的权宜之谈,但在一个重视誓言的基督教环境下,国王不能完全无视其宣誓,更为重要的是,贵族和教会力量会借此形成对王权的实质性限制。在封建法框架内,这些誓词实际上解释了国王与臣民的关系:臣民并非绝对服从,国王也并非无条件的统治,他们各自负有某些责任,也具备一定的权利。虽然在中世纪政治环境下,誓言不能有效地限制强力国王的实际行动,但国王宣誓行为本身所传达的观念,是王权并非毫无节制的权力。因此,

---

① H. R. Loyn, *The Governance of Anglo-Saxon England*, 500—1087, London: Edward Arnold, 1985, p. 141.
② D. C. Douglas and G. W. Greenaway, eds., *English Historical Documents*, Vol. II, New York: Oxford University Press, 1981, p. 435.
③ Ibid., p. 440.

中世纪国王的誓词某种程度上预示着宪政观念的出现。国王在加冕仪式上的宣誓，虽然其限制作用起初主要体现在理论和观念中，但当历史条件成熟后，观念的限制便可迅速转化为实际的行动。这些传统和先例为 13 世纪早期的贵族反抗提供了理论依据。至 13 和 14 世纪，随着早期议会的出现，王权受到的限制更加明确地体现出来。

正是在这样的法律政治背景下，英国历史上不乏尊重法律的统治者。远在盎格鲁—撒克逊时期，国王阿尔弗雷德就以重视法律闻名："几乎所有的郡长、管家和塞恩从小就不识字，不管他们多么劳烦，国王都要求他们学习不熟悉的法律，如若不然就被撤职；如果有人学习较慢，国王就让他找人帮忙——夜以继日地或者只要有空闲就为他用英语阅读。"① 诺曼征服之后，国王依靠法律统治的观念仍没改变。亨利一世就因其在法治方面的贡献被誉为"正义之狮"。而其外孙亨利二世对普通法的贡献更被后世所称赞，称其在法律领域"做出了独一无二的贡献"。② 法律史权威梅特兰同样评价道："亨利二世统治时期在法律史上至关重要。其重要性体现为中央权力的行使，也体现为国王发动的改革。"③

在前述法律传统下，包括英国在内的中世纪西欧逐渐形成了国王根据法律进行统治的观念。对此，中世纪时期的学者不断做出概括和论述。学者格兰维尔生活于 12 世纪，他是亨利二世的首席法官，熟知王国内的法律和古老习惯。在其著作《论英格兰王国的法律与习惯》中，开篇便指明："王权不仅当事武备，以镇压反对国王和王国的叛逆和民族，而且宜修法律，以治理臣民及和平之民族；如是，无论战时与和平，我们尊

---

① Hunt Janin, *Medieval Justice: Cases and Laws in France, England and Germany*, Jefferson: McFarland & Company, 2004, p. 66.

② C. Warren Hollister, *The Making of England: 55 B. C. to 1399*, Lexington: D. C. Health and Company, 1992, p. 148.

③ F. Pollock and F. W. Maitland, *The history of English law*, Vol. I, Cambridge: Cambridge University Press, 1898, p. 136.

敬的国王皆可成功地履行其职责,以至假强力之具制服嚣张狂妄之徒,以公道之杖为谦恭怯懦之辈主持正义,俾使他于敌战无不胜。"① 可见,在格兰维尔看来,国王权威的基础除了军队和武力,还应源自法律。法律成为王权合法性权威的重要基础。

13世纪,布拉克顿继承了格兰维尔的法律政治思想。布拉克顿被誉为13世纪论述英格兰法的集大成者。与格兰维尔类似,布拉克顿同样认为:"为行善治,国王需要两样东西,即武器和法律。"他进而指出,国王的政权恰来源于法律——是法律(lex)使他成为国王(rex),一旦他只用武力统治,他就不再成其为国王了。② 像布拉克顿这样的王室法学家照样认为,国王有义务服从法律,国王处于"上帝和法律之下",不是国王创造法律而是法律造就了国王。③

总之,国王服从法律并根据法律进行统治的观念已成为重要的法律政治理论,并深入中世纪的思想观念之中。1264年一名佚名诗人在其诗歌中表达了此种法律观念:"法律高于国王的尊严,我们认为法律是光亮,没有光亮人就会误入歧途。如果国王不要法律,他就会误入迷途,……有了法律,就会国泰民安,没有法律,就会国家动乱。法律是这样说的,依靠我,国王才能统治,依靠我,制定法律的人才能受到公正的对待。国王不可以改变确定的法律,他只可以按照法律激励和完善自身。依法者存,违法者亡。"④ 某种意义上讲,中世纪最重要的法律遗产就是形成了这样的法律信仰:法律的真正目的是阻止或至少限制世俗权威或宗教权威任意行使权力。⑤

---

① [美]哈罗德·J. 伯尔曼:《法律与革命》,贺卫方等译,中国大百科全书出版社1996年版,第552页。
② 同上书,第554页。
③ Ernst H. Kantorowicz, *The King's Two Bodies*, Princeton and New Jersey: Princeton University Press, 1997, p. 150.
④ 沈汉、刘新成:《英国议会政治史》,南京大学出版社1991年版,第16页。
⑤ Hunt Janin, *Medieval Justice: Cases and Laws in France, England and Germany*, Jefferson: McFarland & Company, 2004, p. 171.

不过，在中世纪政治环境下，对违法的国王并没有明确有效的惩罚措施。国王只在理论上接受上帝的惩罚。政治学家麦基文认为"对专断意志的法律限制，完全缺乏有效的强制力"，并将其视作中世纪宪政主义的一项"根本缺陷"。① 在中世纪法律观念中，存在某种悖论：一方面人们认为国王由法律所创并受制于法律，另一方面人们又承认任何令状都不能反对国王，因此国王不受法庭一般程序的限制。对此，布拉克顿的思想最为典型。布拉克顿不容置疑地指出，国王受制于法律。② 但同时他又承认国王独一无二的地位，认为违抗国王，法律将不能被合法地履行。③ 布拉克顿的思想在现代人看来如此矛盾，但在中世纪观念中，这种矛盾并不显著。现代人难以理解的这种所谓的"矛盾"，正体现了中世纪权利的特点：即中世纪权利是一种"等级权利"，而非现代人通常理解的那种法律面前人人平等的权利，因此处于社会等级顶端的国王理应享有更大的权利。

四 等级权利观念

中世纪人们将等级制视为常态，无意识中完全接纳等级思想。等级思想同样渗透到权利观念当中。一方面，法律具有权威性，因而法律对于整个民族和包括国王在内的每个人都具有约束力。另一方面，法律又使每个人享有与其地位相匹配的各种不同层次的特权和权利。即使说，中世纪权利是一种"等级权利"。国内学者侯建新教授在谈到"主体权利"（subject right）时指出："中世纪主体权利的实质是一种身份权利或等级权利。"④ 在中世纪，权利不可能是充分的，也不可能是平等的，它

---

① ［美］C. H. 麦基文：《宪政古今》，翟小波译，贵族人民出版社2004年版，第73页。
② Fritz Schulz, "Bracton on Kinship", *The English History Review*, Vol. 60, No. 1 (May, 1945), p. 165.
③ Ernst H. Kantorowicz, *The King's Two Bodies*, Princeton and New Jersey: Princeton University Press, 1997, p. 147.
④ 侯建新：《社会转型时期的西欧与中国》，高等教育出版社2005年版，第128页。

实际上是有限的权利,等级的权利。国王有国王的权利,贵族有贵族的权利,农奴也有农奴的权利,不同身份的人所享有的权利并不处于同一层次,这是中世纪等级社会的普遍观念和行为准则,实属正常。"等级权利"所传达的并非法律面前人人平等的观念,而是每个人都应当按照其地位和身份的高低去享有法律赋予的相应的权利。上至国王、主教和贵族,下至市民、佃农,都享有与其身份地位对应的权利。"这种根深蒂固的身份观念(the idea of status),使得几乎任何程度的不平等都成了正当的现象。"① 这是中世纪习以为常的观念,我们不可用现代人的观念去衡量。可见,中世纪的权利并非完全平等的权利,而是一种等级权利。

王权也概莫能外。中世纪的"等级权利"或者"身份观念"意味着国王处于更高的等级,享有更多的特权。中世纪的"国王明显具有'双重性质':一种是世俗性的,基于该性质他同其他人一样;另一种是神圣性的,基于该性质他胜过其他所有人。"② 这正是坎托洛维茨教授提出的国王的"两个身体"的观念。坎托洛维茨教授认为,国王同时具有政治身体(body politic)和自然身体(body natural),国王的自然身体,与通常人一样也会死亡,但国王的政治身体,是精神身体,是永恒的。

国王的双重性质决定了国王具有双重身份。一种身份,国王是封建领主,与其封臣构成一种原始契约关系。另一种身份,国王是王国内公权力的总承担者。在第一种身份中,国王和其他贵族一样都可被封建法庭起诉,而在第二种身份中,任何令状都不能反对国王。在中世纪历史条件下,对王权范围尚无明确的界定。因此,布拉克顿可以在认为国王受法律约束的同时,又认为任何法官都不能怀疑国王的行为,不能针对国王颁布令状,国王虽然"应当"服从他们的法律,但无法在法律上要

---

① [美]乔治·萨拜因:《政治学说史》,邓正来译,上海人民出版社2008年版,第258页。
② Ernst H. Kantorowicz, *The King's Two Bodies*, Princeton and New Jersey: Princeton University Press, 1997, p.171.

求他那么做。但这并不意味着国王可以无视法律任意妄为。虽然没有确切的界定，但的确存在某种权利界限，一旦国王有所僭越，就是违背了法律和道德，甚至有终成暴君而招致反抗的危险，其统治不可能稳固。总之，国王拥有高于他人的权利，但是国王大于个人，而小于整体，国王不能脱离法律而长久统治。

还需注意的是，按照中世纪观念，虽然国王与他人拥有的权利大小不同，但权利在其神圣性上并无区别。"合法确立的君主要求进行统治，如同农民要求继承农场一样；两个要求同样神圣，但是两者都面临丧失的危险。国王的权利同其他人的权利没什么不同；它也是'私权'。"① 中世纪权利的这一特性无疑拉近了王权与民众权利的距离，意味着国王要像尊重上层权利那样尊重普通民众的权利。正因如此，萨拜因指出："国王不仅应当公正地而非残暴地进行统治，而且还应当参照极为古老的惯例如实地且尽量准确地去实施王国的法律。国王对下述两类权利置之不理的做法仍然是不合法的：一是风俗习惯保障其臣民所享有的各项权利，二是被其先辈宣告为本国法律的各项权利。"②

综上所述，在中世纪法律观念下，西欧日耳曼文明形成了法律至上的传统。而且在基督教背景下，王权与国家并非最高权威。王权被置于上帝之下，受到神法约束。在这样的法律政治背景下，形成了国王应在法律下统治的观念。虽然中世纪国王享有级别较高的等级权利，特权范围更大，而且也无严格的措施将国王限定在法律范围内，但最重要的是，国王应在法律下统治的观念构成了限制统治权威的宪政主义传统，这成为西欧文明的重要特征。

（发表于《北方论丛》2011年第4期）

---

① Fritz Kern, *Kingship and Law in the Middle Ages*, New York: Harper & Row Publishers, 1970, p. 196.
② [美]乔治·萨拜因：《政治学说史》，邓正来译，上海人民出版社2008年版，第256—257页。

论欧洲政治思想的犹太来源

饶本忠*

摘　要：欧洲政治思想内容十分丰富，神权思想、平等观念、个人主义等不一而足。就其渊源而言，各有不同，大体上"雅典、罗马和耶路撒冷"是其发展的共同基础，或是三者的结合体，或来自它们中的一方。这里主要对欧洲政治思想中来自"耶路撒冷"的神权政治、平等思想以及有限王权的政治思想进行探究，欧洲中世纪时代的神权政治与圣经时代的犹太神权政治具有明显的继承性，有限王权的观念与圣经时代犹太王权思想一脉相承，而欧洲的平等思想在犹太传统找到其根源。

关键词：犹太人；犹太政治理念；欧洲政治思想

政治思想是欧洲政治文明重要组成部分，是欧洲人引以自豪的文明表现形式，也是欧洲人不遗余力地向外兜售的东西，其对世界其他地区的政治文明的发展所产生的影响广泛而深刻。国内外学者对其的发生、演变等诸多方面的都曾进行了广泛探究，[①] 但很少有学者系统地探究欧洲

---

* 饶本忠，天津师范大学欧洲文明研究院教授。
① Cf: Macfarlane, *The Origins of English Individualism*: *The Family*, *Property and Social Transition*, Oxford University Press, 1978; C. H. Mcilwain, *The Growth of Political Thought in the West*, *from the Greeks to the End of the Middle Ages*, New York: Macmillan, 1932; Joseph Canning, *A History of Medieval Political Thought*, London and New York: Routledge, 1996; [荷] 斯宾诺莎：（转下页）

政治思想的犹太来源，他们大都溯及古希腊罗马和基督教，且在溯及基督教之时，主要局限于基督教自身。这里抛开宗教信仰的偏见，主要从学术上对欧洲政治文中的神权政治、平等、有限王权思想中犹太来源进行较为系统地探讨，这种探讨无疑是对欧洲政治思想研究的有益补充。

一　神权政治理念

神权政治是神权与政治合为一体的一种政治体制。在中世纪的西欧，尤其在 11 世纪晚期教皇革命后，神权政治一度占据主导地位。尽管到中世纪后期，神权政治随着文艺复兴出现和宗教改革的开展等逐渐走向衰落，但神权政治的影响依然延存，成为中世纪留给欧洲的重要政治思想遗产之一。严格意义上，这份遗产与犹太神权政治思想有着密切的渊源关系，它在犹太政治思想中早已存在。

在犹太政治思想中，"神权政治"一词最早出现于公元 1 世纪犹太史学家约瑟夫斯的《驳阿皮安》一书中，他说："我们的法律颁布者……建立了可以称为'神权政治'的政体形式——如果可以这么勉强称之的话，即将主权和权威交给上帝的手中"。①这是他的发明还是从未知文献借鉴而来目前不得而知。此后，神权政治作为一种政治思想屡屡为犹太思想家们所论及，如犹太著名思想家斯宾诺莎、马丁·布伯②等都专门论及这一政治思想。犹太神权政治形成于摩西时代，在摩西时代之后，希伯来人神权政治继续延续。在士师时代，士师基甸明确表达支持神权政治，他说："我不管理你们，我的儿子也不管理你们，惟有耶和华管理你们！"（《士师

（接上页）《神学政治论》，温锡增译，商务印书馆 1982 年版；[法]皮埃尔·勒鲁：《论平等》，王允道译，商务印书馆 1994 年版；[俄]索洛维约夫：《神权政治的历史和未来》，钱一鹏、高薇、尹永波译，华夏出版社 2001 年版；丛日云：《在上帝与凯撒之间——基督教二元政治观与近代自由主义》，生活·读书·新知三联书店 2003 年版等。相关的论文还有不少，这里不再列举。

① Flavius Josephus, *Against Apion* II, 19. cf: http: //rbedrosian. com/Josephus/japion2. htm.

② 参见 [荷] 斯宾诺莎《神学政治论》，温锡增译，商务印书馆 1982 年版，第 268 页；Martin Buber, *Israel and the World*: *Essays in a Time of Crisis*, New York, Schocken, 1948；非犹太思想家也专门论及这一问题，如索洛维约夫在《神权政治的历史和未来》一书中提出："摩西是犹太神权政治的创始人"，参见该书第 129 页。

记》8∶23);在先知时代,以色列人喊道喊:"耶和华是我们的统治者,耶和华是我们的王子,耶和华是我们的君王"(《以赛亚书》33∶32);在第二圣殿时期,尽管被外族人(先是波斯人,后为希腊人)统治,但神权政治制度并没有被削弱反而在一定程度上又得到了强化,祭司成为上帝的代表,地位世系,他们在政治、宗教、司法等方面发挥着上帝与犹太人之间的中介作用。尤其是"大祭司本人越来越成为民族情感的象征",①成为犹太人的"移动的圣殿"。② 祭司又保护法律,判决案件,惩罚犯罪(《申命记》17∶8 – 10),又解释律法、提供神谕等。这种神权政治直到罗马人的到来,第二圣殿被毁才终结。总之,在犹太神权政治中,上帝是以色列人唯一的、最高的统治者;包括摩西、大祭司在内的领袖们是上帝的代理人,而犹太人是上帝的直接会众。

《新约》显然继承了犹太人的神权政治理念。使徒保罗不仅规范了教徒与帝国政府之间的关系,而且提出罗马帝国的行政官员也必须得到尊重,"没有权柄不是出于神的"(《罗马书》13∶1),他们掌握的权力源自上帝的赐予,违抗政府就是违背神的旨意;神权政治理念在以奥古斯丁、托马斯·阿奎那为代表的基督教神学家们的思想中清晰可见。奥古斯丁的双城论、教会至上论无疑是犹太神权政治理念的延续和发展。无论是双城论还是教会至上论,都强调上帝是最高的主宰,教会是上帝的代表,教会是上帝拯救人类灵魂的组织者和实施者;托马斯·阿奎那吸收了奥古斯丁的神权理论,他说:"基督教世界的一切君王都应当受他的支配,像受耶稣基督本人的支配一样";③ "根据既为祭司又为国王的基督的启示,教皇的权力在世俗问题和宗教问题上都是至高无上的;而按照

---

① [英] 塞西尔·罗斯:《简明犹太民族史》,黄武福等译,山东大学出版社 2004 年版,第 92、76 页。
② Hannah K. Harrington, *Holiness: Rabbinic Judaism and the Graeco-Roman World*, London and New York, 2001, p.58.
③ [意] 托马斯·阿奎那:《阿奎那政治著作选》,马清槐译,商务印书馆 1997 年版,第 85—86 页。

麦基洗德的规定,基督是永远的祭司,是万王之王之主,他的权力必然不会丧失"。① 由是观之,阿奎那与奥古斯丁一样,他们政治思想中都强调了上帝权力的至高性,这种思想实质上是犹太神权政治理念的延续和发展,相较而言,阿奎那的思想更为完善、更系统化、理论化。

神学家的工作主要从思想方面对神权政治进行了理论上的建构,然而对掌握"神权"的主教们而言则是把神权政治理念运用于实践之中。当然,神权的扩大并非易事,因它面临的是强大的王权,王权是其扩张所面临的一大障碍,同时它还必须要有广泛而雄厚的信徒基础。当日耳曼人主体皈依基督教后,主教们又面临着教会的分裂问题。因而,虽然在西罗马的覆亡后,再也没有皇帝的影子遮盖罗马主教的身躯,罗马主教变成西方最重要的人物,但罗马主教也只是增进了教权。尽管他们是上帝的人间代表,但此时的罗马教廷实际上一直依赖于法兰克君主的庇护,并没有与王权抗争的能力和与其叫板的实力。中世纪前期发生的诸多事件表明,教皇需要强有力诸侯的保护。如在教皇的祝福下,英格兰传教士卜尼法斯在751年为矮子丕平加冕成为法兰克国王,三年后,教皇穿越阿尔卑斯山,按照旧约的方式,膏抹丕平为上帝所拣选的国王,② 矮子丕平的政变由此披上了神圣的外衣。教皇此举的重要原因是需要一位坚强有力的保护人,而矮子丕平就是这样的人。后来丕平投桃报李,在756年他正式把拉韦纳领土赠给教皇,即"丕平献土"。公元800年,这一幕又再度上演,主角不再是丕平而是查理曼,查理曼"将自己谦卑地献给上帝",他"早已将自己视为由上帝任命的新大卫王,并以圣奥古斯丁的宝鉴作为指导"。③ 这些都是法兰克君主制不断向神权政治方向发展的标志性事件,同时,教廷也不断向教皇凯撒制演变。在此过程中,西

---

① [意]托马斯·阿奎那:《阿奎那政治著作选》,马清槐译,商务印书馆1997年版,第153页。
② 该仪式显然来自《旧约》,它是以色列国王就职的基本模式,在圣经时代,他由祭司或先知为其涂油或祝圣,表明他是上帝选定的人。
③ [美]沃格林:《政治观史稿》卷二,叶颖译,华东师范大学出版社2009年版,第65页。

欧封建领主和国王控制了教会人员的任命和就职，即授任圣职权为世俗势力所掌握。但作为上帝的代理人，教皇显然不愿安于现状。他一方面借助《圣经》从中找出有利于自己的"依据"，《圣经》中多次表达这样的观点：最高权力来自上帝；另一方面又以公元10世纪初克吕尼重整本尼迪克会①为起点，教会开始了一场影响深远的复兴运动。克吕尼等改革家们大体完成了把整个教会从世俗控制中摆脱出来并使之顺服于教皇权威的目标，约有300家克吕尼修道院从世俗控制中解放出来。1059年，教皇制自身通过创建红衣主教团也从世俗干预中摆脱出来，此后由红衣主教团选出教皇。② 这场教皇制改革的策划者是一位名叫希尔德布兰德的总执事。1073年，他被推选为教皇即格里高利七世（1073—1085年在任），他上台后不久，他采取一系列强化教权的措施，如拟定了《教皇敕令》，宣称罗马教会完全为上帝所建立，教皇是西欧最高统治者且有权废除皇帝；他又完善教阶制度，编撰教会法典，并以宗教立法的形式肯定了教会的圣职授予权和对教士的最高司法权；正式禁止世俗干预圣职任职等。通过这些措施，罗马教皇建立起对西欧的大一统神权，"全欧罗马教会成为最早的近代国家"。③ 这个国家显然是一个神权国家，居于最高地位是上帝的代理人——教皇。在英诺森三世（1198—1216）在位时，教廷神权达到鼎盛。他不仅有权掌握最高宗教权力，甚至有权废除世俗国王。显然，格里高利七世、英诺森三世的神权理念源自以奥古斯丁的神权思想，而奥古斯丁无疑植根于《旧约》中，由此又回到犹太神权政治理念那里。他们强调的主教作为上帝代理人的角色，基本等同于犹太神权政治中的摩西、大祭司的角色，他们颁布法律、解释法律、审判案件、废除国王、定立圣职等。这样，虽然欧洲世俗政权一直作为世俗的

---

① 即克吕尼修会又称"重整本尼迪会"，天主教隐修院修会。由本尼迪克会改革而成，因创始于法国克吕尼隐修院，故名。
② ［美］布鲁斯·雪莱：《基督教会史》，刘平译，上海人民出版社2004年版，第199页。
③ ［美］哈罗德·J. 伯尔曼：《法律与宗教》，梁治平译，中国政法大学出版社2003年版，第152页。

力量来发挥作用，但他们的君主从来没有达到中国皇帝的地位，更不会以"天子"自居。这种架构与圣经时代以色列政治架构不谋而合。这种"合"并非巧合，更非偶然，它表明两点：一是日耳曼的民族传统与犹太人的政治契约理念存在着契合点，二是其本身是对希伯来神权政治理念的一种继承。

此外，神权政治理念也被宗教改革家们所继承，如茨温利认为上帝是基督教共同体的最高统治者，教会与世俗政权都要服从上帝的统治；作为宗教改革家的加尔文更是把日内瓦打造为神权政治的国度，《圣经》成为基督教国家的根本大法。[①] 到了现代，尽管欧洲的教会早已不再是格里高利时期的教会，现代的教皇更是与英诺森三世无可比拟，现代欧洲国家的首相或总理就职之时，也不再需要教皇的抹油受膏，但从现代不少欧洲国家的政府首脑在就职典礼中手按《圣经》宣誓的仪式中可以发现，神权政治理念在现代宪政制度中留下了它的残影，从《人权宣言》中依然可以看到它留下的痕迹。

二 有限王权思想

强调神权意味着弱化王权，也意味着上帝对以王权代表的世俗权力的不信任。《旧约》中对王权的不信任、对世俗权力的批判乃至藐视随处可见。这种对王权不信任及批判的理念传至了欧洲政治传统思想之中，成为欧洲宪政发展的重要思想来源之一。

在犹太政治思想中，王权显然不是希伯来文明的内在产物，而是对邻近周边君主制国家的模仿。直到公元前11世纪末，以色列历史上才出现国王。王权对当时以色列人而言是新鲜事物，但在立定国王之前，以色列人似乎对王权的本质有着深刻认识，《圣经》提到："管辖你们的王必这样行。他必派你们的儿子为他赶车、跟马，奔走在车前。又派他们

[①] [美]威尔·杜兰：《世界文明史》（宗教改革），卷六，幼师文化公司译，东方出版社1999年版，第207页。

做千夫长、五十夫长，为他耕种田地，收割庄稼，打造军器和车上的器械。必取你们的女儿为他制造香膏，做饭烤饼。也必取你们最好的田地、葡萄园、橄榄园，赐给他的臣仆。你们的粮食和葡萄园所出的，他必取十分之一给他的太监和臣仆。又必取你们最好的仆人婢女和牛驴，供他差役。你们的羊群，他必取十分之一，你们也必做他的仆人。那时你们必因所选的王而哀哭，但耶和华却不应允你们"（《撒母耳记》上 8：10-22）。在"王"还没有出现时，《圣经》就对王之统治的弊端和王之"恶"进行了大胆揭露，向以色列人警告了"王"的本质。① 在王还没有登台之前，他们就把"王"描绘的如此可憎，在人类历史上并不多见。或许在犹太人看来，王权"并非是某种具建设性的召唤。由人来统治其他人，这不单单徒劳无益，而且还是某种野蛮残暴、会使人叛乱的东西。每个人都应管好自己的事情，如此就能使社团繁荣昌盛，这样的社团若想长治久安，根本就不需要有人来统治，除了上帝本人"。② 同时，犹太人把王权看得如此"邪恶"和对王权如此的不信任，反映了他们对统治者固有压迫本性、贪婪性乃至野蛮性的一面有着深刻认识，而同样的认识在东方国家则要晚得多。

在大卫所罗门时期，王权制度在以色列建立起来，但国王的权力受到了限制。国王必须尊重以色列联盟的习俗和由先知诠释的上帝的律令，与普通百姓一样信守上帝的律法。《申命记》第 17 章是有关国王法的经典文本，明确要求虔敬的国王要服从上帝律法和祭司们的教导，如"王不可为自己加添马匹"、"也不可为自己多立妃嫔"、"他登了国位，就要将祭司利未人面前的这律法书，为自己抄录一本，存在他那里，要平生诵读，好学习敬畏耶和华他的神，谨守遵行这律法书上的一切言语和这些律例"等（《申命记》17：14-20）。这样，他们给自己的国王加上了法律的"枷

---

① 以色列人对此应是牢记在心，不仅在《圣经》中，即使现代，他们对世俗权力依然有着不信任感。以色列建国之所以采取了欧洲民主政治模式与此不无关系。
② ［法］菲利普·内莫：《教会法与神圣帝国的兴衰》，张竝译，华东师范大学出版社 2011 年版，第 37 页。

轭",不能容忍国王的压迫和专制、贪婪与腐化;他是在上帝之下进行统治,而不是替代上帝;他们遵行律法,而不是违背律法。《旧约》中没有强调犹太人忠于某个世俗统治者,他们只忠于上帝。在上帝"归隐"之后,他们忠于上帝的"法律"、忠于圣书,如在所罗门去世后,一些北方部落群起反对所罗门命定的王位继承人罗波安王,原因在于他们要求减轻赋税,而罗波安王没有答应(《列王纪上》12:7)。即使这意味着王国分裂(北国为以色列、南国为犹大),犹太人也一定要维护他们的"宪政",所以对国王的限制贯穿了犹太人在巴勒斯坦的历史。民众以及先知用他们激烈的言辞、行动执着要求统治阶层的行为服从民众和接受法律的监督并对其不断审查。因而,当大卫想在耶路撒冷模仿巴力教的迦南信仰而建立圣殿时,他受到了先知拿单的否决并给以阻止;亚哈王在位时,当拿伯因拒绝把葡萄园卖给亚哈王时,国王假借司法之名用石头把他砸死,夺取了葡萄园。先知以利亚怒责亚哈之恶,在民众的压力下,国王最后不得不"撕裂衣服,禁食,身穿麻布、睡卧也穿麻布,并且缓缓而行"(《列王纪上》21:27),以此表示他的罪过。这些事例毫不例外地被记录在他们的圣书《圣经》中,其充分表明,即使是国王,也只能在上帝法度内统治,不可凌驾于法规诫命之上。在犹太政治思想中,犹太"宪政"理念又通过先知的言辞得到有力地表达和充分地释放(《列王纪上》21:19)。一代又一代先知谴责那些践踏法律、对人们的苦难麻木不仁的统治者(《阿摩司书》2:6-8)。① 这种情况在古代诸多民族中并不多见,更不多见的是统治者似乎对此都忍而不发,似乎承认他们批评的权利和对公平正义的诉求。犹太传统中这种对最终基于统治者与其臣民之间的一种协定的君主制度并使统治者的权力受到公众舆论和道德约束的观念,无疑是人类极为重要的政治思想之一。这种政治思想无疑是启蒙思想家的分权思想与"无赖"假说②产生的原因之一。

---

① 有关犹太思想中的"宪政理念",《神权和律法之下:希伯来王国的"有限君主制"》也给以论及。参见张倩红、艾仁贵《神权和律法之下:希伯来王国的"有限君主制"》,《历史研究》2013年第6期。

② [英]大卫·休谟:《休谟政治论文选》,张若衡译,商务印书馆1993年版,第27页。

当然,《圣经》产生不了现代分权思想,《圣经》中的神权政治和犹太人耶稣提出"凯撒的物当归给凯撒;神的物当归神"(《马太福音》22:21)的观念只是种下了欧洲二元政治论的种子,也无法确定"无赖"假说在多大程度上来自《圣经》,但至少可以确定的是其与《圣经》对王权的不信任具有本质上的相同性。分权思想是立法、司法、行政权力分立和相互制衡的思想来源。"政府无赖"亦是欧洲宪政制度建立的基础之一,"出于这种观念,基督徒以陌生、不信任甚至敌意的态度来对待国家和世俗政府"。① "无赖"假设的实质是对由世俗个人或教徒所组成政府的不信任。由于是"无赖",政府可能会危害民众的权利与利益,为了避免权利被侵害、利益受损伤,就必定以分权的方式制约政府的权力,以明确的立法限定政府的权力,以舆论监督的方式监督政府的权力。早在13世纪初英国《大宪章》中就确立了"臣民对国王违法行为进行监督和纠正的权利",且"这是自《大宪章》至17世纪英国革命的数百年内国王的臣民们从未忘记过的权利"。② 法国也是如此,在法国革命中,法国国民议会中的民众领袖自命为新"迦南"的继承人。以色列人出埃及的壮丽景象成为"奴役将转化为自由,黑暗将变为光明"的象征。"以色列历史上这一决定性篇章——迁出埃及——逐渐变成了推动社会前进的神话",③ 它代表着革命的热情,成为革命的火种。在19世纪,类似的革命在其他欧洲国家发生,这些国家都建立成宪政国家。在一定程度上,它们与希伯来政治思想的影响不无关系,革命代表人物不约而同地把他们的思想溯及犹太人的上帝和他们的祖先"出埃及"故事中。这并非一时的心血来潮,而是从他们所信奉的《圣经》中寻找出他们行为的合法和正统的依据。这种依据显然是犹太人留给人类的宝贵思想遗产,这种思想在欧

---

① 丛日云:《在上帝与凯撒之间——基督教二元政治观与近代自由主义》,生活·读书·新知三联书店2003年版,第177页。
② 赵文洪:《私人财产权利体系的发展》,中国社会科学出版社1998年版,第221页。
③ [以色列] 阿巴·埃班:《犹太史》,阎瑞松译,中国社会科学出版社1986年版,第15页。

洲资产阶级革命中再次发出了耀眼光芒。

当然，任何宗教都不可能产生宪政意义上的有限王权理念，犹太人的宗教也不例外。这里所强调的是犹太教的遗产为欧洲宪政制度的发展提供了一定的基础，欧洲宪政制度的确立与其的发展不无关系，"这些国家的政治思想家和政治领袖都从《圣经》传统（尤其是《旧约》）中获益匪浅"。① 它使得那些欧洲日耳曼人国家的国王从一开始就无法成为真正的巫术宗教般的人物或中国皇帝式的人物，他一开始就缺乏超自然的权威也无法建立起这样的权威。换而言之，在其超自然权威树立起来之前，由于超自然上帝的存在，在日耳曼人从马尔克村社制度向国家过渡中，国王的专权无法且不可能真正实行，中世纪以来的欧洲国家缺少国王专权的坚实的社会基础和思想基础。

三 平等思想

平等是欧洲民主政治思想中的核心理念之一。从现象上看，是思想家让·雅克·卢梭把平等思想贡献给欧洲资产阶级革命。但卢梭的平等思想并非无本之源，其思想来源之一是基督教，而基督教则是来自犹太教的相关思想。作为欧洲文明源头之一的古希腊文明显然没有近代欧洲平等理念。近现代欧洲的平等不仅是法律意义上的公民平等，更是人类平等，它是政治权利的基础，它既与人种无关，也与信仰无联。古希腊没有类似的平等理念，或者说它的平等理念属于另一类型，是属于少数人的平等。② 客观而言，这种少数平等在古代社会也极为鲜见，对于见到皇帝需要施行"三跪九磕头"大礼的国家而言，连这种平等的影子也没

---

① ［法］菲利普·内莫：《教会法与神圣帝国的兴衰》，张竝译，华东师范大学出版社2011年版，第117页。
② 古希腊斯多亚派虽然倡导精神和人格的平等，但对于重视身份等级的时代，这种声音因背离主流传统而显得非常微弱，且根本没有实现的可能。亚里士多德在其《政治学》中专门提及该派的学说："另一些人却认为主奴关系违反自然。在他们看来，主人和奴隶生来没有差异，两者的分别是律令或俗例制定的：主奴关系源于强权；这是不合正义的"。参见［古希腊］亚里士多德《政治学》，吴寿彭译，商务印书馆2011年版，第11页。

有。因而，少数人平等能在古希腊出现，足以让后人对其欣赏有加。但在古希腊，无论是苏格拉底、柏拉图，还是亚里士多德不加区别地接受君主制、贵族制和民主制，并将这些制度视为合法。苏格拉底没有想到人类的平等，更谈不上什么公民平等；柏拉图的《理想国》是一个等级社会，他反对民主，他的理想国实际上是一个君主国；他的弟子亚里士多德认为，有些人天然就是奴隶，奴隶是主人财产的一部分、是有生命的工具，奴隶终身从属于主人。① 这些思想家们"生活在经常处于战争的小国和建筑在奴隶制的社会里，其中最多只有三十分之一的人享有自由，他们怎么能懂得权利呢？无论他们何等伟大，在这样的环境里，他们无法上升到人类平等观念的高度；而既然他们缺乏这种观念，他们对于社会的权利根本就无法论证，除非只依据一些武断的观点来论证"。② 因而，对古希腊城邦论及现代的平等理念，未免有些奢侈，或者说它是没有价值的概念。希腊城邦时代，是一个自由人平等的时代，奴隶是城邦之外的人，不享有任何权利。斯巴达城邦拥有公民权斯巴达人最多不超过9000人，而边民庇里阿西人有3万，奴隶数量更多，是公民人数的7倍。因此，"斯巴达，它是一万个平等组成的城邦，统治着三万个没有人头衔的拉科尼人和依洛特农奴以及奴隶们"；③ 雅典在其希波战争时期，其中自由民16.8万，奴隶20万，其中公民人数约有4万。④ 因而，希腊所谓的平等只是奴隶主的平等，对众多奴隶而言，毫无平等可言。虽然罗马法中也不乏平等思想，但对奴隶的镇压，尤其是当角斗士在角斗场上彼此之间或者与凶猛的野兽之间厮杀而达官贵人在狂欢之时，这里没有人格平等更谈不上什么法律平等甚至连一点怜悯都没有。杀婴、弃婴等同样是古希腊、罗马人的行为，同样体现不出人格平等观念。日耳曼马尔

---

① [古希腊]亚里士多德：《政治学》，吴寿彭译，商务印书馆2011年版，第21页。
② [法]皮埃尔·勒鲁：《论平等》，王允道译，商务印书馆1994年版，第73—74页。
③ 同上书，第135页。
④ 另说：奴隶为8万，占总人口的1/4至1/5。参见米辰峰《世界古代史》，中国人民大学出版社2001年版，第317页。

克村社制中显然存在平等观念，但随着封建制度的建立，原有平等观念不断丧失原有的内涵，在封建等级制度上所构建的平等思想显然与现代欧洲的平等观之间存在显著差别。

一般认为，耶稣是西方的菩萨，是社会等级的摧毁人，① 是他给欧洲带来了近现代平等观念，他被尊称为革命者。他告诉人们所有人只有一个躯体、一个灵魂，世界只有一个创世者、一个救世主（《约翰福音》17：20－23）。耶稣虽然是欧洲社会等级的摧毁者，但他不是平等思想的创始者。耶稣是犹太人，且是一位虔诚的犹太教徒，是一位普通无文化工匠，《新约》中也没有掩饰耶稣卑微的出身和低下的社会地位，也没有回避耶稣的"文盲"身份（《约翰福音》7：15；《使徒行传》4：13）。② 他所知道的和他所传播的更多的是包括犹太律法、犹太教在内的犹太传统，不可能是希腊哲学。可以想象，他对深奥的希腊哲学更谈不上真正的理解，斯多亚派的平等理念不可能对其产生多大影响。他的思想只能植根于犹太教的沃土而不是其他，平等理念一开始就植根于犹太传统之中。③

首先，犹太教传统中存在有平等理念。如犹太教创世论指出，世界是由上帝创造的，上帝是唯一的，人类的祖先是共同的，人的形象是神按照自己的形像造就的，上帝"照着自己的形象造人"，"照着他的形象造男造女"（《创世记》1：26，27）。既然如此，人作为神的创造物不再有贵贱高低之分而是"生而平等"，每个人都同样拥有造物主赋予某些不可让渡的权利如生存权、自由权和追求幸福的权利等。不仅如此，《旧约》作为犹太教的经典，它并不是以亚伯拉罕的诞生，而是以亚当、夏娃的缔造，作为人类历史的开端，既然世界各民族来自同一个祖先（亚

---

① ［法］皮埃尔·勒鲁：《论平等》，王允道译，商务印书馆1994年版，第125页。
② 参见饶本忠《犹太人不信仰耶稣的原因探析》，载《犹太研究》第12辑。
③ 有学者认为"在斯多亚派那里，强调的是人的理性能力和道德素质（向善的潜质）的平等，到基督教那里，转换成了在上帝面前的平等，作为上帝选民的平等"（参见丛日云《在上帝与凯撒之间——基督教二元政治观与近代自由主义》，生活·读书·新知三联书店2003年版，第74页）。笔者以为这种观点值得商榷，因二者之间的转换没有必然性、逻辑性，甚至是历史事实不符。

当和夏娃），那么各民族不再有优劣之分，所有的人都是平等的，都是亚当和夏娃的后代。

其次，犹太教伦理中蕴含着人人平等的理念。在犹太教伦理中，上帝不仅是创世者，而且他还是公义的上帝，他对待万物决无不公，人人平等。上帝给饥饿者面包，给裸体者衣饰、给无家可归者居室（《以赛亚书》19：25、《耶利米书》48：31、《约拿书》4：10－11）。尤其在《玛拉基书》中，先知更是大声疾呼人人皆为兄弟、人人平等："我们岂不都是一位父么，岂不是一位上帝所造的么，我们各人怎以诡诈待弟兄，背弃了上帝与我们列祖所立的约呢"（《玛拉基书》2：10）。显而易见，犹太教伦理把在上帝面前人人平等奉为基本训谕之一，人人都享有公义，人人都享有上帝的恩赐。犹太人不仅仅是从遵守仪式的立场来考虑公义、平等，他们的全部宗教文献从头至尾都在谈论这一主题，并一直捍卫和保护其施行。《旧约》中的兄弟论为人类道德伦理、法律制度等的建设指明了方向。作为基督教缔造者耶稣显然熟悉并接受认同"上帝为父，人人皆兄弟"的平等理念。

第三，《旧约》中的平等是法律的平等，是实质性平等。犹太教是一种以信奉上帝及其法律为主的宗教文明，平等理想中一个不可或缺的原则是人人遵从法度并且在法律面前人人平等。上帝治理世界是"凭借法度"而不是一意孤行。在《旧约》中，上帝受到他自己订立的法律的约束。如在与犹太人两次重大立约中，①犹太人要服从上帝，遵守律法，远离恶行，这是他们的义务。但上帝不能因处至高地位而只享受权利，而不尽义务。上帝要赐予犹太人土地，让犹太人子孙繁多，拯救犹太人免受苦难。从《旧约》看，上帝认真履行了责任，如他将迦南地赐给以色列人作为永业，在危机时候，他及时给犹太人派去"救星"，如摩西和约书亚、诸多士师、大卫等；在迷茫时候，他又及时送去律法，给他们指

---

① 即与亚伯拉罕订立的割礼之约和摩西在西奈山订立的西奈之约。

明方向，"上帝甚至帮他们找对象、生孩子，并满足他们最深的生活和感情需要"。① 既然上帝也遵行法律，那么任何人都在法律面前都不能例外。因而，在犹太传统中，法律面前一律平等被一再强调。正如一位犹太拉比强调："谁也不准凌驾法律之上……因为所有的人都是平等的，都平等地受到律法制约，上帝就是根据'法度'缔造了世界，上帝本身不也受到法度制约吗？"② 安息日法是法律平等的另一显著事例。安息日法属于犹太法中的刑法，是神圣的法律，即使大卫和所罗门等国王也不能取消它。平等观念在安息日法中得到充分体现，安息日法规定："但第七日是向耶和华你神当守的安息日。这一日，你和你的儿女，仆婢，牛，驴，牲畜，并在你城里寄居的客旅，无论何工都不可作，使你的仆婢可以和你一样安息"（《申命记》5∶14）。可见，安息日法中的平等是实质意义的平等，每个人都有休息权，休息权是平等的，在安息日不仅主人、仆人不能劳动，甚至牲畜也被禁止从事劳作。这样，即使是生活在社会最底层的人，哪怕是奴隶在这一天与其主人一样都不劳动。这种停止劳动进行休息的目的是"尽可能地在盛行个人主义的社会里建立平等，它确实是摩西立法的基础和本质"。③

第四，以色列人在经济方面的平等有着较为独特的规定。如在借贷方面，"每逢七年末一年；你要施行豁免"（《申命记》15∶1），同时，禁止因"第七年的豁免年快到了"（《申命记》15∶9）而拒绝向穷人借贷。如果这类情况发生，上帝会听到穷人的呼喊，这名富人所犯的罪就不可赦了。平等理念在每七个七年（即五十年节）体现更为明显，在该年各人要回自己的产业，财产将归还给过去的主人，遗产将在平等的基础上重新分配，而出卖自己的希伯来人又将获得自由。这样，犹太人的平等理念通过每周一次的安息日、每年一次的逾越节、每七年一次的安

---

① ［英］约翰·德雷恩：《旧约概论》，许一新译，北京大学出版社2004年版，第36页。
② ［美］路易斯·芬克尔斯坦：《犹太人与世界文化》，林太等译，上海三联出版社1996年版，第274页。
③ ［法］皮埃尔·勒鲁：《论平等》，王允道译，商务印书馆1994年版，第163页。

息年、每七个七年的五十年节等贯穿起来。这并非是古代学者所说的"数字统治世界",而是犹太人用"七"这个数字在人类中间创立了最大限度的平等与博爱的理念。犹太人这种经济上的平等理念,可以说在古代社会几乎绝无仅有的。犹太人可能认识到财富的过度集中会导致奢侈,通过不正义手段剥夺财富,将进一步滋长不正义与不平等。这样的奢侈和不正义会使整个制度崩溃。因此政治权力和经济权力必须由大众分享,杜绝分配中的悬殊不等。

随着基督教的发展和传播,犹太人的平等理念随同《圣经》来到欧洲,特别在启蒙运动之后大放异彩,成为欧洲宪政的重要内容。由此,在一定程度上如果没有犹太人的平等观念,就不可能产生"人人生而平等"的政治理念,是犹太平等理念影响了欧洲政治思想,进而影响到世界上其他许多政治文明。

(发表于《世界民族》2015 年第 4 期)

基督教与近代西欧私人财产权利观念的形成

赵文君[*]

摘　要：基督教与现代西方文明密不可分，对近代西欧私人财产权利观念的形成产生了举足轻重的影响。中世纪的西欧是一个基督教的世界。在基督教语境中，与自然权利或主体权利紧密相连的财产权观念发生了重要的变化，以天赋、排他、平等、抵抗等四大价值理念为核心的私人财产神圣不可侵犯的精神原则逐渐明晰。本文从基督教与近代西欧私人财产权利观念的形成展开分析，以理清基督教思想特别是中世纪基督教与近代启蒙思想在私人财产权观念上的精神联系。

关键词：基督教；近代西欧；私人财产权利观念；自然权利；主体权利[①]

西方学界一度将中世纪基督教文明与近代文明对立起来，过分强调两者之间的断裂。中世纪即是黑暗、落后、愚昧的同义词，而基督教则是笼罩中世纪欧洲的乌云。20世纪中叶以来，西方学者大都摒弃了这种观

---

[*] 赵文君，天津师范大学欧洲文明研究院副教授，研究方向为西欧经济社会史。

[①] 关于主体权利概念及其对西欧史研究的意义侯建新先生在国内第一个进行了系统而完整的阐释，他对 Subjective Rights 一词文本起源、内涵、演变等作了系统梳理。认为主体权利观念是西方文明之魂，是现代权利和权利思想的母体，是解读西方历史与社会的重要切入点。详见侯建新《"主体权利"文本解读及其对西欧史研究的意义》，《史学理论研究》2006年第1期。

念,强调两者的连续性。著名史学家阿诺德·汤因比(Arnold Toynbee)将现代西方文明视为基督教文明,从一般历史发展角度揭示了基督教与现代西方文明的联系。他认为,现代西方文明是从基督教的"蛹体"中孵化而生的。"自从我们的西方基督教社会在一千二百年以前从教会的母体里呱呱坠地以来,我们的祖先和我们自己都一直是受它的养育哺乳之恩。…基督教的病毒或是仙丹已经进入我们西方人的血液——如果它不就是不可缺少的血液的别名——很难设想西方社会的精神状态……。"① 法国年鉴学派代表人物费尔南·布罗代尔(Fernand Braudel)也认为基督教赋予欧洲文明以生命,在欧洲的整个历史上,一直是其文明的中心。一个欧洲人,即使他是无神论者,也仍是深深植根于基督教传统的一种道德伦理和心理行为的俘虏。② 另一位史学家 C. 道森(Christopher Dowson)也把中世纪基督教文明作为现代西方文明的起点。他在《欧洲的创生》一书中指出,所谓"黑暗时代"实际上是一个黎明,它标志着西方的转型,基督教文明的奠基,也就是真正意义上的"欧洲创生"。③ 在这场欧洲创生的社会运动中,与自然权利或主体权利紧密相连的私人财产权观念也发生了重要的变化,私人财产神圣不可侵犯的精神原则逐渐明晰。本文仅就基督教与近代西欧私人财产权利观念的形成展开分析,以理清基督教思想特别是中世纪基督教与近代启蒙思想在私人财产权观念上的精神联系。

中世纪的西欧是一个基督教的世界④。西罗马帝国灭亡后,中世纪的西欧开始陷入不断的外来入侵战争与封建领主间的领地战争,一个统一、

---

① [英]汤因比:《历史研究》(中、下),曹未风等译,上海人民出版社1997年版,第200、98—99页。
② [法]费尔南·布罗代尔:《文明史纲》,肖昶等译,广西师范大学出版社2003年版,第311页。
③ Herbert J. Muller, *Freedom in the Western World, From the Dark Ages to Rise of Democracy*, New York: Harper & Row, Publishers, 1963, p. 32.
④ 根据勒高夫的考证,对于处在"信仰时代"的中世纪西欧人来说,所谓世界就是基督教世界。这种以基督教为中心的整体概念在13世纪已经存在,通常被表述为"基督教人民"、"基督教群体"或"基督教天下"。它既指一个宗教人群,也指这一人群占有的地理空间。参见[法]雅克·勒高夫《圣路易》,许明龙译,商务印书馆2002年版,第47页。

有序的国家公共权力机构从欧洲舞台暂时消失了。然而，随着日耳曼蛮族王国的建立，基督教及教会逐渐成为一个超越封建国家与封土的统一精神领袖。虽然西欧各地进入了庄园割据各自为政的封建社会，但这种分裂没有阻碍基督教及教会向包括王公贵族与农奴在内的上帝全体子民传道布教，同样的信仰，同样的书面语言，构成了一个超稳定的相同的信念结构。在基督教之前，古典时代的西方人的财产观念中，城邦、国家的公共财产与公民个人的私有财产共存。罗马法关于财产权的法律规范，成为古典时期西方私人财产价值观念的集中反映。但是，当基督教信仰取得统治地位后，便将其神圣的财产观念带给西方社会，从而给西方社会的财产权观念带来深刻的变化。如果如阿克顿说的那样"宗教是历史的钥匙"①，那么基督教则是理解中古西欧私人财产权观念的钥匙。基督教作为一种新的思维模式，设定了基督教哲学与古典时代完全不同的新的哲学主题、新的理论体系以及一套语汇。

一　《圣经》和基督教早期教父的思想

基督教对私人财产权观念的影响可以上溯到《圣经》。上帝是财富的源泉，是一切存在的基础和归宿。《圣经·旧约全书·创世纪》开篇就记载着上帝在六日内创造世界的过程：第一日开天地，造光明、分昼夜；第二日分天地之水，造空气；第三日分海陆，造植物；第四日造出太阳、月亮和众星，以表明季节和年月日；第五日造出各种水中的鱼类和空中的飞鸟；第六日造出地上的各种动物，并照着自己的形象造出了人类。上帝创造一切，一切源于上帝的思想成为中世纪西欧社会人们共有的精神世界。《圣经》告诉大家我们所住的地方是上帝给的，所以土地也是属于上帝的。国王并没有土地的所有权，而人们也要记得土地是上帝给的。土地是属于上帝的，所以古代的"地主"也不能永久占有它。因此《圣

---

① ［英］约翰·麦克曼勒斯：《牛津基督教史》，张景龙等译，贵州人民出版社1995年版，第1页。

经·利未记》中就有规定，每 50 年应该有一个禧年，而在这禧年，所有的农奴或佃农都可以重获他们原有的祖业。另外，买卖土地时应该有收回的权利，因为人只有土地的"使用权"而"所有权"则属于上帝。上帝说："土地不可出卖而无收回权，因为地是我的，你们为我只是旅客或住客。对你们所占的各地，应承认地有赎回权。如果你的兄弟贫穷，卖了一分家产，他的至亲可来作代赎人，赎回他兄弟所卖的家产。人若没有代赎人，几时自己富足了，有了足够的赎价，当计算卖出后的年数，将差额还给买主，收回自己的家产。如果他无法获得足够的赎价，他所卖的，应存于买主之手直到禧年；到了禧年，地应退还……"《利未记》(25：23 – 28)。

当代英国学者彼得·斯特克和大卫·韦戈尔认为这种思想给财产权概念打上了明显的印记，使得财产权概念变得更加复杂了。根据基督教的原罪说，人世间的一切财产是被所有人共有的，只是由于人的贪婪本性才产生私有财产权，"人不是人世间绝对的、不受限制的财产所有者，而是对上帝负责的管家。"[①] 信奉上帝的基督教信仰在财产权概念中为我们注入了一个"神圣性"的因子，使人们懂得并相信财产不再是人与人之间的世俗安排，把人类对财产权的认识带入了一个高于世俗世界的认识平台——神的世界。不幸的是，私人财产权神圣的尊严来自《圣经》和基督教价值观的贡献这一点一直被人们忽视了。

《圣经》不仅是一部宗教经典，也是一部道德法律文献。《圣经》中摩西十诫中的第八诫"不可偷盗"和第十诫"不可贪恋人的房屋；也不可贪恋人的妻子、仆婢、牛驴，并他一切所有的。"从禁律的视角向世人明确的昭示了上帝对财产的态度：拥有财产的合理性和神圣性。而且，无论在《旧约》或《新约》中我们发现财产没有被蔑视，耶稣经常提到财产，但他从来没有因拥有财产而谴责任何人。他仅仅责难过分贪恋财

---

① ［英］彼得·斯特克、大卫·韦戈尔：《政治思想导读》，舒小昀等译，江苏人民出版社 2005 年版，第 242 页。

物吝于帮助穷人的富人，正如那句耳熟能详的箴言；"倚靠钱财的人进神的国是何等的难哪！骆驼穿过针的眼，比财主进神的国还容易。"《马可福音》(10：24，25)。

然而，在中世纪相当长的一段时期内，财产神圣不可侵犯这一原则并没有取得广泛共识，甚至在基督教早期的教父思想家那里，他们更赞同共有意义上的财产权，认为私有财产的存在是为了满足人的物欲和维持社会秩序，它不是神圣的上帝设立的财产制度，而是在亚当和夏娃偷吃禁果犯下原罪后的人世间才有的。圣安布罗斯说："私有财产并不符合自然，因为自然向所有的人奉献自己的丰饶；但是，时间和习惯创设了私有权。"① 因此，中世纪早期的基督教财产观有这两个突出的特点：其一禁欲主义的倾向占据主导地位，放弃世俗生活进行宗教隐修成为人们最高的理想；其二，对穷人与富人的态度便成为处理财产的重要标准。基督教早期教父的思想大都强调上帝与穷人的认同，教会的钱是穷人的财产，只有将它用于穷人才是合法的应用。

奥古斯丁②作为早期教会中最深刻的思想家，在西方思想史上占有承前启后的特殊地位。奥古斯丁的财产观，表现为一种二元倾向，既承认一定的私人财产，又强调上帝的最高所有权。他认为严格说来，私人财产是国家的产物，不是神权的产物，因为根据神权，大地及其产生的一切都是上帝的，私有财产要为各种罪恶（不和、战争、非正义等）负责，人们应尽力控制自己对财产的爱恋。③ 在奥古斯丁的著作中，他把神权和

---

① ［爱尔兰］J. M. 凯利：《西方法律思想简史》，王笑红译，法律出版社2002年版，第101页。

② 奥古斯丁（Aurelius Augustinus，354—430）是西方历史上最重要的思想家之一。虽然他生活在大约1600年前的罗马北非，他的思想却早已渗入了西方基督教传统的深处。奥古斯丁生活在一个特殊的时代。虽然这个时代仍然属于罗马之治，但所谓的"晚期罗马帝国"已经表现出了与盛期的古典文明相当不同的特点。这个时代已经属于"古代晚期"，属于古典文明与中世纪文明之间的过渡时期。他本人的思想也经历了一个从古典文化向基督教转变的复杂过程。

③ ［美］亨利·威廉·斯皮格尔：《经济思想的成长》（上），晏智杰等译，中国社会科学出版社1999年版，第39页。

人权①区分开来，并指出："一个人是根据什么权利占有着他所占有的东西呢？难道不是根据人权吗？因为如果根据神权，则土地属于上帝所有，丰盛的产物来自土地。穷人和富人都是上帝用泥土捏成的，这块大地同样赡养穷人和富人。有人却说，根据人权，这份地产是我的。这个仆人是我的，这所房子也是我的。根据人权，也就是根据帝王的权利。为什么这样说呢？因为正是上帝通过世界各国帝王把这些人权分配给了人类。"②

应该特别强调的是，基督教早期教父对私有财产的看法直到12世纪一直成为中世纪财产权理论的主流，这种观点与古希腊罗马思想家的财产观有一个共同的特征，他们都没有将财产权视为人的自然权利。

二 中世纪晚期教会神学家私人财产权利观念的明晰

根据蒂尔尼的考证，自然权利产生于12世纪的教会法学家格拉提安（Grantian）等对《教令集》的注释过程中，这自然涉及对 ius naturale 这个词语的理解。《教令集》影响很大，很快成为其他学术团体参照的"范本"。格拉提安在对《教令集》的评注过程中，将 ius 定义为神法即自然法，并把自然法与人法区分开来，认为自然法是人类共同遵守的律法，不是人定的，如天空、海洋及土地产品的获取，男婚女嫁与生儿育女，万物的共有等。格拉提安得出结论："无论是习惯法还是成文法，如果违反神法，就无效。……依照自然法所有财产归大家共有；依照习惯法或制定法，这件财物属于我，那件财物属于别人。"③但格拉提安没有从主体意义上思考 ius，也没有彻底坚持财产共有思想，他承认人法中个人财

---

① 由于 ius 在拉丁语中兼有法律和权利两种含义，所以不同译者在翻译时使用的含义各有侧重。笔者认为人类的法律似乎更符合语境和历史。对这一段内容相似的引述参见："根据人类的法律，一个人说，这是我的庄园，这是我的房屋，这是我的奴隶；这是人类法，亦即，皇帝的法律所规定的……但是，如果废除了皇帝的法律，谁还能够说，那个庄园是我的，诸如此类？"（[爱尔兰] J. M. 凯利：《西方法律思想简史》，王笑红译，法律出版社 2002 年版，第 101—102 页。）

② 巫宝三主编：《欧洲中世纪经济思想资料选辑》，商务印书馆 1998 年版，第 332 页。

③ Diana Wood, *Medieval Economic Thought*, Cambridge University Press, 2002, p. 18.

产的合法性,甚至在著述中明确写道:"即使是一个主教也能拥有私人财产。"① 后来的法学家们在注释《教令集》时,则普遍将 ius 这个词理解为主体意义上的权利,认为这种主体的、主观上的意义是 ius 的最初意义,作为客观的含义则是由这个含义引申出来的。这一时代的哲学很快就开始善待私人所有权了,就像弗拉基尔(Felix Flückiger)所说的,"不再认为所有权是有害的"②。其中最有影响的定义是大约在 1160 年教会法学家儒菲奴斯(Rufinus)提出:自然权利(natural ius)是一种天赋的潜移默化到每个人身上的避恶扬善的力量,自然权利存在于三种事情,即命令、禁止、陈述中,私有财产的支配权也是一种自然权利,"从现在的民法来看,这个奴隶是我的,那块地是你的"。③

如果说 12、13 世纪西欧主体权利意义上的财产权还仅仅是初露端倪,那么在其后的两百年中伴随着教会内部关于方济各会使徒贫困的一场大辩论,一种明晰的财产权话语基本成型。1231 年,教皇格里高利九世宣称,根据上帝的意图,方济各使徒不应该拥有一切,只可以使用他们所需的物品。1279 年教皇尼古拉斯三世公布敕令 Exiit,使用了财产(proprietas)、所有(possessio)、用益权(ususfructus)、使用权(ius utendi)、事实使用(simplex usus facti)等词语,提出了关于方济各使徒贫困的新解说。由于以往方济各会除了"事实使用"的权利外,放弃了一切,所以尼古拉三世在这里引入的"使用权"概念就为方济各会使徒阐释财产的合法性提供了新的概念工具。1321 年,教皇约翰二十二世对方济各会奉行的"使用权"原则提出质疑,从而引发了教皇和方济各会修士之间的一场持久的大辩论,其中获得财产的自然权利成为论辩过程中的一个重要内容。

---

① Brian Tierney, *The Idea of Natural Rights*: *Studies on Natural Rights*, *Natural Law and Church Law*, *1150—1625*, Scholars Press, 1997, p. 59.
② [爱尔兰] J. M. 凯利:《西方法律思想简史》,王笑红译,法律出版社 2002 年版,第 142 页。
③ Brian Tierney, *The Idea of Natural Rights*: *Studies on Natural Rights*, *Natural Law and Church Law*, *1150—1625*, Scholars Press, 1997, pp. 62, 66, 178.

在论战中，奥卡姆①继承了尼古拉斯三世在 Exiit 敕令中使用的语汇，变换词义，使用"ius"意指自然法或自然权利。奥卡姆认为存在一种针对所有人的使用的自然权利，这种权利源于"自然"，不能被放弃。尼古拉斯三世没有将使用权视作自然权利，而每一种使用权或是自然权利或是实在权利（positive rights）。奥卡姆将每个人都有与生俱来的自然权利的思想，与基督教信徒中福音派的自由权观念以及宗教法学家对权利的理解组合在一起，成功地进行了一种新的结合。他将权利基本理解为：一个人"在没有过失或原因"的情况下不能被剥夺的东西，将主体权利定义为是人与生俱来的，是主体的特性、理性、自由和行为能力，"是一种个人（支配）权力"。总之，奥卡姆把真实的人的与生俱来的权利归结为个体而不是普遍的人。至此，主体权利观基本形成。在奥卡姆的主体权利观中，最引人注目的是他把拥有财产的自然权利与创建政府的权利紧密联系起来。他宣称上帝是以劝诫的形式授予人类拥有财产和选择统治者的二元权利，在必要的情况下，这种双重权利可以自愿放弃。在二元权利中，统治者无论是皇帝还是教皇或其他角色的权利都要受到臣民权利的限制，他们的权利是源自上帝通过人民赋予的，他们无权任凭其专断的意志剥夺所有教士和民众的财物和自由等种种权利。为此，奥卡姆还引述了一条例证，特尔瓦教堂的全体教士由本地教士的多数派和非本地教士的少数派共同组成。按照该教堂的惯例，每名教士定期都会收到生活津贴。但是在 13 世纪初，多数派决定把少数派津贴的一部分克扣挪作他用。案件被提交到教皇英诺森三世那里，教皇认为在一个社团集

---

① 到了十四世纪，奥卡姆使经院派神学发生了新的变化，他认为，一般名称，例如"人"只是公认的类的标记，人们在思维时，使用它来概括个别事物。在思想中，"人"是一个标记——一个自然的标记，它之所以具有普遍性，就在于它的不确定性。我们的知识的和逻辑的活动，便是靠这类对立物来进行的。因此，这理论称为"唯名论"。奥卡姆的唯名论包含一种认识论，一种形而上学的心理学的认识论，这使他否认依靠推理过程获得确实知识的可能性，因而与他的前辈的信念分道扬镳。宗教的真理不仅不能靠理性来证实，它们甚至不能被证明为合理的，也许还正好相反。它们唯有靠信仰来领会，它们的依据是启示。如果上帝以他深奥莫测的智慧，决定相反的事物是正确的和真实的，例如把纯粹的自私自利定为德行，那么事情就应该这样，理性无可非议。参见［美］G. F. 穆尔《基督教简史》，郭舜平等译，商务印书馆 1981 年版，第 190 页。

体中，多数派的表决不能剥夺少数派个体成员的财产权。奥卡姆由此推定，统治者的权力受到制衡，不能剥夺天赋的财产权。① 奥卡姆在他的作品中还三次提到人民有权罢免侵犯其财产权的统治者，王室的必需品的征收也只有在极其例外的情况下行使。② 奥卡姆本人也许没有意识到他的论断的影响，从此形成了近代西方有关财产权的一系列理论，财产权是一种自然权利，是一种不可剥夺的天赋的神圣的权利。正如伯恩斯所指出的那样，奥卡姆的概要陈述已把"私人财产的性质归类为某种近似个人权利的东西"。③ 米切尔·维利对奥卡姆构建的包括财产权在内的主体权利思想给予了高度赞赏，称其领导了一场"语义学革命"，他的创新就像"哥白尼的重大突破"一样在人类思想史上具有标志性意义。

不仅如此，我们在这一伟大时代还可以听到比奥卡姆对财产权利布道更为清晰的话语。与奥卡姆同时代的一位英国的教士帕古拉（Pagula）的威廉在其著作《爱德华三世统治镜鉴》④（SpeculumRegis Edwardi III 1331—1332）中从人对财产最基本的权利和对财产的自由使用概念入手，认为统治者如果想获得并保有其臣民对他的热爱和支持，统治者必须尊重其臣民财产的个人占有权。威廉还宣称民众对侵犯其主体权利的政府进行合理反抗也是他们拥有的一个基本权利。

有意思的是，该书没有使用英语，而是使用当时西欧共同的学术语言——拉丁语，这说明威廉很可能"站在前人的肩头"的阅读过大量有关主体权利或自然权利的拉丁文文本，然后在此基础上进行了更为深入的研讨。例如，因为神的或正义的自然法则最终赋予了每个人的各种权

---

① Brian Tierney, *The Idea of Natural Rights: Studies on Natural Rights, Natural Law and Church Law, 1150—1625*, Scholars Press, 1997, pp. 171, 173, 183, 184.

② J. H. Burns, *The Cambridge History of Medieval Political Thought: c. 350-c. 1450*, Cambridge University Press, 1988, p. 517.

③ Ibid., p. 600.

④ 当代西方学者 Cary J. Nederman 在 20 世纪末发现了这本名为《爱德华三世统治镜鉴》小册子，它有两个修订本，是由英国神学家帕古拉（Pagula）的威廉写于 14 世纪 30 年代初。通过其研究发现虽然这本书在过去的一个世纪中就已有可信的版本，但该书几乎从未进入研究中世纪政治思想史的历史学家的视野。

利,《爱德华三世统治镜鉴》宣称"最好的国王应该崇尚正义,保护每个人的权利,不允许臣民顺从特权,保持公正。"① 实际上,这种观点在我们讨论过的中世纪神学家的思想中就已成为共识,从一个侧面证明了威廉继承了前人的主体权利概念。威廉较之前人,从排他性的完整意义上的占有权、一致同意与抵抗权两方面取得突破。首先,他大胆地直接从主体权利概念切入占有权,宣称在这个世界上,人就应该根据其意愿自由的处理和支配其财产。占有②究其本质来讲属于个人权利范畴,占有权暗示存在着人对其财产支配权的排他性王国,是一种普世的具有约束力的标准,任何他人无权在违背财产的主人意愿的情况下夺取任何财产。无论何人即使是国王违反这一原则,都是一种破坏正义的违法行为,必将受到现世和来世的惩罚。威廉强调真正和完整意义上的占有不仅应被理解为"一种排他的全部支配权的要求","一种更高级的支配权",还应明确这种占有属于任何人,没有等级和性别之分。威廉举例说王室官员强迫购买贫穷老妇人的一只老母鸡(这是她鸡蛋的唯一来源),就如同强迫大土地领有者出让其大部分财产一样。法律应该对封建权贵和老妇人的财产权一视同仁,同等尊重,因为老妇人的生命财产完全取决于国王,而封建权贵则很少需要国王来保护他们及其财产。显而易见,在威廉看来,在上帝面前,这种占有权就是天赋人权,就是无论其社会地位和政治出身享有的平等的财产权。③ 当然,这种占有权强调的还是一种神权中的"人权",与现代文明社会以后用法律固定下来的人权含义不同。

其次,威廉提出王室权力的基础是民众一致同意的授权,并论证了

---

① Cary J. Nederman, "Property and Protest: Political Theory and Subjective Rights in Fourteenth-Century England", *The Review of Politics*, Vol. 58, No. 2 (Spring, 1996), p. 332.

② 中世纪晚期出现了大量对占有概念的重新定义。根据伯尔曼的研究,从历史上看,实际占有概念在 11 世纪晚期和 12 世纪流传到整个欧洲,它既是可分的所有权的封建概念的产物,也是教会法学家有关法律正当程序概念的产物。这一概念的重要性在于使法律因素和事实因素紧密结合,是西方封建法律的结构性要素。(参见 [美] 哈罗德·J. 伯尔曼《法律与革命:西方法律传统的形成》,贺卫方等译,中国大百科全书出版社 1996 年版,第 383 页。)

③ Cary J. Nederman, "Property and Protest: Political Theory and Subjective Rights in Fourteenth-Century England", *The Review of Politics*, Vol. 58, No. 2 (Spring, 1996), pp. 333, 335.

人民反抗侵犯个人权利的国王的合法性。在《爱德华三世统治镜鉴》中他对爱德华三世提醒道："切记你的荣誉来自人民，勿忘英国人民是如何使你当选国王。因此，作为他们中的一员，我建议你应该自己为自己提供食品、酒税和其他必需品，就像人民自食其力一样。"也就是说，国王会为他的必需品支付全部市场价值。这一观点隐含着一个引人兴趣的话题——人最基本的平等权，即国王不能因为他身为帝王就拥有侵犯人权的特权。国王应像民众一样尊重他人受法律保护的财产支配权。当你未经臣民同意就征夺其财产，由于没有民众的支持，你就会每天生活在战争状态。因此，如果国王每日与民众为敌，使用暴力掠夺他们的财产，那么民众反抗是正义的，就如同一个人面对小偷行窃时为保护其财产做出的举动一样合理。更重要的是，威廉将民众的抵抗权绝对化。中世纪许多思想家虽然也倡导主体权利、抵制统治者的违法行为①，但他们仍然给予统治者在"非常时期"或"特殊情况"下的一些特殊处置权。巴黎的约翰也认为每个个人自由支配其财产，但在紧急情况下，统治者有权支配民众财产。威廉则认为在臣民的个人权利面前，不存在所谓的非常时期，臣民的财产权利不能以国家安全为借口受到破坏。一旦以此为由侵犯民众财产权，统治者必须承担由其统治引发反抗的全部责任。② 如果说奥卡姆完成了主体权利意义上财产权概念的构建，那么威廉则论证了这一概念影响至今的实质内容，从他对爱德华三世的劝诫中我们感受到了私人财产权概念内涵中具有的天赋、排他、平等、抵抗等四大核心价值理念，这些价值观也是近代以来洛克等思想家财产权理论的重要内容。

至此，我们可以看出，在这群垄断中世纪话语权的知识分子中间，

---

① 大约13世纪早期写成的《萨克森明镜》就规定："如果一个人的国王和法官做不正当的行为，那么他必须加以抵制，而且他必须对国王和法官的每次不当行为加以阻止，即使后者是他的亲戚或封建领主也一样。因而他并不因此违背他的忠诚。"(参见［美］哈罗德·J. 伯尔曼《法律与革命：西方法律传统的形成》，贺卫方等译，中国大百科全书出版社1996年版，第357页。)

② Cary J. Nederman, "Property and Protest: Political Theory and Subjective Rights in Fourteenth-Century England", *The Review of Politics*, Vol. 58, No. 2 (Spring, 1996), pp. 342, 343.

在这些虔诚的基督教教会法学家与教士中间，从主体权利（或自然权利）的视角产生了关于近代西欧私人财产权利观念的最早的思想轮廓。他们阐释的四大核心价值理念既非 17 世纪以来洛克、孟德斯鸠等人近代思想启蒙的专利，也非 18 世纪工业革命的伴生物。实际上，早在中世纪的西欧，这些权利理念的滥觞就已初露端倪。

回顾近代西欧私人财产权观念形成的历史过程，基督教作为一种文化结构，对西方现代私人财产权观念的形成起了一个接生婆的作用。在上帝创造万物的基督教文化结构下，这一时期财产权利的重心不是人对物的占有欲支配，而是"上帝赐予"，是天赋，是神圣因子。这使财产权观念获得了一种超越世俗的普世意义，作为上帝的子民，人们不论高低贵贱，都应该对其怀有一种极其庄重的敬畏。这种神格化的个人财产权从本质上讲将财产权的归属视为神的天赋与恩赐，独立于世俗王国的一切力量之外。正如拉德布鲁赫所说。"作为上帝赐予的东西，就连在弥撒献祭仪式中被人们吃进了肚子的日常面包也具有了事物的神圣性。"[①] 财产的神圣性可使人们从心底相信平等、敬畏排他，从而有信心抵抗来自世俗社会的形形色色的侵害。因此，在回顾洛克的财产权理论在建构近代社会方面功不可没的贡献的同时，我们不能忘记，这种至今仍被许多人作为一种信仰的现代私人财产权利思想的鼻祖是一群中世纪教会法学家，洛克不是第一人，他是社会变革时代的幸运儿，印刷术使得其思想广泛传播声名远扬。总之，现代西方文明从中世纪基督教那里承继过来的私人财产权利观念，经过近代早期文艺复兴、启蒙运动、科学革命以及资产阶级革命地梳理、呐喊，逐渐形成一套完整的制度和理论体系，在西方社会土壤中发芽、生根、开花、结果，成为现代西方文明的基石之一。

（发表于《史学理论研究》2010 年第 4 期）

---

① ［德］G. 拉德布鲁赫：《法哲学》，王朴译，法律出版社 2005 年版，第 140 页。

近代早期欧洲文明重建与史学再造

张乃和[*]

摘　要：在深层经济社会变革及资本主义萌芽的基础上，近代早期欧洲文明重建滥觞于文艺复兴及其人文主义精神。由此开始，人们的目光从彼岸世界被吸引到此岸世界，宗教开始让位于历史，史学再造成为近代早期欧洲文明重建的缩影。随着人文主义与社会历史理性的觉醒，史学批判精神兴起。意大利的瓦拉与英国的皮科克共同为史学再造开辟了道路，彼得拉克则成为史学再造的先锋。与此同时，历史学辅助学科兴起，成为欧洲现代史学大厦的基石。近代早期欧洲史学再造与文明重建历程相伴始终。从近代早期欧洲文明重建的角度，审视史学再造之路，有助于人们深入理解和把握现当代欧洲文明、反思现当代史学的学科建设问题。

关键词：近代早期欧洲；文明重建；人文主义；史学再造；历史学辅助学科

近代早期欧洲文明开始了全面重建，孕育了次生的、混合的资本主

---

[*] 张乃和，天津师范大学欧洲文明研究院教授。

义文明。① 文艺复兴及其人文主义精神，把人们的目光从彼岸世界吸引到此岸的现世生活，与此同时，宗教开始让位于历史，为近代早期欧洲文明重建提供了精神动力和思想准备。随着人文主义与社会历史理性的觉醒，史学再造成为近代早期欧洲文明重建的缩影。意大利的瓦拉与英国的皮科克，在欧洲南北遥相呼应，共同为近代早期欧洲的史学再造开辟了道路。由此开始，历史学辅助学科兴起，为现代史学的诞生提供了有力支撑。近代早期欧洲史学再造与文明重建历程相伴始终，因此，从近代早期欧洲文明重建的角度，审视同一时期的史学再造之路，对我们深入理解和把握现当代欧洲文明、反思现当代史学的学科建设，均具有重要启示意义。

一　人文主义与社会历史理性的觉醒

中世纪晚期欧洲兵连祸结、瘟疫肆虐，与此同时，"被压迫阶级静悄悄的劳动却在破坏着整个西欧的封建制度，造成封建主的地位日益削弱的局面"②。深层的经济社会变革，孕育了资本主义萌芽，为近代早期欧洲文明重建奠定了坚实的基础。在此基础上兴起的文艺复兴及其人文主义精神，唤醒了社会历史理性，形成了怀疑与批判精神，推动了近代早期欧洲文明重建与史学再造历程。

在词源学上，"人文主义"一词源自拉丁语和古法语，"一般而言，是指以人类事务为中心的任何信念体系。在文艺复兴的语境中，人文主义与希腊—罗马世界的文化特别是希腊的文学和哲学的再发现有关。中世纪世界具有某些古典拉丁文学的知识，个别学者如阿尔昆和索尔兹伯

---

①　参见侯建新《欧洲文明不是古典文明的简单延伸》，《史学理论研究》2014 年第 2 期；侯建新《关于西欧社会转型起始年代的新观点》，《世界历史》2014 年第 4 期；侯建新《资本主义起源新论》，生活·读书·新知三联书店 2014 年版；张乃和《欧洲文明转型与现代史学的诞生》，《史学集刊》2013 年第 1 期。

②　[德] 弗·恩格斯：《论封建制度的瓦解和民族国家的产生》，《马克思恩格斯文集》第 4 卷，人民出版社 2009 年版，第 215 页。

里的约翰确实都广泛涉猎了有关知识,但这还不能被称为人文主义。人文主义这一术语本身似乎最早由彼得拉克及其同时代人用来表达心智自由之精神,人借以宣布独立于教会的权威"。① 以人的心智自由,也就是当时人所称的意志自由,来审视现世生活,反思社会历史,从而发现此岸世界的真理,进而为重建彼岸世界信仰即价值理性奠定基础,正是人文主义者的重大贡献。

作为"人文主义之父"的彼得拉克(Francesco Petrarca, 1304—1374)曾在他的自述中把自己描述为"一位学无止境的学生"、"一位来自蛮荒野林的人"、"一位知识的爱好者","我并不那么急切地归属于某个思想流派,我一直在寻求真理",然而,"真理是难以发现的。在试图发现真理的人群中,我是最卑微、最脆弱的一个,因而我常常丧失自信。我是如此担心陷于谬误,以至于使我自己沉湎于怀疑而不是真理之中。这样,我就逐渐转变成为古典学院的一员,成为这一大群人中的一分子,而且是其中的最后一位:我不相信我的官能,不断言任何事物,而是怀疑任何一种事物,只有一个例外,那就是:我所相信的一切都是对怀疑的亵渎"。② 彼得拉克的自述,实际上也是对当时欧洲文明处境的写照:经历了战争与灾祸的欧洲,面临着百废待兴而又不知所措的新局面。然而,新的经济社会变革与旧的社会历史因素纠缠不清,历史发展的方向还不明确。人文主义者敏锐地捕捉到了变革的内在冲动,却无力指引历史发展的方向,只能转而求助于古典学术,特别是古典的怀疑论,在摸索中前进。这正是欧洲传统文明陷入危机的明证。

在文艺复兴之前,欧洲传统文明经历了形成、发展和衰落的过程。

---

① Eric Patridge, *Origins: A Short Etymological Dictionary of Modern English*, Fouth edition, London and New York: Routledge, 1966, p. 1448; Jennifer Speake, ed., *Encyclopaedia of the Renaissance*, London: B. T. Bastford Ltd., 1988, p. 216.

② Francesco Petrarca, "A Self-Portrait", in Ernst Cassirer, Paul Oskar Kristeller, and John Herman Randall, JR. eds, *The Renaissance Philosophy of Man*, Chicago: The University of Chicago Press, 1948, pp. 34 – 35.

随着罗马帝国的衰落,欧洲不但受到日耳曼人的入侵,而且还受到来自亚洲的威胁,匈奴人、阿拉伯人、蒙古人、突厥人等亚洲势力的先后西进,使欧洲的十字军东侵黯然失色。然而,查理曼的短暂复兴,罗马帝国的重建,教皇的大一统,成为欧洲传统文明得以生成的重要机遇。到了 13 世纪,欧洲传统文明发展成熟,这就是中世纪欧洲的基督教文明,其核心是经院哲学和神学体系的确立。经院哲学以语言法则、辩证法和圣经经文的权威为基础,把神学体系化甚至科学化。① 意大利人托马斯·阿奎那(Thomas Aquinas,1224—1274)及其《神学大全》就是其中的代表。欧洲传统文明的突出特征在于建立了完整的宗教信仰体系,欧洲的中世纪也就成为人类历史上独特的信仰时代。

然而,随着经院哲学和神学体系的教条和僵化,其内在活力日益丧失,在信仰与理性、理性与经验、理论与实践的困境中难以自拔并日益走向衰落。人文主义者则另辟蹊径,转向古典文化,复兴古典学术,以此来化解欧洲传统文明的危机。因此,在文艺复兴初期,人文主义以翻译和模仿古典文学为主要表现形式,修辞学和诗歌被视为最高的哲学,传统的基督教信仰也得以坚守。正如勒高夫所说:"人文主义是非常反理性的。它与其说是科学的,不如说是文学的;与其说是崇尚理智的,不如说是崇尚信仰的。人文主义提出'语义学—修辞学'的联姻,作为反对'辩证法—经院哲学'的结合的替代。"② 事实确实如此,彼得拉克晚年在给朋友的一封信中就明确说:"你要尽你的全部力量和全部才智,与那条疯狗阿威罗伊战斗,他怒不可遏地朝着主耶稣和加特力信仰狂吠。"③ 可见他对信仰的崇信与执着。然而,随着文艺复兴的深入发展和传播,

---

① [法]雅克·勒高夫:《中世纪的知识分子》,张弘译,商务印书馆 1996 年版,第 80—81 页。
② 同上书,第 138 页。
③ Francesco Petrarca, "A Reqest to Take up the Fight against Averroes", in Ernst Cassirer, Paul Oskar Kristeller, and John Herman Randall, JR. eds, *The Renaissance Philosophy of Man*, Chicago: The University of Chicago Press, 1948, p. 143.

人文主义者沿着彼得拉克的足迹，拿起怀疑论的武器，不但颠覆了传统的权威，而且为理性重建开辟了道路。

继彼得拉克之后，人文主义者随着1453年君士坦丁堡的陷落，开始大规模接触到来自东方的希腊遗产，新柏拉图主义得以复兴。新柏拉图主义形成于公元2至3世纪的亚历山大城，后来走向了非理性的神秘主义，然而柏拉图哲学的内核也被保留下来。1462年，科西莫·德·美第奇（Cosimo de Medici, 1389—1464）资助建立了佛罗伦萨柏拉图学院，马西里奥·斐奇诺（Marsilio Ficino, 1433—1499）成为该学院的领袖。斐奇诺不但在西方世界首次把柏拉图本人以及新柏拉图主义者普罗提诺等人的著作全部翻译为拉丁语，而且他还创造了一个新词汇"柏拉图式爱情"（Platonic love），借以指理想的友谊和人际关系。[①] 斐奇诺翻译有关柏拉图哲学的著作，复兴了柏拉图传统，冲击了中世纪主导的亚里士多德哲学，而且还为文艺复兴时期形成"人的哲学"（philosophy of man）奠定了重要基础。他提出的新概念"柏拉图式爱情"成为这一哲学的核心概念。不仅如此，他还试图调和柏拉图哲学与传统之间的矛盾，为人文主义新哲学寻求合法性。在他看来，哲学与宗教一样，其最高目标都是为了获得最高的善；人人都有能力预见并达到最高的善。[②]

斐奇诺培养了一批学生，其中有的学生随后成为文艺复兴时期的哲学思想家。更重要的是，斐奇诺对另外一位意大利文艺复兴时期著名的人文主义者和哲学家皮科（Giovanni Pico della Mirandola, 1463—1494）产生了直接影响，甚至对英国都铎王朝早期的宗教人文主义者、伊拉斯莫的好友约翰·科利特（John Colet, 1467—1519）的思想都曾产生过重

---

① Frederick M. Schweitzer ed., *Dictionary of the Renaissance*, New York: Philosophical Library Inc., 1967, pp. 233–234.

② Josephine L. Burroghs, "Introduction to Marsilio Ficino", in Ernst Cassirer, Paul Oskar Kristeller, and John Herman Randall, JR. eds, *The Renaissance Philosophy of Man*, Chicago: The University of Chicago Press, 1948, p. 187.

要影响。① 正是到了皮科那里，关于人的哲学的理性思考才更加成熟。可以说，斐奇诺和皮科是意大利文艺复兴时期理性重建的巨擘。

因此，尽管早期的人文主义者主要是复兴和效仿古典文化，他们关注的领域也主要是文化教育，而不是哲学反思或理性重建，也只是在这个意义上，正如勒高夫所说，人文主义非常反理性和崇尚信仰，才是有道理的。然而，当人们追问复兴和效仿这些古典文化的意义时，人文主义者们不得不开始反思，"他们声称这些研究有助于形成一种值得期待的人类，因而特别关注人何以为人"，对人的重视引起了对人的反思，直到斐奇诺与皮科共同建立了"一种关于在宇宙中人的尊严的哲学理论"。② 这种哲学理论的核心是个体主义。文艺复兴时期关于人的哲学的形成，是个体理性重建的重要成就。在这个意义而言，文艺复兴并不缺乏理性，更不局限于文化教育或现代文化艺术层面的浅表理解。

即使在文化教育层面，文艺复兴从一开始就对教育理论进行了较为深入的思考。人文主义者弗吉里奥（Pietro Paolo Vergerio，1370—1444）被称为近代早期欧洲第一位教育理论家。他曾撰写了一篇论文《论绅士风度与自由学科》，"全面地概括了人文主义教育的目的和方法。这篇文章在以后的两个世纪中享有盛誉，影响极大"。③ 弗吉里奥曾明确提出，人文主义教育的目标是让学生学会做人，而不是让学生发家致富："人文主义研究旨在帮助学生培养品格，而不是让他们变得更富有。人文主义教育永远是让有聪明才智的人变得更美好"。④ 为此，他把人文主义知识视为人们的知识结构的重要组成部分，并以此为基础努力改造传统的知

---

① Clayton J. Dress ed., *The Late Medieval Age of Crisis and Renewal, 1300—1500*, London: Greenwood Press, 2001, pp. 161 - 162.

② Paul Oskar Kristeller, "Introduction to Giovanni Pico", in Ernst Cassirer, Paul Oskar Kristeller, and John Herman Randall, JR. eds, *The Renaissance Philosophy of Man*, Chicago: The University of Chicago Press, 1948, p. 221.

③ [英] 威廉·博伊德、埃德蒙·金：《西方教育史》，任宝祥、吴元调主译，人民出版社1985年版，第162页。

④ John M. McManamon, S. J., *Pierpaolo Vergerio The Elder: The Humanist as Orator*, Tempe: Medieval and Renaissance Texts and Studies, 1996, p. 26.

识结构和教育内容。

他不但重视自然哲学（natural philosophy），推动了科学知识的教育和进步，而且还把伦理哲学（moral philosophy）置于同等地位。根据学生成长的不同阶段，以及学生对未来职业生涯的不同兴趣和选择，弗吉里奥改变了传统的"七艺"课程结构，明确反对逻辑的优先地位，而是公开提出了"新三艺"。传统的七艺由三艺（语法、修辞和逻辑）和四艺（天文、几何、音乐和数学）构成。他改变了中世纪时期不重视科学知识即四艺的传统观念，提高了四艺的地位，"这是从科学成为希腊人的一门有生气的学科以来，不曾得到过的"。① 他还认为，四艺作为自然哲学的内容，需要离群沉思，适用于培养科学人才；而伦理哲学则需要在大庭广众面前发表演讲，适用于培养社会活动家。因此，他专门为那些致力于公共服务生涯的学生设计了"新三艺"：伦理哲学、历史学和修辞学。② 也许，正是基于弗里吉奥所提出的新三艺，我们才可以把他称为文艺复兴时期的首位"市民人文主义者"（civic humanism），尽管他在现实生活中拥护的是君主制政府，而从不是共和主义。③

弗里吉奥的教育理论及其教育改革主张，针对从儿童到成人、从小学到大学的不同阶段，进行了较为全面的理论反思，并提出了具体的富有创新性的改革主张。这是人文主义教育理论的发端，随后在欧洲文艺复兴过程中产生了重要影响，形成了明确的阶段教育理念：儿童的正确语法教育、青年的人文主义研究、成年的婚姻伦理义务教育。④ 他首次把历史学列入教育内容，为近代早期欧洲史学再造奠定了第一基石。

---

① ［英］威廉·博伊德、埃德蒙·金：《西方教育史》，任宝祥、吴元调主译，人民出版社1985年版，第163页。

② John M. McManamon, S. J., *Pierpaolo Vergerio The Elder: The Humanist as Orator*, Tempe: Medieval and Renaissance Texts and Studies, 1996, p. 97.

③ David Robey, "P. P. Vergerio the Elder: Republicanism and Civic Values in the Work of an Early Humanist", *Past and Present*, No. 58 (Feb., 1973), p. 31.

④ John M. McManamon, S. J., *Pierpaolo Vergerio The Elder and Saint Jerome*, Tempe: Arizona Center for Medieval and Renaissance Studies, 1999, pp. 100 – 101.

从总体上看，近代早期欧洲文艺复兴并不缺乏理论思考，只不过人文主义者的理论并非基于传统的经院哲学，而是柏拉图的学说。此外，我们还注意到，从彼得拉克开始，古典的怀疑论就随着古典学术复兴而兴起了。怀疑与重建成为近代早期欧洲文明重建的内在逻辑。人文主义者在怀疑传统权威的同时，大力张扬人性，强调人的尊严以及人在世界中的位置，重建了个体理性即人生的意义，唤醒了人们的社会历史理性。值得注意的是，人文主义者改变了对待科学的传统态度，不但在认识上，而且在教育实践中，均赋予科学知识以重要地位。人的哲学与自然哲学构成了文艺复兴的双重内核，也是近代早期欧洲文明重建与史学再造的思想基础。在这个意义上而言，那些感官的、可视的文化形式以及诗歌、戏剧等文学艺术成就，只是这一过程中泛起的美丽泡沫。

二 史学批判精神与史学再造的启动

随着近代早期欧洲社会历史理性的觉醒，人的发现和人的哲学构建转向了历史，史学成为人发现自我的一面镜子、一种生动的经验宝藏。弗里吉奥把历史学列为"新三艺"之一，为近代早期欧洲史学再造奠定了第一基石。怀疑论、新理性与科学态度的结合，产生了新的史学批判精神。正如布克哈特曾经说过的那样，"由于理性主义和新产生的史学研究的结合，到处都可能有一些胆怯的批判圣经的尝试"。① 不止于此，有人开始进一步批判教会。

意大利人洛伦佐·瓦拉（Lorenzo Valla，1407—1457）不但尝试批判圣经，而且进一步把矛头指向当时的教会权威。他与英国的皮科克（Reginald Pecock，1393—1461）遥相呼应，共同批驳了所谓的"君士坦丁赠礼"，激发了史学批判精神，为近代早期欧洲史学再造开辟了道路。

---

① ［瑞士］雅各布·布克哈特：《意大利文艺复兴时期的文化》，何新译，商务印书馆1979年版，第493页。

瓦拉 1407 年生于罗马，在帕维亚大学学习并任教，1437 年至 1447 年间担任那不勒斯国王阿尔方索一世（Alfonso I，1395—1458）的秘书，1447 年回到罗马，担任教皇的秘书并在罗马大学任教，直至去世。① 关于瓦拉的学术思想，尤其是他对"君士坦丁赠礼"的批驳，国外早已发表大量论著，至今仍津津乐道，国内也已有较深入的研究。② 在这里，我们主要关注瓦拉对新的史学批判精神的形成所做出的贡献。

　　对权威的批判，是瓦拉的史学批判精神的重要体现。他在《君士坦丁赠礼证伪》一书中，开宗明义地指出，"我出版过许多部书，各种各样的书，几乎涉猎知识的各个领域。由于一些人震惊于我在这些书中与人们相沿成习的某些伟大作家的意见相左，就有人指责我的草率和不敬，那么我们一定会想到这些人想对我做什么。他们会多么愤怒地斥责我，如果有机会他们更会多么急切地尽快使我受到惩罚！因为我的作品不仅是针对死者，还是针对生者；不仅针是对这个人或那个人，而是针对一群人；不仅是针对私人个体，而且是针对公共权威。这是什么样的权威啊！即使是至高无上的教皇，不但拥有如同王公一样的世俗利剑，而且还拥有精神利剑，即使在任何王公的护佑之下，你也不能够使自己免予被开除教籍、被诅咒和咒逐。"③ 可见，瓦拉在教皇与世俗王公的权威面前，毫无柔骨媚态，秉持着凛然不惧、特立独行的批判精神。瓦拉的这

―――――――
　① Jennifer Speake, ed., *Encyclopaedia of the Renaissance*, London: B. T. Bastford Ltd., 1988, pp. 405 – 406.
　② 国外关于瓦拉的新近研究，参见 Brian P. Copenhaver, "Valla Our Contemporary: Philosophy and Philology", *Journal of the History of Ideas*, Vol. 66, No. 4（Oct., 2005）, pp. 507 – 525; Giovanna Cifoletti, "From Valla to Viete: Rhetorical Reform of Logic and Its Use in Early Modern Algebra", *Early Science and Medicine*, Vol. 11, No. 4（2006）, pp. 390 – 423; David M. Whitford, "The Papal Antichrist: Martin Luther and the Underappreciated Influence of Lorenzo Valla", *Renaissance Quarterly*, Vol. 61, No. 1（Spring, 2008）, pp. 26 – 52. 国内关于瓦拉的研究，参见吕大年《瓦拉和"君士坦丁赠礼"》，载《国外文学》2002 年第 4 期；米辰峰《劳伦佐·瓦拉的生平与思想》，载《史学月刊》2004 年第 8 期；米辰峰《瓦拉批驳〈君士坦丁赠礼〉的学术得失》，载《史学月刊》2006 年第 3 期。
　③ Christopher B. Coleman, *The Treatise of Lorenzo Valla on the Donation of Constantine*, New Haven: Yale University Press, 1922, p. 22.

种独立批判精神，也是他的理论和现实政治勇气的体现，在近代早期欧洲是极为难能可贵的。这种精神集中体现在他的学术作品中，并对近代早期欧洲的史学再造产生了深远影响。

古典的语文学（philology），是瓦拉的史学批判精神得以落实的突破口和切入点。他厌烦教条、僵化的形而上学理论，他曾经说过，"许多人深信，一个人不懂辩证法、形而上学和一般哲学的准则，就不能成为神学家。对此该怎么说呢？我是否该害怕完全把我的想法说出来呢？我赞赏圣托马斯非常细腻的表达方式，我钦佩他的勤奋，我对他学说的丰富多彩和完美感到惊愕……但我并不那么赞赏所谓的形而上学；那都是些令人厌烦的知识，人们最好别去研究这种东西，因为它妨碍人们认识更为美好的事物"。① 尽管他与其他人文主义者一样反对传统的经院哲学，但他对古典时代的各种哲学流派也都没有好感。在人文主义者中，他显得最为独特、另类。② 他唯一欣赏的是古典时代的语言和修辞学，因此，他只是对古典的语文学感兴趣。正是瓦拉的这一学术兴趣和学术成就，开创了现代史学的重要辅助学科——语文学。

在独立批判精神和古典语文学技术的基础上，瓦拉运用词汇分析、文本风格分析等语言学方法，结合相关历史事实考证，对"君士坦丁赠礼"进行了富有说服力的批驳。他还对拉丁语圣经产生怀疑，主张重新翻译希伯来语旧约和希腊语新约；对古典作家如李维等人的作品也疑窦丛生，考订出很多错讹之处，并进行了更正。因此，瓦拉被称为"系统的怀疑论"的最早典范。③

与瓦拉遥相呼应的是，英国的皮科克几乎同时对"君士坦丁赠礼"

---

① [法]雅克·勒高夫：《中世纪的知识分子》，张弘译，商务印书馆1996年版，第138—139页。
② Charles Edward Trinkaus, JR., "Introduction to Lorenzo Valla", in Ernst Cassirer, Paul Oskar Kristeller, and John Herman Randall, JR. eds, *The Renaissance Philosophy of Man*, Chicago: The University of Chicago Press, 1948, pp. 147 – 148.
③ E. B. Fryde, *Humanism and Renaissance Historiography*, Bodmin: The Hambledon Press, 1983, p. 16.

进行了批驳。他 1393 年生于威尔士,后入牛津大学学习,1431 年担任伦敦威廷顿学院院长,1444 年担任威尔士的圣阿萨夫主教,1450 年又担任了奇切斯特主教。此外,他还是枢密院成员。[①] 他曾反对威克里夫的宗教改革主张,反对罗拉德派,后来又改弦更张,转而赞成改革。他主要是通过历史研究,证伪了"君士坦丁赠礼",并否认了使徒信经的权威性。[②]

皮科克对"君士坦丁赠礼"的证伪,主要是基于历史事实的考证。他在 1449 年完成的著作中列举了 8 大证据,专题批驳了这一"赠礼":①当时的大马士革教宗在与哲罗姆往来的书信中并未提及"赠礼";②大马士革教宗事实上也没有继承这一"赠礼";③权威的、可信的记载或编年史也未曾提及此事,只有一些传说故事谈及;④与君士坦丁时代相距不远的后来编著的教会史"三史"(historia tripartita),也只字未提及此事;⑤罗马教宗卜尼法斯四世曾经向罗马皇帝请求赐予罗马万神殿,用以改为基督教堂,可见当时的教宗并未领有整个罗马城;⑥尽管大马士革教宗曾提及君士坦丁皇帝赏赐给教会一小部分土地和财物,但直到查理大帝和日耳曼路易时期,教会才拥有了大量土地;⑦在与君士坦丁皇帝同时期的罗马教宗西尔维斯特去世之后,连续数百年里罗马教宗的选举都要得到东罗马皇帝的认可,这表明罗马教宗并未拥有罗马城的世俗权力;⑧最后,教会"三史"是君士坦丁皇帝时代的希腊人所编写,比远在罗马的教宗所言更有说服力。[③] 可见,皮科克对"赠礼"的批驳,主要是采用了历史文献考据的方法。他是通过对历史文献证据进行排比、互证,澄清历史事实,并通过历史事实之间的联系,来最终证明"赠礼"的虚假性。这与瓦拉的古典语文学分析方法相得益彰,成为近代早期欧

---

① Jennifer Speake, ed., *Encyclopaedia of the Renaissance*, London: B. T. Bastford Ltd., 1988, p. 311.

② Frederick M. Schweitzer ed., *Dictionary of the Renaissance*, New York: Philosophical Library Inc., 1967, p. 451.

③ Reginald Pecock, *The Repressor of Over Much Blaming of the Clergy*, Vol. 2, London, 1860, pp. 358 – 366; John Lewis, *The Life of the Learned and Reverened Reginold Pecock*, London, 1744, pp. 114 – 118.

洲史学批判精神的集中体现。

当时在古腾堡的活字印刷技术还在孕育之中、思想文化的传播还比较缓慢之际,皮科克是否看到了瓦拉的相关论著,我们不得而知,但从当时的印刷技术条件来看,他们之间也许是不谋而合。有学者认为,皮科克的历史文献考据方法是"剪刀加糨糊"的方法,仍然是通过比较历史文献的权威性而迷信权威。① 这是有失偏颇的。我们不应对皮科克评价过低。如果我们仔细阅读皮科克——列举出的 8 大证据,那么就会敬佩他对历史文献考据的贡献。只是皮科克的批驳风格是沉稳而富有条理性,瓦拉则张扬而充满激情。公正地说,皮科克的历史文献考据方法,与瓦拉运用古典语文学方法针对"赠礼"文本的语言学研究,相辅相成,共同完成了对"君士坦丁赠礼"批驳,从而为该文件的证伪画上了句号,成为学术界公认的一桩铁案。

到了宗教改革时期,在宗教改革史学与天主教史学的论战中,第一位近代天主教会史学家、意大利人巴罗尼乌斯(Cesare Baronius, 1538—1607),从 1588 到 1607 年间连续编写了 12 卷《教会编年史》,在其中的第 3 卷中他正式确认了"君士坦丁赠礼"确系伪造。② 这是天主教会首次正式承认"君士坦丁赠礼"的虚假性,也是对瓦拉和皮科克的肯定,在史学批判精神的形成和发展史上,无疑具有重要的标志性意义。

事实上,"君士坦丁赠礼"在中世纪欧洲政教关系中的地位和作用,远非人们想象的那么大。在政教争端中,教会引用"赠礼"的次数屈指可数,只是在 15 世纪中叶至宗教改革前夕,教会引用"赠礼"的次数增加了。值得注意的是,后来教会多次引用"赠礼"不是为了扩大教会领地,而是用来处理欧洲诸国对新"发现"土地的争端,如"教皇子午线"的划定等。因此,"与诸如'天国钥匙说'、'双剑说'相比,教皇们从

---

① Joseph M. Levine, "Reginald Pecock and Lorenzo Valla on the Donation of Constantine", *Studies in Renaissance*, Vol. 20 (1973), pp. 132–133.

② Caesare, Baronio, *Annales Eclesiastici*, Tomus Tertius, Antverplae: Wx Officina Plantiniana, 1624, p. 275.

'君士坦丁赠礼'获得的好处要少得多"。① 特别是在安科纳的奥古斯丁（Augustinus of Ancona, c. 1275—1328）全面论证了教皇绝对全权论以后，可以说"君士坦丁赠礼"就不再是一个法律问题，而只是一个历史问题了。② 因此，如果说神圣罗马帝国皇帝腓特烈二世（Frederick II, 1194—1250）曾经怀疑"赠礼"的真实性，这种怀疑具有现实领土争端的考虑的话，那么此后，库萨的尼古拉（Nicholas of Cusa, 1401—1464）、瓦拉和皮科克在15世纪上半叶先后批驳"赠礼"却主要具有学术理论和精神上的重要性。③ 在学理上，树立史学批判精神；在精神上，破除教会的权威，从而解除了人们的思想枷锁，开辟了近代早期欧洲史学再造之路。这就是瓦拉和皮科克批驳"君士坦丁赠礼"的重要历史意义所在。

近代早期欧洲史学批判精神的兴起，几乎与史学再造同步进行。传统的编年史或年代记不但在史观上是宗教性质的，而且在具体内容上也充满了神迹和传说，缺乏批判精神和历史真实性。随着古典文化和古典学术的复兴，人文主义者复兴和发展了古语文学，与修辞学和诗歌一道，成为当时的"显学"。然而，为了理解古典文化和古典学术，人文主义者不得不关注历史。"人文主义者的主要兴趣在于，发现古典时代所有作家的文本。日益增长的历史兴趣，则是他们在致力于解释新发现这些文学宝藏时的副产品"。④ 史学再造也是随着古典文化和学术的复兴而启动的，并日益受到人文主义者的重视。弗吉里奥在倡导古典文化教育时就十分重视史学，他曾把历史科目列为"新三艺"之一。瓦拉在晚年则把历史

---

① F. Zinkeisin, "The Donation of Constantine as Applied by the Roman Church", *The English Historical Review*, Vol. 9, No. 36 (Oct., 1894), p. 632.

② Michael Wilks, *The Problem of Sovereignty in the Later Middle Ages*, Cambridge at the University Press, 1963, p. 544; Joseph R. Strayer ed., *Dictionary of the Middle Ages*, Vol. 2, New York: Charles Scribner's Sons, 1983, p. 1.

③ Frederick M. Schweitzer ed., *Dictionary of the Renaissance*, New York: Philosophical Library Inc., 1967, p. 601; Richard K. Emmerson ed., *Key Figures in Medieval Europe: an Encyclopedia*, New York and London: Routledge, 2006, pp. 479 - 480.

④ E. B. Fryde, *Humanism and Renaissance Historiography*, Bodmin: The Hambledon Press, 1983, p. 4.

置于其他所有学科之上。①

尽管但丁具有强烈的历史意识,并试图走出传统的史学藩篱,近代早期欧洲史学再造实际历程却应从彼得拉克开始。以他撰写的《名人传》为例,彼得拉克对史学再造的主要贡献在于,他改造了中世纪传记学的传统,为现代传记学的兴起奠定了基础。具体体现在以下四个方面:①传记篇幅加长、文字增多;②拉丁文风优美、流畅;③以军事英雄、市民领袖为主;④以古罗马人为主。② 他在该书中明确提出,撰写该书的目的就是"鼓励符合美德的行为","在我这本书中,没有别的,只有那些通向美德或有悖美德的事情。因为,除非我搞错了,这应是史学家的有意义的目标:给读者指出哪些是应当遵守的,而哪些是应当避免的",书中所引用的资料则主要来自罗马史家和诗人。③ 彼得拉克明确划分了"古代"、"现代"以及"外在因素"等内容,表达了清醒的历史时代变迁意识。他撰写的历史,"不是战争或征服史,不是帝国或共和国史,而是人的故事。这些人在罗马史以及在远离罗马的其他地区或文明中同样能够找到例证。不仅撰写人们与人类的历史是可能的,而且撰写历史中一些普遍的人的因素也是可能的"。④ 在这个意义上,彼得拉克开创了与文艺复兴时期"人的哲学"(philosophy of man)相对应的"人的史学"(history of man)。

值得注意的是,彼得拉克试图把史学与宗教信仰分开,把历史归于"人的故事",甚至想到了撰写全人类历史的可能性,从而开启了史学的世俗化进程。这成为近代早期欧洲史学再造的重要内容。然而,在这里我们不得不指出,彼得拉克在试图把史学与宗教信仰分开的同时,却

---

① E. B. Fryde, *Humanism and Renaissance Historiography*, Bodmin: The Hambledon Press, 1983, p. 15.
② Victoria Kirkham and Armando Maggi eds, *Petrarch: A Critical Guide to the Complete Works*, Chicago and London: the University of Chicago Press, 2009, p. 104.
③ Ibid., p. 105.
④ Ibid., p. 156.

又把史学置于文学的奴仆的地位。1341年,他在罗马接受"桂冠诗人"加冕,① 由此开创了近代早期欧洲诗人兼史家、史学从属于诗学的先例。因此,严格地说,他并非历史学家,他研究和撰写历史只是模仿及研究古典文化和古典学术,并服务于现实的伦理道德实践。他的史料运用也缺乏深入系统的分析和批判。可以说,彼得拉克的历史研究仍然属于"鉴戒史学"范畴,只不过他要使史学服务于现实生活,而不是来世天国。这与中世纪的宗教史学相比仍然是进步的。至于在彼得拉克之后,布鲁尼(Leonardo Bruni,1370—1444)、比昂多(Flavio Biondo,1392—1463)等人的史学成就,国内外学者已经有过较为深入的研究,这里就不再赘述了。

三 史学再造与历史学辅助学科的兴起

在近代早期欧洲史学再造过程中,历史学辅助学科的形成和发展,举足轻重。然而,迄今为止,在国内学界还很少有人梳理过这个问题。就笔者所见,国内学者对西方的古文献学、校勘学等问题关注较多,也取得了引人注目的成就。② 最近出版的张广智先生主编的《西方史学通史》,首次介绍了西方历史学辅助学科发展的状况,遗憾的是有关内容所占篇幅较少,只有两三页。③ 因此,有必要梳理史学再造与历史学辅助学科兴起的基本脉络。

---

① Wiltshire Stanton Austin and John Ralph, *The Lives of the Poets-Laureate*, London, 1853, pp. 10 – 11.

② 参见彭小瑜《近代西方古文献学的发源》,载《世界历史》2001年第1期;张强《〈伯罗奔尼撒战争史〉巴黎本中的 H 本》,载《社会科学战线》2003年第2期;张强《西方古典著作的稿本、抄本和校本》,载《历史研究》2007年第4期;张强《西方古典文献学的名与实》,载《史学史研究》2012年第2期;米辰峰《马比荣与西方古文献学的发展》,载《历史研究》2004年第5期;陈冬冬、周国林《西方校勘学中的"理校"问题——兼评胡适介绍西方校勘学的得失》,载《河南大学学报》(社会科学版)2013年第2期。此外,还有不少从图书情报学角度探讨一般文献学的论文,在这里就不再一一列举了。

③ 李勇:《西方史学通史》第四卷《近代时期》(上),复旦大学出版社2012年版,第152—154页。

历史学辅助学科的兴起几乎与近代早期欧洲史学再造同步。瓦拉开创的古典语文学以及皮科克运用的历史文献考据学方法，就是近代早期欧洲历史学辅助学科兴起的重要标志。这些辅助学科主要有"文献学、考古学、钱币学、碑铭学和年代学等"。① 但是，在15、16世纪这些学科兴起之际，它们并非一开始就处于历史学辅助学科的地位，而是与史学并行发展的新兴学科。到了17世纪，印章学（sigillography）、古币学（numismatics）、文献学（bibliography）、图书编目索引（library catalogues and indices）、语文学（philology）、古文书学（diplomatics）、古文字学（palaeography）等，这些学科各自均取得了长足的进步。② 然而，当时这些学科未曾被集合在历史学周围，更未被统称为历史学辅助学科。

18世纪欧洲知识界出现了知识学科体系化的尝试。普鲁士皇家科学院院士贝尔菲尔德（Jakob Fredrich Bielfeld，1717—1770）在这方面的贡献值得注意。③ 他在1768年撰写了《博学大全》一书，1771年就被译为英文。他比较了对人类知识体系进行分类概括的不同方法，根据人类理智的特性，提出了新的知识分类概括方法："当我们反思人类理智的性质时，除了与此无关的情感和意志之外，我们会发现三种禀赋：理解、想象与记忆。理解用以检验、比较、判断和反思；想象用以创造、提高和生产；记忆用以保持并回复所保持的一切。任何科学（science）、任何艺术（art）都属于这三种禀赋之一。因此，我们把它们分成三类，我们这部著作也分成三本：第一本包括那些运用理解的科学；第二本包括那些源自想象的科学；第三本则包括那些需要记忆的科学"。④ 实际上，这是

---

① 李勇：《西方史学通史》第四卷《近代时期》（上），复旦大学出版社2012年版，第152页。
② Denys Hay, *Annalists and Historians: Western Historiography from the Eighth to the Eighteenth Centuries*, London: Methuen & Co. Ltd., 1977, p. 153.
③ D. G. Larg, "Jakob Fredrich Bielfeld and the 'Progres Des Allemans'", *The Modern Language Review*, Vol. 15, No. 1 (Jan., 1920), pp. 90 – 94.
④ Baron Bielfeld, tr. by W. Hooper, *The Elements of Universal Erudition*, Vol. 1, Dublin, 1771, pp. 5 – 6.

把人类知识划分成了三大学科群,把貌似相互独立的学科集合在一起。可以说,贝尔菲尔德的《博学大全》是对所谓的"博学时代"的一个总结,具有划时代意义。

在此基础上,贝尔菲尔德在第三本书中,把那些需要记忆的学科称为"纯文学"(belles lettres),用以指"一切具有教育意义和令人愉快的科学"。① 从该书的目录就可以发现,这一大学科群具体包括20余种学科或科学:神话学(mythology)、年代学(chronology)、历史学及其各分支(divisions)、古物学(antiquities)、币章学(medals and coins)、古文书学(diplomatics)、统计学(statistics)、旅游学(of travel and travellers)、地理学(geography)、谱系学(geneaology)、纹章学(blazonry or heraldry)、语文学(philology,包括东方语言、其他语言及古文字学 palaeography 和现代语言),此外还包括了文体活动(exercises)、梦幻艺术和科学(chimerical arts and sciences)、传记学(biography),以及教育史、图书史、图书馆和期刊等方面的知识。

可见,在贝尔菲尔德看来,历史学与我们所称谓的"历史学辅助学科"一样,同属于"纯文学",这些学科之间是平等的,并没有明确的从属关系。

然而,也正是从这一时期开始出现了历史学辅助学科作为学科群的集合概念。"在德语地区中,'历史辅助学科'概念作为一批学科的集合概念,首次出现在18世纪后半期。当时,人们正致力于学科的系统化,并创建相关概念。19世纪初,'历史辅助学科'成为相对于'分支学科'或'辅助学说'的概念",在20世纪有人提议将其更名为"史学基础学科",但遭到了大多数人的反对。② 在英国,著名的辉格史学家弗里曼(Edward Augustus Freeman,1823—1892)曾把"历史学的分支学科"称

---

① Baron Bielfeld, tr. by W. Hooper, *The Elements of Universal Erudition*, Vol. 3, Dublin, 1771, p. 2.
② [德]斯特凡·约尔丹主编:《历史科学基本概念辞典》,孟钟捷译,北京大学出版社2012年版,第135—136页。

为"历史学的卫星学科"。① 在他看来,"任何只要不是纯粹抽象的知识,任何涉及人类事务的知识,就很难想象历史学者不与之结成同盟。这不必是攻守同盟,而是相互交往、相互帮助、相互支持的互利同盟"。② 但就它们与历史学的联系紧密程度来看,可以区分出直接相关与间接相关两种学科。然而,即使与历史学直接相关的学科,它们也都有各自独立存在的理由,都有各自独立研究的方法和目标,它们与历史学一样都是人类知识体系中享有尊严的组成部分。③ 可见,他并不赞成贬低与历史学直接相关学科的地位和尊严,使之从属于历史学。

实际上,从时间上看,所谓的历史学辅助学科与历史学在近代早期欧洲文艺复兴过程中几乎同时兴起,二者之间并没有先后或从属关系。从逻辑上看,这些所谓的历史学辅助学科不是因为历史学的存在而存在,也不是为了历史学的存在而存在。它们的兴起和发展最初动因是为了研究古典文化和古典学术,因而有其相对独立的环境、条件和契机,也有其内在的逻辑。可以说,如果没有历史学,它们仍然会继续存在和发展下去。

但是,近代早期欧洲的史学再造,需要这些学科的有力支撑。如果没有这些学科的支撑,如果历史学故步自封,拒绝这些学科的支持和帮助,那么历史学就不能发展。瓦拉和皮科克的成就就是有力的证明。因此,与其说这些学科是历史学辅助学科,不如说它们是历史学的支撑学科,是历史学的必要学科。这反映了近代早期欧洲文艺复兴以来,在现代知识体系构建过程中,各学科领域之间的相互依存、紧密联系而又相互独立、互不统属的分化与整合辩证发展的历史趋势。

最终到了在19世纪末20世纪初,英美史学界受到德国和法国史学的影响,还是接受了欧洲大陆通行的"历史学辅助学科"这一概念。其中

---

① Edward A. Freeman, *The Methods of Historical Study*, London: Macmillan and Co., 1886, p. 49.
② Ibid., pp. 43 – 44.
③ Ibid., pp. 49 – 50.

的代表人物是哈佛大学历史学与政治学教授查理·格罗斯（Charles Gross，1857—1909）。他生于纽约，从威廉姆斯学院毕业后游学欧洲大陆，先后在莱比锡、柏林、巴黎和哥廷根等许多大学学习。他1897年出版了《英国城市史文献学》，1900年出版《英国史文献学（至485年）》。格罗斯为英国史文献学的发展做出了开创性贡献，他的《英国史文献学》经过1915年修订再版后，一直被沿用到1975年才被重新修订。他的这本书"成为几代学者'必备的研究工具'"。①

从格罗斯的《英国史文献学》一书的目录就可以看出，② 他把全书分为四大部分，第一部分是总论，第二部分到第四部分是按照英国史的时间顺序分别交代了各断代的历史文献。总论部分又下设五章：第一章是导论，内容包括历史研究方法、文献资料史，与期刊、评论和学会报道等；第二章是历史研究的辅助学科；第三章是档案馆与图书馆；第四章是已出版的史料集；第五章是现代人的论著。

从该书第二章的具体内容来看，格罗斯明确列举了13个历史学辅助学科：语文学（philology）、年代学（chronology）、古文字学（palaeography）和古文书学（diplomatics）、印章学（sphragistics）和纹章学（heraldry）、传记学（biography）和谱系学（genaeology）、地理学（geography）和地形学（topography）、古币学（numismatics）、考古学（archaeology）和艺术（art）。

从横向比较来看，1915年创刊的《天主教历史评论》，从创刊号开始连续数年刊登了天主教史研究指南。在谈到辅助学科时，该期刊明确了研究天主教史的5大辅助学科：哲学，特别是经院哲学；神学；教会法；礼拜学（liturgy）；圣徒传记学（hagiography）。③ 此外，从1915年第3期

---

① Edgar B. Graves ed., *A Bibliography of English History to 1485*, Oxford at the Clarendon Press, 1975, "Preface", p. V.

② 参见 Charles Gross, *The Sources and Literature of English History from the Earliest times to about 1485*, Second edition, London and New York: Longmans, Green, and Co., 1915.

③ "Historical Bibliography", *The Catholic Historical Review*, Vol. 1, No. 3 (Oct., 1915), p. 359.

到 1917 年第 1 期，该期刊还介绍了当时许多大学通行的 4 大历史学辅助学科：语文学、年代学、古文字学、古文书学。

可见，1915 年创刊的《天主教历史评论》，与格罗斯的历史文献学分类基本一致。二者均未把历史研究方法列入历史学辅助学科。但二者的不同之处在于，该期刊提出了专题史研究即天主教史研究所需要的特定的辅助学科概念，并介绍了当时史学界通行的 4 大辅助学科，并非完整地介绍历史学的所有辅助学科。

值得一提的是，该期刊高度重视历史学辅助学科，并认为正是由于历史学辅助学科的发展，才使历史学成为独立于文学和科学的知识门类。"人们坦率地承认，上溯到 60 来年前，历史学只不过是文学的一个分支，致力于明确的文学目的。与我们的祖父辈常见的历史文献相比，当前大量的历史学院和历史研习班足以证明，原来的看法已经发生了变革，而且是巨大的变革。现在历史学已经成为科学——常规的科学（a cut-and-dried science）——它在过去的半个多世纪里所取得的进步，比其他任何学科所取得的进步都要巨大。历史学已经成为技术性科学（a techinical science），它不仅日益把自己局限于原始资料的研究工作，而且局限于对这些原始资料的严格的批评性评估，局限于一套严格的规则，这些规则就像欧几里得几何一样严格，以便于在原始资料判断的基础上得出结论"。[1] 对原始资料的研究和批评，是历史学之所以成为科学的基石。在这个意义上，我们说历史学就是史料学，并不为过。

从纵向比较来看，1975 年格雷弗斯在主持重新修订格罗斯的《英国史文献学》时，他扩大了历史学辅助学科外延。我们从重新修订后的目录就可以看出，[2] 历史哲学和方法论也被归入历史学辅助学科；取消了地形学，增加了地名学，服饰、盔甲和武器；把艺术与考古分开单列。其

---

[1] "Part I: The Auxciliary Sciences, II. Chronology", *The Catholic Historical Review*, Vol. 2, No. 2 (Jul., 1916), p. 240.

[2] 参见 Edgar B. Graves ed., *A Bibliography of English History to 1485*, Oxford at the Clarendon Press, 1975。

余未变。

然而，目前国际史学界虽然沿用了"历史学辅助学科"这一概念，但其内涵和外延已经发生了一些变化。由国际历史科学委员会（ICHS）支持出版的《国际历史科学文献学》，在历史学辅助学科的界定上具有代表性。从该书的目录就可以看出，① 历史学辅助学科有：古文字学、古文书学、书籍史、年代学、谱系学和家庭史、印章学和纹章学、古币学和度量衡学、语言学、历史地理学、图像学（iconography）和形象学（images）。其中，传统的语文学被语言学取代，这就突出了语言学在历史研究中的重要性；传统的传记学也不见了，因为它已被融入了主流的历史学。此外，增加了家庭史，这体现了自下而上的社会史研究趋势；增加了度量衡学，这是计量史学的重要工具。至于增加的图像学和形象学，则体现了新文化史或后现代史学的要求。

通过以上比较我们可以发现，古文字学、古文书学、语文学（语言学）、年代学、谱系学、古币学、印章学和纹章学、地理学等，始终都是历史学辅助学科中相对稳定的学科，可以称之为传统的历史学辅助学科。新兴的历史学辅助学科则因时而异，这表明了历史学辅助学科群具有与时俱进的动态开放特征。历史学辅助学科的孕育形成，见证了近代早期欧洲史学再造历程，也是近代早期欧洲文明重建的组成部分。"它们不仅仅是偶尔被吸纳到历史学中，而且已经永久性地成为历史学家不可或缺的必要知识"，成为"历史学家的工具"。② 历史学辅助学科也随之成为现当代史学知识体系必不可少的组成部分。令人遗憾的是，欧洲以外的史学界似乎至今对此仍然相当陌生。这在一定意义上妨碍了我们进一步理解和把握近代早期欧洲文明重建与史学再造的历程。

综上所述，近代早期欧洲文明重建与史学再造的动力来自深层的经

---

① 参见 Massimo Mastrogregori ed., *International bibliography of Historical Science*, Vol. LXXXV, Berlin and New York: Walter de Gruyter GmbH and Co., 2011。

② ［德］斯特凡·约尔丹主编：《历史科学基本概念辞典》，孟钟捷译，北京大学出版社 2012 年版，第 135 页。

济社会变革。在此基础上,文艺复兴及其人文主义精神,唤醒了社会历史理性,形成了怀疑与批判精神。意大利人弗里吉奥首次把历史学列为"新三艺"之一,为近代早期欧洲史学再造奠定了第一基石。意大利的瓦拉与英国的皮科克,遥相呼应,共同为史学再造开辟了道路。彼得拉克则是近代早期欧洲史学再造的先锋。在近代早期欧洲史学再造的过程中,历史学辅助学科得以形成和发展,成为史学再造的有力支撑。近代早期欧洲的史学再造,是欧洲文明重建的缩影。由此开始,历史学逐渐取代了宗教学的地位,为欧洲文明的自他认同提供了崭新坐标。

(发表于《外国问题研究》2016年第4期)

比较文明视角下的欧洲与中东：
同源性与异质化的历史考察

哈全安[*]

摘　要：欧洲与中东一衣带水，语系同源，血缘相通，一神崇拜的宗教信仰绵延至今，海陆兼通的密切交往贯穿历史进程。西欧现代化进程的启动与中东帝国的相对停滞，形成巨大的落差，历史的天平随之由东向西倾斜，欧洲与中东之间的异质化渐趋显现。在西方现代化大潮的冲击下，中东蹒跚步入现代化之路，步履维艰。进入新世纪后中东难民潮涌入欧洲，可谓同源异质背景下两大文明之间的特定交往形态。

关键词：欧洲；中东；文明；同源性；异质化

一　人种的同源与交往的绵延

从宏观的角度俯瞰东半球，便会发现，帕米尔高原、喜马拉雅山和撒哈拉沙漠宛若天然的屏障，构成不同地理单元的分界线，长期以来阻隔着人类的交往。特定的自然环境和不同的地理单元决定着相应的人种分布，进而形成风格不同的地缘文化，历史进程亦迥然各异。

东半球的三大人种，分别称作蒙古利亚人种、尼格罗人种和欧罗巴

---

[*] 哈全安，天津师范大学欧洲文明研究院教授。

人种。其中，蒙古利亚人种主要分布在帕米尔高原以东的东亚以及东北亚、东南亚，操汉藏语系、乌拉尔语系、南岛语系的不同语言，尼格罗人种主要分布在撒哈拉沙漠以南的非洲大陆，所操语言大都属于班图语系的不同分支。相比之下，大西洋以东和波斯湾以南的欧洲和中东的广袤大地，可谓欧罗巴人种诸多分支的共同家园，欧洲人口所操语言普遍属于印欧语系的不同语族，中东人口所操语言大都属于闪米特语系和印欧语系诸语族以及阿尔泰语系突厥语族，皆属欧罗巴人种的不同分支，人种分布表现为明显的同源性。

在人类历史的长河中，欧洲文明与中东文明往来频繁，爱琴海和地中海则是连接欧洲文明与中东文明的海上桥梁。位于地中海东端的克里特岛，作为古希腊文明的源头，融入了中东古代文明的诸多元素，印证了欧洲文明与中东文明之间的尘封往事。公元前5世纪的希波战争，延续长达半个世纪，爱琴海世界成为双方角逐的战场。公元前3世纪，亚历山大大帝统领希腊联军东征，横扫波斯帝国，深入中东腹地，开启希腊化时代的先河，给中东古老的土地注入了欧洲文明的璀璨元素。继希腊化时代之后，欧洲与中东之间的交往，表现为罗马—拜占庭帝国与波斯安息王朝及萨珊王朝之间的长期对峙，幼发拉底河流域成为双方厮杀的战场，直至形成东西对峙的地缘政治格局。

公元7世纪初，阿拉伯人悄然崛起，作为崭新的统治民族登上中东的历史舞台，先后三次兵临拜占庭帝国首都君士坦丁堡城下。先知穆罕默德去世一百年后，阿拉伯人的铁骑已然荡平伊比利亚半岛，深入南法的高卢平原。此后数百年间，伊比利亚半岛成为东方丰富的物产和先进的技术直至辉煌灿烂的思想文化传入欧洲大陆的重要通道。历时长达近两百年之久的十字军东征，无疑是欧洲文明与中东文明之间在中古时代的又一次激烈碰撞。来自西欧基督教世界的各色人等，在收复圣地和拯救圣墓的旗帜下，奔向穆斯林统治下的地中海东岸，刀光剑影，攻城略地，欧洲与中东之间的商业贸易交往亦随之渐趋活跃。14世纪初，奥斯曼帝国横空出世，兼并安纳托利亚，征略巴尔干半岛，降服阿拉伯世界，所向披靡，一路凯歌，直至深入欧洲腹地，兵临维也纳城下，开创六百年基业，占据地中海世界半壁江山。

残酷的征战贯穿着欧洲文明与中东文明的漫长历史进程，导致两者之间地缘政治界限的模糊性和极度不确定性。直至第一次世界大战后奥斯曼帝国寿终正寝，诸多现代民族国家脱胎于奥斯曼帝国的废墟之上，欧亚之间的地缘政治疆域渐趋固化。

二 一神信仰的宗教传承

纵观人类社会，喜马拉雅山以南的印度大陆可谓滋生多神崇拜的沃土，皇权至上的意识形态贯穿华夏世界古代文明的漫长进程。相比之下，欧洲文明与中东文明的宗教信仰具有明显的同源性，一神崇拜的宗教信仰自大约三千年前在地中海东岸渐露端倪。犹太教、基督教和伊斯兰教皆以一神崇拜而著称于世，其诸多神学理念可谓一脉相承。犹太教独尊耶和华、基督教独尊上帝和伊斯兰教独尊安拉，其神学内涵如出一辙。犹太教独尊之耶和华、基督教独尊之上帝和伊斯兰教独尊之安拉，皆为唯一的造物主和主宰世界的唯一超自然力量。地中海东岸的古城耶路撒冷，犹太人、基督徒和穆斯林皆视之为各自的宗教圣地，俨然是犹太教、基督教和伊斯兰教共同的信仰坐标。起源于伊朗高原而倍受波斯帝国尊崇的琐罗亚斯德教，可谓古代波斯文化的标志和象征，内含一神信仰的神学元素，亦曾在中东产生深远的影响。

起源于巴勒斯坦的犹太教，首开人类社会一神崇拜之宗教信仰的先河。公元后最初数百年间，基督教在中东一带流行甚广，包括叙利亚、美索不达米亚、小亚细亚和埃及在内的中东诸地曾经构成基督教世界的核心区域，叙利亚的雅各派、美索不达米亚的聂斯脱利派、埃及的科普特派是此间主要的基督教流派。相比之下，上古时代的欧洲，自希腊城邦开始，直至罗马帝国鼎盛时期，盛行多神崇拜。公元初年诞生的基督教在欧洲大陆的传播，最初三个世纪可谓步履维艰，基督徒的宗教活动鲜见于史册记载，直至四世纪初罗马皇帝颁布米兰敕令后方取得合法地位。伊斯兰教兴起前，西亚北非盛行基督教，伊朗高原盛行琐罗亚斯德教，中亚盛行佛教。伊斯兰教兴起后，基督教、琐罗亚斯德教和佛教逐渐退出中东历史舞台，而伊斯兰教取而代之，成为中东信众人数最多的宗教和居于官方地位的意识形态。与此同时，基督教在日耳曼人和斯拉夫人中广泛传播，成为欧洲大陆几乎仅存的宗教信仰，多神崇拜随之淡出欧洲历史舞台。

通常认为，基督教是西方人的宗教信仰和西方文明的标志性符号，与起源于中东的伊斯兰教之间存在根本的对立，而基督教与伊斯兰教的对立导致所谓文明的冲突，至于基督教发源于中东的历史事实却往往受到忽视，进而形成诸多匪夷所思的认识误区。实际情况并非如此，基督教与伊斯兰教均发源于中东，基督教的历史舞台在诞生初期的数百年位于中东，至中古时代转移到欧洲大陆，乃是无可争辩的历史事实。仅就信仰层面而言，犹太教、基督教与其后诞生的伊斯兰教三者之间，具有明显的同源性和传承性，皆以一神崇拜作为本质特征。《古兰经》云犹太教、基督教和伊斯兰教所崇拜的原本是同一神明，承认包括摩西、耶稣和穆罕默德在内的历代先知皆为安拉差遣的使者，承认历代先知传布的经典皆为安拉的启示，可谓佐证。

三 错综交织的教权与俗权

华夏世界的传统政治文明表现为浓厚的世俗色彩，奉行皇权至上的政治原则，世俗皇权之外绝无教权可言。相比之下，中古时代的欧洲文明与中东文明皆具有宗教政治的浓厚色彩，教权构成不可或缺的政治元素。然而，由于具体历史环境的差异，教权在中古时代欧洲文明与中东文明所处的地位不尽相同。

作为欧洲文明的重要元素，缘起于公元初年的基督教长期被排斥在罗马帝国的官方体制之外，自成体系，直到 4 世纪逐渐取得合法地位。此后，基督教的正统流派逐渐融入官方体制，进而在政治层面被赋予公权的属性。中古时代欧洲文明的显著特征在于教权与俗权长期并存的二元政治体系，教皇与君王分享国家公权，教权与俗权互为制约，教皇治下的教会与君王治下的国家泾渭分明。教会拥有庞大的地产和丰厚的财源，隶属于教会的宗教法庭，与领主法庭、城市法庭甚至王室法庭处于平行的地位，独立行使司法权力，教会学校则控制社会文化和意识形态，由此形成中古时代欧洲文明的浓厚宗教色彩。相比于同时期的欧洲文明，伊斯兰教作为中东文明的特定元素，诞生在阿拉伯半岛原始社会解体的历史背景之下，宗教的传播与国家的形成处于同步状态，先知穆罕默德兼有宗教与世俗的最高权力，教权与俗权浑然一体。哈里发作为先知穆罕默德的继承人亦称信士的长官，哈里发统治下的国家与称作温麦的穆斯林共同体合而为一，教法即为国法，独立于国家之外的教会体系则无从谈起。

欧洲文明与中东文明皆曾经历从传统社会向现代社会转型即现代化的深刻变革。基于教俗二元的特定历史背景，欧洲文明的社会转型与世俗化呈明显的同步趋势。马丁路德发起的宗教改革，以因信称义为核心，旨在淡化教会和教士的宗教特权，无疑奏响了欧洲文明世俗化的序曲，排斥教会公权则是欧洲文明世俗化的政治主题。然而，不同于欧洲文明自教俗二元体制到世俗化的演变历程，中东现代化进程长期延续宗教政治与世俗政治错综交织的历史传统，世俗政治与宗教政治激烈博弈，世俗政治与宗教政治此消彼长，扑朔迷离，成为世人关注的焦点。

四 近代以来的历史分野

欧洲与中东之间具有密切的地缘政治联系。近代以来，欧洲历经新航路开辟、文艺复兴、宗教改革、启蒙运动直至政治革命和工业革命，现代化进程长足进步。随着现代化进程的启动，欧洲迅速崛起，而中东尚且处于沉睡状态，由此形成两者之间的巨大历史落差。欧洲现代文明的冲击，侵蚀着中东传统文明和旧秩序的根基，沉睡的中东逐渐从梦中醒来，自上而下的新政举措相继浮出水面，经济社会层面的转型进程随之启动。

近代初期，奥斯曼帝国雄居中东，保持扩张态势，其在与欧洲基督教世界的对峙中占据上风。自工业革命起，欧洲与中东之间的实力天平日渐倾斜。进入19世纪，殖民主义浪潮席卷全球，奥斯曼帝国的辽阔疆域成为欧洲列强竞相蚕食和瓜分的所谓东方遗产。往昔如日中天的庞大帝国已成长河落日之势，风雨飘摇。殖民主义成为此间欧洲文明的时代符号，中东则发出反抗殖民主义和争取民族解放的强烈呼声。

一战结束后，奥斯曼帝国寿终正寝，在奥斯曼帝国的废墟之上，诞生了土耳其共和国和阿拉伯世界的诸多国家。两次世界大战之间，英法两国是在阿拉伯世界最具影响力的欧洲大国，英国控制埃及、巴勒斯坦、约旦、伊拉克和阿拉伯半岛，叙利亚和黎巴嫩则是法国的殖民领地。中东诸多新兴国家大都由欧洲列强操纵建立，尚无主权独立可言，去殖民主义化成为诸多新兴国家的首要历史任务，反抗殖民主义的民族解放运动则是两次世界大战之间中东政治的主旋律。二战结束后，殖民主义时代宣告终结，诸多新兴主权国家相继登上历史舞台，争奇斗艳，异彩纷呈，中东古老的土地释放出崭新活力和勃勃生机，现代化进程长足进步，欧洲列强主宰中东的时代亦由此终结。

新世纪初，中东局势剧烈动荡，政治强人纷纷落马，加之域外大国频频插手干涉，诸多国家秩序失控，乱象丛生，政治暴力泛滥，生灵涂炭，家园毁于战火，背井离乡者不计其数，形成史无前例的难民潮。中东难民主要来自利比亚、叙利亚、伊拉克和阿富汗，难民潮的根本成因在于西方军事入侵和武装干涉摧毁原有的国家秩序，引发政治暴力泛滥，导致民众流离失所。中东与欧洲一衣带水；欧洲有句著名的谚语，条条大路通罗马，而就中东而言，条条大路通欧洲，亦不为过。稳定的中东符合欧洲的战略利益，中东乱象的加剧势必殃及欧洲的安全。近年来中东难民大举涌入欧洲，欧洲诸国面临巨大的压力和严峻的挑战。

发展与权利

外来移民和外国商人:英国崛起的外来因素

刘景华*

摘 要:英国从一个中世纪的落后岛国,到18世纪成长为第一个工业强国,其间不断接受着外来移民、外国商人及其资本。在某种意义上,英国的早期发展和最初崛起,离不开这些外来因素的促进和推动。当其处在经济落后阶段时,外来因素弥补了英国经济总量弱小所带来的不足和困难;当其经济发展进入欧洲前列时,外来因素为英国增加了推动力量。从中世纪的犹太人、意大利商人、汉萨商人、佛兰德尔织工移民,到近代早期的尼德兰宗教难民、法国胡格诺教徒、德国工匠、荷兰商人与资本,都为英国的发展做出了贡献。

关键词:英国经济;外来移民;外国商人

对欧洲移民史的研究,一般集中于向外(如美洲)移民史,而关注欧洲各国间人口移动的则不多。相对而言,英国学界对外来移民的研究起步较早。19世纪末坎宁安的《英格兰的外来移民》[①] 系统论述了11世纪后的英国外来移民史,但对移民作用给出的公正评价不够。坎宁安之后,英国

---

* 刘景华,天津师范大学欧洲文明研究院教授。
① William Cunningham, *Alien Immigrants to England*, London: Swan Sonnenschein & Co. Limd, 1897.

已很少有人从总体上探讨外来移民问题。对此现代意大利史家齐波拉提出了批评，认为这是一种非客观态度，外来移民对英国的作用应是无可置疑的。① 后来虽然也出现了不少专题研究，但都没有将外来移民放到英国社会经济发展变革大背景中来认识，由此对其作用和影响便估计不足。这就在学术上构成了进一步研究的必要性。将11—18世纪作为研究英国外来移民史的一个时段，还因为这一时期英国经历了从落后国家成长为第一个工业民族的历史过程，研究外来移民和商人问题有助于丰富对英国为何率先崛起的认识。

一 11—18世纪外国人进入英国的四次高潮

不列颠岛居民的原始居民为数不多，经过不断的人口迁移和融合，在长期的历史发展中形成了统一的英吉利民族。最早到来的伊比利亚人创造了"巨石圈文化"，很快又有莱茵兰"比克人"迁至。公元前500年左右，凯尔特人大规模进入。公元1世纪罗马人征服了不列颠东南部。罗马军队撤走后，盎格鲁和萨克森诸部落从5世纪中叶起陆续侵入，成了这块后来叫作"英格兰"的土地上的主体居民。9世纪后，丹麦人进入过英格兰不少地区。1066年，诺曼底公爵威廉征服英格兰建立诺曼王朝，往往被当作统一的英国的开端。初步形成中的英吉利民族作为许多外来民族的混合体，可能具有向外移徙的秉性，心理上也把外来移民视为惯常。但当民族意识逐渐萌芽后，对外来人便有一个认同问题，于是"外国人"之词的使用便日见增多。诺曼征服后进入英国的非本土居民，除了因继承关系而来的王室和贵族外，余者皆被视为"外国人"。当时人和史家在记述这一历史时使用的概念有：Foreigner，指所有来到英国的外国人，包括外来移民、外来经商者、旅游访问者等；Stranger，与 Foreigner 同义；Denizen，取得永久居住权的外国人，可称"外籍居民"；Alien，指未入籍，或未取得永久居住权，也非移民的外国人，多为短期居留者。

---

① Carlo M. Cipolla, *Before the Industrial Revolution: European Society and Economy 1000—1700*, London: Routledge, 2005, pp. 207 – 208.

意大利学者希利亚科诺认为,早期欧洲移民产生的因素有:(1)宗教或宗教迫害导致难民外逃求生;(2)经济衰落致使人口外迁;(3)人口快速增长使向外移民成为必然;(4)非独立生产者跟随主人迁徙;(5)社会结构性或功能性变化而产生移民;(6)移居新地区是为了取得比较优势;(7)迁入国因战争灾荒等因素造成人口减少,需要补偿,产生对外来移民的吸力。① 概括地说,移民可区分成生存型移民(如宗教难民)、改善型移民(如工商移民)、被动型移民(如仆人)、强迫型移民(如罪犯流放)四类。11—18世纪的英国外来移民主要是前两类。这一时期,外来移民和外国商人进入英国,前后形成了四次高潮。

(一)第一次高潮:11—13世纪

诺曼征服后,英吉利海峡两岸同处一个君主治下,为欧洲大陆人进入英国提供了便利。这时期的外来移民有军事性移民和普通移民两类。军事性移民是指诺曼军队中的雇佣兵演变为英国居民。11世纪文献中常见的"Francus"或"Francigenae",就是泛指军队中的这些雇佣兵。② 雇佣兵来源地之一的佛兰德尔,人多地少,当兵是一条谋生之道。佛兰德尔雇佣兵在11、12世纪欧洲军事史中的作用,如同16世纪的瑞士人。③ 诺曼统治者对雇佣兵的主要酬劳形式是赐予土地。这种做法可以一举两得:既付给了兵士酬劳,又能使因战争抛荒的土地复耕,对稳定局势和恢复经济都有利。雇佣兵从战场上下来后,一部分迁移到边区的军事殖民点,目的是巩固新领地,恢复和开发当地经济。退居后方的有不少人从事工程建设,其时各地兴起的石结构城堡、教堂和修道院,多由他们兴建。④ 更多的退役兵转向农业生产,充当诺曼封臣领地上的佃农,从雇佣

---

① Salvatore Ciriacono, "Migration, Minorities, and Technology Transfer in Early Modern Europe", *Journal of European Economic History*, Rome, Vol. 34, No. 1 (Spring 2005), pp. 43 – 64.

② William Cunningham, *Alien Immigrants to England*, p. 21.

③ [比] 亨利·皮朗:《中世纪欧洲经济社会史》,乐文译,上海人民出版社1986年版,第68页。

④ William Cunningham, *Alien Immigrants to England*, pp. 26 – 27.

兵转化成兵农合一性质的农民。也有退役兵转向了手工业，特别是来自佛兰德尔的人，他们很可能原来就是务工者，回归本行驾轻就熟。自发涌入英国的普通移民也日渐增加，以来自低地国家者最多。那里生存危机严重，很早就感到供应居民粮食不易，① 许多人为谋生来到英国。外来人员从业广泛，包括纺织业、建筑业、砖瓦烧制工业、早期的玻璃制造业等。② 约克郡的城市档案和法庭卷宗中记录了不少佛兰德尔家庭。如1284年，威廉·佛莱明曾拥有一所庄园；尼古洛斯·佛莱明，做过约克市长。③

诺曼征服后，英国对外贸易主要由外国商人经手。他们从欧洲各地涌进英国市场：威尼斯人和热那亚人带来了丝绸、天鹅绒和香料，佛莱明人和荷兰人带来了亚麻布，西班牙人带来了铁，挪威人带来了沥青，加斯孔人带来了红酒，德国人带来了皮毛和琥珀。德国商人11世纪就成了伦敦的常客，经常到这里来过冬。④ 鲁昂和卡恩的商人来伦敦的也相当多。⑤ 13世纪，越来越多的"东方商人"（Eastlings，⑥ 以德国商人为主）光顾英格兰。英国与低地国家间的双边贸易，从事者主要为低地国家商人。佛兰德尔商人转运北德、北欧产品及法国和莱茵兰的红酒等供应英国。随着佛兰德尔毛纺业对原料的需求，该地商人从12世纪起纷纷前往英格兰采购羊毛，组成了"伦敦商业公会"。⑦ 该商会的核心布鲁日商业公会规模最大时，包括了15个从事英国羊毛贸易的佛兰德尔城市行会。⑧ 在英国从事贸易活动的

---

① [比] 亨利·皮朗：《中世纪欧洲经济社会史》，乐文译，上海人民出版社1986年版，第67页。
② C. Singer, E. Holmyard, A. Hall and T. Williams edited, *A History of Technology*, Vol. 2: *The Mediterranean Civilization and the Middle Ages c. 700 B. C. -c. A. D. 1500*, Oxford: Clarendon Press, 1956, pp. 326, 387 – 388, 431 – 432, 435 – 436, 438.
③ H. Heaton, *The Yorkshire Woollen and Worsted Industries*, Oxford: Oxford University Press, 1965, pp. 10 – 12.
④ Susan Reynolds, *An Introduction to the History of English Medieval Towns*, Oxford: Clarendon Press, 1977, pp. 72 – 73.
⑤ Roy Porter, *London: A Social History*, Cambridge Mass.: Harvard University Press, 1995, p. 27.
⑥ 英国中世纪货币单位 sterling 即来自这一名词，可见外国商人对英国经济生活之影响。
⑦ T. H. Lloyd, *Alien Merchants in England in the High Middle Ages*, Sussex: Harvester Press, 1982, pp. 105 – 106.
⑧ [美] 汤普逊：《中世纪晚期欧洲经济社会史》，徐家玲等译，商务印书馆1996年版，第85页。

佛兰德尔商人，其中有许多被当地人叫作"佛莱明"。① 他们的活动还带动了英国本地市场的发展，这是"两个民族在英国土地上融合所带来的主要影响之一"。② 1273 年，英国羊毛出口为 32743 袋（sack），其中 65% 由外国人经手。③ 有些外来商人还成了城市里的头面人物。④

这时活跃在英国的犹太人也来自大陆。诺曼征服后不久，十字军运动兴起，犹太人为躲避杀戮而成批来到英国，在伦敦、林肯等城市建立了社区。1194 年，有 21 个城市的犹太人社团向国王纳税。1200 年，英国犹太人总数约在 5000 人左右。⑤ 犹太人银行家在伦敦还形成了"犹太街"。⑥ 犹太人携有大量资金，而西欧社会对他们从事农工商实业又多有限制，因此放高利贷是其主要生计。随着商品货币关系发展，从国王、贵族和教士，到普通民众，多向犹太人伸出了告贷之手。⑦ 犹太人也从放债中获利甚丰，个别人如 12 世纪林肯的亚伦、13 世纪约克的亚伦，均是英国当时最富有的人之一。⑧ 但是，也造成了贵族和教士债务缠身，穷人更难以为生。由此，12 世纪后英国的反犹浪潮迭起，贵族和教士成为迫害犹太人的元凶。⑨ 国王虽为犹太人提供保护，但以犹太人为国王提供财

---

① Susan Reynolds, *An Introduction to the History of English Medieval Towns*, p. 72.

② William Cunningham, *Alien Immigrants to England*, pp. 41 – 42.

③ ［美］汤普逊：《中世纪晚期欧洲经济社会史》，徐家玲等译，商务印书馆 1996 年版，第 358 页。每袋羊毛约为 164 公斤，参见 G. Hutchinson, *Medieval Ships and Shipping*, New Jersey: Fairleigh Dicknson University Press, 1994, p. 93。

④ 如 13 世纪林肯城，这样的商人先后有来自佛兰德尔的约翰、鲁昂的拉尔夫、阿腊斯的西蒙，以及汉瑟尔，柏尤克斯等。（参见 G. Platts, *Land and People in Medieval Lincolnshire*, Lincoln: History of Lincolnshire Committee, 1985, p. 207）

⑤ R. Bartlett, *England under the Norman and Angevin Kings 1075—1225*, Oxford: Clarendon Press, 2000, pp. 346 – 349.

⑥ Roy Porter, *London: A Social History*, p. 28.

⑦ C. Nicolson, *Strangers to England, Immigration to England 1100—1952*, London: Wayland Publishers, p. 21.

⑧ R. Bartlett, *England under the Norman and Angevin Kings 1075—1225*, p. 351; G. Platts, *Land and People in Medieval Lincolnshire*, pp. 207 – 208.

⑨ 他们制造了 1189 年理查一世加冕典礼时的袭击犹太人事件、1190 年约克城对犹太人的大屠杀等。教会还散布"献祭杀戮"（Ritual Murder, 称犹太人为获得进行逾越节仪式等所必需的血水，秘密谋杀非犹太人，尤其是基督教男童）谎言，制造了 1144 年威廉案、1168 年哈罗德案、1255 年圣徒小休案等。（C. Roth, *A History of the Jews in England*, third edition, Oxf（转下页）

政支持为前提，英国犹太人因而有"皇家的奶牛"之谓。由于经济和宗教双重原因，1290 年爱德华一世勒令所有犹太人（1.5 万—1.6 万人）离开英国。①此后几个世纪里，犹太人在英国几近销声匿迹。

（二）第二次高潮：14 和 15 世纪

这时期，群体性的外来移民主要是 14 世纪的佛兰德尔织工移民；来到英国经商的外国商人群体主要是德国汉萨商人、意大利商人，以及尼德兰商人；此外还有不少零散移民。14 世纪的佛兰德尔内外交困，百年战争使来自英国的羊毛供应受阻；城市贵族、行会和封建领主之间长期三角斗争，使得呢绒工匠离开故土来到英国。这里除了丰富的羊毛资源外，也有比较好的政治环境，特别是国王对外来工匠的吸引政策。佛兰德尔织工多移居伦敦、约克、温切斯特等重要城市，其数量无从统计，只能根据一些材料窥斑见豹。如整个爱德华三世时期的自由人卷档，登记从佛兰德尔迁入约克郡的纺织工匠有 300 多人。②当佛兰德尔移民为英国毛纺业发展做出贡献时，佛兰德尔自身的呢绒业却不断下滑。原因在于，一方面英国毛纺品不断挤占佛兰德尔呢绒的市场；另一方面，英国因毛纺业发展而改变了羊毛出口战略，使佛兰德尔呢绒业得不到充足原料。

意大利商人从 13 世纪进入英国，14 世纪和 15 世纪是其活动高潮期。他们从事的英国羊毛和呢绒出口贸易，其特点是他们自己在英国境内组织货源运往沿海港口，再装船外运至各国市场。14、15 世纪意大利商人从英国港口运出羊毛的活动非常频繁，③直至 1478 年。④英国本土毛纺业发展过程中，意大利商人又为其进口了大量染料和明矾，承担这一贸易

（接上页）ord: Clarendon Press, 1964, pp. 19 – 24; A. M. Hyamson, *A History of the Jews in England*, Honolulu: University Press of the Pacific, 2001, pp. 35 – 44)

① Roy Porter, *London: A Social History*, p. 28.
② H. Heaton, *The Yorkshire Woollen and Worsted Industries*, p. 15.
③ E. B. Fryde, *Studies in Medieval Trade and Finance*, London: The Hambledon Press, 1983, pp. 294 – 307.
④ M. E. Mallett, "Anglo-Floritine Commercials, 1465—1491", *Economic History Review*, 1962, No. 2.

的主要是热那亚人及其他商人。① 14 世纪后期起，意大利商人还从英国运出呢绒，地理位置优越的南安普敦是其主要输出港，1380—1391 年在这里年均输出 3360 匹，其中 1383—1384 年度达 5619 匹。15 世纪是意大利商船运出英国呢绒的高潮时期。1490 年代早期，意大利商人年均从英国运出呢绒约 9700 匹，占英国呢绒总出口的 1/4。②

14—16 世纪，德国汉萨商人将伦敦当作主要商业据点，在这里建立了"钢院"商站。汉萨商人运进英国的商品种类繁多，有葡萄酒、铜、铁、羊毛、谷物、木材、树脂、皮毛和蜂蜡等，以蜂蜡和葡萄酒最为重要。③ 他们也向英国输入粮食。14 世纪初一份抗议书提到，德国商人向英国出口了 6 万夸脱④货物，13 艘船在林城卸下货物，其中包括 8000 夸脱小麦、麦芽和面粉。⑤ 羊毛是汉萨商人从英国出口的重要产品，14 世纪中期每年达 3500 袋，约占英国羊毛出口量的 1/8。呢绒是 14 世纪中期后汉萨商人从英国输出的主要商品，其输出量占英国呢绒出口总量的比例，由 1366—1368 年年均 11% 逐渐升至 15 世纪年均 20% 左右，1554 年最高达到 30%。1446—1448 年，汉萨商人在英国的进出口交易总额为 47000 英镑，其中出口额 25900 英镑。"汉萨商人成了英国尤其是格洛斯特郡呢绒生产者最受欢迎的顾客"。⑥ "呢绒出口是英国海外贸易的生命线，汉萨商人是英国商人与北欧市场的桥梁"。⑦

---

① E. B. Fryde, *Studies in Medieval and Finance*, pp. 346 – 356; G. Hutchingson, *Mideval Ships and Shipping*, p. 85.

② E. B. Fryde, *Studies in Medieval Trade and Finance*, pp. 346 – 359.

③ 汉萨商人输入英国的葡萄酒，1408—1420 年年均超过 1 万吨，（参见 Philippe Dollinger, *The German Hansa*, London: Macmillan, 1970, pp. 245 – 246）。其时英国总人口约为 200 万人，人均达 5 公斤，可见汉萨商人对英国人生活影响之大。

④ 夸脱（quarter），容积单位，1 夸脱 = 10 英担。若为小麦等粮食，其重量约为 200—250 公斤。

⑤ T. H. Lloyd, *Alien Merchants in England in the High Middle Ages*, p. 109.

⑥ 1392—1395 年，汉萨商人从英国输出的呢绒为年均 7827 匹；15 世纪，年均 1 万匹左右；16 世纪达 2.5 万匹，最高年份为 3 万匹。（Philippe Dollinger, *The German Hansa*, pp. 244 – 245, 435）

⑦ J. D. Fudge, *Cargoes, Embargoes, and Emissaries*, Toronto: University of Toronto Press, 1995, p. 28.

尼德兰商人更因地利之便参与了英国对外贸易，而且造访的港口更多。14世纪英国向佛兰德尔出口羊毛并从那里进口呢绒的贸易，多由佛兰德尔商人进行。如伊普里斯商人布若舍兰，1303年从波士顿运出羊毛124袋；1304—1306年从赫尔港运出羊毛241袋。斯鲁伊斯船主丹尼斯1305年8月从赫尔港运出羊毛113袋。① 尼德兰商人在英国东部沿海贸易中也很活跃。如15世纪他们从大雅茅斯运出的商品有大麦、小麦、燕麦、麦芽、豌豆、奶酪、小牛皮、兔皮、牛脂、黄油、肉类、鱼类、皮革、呢绒、羊绒、蜡烛、线头、床罩、煤、铅等，运达地除了国外，还包括英国沿海城镇，运进的有红酒、油、铁器等。②

1440年对外来人口征税，由此首次获得了移民数量及分布的较详细情况。其时外来移民总数约为16000人，占总人口1%左右，但当时人认为应多于此数。移民集中在若干中心，其中10%左右住在伦敦，其余多在沿海，如德文郡有120多个外来人团体，肯特郡200多个。1440年税册还反映了不同来源地移民的职业状况。如"多切人"（Doche，包括佛兰德尔人、荷兰人、德国人和不拉奔人）几乎都从事手工业，包括织布、制革、酿酒、裁缝、金饰、玻璃等行业。法国人尤其是诺曼底人从事手艺行业，如建筑工、铁匠、磨坊师、织工、酿酒师等。来自地中海地区的人多从医。③

（三）第三次高潮：16世纪中后期

这次高潮主要因欧洲大陆发生宗教迫害和宗教战争而引起，来到英国的外来移民群体有尼德兰新教移民和法国胡格诺教徒。还有因英国发展工业而吸引来的德国工匠等。

---

① T. H. Lloyd, *Alien Merchants in England in the High Middle Ages*, p. 108.

② T. R. Adams, "Aliens, Agriculturalists and Entrepreneurs: Identifying the Market-Makers in a Norfolk Port from the Water-Bailiffs' Accounts, 1400—60", in D. Clayton, R. G. Davis & P. McNiven eds., *Trade, Devotion and Governance, Papers in Later Medieval History*, London: Alan Sutton Publishing Ltd., 1994.

③ C. Nicolson, *Strangers to England, Immigration to England 1100—1952*, pp. 22 – 25.

尼德兰新教移民是这次高潮的主体。尼德兰是 16 世纪西班牙的"奶牛",西班牙每年从这里攫取的财富,约相当于本土的 4 倍。腓力二世拒绝偿付债务,使尼德兰经济蒙受巨大损失。西班牙还疯狂镇压新教徒,在宗教法庭上处死尼德兰人异端不下 5 万人。① 由于经济和宗教的双重危机,大约有 10 万人逃离尼德兰。② 英国的宗教立场以及为发展经济而对外来移民的欢迎态度,使其成为尼德兰新教徒首选的逃难地。早在 1527 年,单是伦敦的佛兰德尔人就达到了 1.5 万人(其时伦敦人口总数不超过 7 万人)。尼德兰革命时期的社会动荡,使得大量人口不断外逃;伊丽莎白女王的宗教宽容政策,对难民产生了强大的吸引力。由此出现了尼德兰向英国移民的又一次高潮。1561—1570 年间,大约有 3 万名佛兰德尔织工、染工等移居英国。至 1573 年,英国大约有 6 万名尼德兰难民。③

英法长期处于战争状态,双方间的人员流动至 16 世纪开始增多。有研究者估计,16 世纪初,迁居英国炼铁工业发祥地韦尔德工场的法国男性移民不少于 500 人;1543—1563 年的 20 年中,该地区外来移民劳动力不少于 800 人。其中不少人加入了英国籍,或获得了永久居住权。④ 法国人移居英国出现高潮,则是国内宗教战争的产物。加尔文教徒(胡格诺)在战争中被屠杀的不下数万,因此逃离法国、移居英国成为他们的选择。早期胡格诺教徒多移居英国东南沿海。1550 年,伦敦出现胡格诺难民教会。⑤ 1567 年,诺威奇、南安普敦也出现法国宗教会团。16 世纪末,其他城镇如坎特伯雷、拉伊、温切尔西等,也有了法国人教会。⑥ 1598 年法

---

① 杨真:《基督教史纲》上册,生活·读书·新知三联书店 1979 年版,第 357 页。
② [苏]阿·齐斯托兹沃诺夫:《十六世纪尼德兰资产阶级革命》,刘立勋译,生活·读书·新知三联书店 1959 年版,第 57 页。
③ 吴于廑主编:《十五十六世纪东西方历史初学集》,武汉大学出版社 1985 年版,第 169 页。
④ B. G. Awty, "The Continental Origins of Weald Ironworkers, 1451—1544", *Economic History Review*, 2nd series, Vol. 34 (1981), pp. 524–539.
⑤ Bernard Cottret, *The Huguenots in England: immigration and settlement c. 1550—1700*, Cambridge: Cambridge University Press, 1991, p. 10.
⑥ Robin D. Gwynn, *Huguenot Heritage: The history and contribution of the Huguenots in Britain*, London: Routledge & Kegan Paul, 1985, p. 31.

国亨利四世颁布南特敕令,允许新教徒有信仰和仪式自由,胡格诺教徒的外迁告一段落。

对宗教难民的人数有很多估计。如1561年6月22日档案显示了一份名册,有200多名德国新教徒住在伦敦。① 1570年代初,宗教移民达到第一次高潮,大量移民从法国和尼德兰涌入。在拉伊,1572年8月27日与11月4日之间,有641名避难者到达该市。1573年英国的外国新教教会成员超过了1万人,大多数是宗教避难者;1590年代,外国人教会成员在1.5万人以上。个别城市如伦敦,具有工作能力的外国人1563年不少于4534人,1583年不少于5141人。② 诺威奇1571年有将近4000名移民,占该城人口的近1/3;尽管1578—1579年瘟疫中移民死亡2482人,1582年诺威奇移民总数还是达到了4679人;1590年代初期坎特伯雷的外国定居者不少于3000人。③

德国人移居英国也在16世纪达到高潮。德国的采矿和冶炼技术在当时的欧洲处于领先水平,德国工匠也遍走欧洲传播矿冶技术,如他们很早就来到英国的康沃尔矿山。德国人是炼铁、晒盐、炼糖、制玻璃和织毯方面的专家,还有不少人是金匠、珠宝匠、钟表匠。啤酒酿造工艺也是由德国人传入的,16世纪,伦敦大酿酒厂至少有一半由德国及荷兰酿酒师主持。④ 德国资本参与建立了"王家矿山公司"和金属压延厂,经营铜锌矿开采和铜锌合金炼造。德比郡高地的采矿法规中,许多条款仿效德国萨克森地区,掌握主要技术的师傅基本上是德国人;王家矿山公司的坎伯兰铜矿也有许多德国技术专家。⑤ 凯齐克炼铜厂里有400多名德国

---

① R. Kershaw and M. Pearsall, *Immigrants and Aliens, A Guide to Sources on UK immigration and Citizenship*, Surrey, England: Public Record Office, 2000, p. 100.

② Alfred Plummer, *The London Weavers' Company 1600—1970*, Chp. 6, "Strangers and Settlers", London and Boston: Routledge & Kegan Paul, 1972, pp. 144 - 145.

③ Robin D. Gwynn, *Huguenot Heritage: The history and contribution of the Huguenots in Britain*, p. 30.

④ P. Panayi, *Germans in Britain since 1500*, London: The Hambledon Press, 1996, p. 21.

⑤ C. Singer, E. Holmyard, A. Hall and T. Williams eds., *A History of Technology*, Vol. 2, p. 13.

工人；伦敦王家兵工厂里也有德国军器匠。1588年德国人斯皮尔曼建立优质造纸工场，1590年鲍克斯组装了生产铜丝和铜板的机器。① 来到英国的德国人中还不乏文化精英。② 1548年意大利人奥格纳斯统计，伦敦的德国人超过5000人。伊丽莎白时代统计伦敦有德国人3838人，其中3100人为常住人口。不少德国移民逐渐英国化，甚至更改了名字，如施密德变成史密斯，斯坦豪斯变成斯通豪斯，斯波尔曼改成斯皮尔曼等。③

（四）第四次高潮：17世纪中期至18世纪中期

17世纪中期后，英国再次出现了外来移民进入的高潮。这次高潮以法国胡格诺难民为主，同时还有再次进入的犹太人，以及荷兰移民及资本。

17世纪20年代后，法国路易十三再次对胡格诺教徒采取不宽容政策，结果又产生了新的宗教难民。如1628年1月南安普敦就接受了42名难民。1630年代，伦敦法国人教会的领受圣餐成员1400人，坎特伯雷法国人教会900人，诺威奇396人。④ 路易十四时期宗教迫害加剧，胡格诺教徒向英国移民数量激增，约有8万人在英国上岸，至少有4万人居留下来。⑤ 其中至少1/3定居伦敦，⑥ 余者遍及诺威奇、坎特伯雷和南安普敦等东南部30多个地方。⑦ 1686年一年中，约有15500胡格诺教徒在各种机构帮助下移居英国，其中2000人定居伦敦及附近。1688年伦敦新建的

---

① H. Colin, *Immigrants and Minorities in British Society*, Lavenham: The Lavenham Press, 1978, pp. 65 – 66.

② 如任教于牛津大学的化学家斯达荷、数学家克劳泽，从事磷业生产的汉克维茨。一些来自德国的内科医生成了皇家医学院成员，不少文学家、神学家和艺术家来到伦敦定居。奥格斯堡画家赫尔宾从1529年起生活在英国，创作了许多著名画像。

③ H. Colin, *Immigrants and Minorities in British Society*, p. 74.

④ Robin D. Gwynn, *Huguenot Heritage: The history and contribution of the Huguenots in Britain*, p. 32; Carl Bridenbough, *Vexed and Troubled Englishmen 1590—1642*, Oxford: The Clarendon Press, 1968, p. 16.

⑤ William Cunningham, *Alien Immigrants to England*, p. 230.

⑥ Alfred Plummer, *London Weavers' Company 1600—1970*, p. 157.

⑦ R. Kershaw and M. Pearsall, *Immigrants and Aliens*, p. 84; W. Cunningham, *Alien Immigrants to England*, p. 229; R. D. Gwynn, *Huguenot Heritage: The History and Contribution of the Huguenots in Britain*, pp. 38 – 39.

房宅，有 800 所住满了胡格诺难民。① 18 世纪初，伦敦的胡格诺教徒超过 2.3 万人，占伦敦总人口的大约 4%。② 胡格诺难民的职业身份极其多样，他们带来了上百种手艺和技术，并在某些行业中据有重要位置。伦敦织工公会 1703 年 5919 名会员中，胡格诺教徒占 17.6%；1723 年 5954 名会员中，胡格诺教徒 1216 人，占 20.4%。③ 他们拥有手工业技能或商业经营技巧，这些无形要素不会因迁居而失去。

这时另一个重要的外来移民群体，是 17 世纪中期后重新进入英国的犹太人。16 世纪后，随着英国的变革，无论是宗教诉求还是经济需要，重新接纳犹太人成为一种必要；政治上逐渐形成的宽容环境使接纳犹太人成为可能。宗教改革后，一些新教徒在学习希伯来语《圣经》时萌发了亲犹倾向。由此，犹太人重返英国问题逐渐提上日程。接受犹太人还有经济原因，那就是犹太人具有经商才能，英国也需要他们的财富和资本。在克伦威尔等政治人物的推动下，在一些犹太人首领的努力下，犹太人终于从 17 世纪中叶开始重返英国。查理二世时期，进入英国的以来自伊比利亚的塞法迪犹太人为主，他们多为财力雄厚的富商。17 世纪末以后，中东欧的阿什肯纳齐犹太人移居英国，其中也有不少商人和珠宝商。富有的犹太人在英国经济生活中的地位日益凸现。如不少犹太人在东印度公司担任要职；犹太人在伦敦股票交易所拥有 12 个席位。④ 许多犹太人大银行家与政府保持着密切关系，如犹太股票经纪人和贷款承包商吉登为英国提供了大量战争贷款，后担任政府的首席财政顾问直至去世。⑤

---

① Alfred Plummer, *London Weavers' Company 1600—1970*, p. 157.

② Robin Gwynn, "The Number of Huguenot Immigrants in England in the Late Seventeenth Century", *Journal of Histories Geography*, Vol. 9, 1983, pp. 384 – 395.

③ I. Scouloudi ed., *Huguenots in Britain and Their French Background, 1550—1800*, London: Macmillan, 1987, pp. 126, 132 – 133.

④ A. M. Hyamson, *A History of the Jews in England*, Honolulu: University Press of the Pacific, 2001.

⑤ T. M. Endelman, *The Jews of Georgian England, 1714—1830*, Philadelphia: The Jewish Publication Society of America, 1979.

荷兰移民和商人资本也是这次高潮的组成部分。在17世纪荷兰繁荣的过程中，以及在它后来走向衰落的过程中，都有其人口向英国迁移的现象。这时的荷兰移民既不是本国成分所迫，也非受英国招徕，而是一种求发展的本能扩张。移民情况广泛而复杂。商人是移民中的精英和主体，广泛渗入英国的贸易和金融等领域。17世纪英国金融市场上的外来者多是荷兰人。以往作为移民主体的工匠，这时多是追随荷兰承包人而来。如英国排沼工程中，荷兰工程师往往雇用本国有经验的工匠。17世纪后期还有军事移民，即"光荣革命"时威廉带来的荷兰士兵在英国定居。荷兰移民和商人向英国输入了大量资金。如曾作为宗教难民流亡到英国的大商人科尔吞家族，17世纪借钱给英王室共达20万英镑。[1] 英格兰银行的第一任总裁侯布娄爵士是荷兰人后裔。[2] 英国保险公司第一位主席是荷兰银行家米诺。

上述四次外来人进入高潮，前两次发生在中世纪，后两次发生在英国崛起时期。时代不同，英国各阶层对外来人的态度以及外来移民和商人的作用也不尽相同，应当分别进行考察。

二 中世纪英国的复杂态度与外来者的作用

外来移民和商人能否顺利进入英国，对英国发展有何作用，关键在于英国能否形成接受和容纳他们的社会土壤，即英国是否存在接纳他们的必要性，英国社会对外来移民和商人持什么样的态度。中世纪里，当民族意识还只是朦胧状态时，国王政府的态度便起着决定性作用。而国王政府制定政策一般有两个基本出发点：一是提高国家的经济政治实力，二是满足自己和王室的财政需求，因而可依此两点来考察中世纪英国国

---

[1] Ole Peter Grell, *Calvinst Exiles in Tudor and Stuart England*, Aldershot: Scolar Press, 1997, pp. 13 – 28.

[2] John J. Murray, "The Cultural Impact of the Flemish Low Countries on Sixteenth-and Seventeenth-Century England", *The American Historical Review*, Vol. 62, No. 4 (July, 1957), pp. 837 – 854.

王的态度并考量外来移民和商人的作用。此外，民间的态度也是制约外来者的重要因素。

（一）国王为发展工商业而优待外来者

11—15 世纪，英国的经济社会总体水平比大陆邻国要落后许多。因此为发展工商业，国王政府对外来移民和商人主要采取鼓励和吸引政策。

诺曼征服后，英国百废待举，需要劳动力，更需要先进的生产技术和经验，因此国王主动给外来工匠以优渥待遇。早在 1113 年就有亨利一世鼓励佛兰德尔工匠移入。[①] 特别是当国王认识到本国的资源优势和工业劣势后，出于推动国内毛纺业的愿望，对外来纺织工匠的鼓励态度相当明确。13 世纪，英国以向佛兰德尔出口羊毛为主，所需优质呢绒却又须从佛兰德尔进口。国王力图改变这种被动状态，制定了推动国内毛纺业发展的相关政策。[②] 但英国纺织技术低下，毛纺业的发展绝非朝夕之功。于是在 14 世纪，鼓励外国织工移入便成为国王的国策。1331 年爱德华三世授予佛兰德尔织工移民约翰·坎普特许状，将他及随行雇工学徒置于国王保护之下，并将这一政策惠及任何跨海前来的织工、漂工和染工。[③] 1337 年宣布接受和保护所有来到英国的外国呢绒工匠。[④] 1344 年宣布给予外来工匠特殊保护。1352 年，驳斥伦敦织工行会对移民贾尔斯等人的控告，后又重申工移民有从业自由，不受各地织工行会管制。[⑤] 爱德华三世的这些做法，吸引了大量佛兰德尔织工移居英国，推动了英国毛纺业发展，被认为是英国"变成世界工场的第一步"。[⑥] 从此，英国毛纺业

[①] C. Nicolson, *Strangers to England, Immigration to England 1100—1952*, p. 22.

[②] H. Heaton, *The Yorkshire Woollen and Worsted Industries*, p. 13.

[③] 1337 年，相同的特许状还授给了来自泽兰的一个织工团体，并具体提到了其中 15 人。William Cunningham, *The Growth of English Industry and Commerce*, Vol. 1, Cambridge: Cambridge University Press, 1915, p. 292.

[④] Anno 11°Edw. III. c. 5., *The Statures of the Realm*, Vol. 1, Buffalo: William S. & Co. Inc., 1993, p. 281.

[⑤] W. Ashley, *An Introduction to English Economic History and Theory*, Vol. 1, London: Longmans, Green, & Co., 1912, pp. 198 – 199.

[⑥] William Cunningham, *Alien Immigrants to England*, p. 101.

走向细致的专业化分工,染色、起绒和修剪等高级工序也逐渐齐备,形成较为完整的生产体系,为大规模生产奠定了基础。移民工匠到来也有助于刺激和帮助本国工匠技术水平的提高。以往只能生产粗质呢绒的英国毛纺业,现在开始具备生产优质呢绒的能力,既能满足国内需求,也增强了国际竞争力。14 世纪的英国年出口羊毛 3 万袋以上,可制 13 万匹宽幅呢绒;而呢绒出口如 1347—1348 年度仅 4422 匹,羊毛与呢绒的出口比约为 30∶1。15 世纪中叶,呢绒出口上升为年均 5.4 万匹(约需 12500 袋羊毛),而羊毛出口则下降到年均 8000 袋,[①] 比例变成了 1∶1.5,由此英国由羊毛输出国转变为呢绒出口国。移民还带来了新兴生产方式。那个被当作资本主义萌芽之例证的布里斯托尔市政官托马斯·布兰克特,当他因在家中私设织机雇用工人而要被处罚时,就可能因其移民身份而被爱德华三世赦免。[②]

在经济落后情况下,对外贸易是补充经济不足的重要手段。由于英国商人势力弱小,吸引外国商人从事英国对外贸易的做法便为国王们所采纳。他们很早就鼓励外来商人到英国,赐予他们特权,规定他们无论从事批发贸易还是零售,都可自由往来于各主要贸易中心。[③] 1127 年,圣奥麦尔商人从亨利一世那里获得了免税承诺。[④] 1232 年伊普里斯商人被赐予可以扣押欠债者货物的权利。科隆商人则获得亨利二世所授特权:居留英国可以突破 40 天限制。1236 年规定佛兰德尔商人在英王治内享有永久性保护,遭到伤害时可直接向英王申诉。英王还常向单个商人或集团赐予特权。如 1243 年,亨利三世批准佛罗伦萨商人可以在英国旅行和经商。[⑤] 1255 年将商人死于英国后或仆人犯罪后的财产保护特权赐给圣奥麦尔,

---

① M. Postan, and H. Habaakkuk eds., *The Cambridge Economic History of Europe*, Vol. 2, Cambridge: Cambridge University Press, 1952, p. 416.

② W. Cunningham, *Alien Immigrants to England*, pp. 107, 111.

③ C. Nicolson, *Strangers to England, Immigration to England 1100—1952*, pp. 25-27.

④ [比] 亨利·皮朗:《中世纪欧洲经济社会史》,乐文译,上海人民出版社 1986 年版,第 79 页。

⑤ E. Power, *The Wool Trade in English Medieval History*, Oxford: Ford Lectures, 1941, p. 103.

1259 年赐予根特，1260 年赐给布鲁日和杜埃。1278 年和 1281 年，爱德华一世规定了外国人在伦敦出席法庭的程序。1283 年，认可外来商人可在各地当局控诉欠债人。① 1285 年，布鲁日、根特和圣奥麦尔商人被豁免在英国各地的修城税。②

14 世纪时国王吸引外国商人的措施更多。1303 年爱德华一世颁布《商业特许状》，在通行税、居住、贸易等方面给予外国商人诸多便利。1335 年爱德华三世颁布所谓"自由贸易令"，规定所有商人可在任何地方与任何人交易，外国商人仅被禁止买卖红酒。③ 1353 年为了确保出口税，爱德华三世让外国商人得到出口羊毛的独占权，并被允许到内地进行采购。④ 1355 年宣布所有外国商人同英国人一样，可以"不受干扰地、自由地出售粮食和商品给他们所愿意出售的任何人，他们对与此相抵触的特许状或管理可以不予理会"。⑤ 为吸引外国商人，国王甚至还不顾本国人利益，如 1350 年爱德华三世置伦敦等城市的特许状于一旁，让所有"友好国家"的商人都能以批发和零售形式自由出售商品。⑥ 1378 年宣布来英的外国商人都受国王保护，可进行食品、香料、水果和各种小商品的批发和零售两类业务，酒类和大宗物品如呢绒、亚麻布等的批发贸易。⑦ 因此，外国商人在英国对外贸易中占有很大份额。如 14 世纪前期个别年度里，外国商人从英国输出的羊毛（如 1304—1305 年度 25628 袋），占英国羊毛出口总量的 80% 左右。⑧ 14 世纪后期可统计的 18 个年

---

① Anno 6°Edw. I. Stat. c. 3, Anno 9°Edw. I. 1281, Anno 11o Edw. I. 1283, *The Statures of the Realm*, Vol. 1, pp. 49, 52, 53 – 54.

② T. H. Lloyd, *Alien Merchants in England in the High Middle Ages*, pp. 99, 107.

③ Anno 9°Edw. III. Stat. 1. c. 1, *The Statures of the Realm*, Vol. 1, p. 270.

④ Anno 27°Edw. III. Stat. 2. c. 3, *The Statures of the Realm*, Vol. 1, p. 334.

⑤ William Cunningham, *The Growth of English Industry and Commerce*, Vol. 1, p. 292.

⑥ Anno 25°Edw. III. Stat. 3. c. 4, *The Statures of the Realm*, Vol. 1, p. 315.

⑦ Anno 2°Ric. II. Stat. 1. c. 1, *The Statures of the Realm*, Vol. 2, Buffalo: William S. & Co. Inc., 1993, p. 7.

⑧ T. H. Lloyd, *Alien Merchants in England in the High Middle Ages*. 统计了伦敦、南安普顿等 20 多个港口。

度（1373—1391 年）里，外国商人出口羊毛 8.83 万袋，占英国总出口量（34.7 万袋）的 25.4%，个别年度达到 50%（1390—1391 年）、44.2%（1373—1374）。[1]

15 世纪，英国本土商人阶层势力崛起，在王室支持下先后成立了两个对外贸易公司，即羊毛出口商公司（the Staplers）和专事呢绒出口的商人冒险家公司（Merchant Adventurers），但外国商人在英国各港进出口贸易的份额平均仍达 35.5%，在外国商人较多的南安普敦占 67%，在本国商人最集中的伦敦也达 37%。[2] 15 世纪中期年均进出口贸易总额（35.72 万英镑）中，外国商人约占 2/5（14.38 万英镑），本国商人约占 3/5（21.34 万英镑），外国商人纳税率（6.5%）低于英国商人纳税率（9%），说明外国商人享有低税特权。[3] 该世纪后期外国商人所占比例有所下降，在进出口贸易总额（45.18 万英镑）中，外国商人约占 1/3（14.75 万英镑），本国商人约占 2/3（30.43 万英镑），但外国商人纳税率（6%）仍低于本国商人（8.3%）。[4] 由此可知，15 世纪英国本土商人的对外贸易能力有较大增强，商人阶层正在成长，但国王对外国商人的优待政策并没有很大改变。呢绒作为 15 世纪英国最主要的出口品，外国商人占的比例极大。表 1 统计了 4 个主要港口出口宽幅呢绒数量，每个港口外国商人的出口均多于本国商人，4 港合计外国商人出口（134.7 万匹）比本国商人（91 万匹）高出大约 48%。

---

[1] J. A. F. Thomson, *The Transition of Medieval England 1370—1529*, New York: Longman, 1983, pp. 380-381.

[2] D. M. Palliser ed., *The Cambridge Urban History of Britain*, Vol. 1, Cambridge: Cambridge University Press, 2000, p. 482.

[3] E. Power and M. Postan eds., *Studies in English Trade in the Fifteenth Century*, London: Routledge, 1933, p. 18.

[4] E. Power and M. Postan eds., *Studies in English Trade in the Fifteenth Century*, p. 36.

表1　15世纪英国主要港口本国商人和外国商人出口宽幅呢绒数量对比

(单位：匹)①

年代	伦敦		南安普敦		波士顿		伊普斯威奇		四港合计	
	本国商人	外国商人	本国商人	外国商人	本国商人	外国商人	本国商人	外国商人	本国商人	外国商人
1400—1419	88783	160341	14887	64977	7162	27264	9335	6058	120167	258640
1419—1439	137944	193620	29892	103247	12618	19524	30622	19826	211076	336217
1439—1459	167369	196202	33983	139640	5015	10029	27961	41035	234328	386906
1459—1482	312396	255575	18519	87823	6365	5505	8050	16502	345330	365405
总计	706492	805738	97281	395687	31160	62322	75968	83421	910901	1347168

(二) 国王吸引外来移民和商人的财政动机

国王吸引外国移民和外国商人来英国从事工商业，不排除有发展本国经济提高经济水平的愿望，但更深层原因还是财政动机。在法理上，英国国王要"靠自己生活"，即依靠自己的领地收入来满足王室日常生活和行政开支，而实际中国王并不能真正做到，他们要不断进行内外战争，军费需求较大。国王若任意征税，必遭社会各阶层反对。1295年的"模范国会"，开创了国王征税需国会批准的惯例。而在外来移民和商人那里，国王却很容易寻得解决财政危机的途径。因此，11—13世纪的犹太人，13、14世纪的意大利商人，14、15世纪的汉萨商人，无一例外地成了英国国王的钱袋子，充当起英王银行家的角色。

征服者威廉之所以同意犹太人进入英国，目的之一就是让他们填补经济空白，提供财政支助。② 国王颁给犹太人特许权时，犹太人代价颇

---

①　E. Power and M. Postan eds., *Studies in English Trade in the Fifteenth Century*. 参见该书相关部分：伦敦，第343—346页；南安普敦，第356—358页；波士顿，第330—331页；伊普斯威奇，第339—341页。

②　[以色列] 阿巴·埃班：《犹太史》，阎瑞松译，中国社会科学出版社1986年版，第164页。

大。如1201年约翰王确认犹太人特权,犹太人即交纳了4000马克钱币。① 财政困难时,国王肯定会向犹太人伸手。国王掠夺犹太人有四种主要方式。一是强行借债。如1159年亨利二世发动战争,向犹太人强行借债。1177年犹太人财团借给他3,000英镑。② 二是强征税收和勒索罚金,犹太人因此被称作"王室的农奴"。有研究者说,12世纪犹太人只占英国人口的1/400,却支付了国税的8%。③ 1187年亨利二世向犹太人强征萨拉丁什一税,总额达6万英镑,占犹太人总财富的1/4。④ 为替理查一世赎身,全体犹太人又交纳5000马克,数额三倍于伦敦。征税最重的是亨利三世。⑤ 单从约克的亚伦身上他就征取了累计3万银马克和200金马克,亚伦死时已一无所有。⑥ 三是在犹太人死后夺取其财产及债权。如1189年林肯的亚伦去世时,国王宣布其所有财产及债权均归王室,并成立专门机构清收。⑦ 四是迫害犹太人强行夺取其财富。爱德华一世曾因劣币案处死了将近300名犹太人,没收他们的全部财产;随后又抓捕国内所有犹太人,索取赎身金2万英镑。⑧ 1290年驱逐犹太人的经济原因是:犹太人已被压榨得一贫如洗,失去了利用价值;实力雄厚的意大利人完全可作为国王新的借款人。⑨ 犹太人在留居英国的两个多世纪里,为英国社会各阶层提供贷款解决困难,承受王室重税从而缓解国王与贵族的矛盾,客观上减轻了社会各阶层的经济压力,有助于英国社会稳定和经济生活的维系。但是,英国王室却卸磨杀驴,最终迫害和驱逐犹太人。

---

① Roger Kershaw and Mark Pearsall, *Immigrants and Aliens*, p. 97. 中世纪时,1马克为2/3英镑。
② R. Mortimer, *Angevin England 1154—1258*, Oxford: Blackwell Publishers, 1994, p. 213.
③ [美]大卫·托马斯:《犹太人历史》,苏隆译,大众文艺出版社2004年版,第59页。
④ C. Nicolson, *Strangers to England*, *Immigration to England 1100—1952*, p. 21.
⑤ 他于1230年向犹太人征8000马克;1231年6000马克;1239年征税额是犹太人动产的1/3;1241年征2万马克。(参见 Roger Kershaw and Mark Pearsall, *Immigrants and Aliens*, p. 99)
⑥ C. Nicolson, *Strangers to England*, *Immigration to England 1100—1952*, p. 19.
⑦ G. Platts, *Land and People in Medieval Lincolnshire*, p. 208.
⑧ Roy Porter, *London: A Social History*, p. 28.
⑨ P. Elman, "The Economic Cause of the Expulsion of the Jews in 1290", *Economic History Review*, Vol. 7, 1937, p. 151.

对意大利商人和汉萨商人，国王主要是强迫半强迫地获取他们的贷款，许以经商特权作回报，或以关税承包作担保。13 世纪后期至 14 世纪初期，国王借债的主要对象已经是意大利商人。1272—1294 年间，卢卡的里卡迪公司是国王最重要的债权人，爱德华一世欠其债务共达 408972 英镑。从 1277 年威尔士战争起，直至 1300 年，15 个意大利公司共向英王提供贷款达 93524 英镑。1299 年佛罗伦萨的费雷斯巴尔迪公司获得德文郡银矿的开采权。① 此后三年，该公司每年向英王提供 5700 多英镑贷款。② 1302 年后，它为爱德华一世、二世提供贷款，获得承包 8 个港口的羊毛出口关税权。至 1310 年英王欠下费雷斯巴尔迪公司共 21635 英镑贷款。③ 1312—1314 年，热那亚商人佩萨格诺为英王提供贷款 102914 英镑，④ 1312 年至爱德华三世时期，佛罗伦萨巴尔迪公司是主要借款人。在 1328—1331 年的相对和平年代里，王室贷款总额也高达 45548 英镑，巴尔迪公司提供了将近 80%。至 1348 年，巴尔迪家族认为王室欠他们的贷款总额达 9.4 万英镑。由此可知，国王"靠自己生活"的财税原则实际上是靠外国商人贷款来支撑的。英王赖账不还，使得巴尔迪以及佩鲁齐两家银行破产。14 世纪，汉萨商人也是英王的举债对象。1299 年爱德华一世向汉萨商人团体借款 500 英镑。1317 年爱德华二世从一个多特蒙德家族借款 416 英镑。向汉萨商人大规模借款是爱德华三世，尤其是巴尔迪和佩鲁齐破产后，汉萨商人取代了意大利商人的作用。1338 年 4 个多特蒙德商人贷给爱德华三世 1200 英镑，获得了出口 400 袋羊毛的特许；这年爱德华又从科隆商人和多特蒙德商人手中分别借得 750 英镑和 5000 英镑。1339 至 1342 年，一个 13 人德国财团共贷给英王 3.63 万英镑，换得了 3386 袋羊毛的出口特许和在 15 个港口收关税的特权。接下来两年，该财团又向英王提供 10000 英镑。汉萨商人梯德曼是爱德华三世后期主要

---

① C. Singer, E. Holmyard, A. Hall and T. Williams eds., *A History of Technology*, Vol. 2, p. 65.
② T. H. Lloyd, *Alien Merchants in England in the High Middle Ages*, pp. 177–191.
③ [英] M. M. 波斯坦等：《剑桥欧洲经济史》第 3 卷，周荣国等译，经济科学出版社 2002 年版，第 394 页。
④ T. H. Lloyd, *Alien Merchants in England in the High Middle Ages*, p. 180.

贷款人之一。1353年他同82个本国和外国商人一起成为国王的财政赞助人；1359年他承担了财政署摊派的5000英镑贷款以及一笔1000马克债务。①

向外来移民和商人课征重税，也是英王增加岁入的重要手段。具体做法有：（1）对外国人征收普通税的比例至少双倍于本国人。如1304年决定向全国征收十五税一的动产税和十税一的租金税，伦敦一份外国人抗议者名单显示，向他们所估的税值（1714英镑）比该城本国人税值总和（1312英镑）还多，②而其人口最多只有后者的1/10。（2）对外国人在英国从事的进出口贸易征收高额关税。按1303年《商人特许状》，国王当保护外国商人并免除其在各地所受的限制，外国商人则向国王缴纳高额关税，在"老关税"之上加征50%以上的"新关税"。1347年新关税扩及进口呢绒，无论外国商人还是获永久居住权者都不例外。③ 1453年向出口羊毛和细羊绒征收补助关税。④（3）征收世俗补助税。1440年外国人按人头税两倍标准交世俗补助税，户主每年16便士，家庭成员每人/年6便士。1449年外国商人每人/年缴税6先令8便士，雇员20便士。外国商人停留6星期以上者必须纳税。1453—1471年开征一项新世俗补助税，外国商人所交增至户主每年40先令，非户主20先令。1483年和1487年最后两次征收补助税时，外籍啤酒店主也成为征税对象。⑤

由于外来移民和商人在经济和财政方面的作用，政府对外来人身份的认定也发生了重大变化。1295年爱德华一世坚持要将一名外国人变为英国人，这是外国人入籍的第一例，由此也出现了"入籍"（naturalization）一说。后来，"入籍"由议会法令批准，国王则通过特许状赐予外国人永久居住权（denization），两者的权限区分逐渐明晰。⑥ 爱德华三世

---

① Philippe Dollinger, *The German Hansa*, London: Macmillan, 1970, pp. 57-58.
② T. H. Lloyd, *Alien Merchants in England in the High Middle Ages*, pp. 232-233.
③ Roger Kershaw and Mark Pearsall, *Immigrants and Aliens*, p. 95.
④ Anno 31°Hen. VI. c. 8, *The Statures of the Realm*, Vol. 2, p. 367.
⑤ Roger Kershaw and Mark Pearsall, *Immigrants and Aliens*, p. 92.
⑥ Roger Kershaw and Mark Pearsall, *Immigrants and Aliens*, p. 7.

时出现了最早的英国公民权法案。他在位第 9 年的第 1 号法令，明确了本国臣民与外国人之区别。① 所谓外国人（alien），被解释为住在英国但效忠外国君主的人。该法令规定外国人按两倍于本国臣民的税率纳税。若要得到与本国臣民同等的权利，外来人可以取得入籍特许。获永久居住权者则只可购买土地而不能继承。从此，来到英国的外国人逐渐形成了几种不同身份：（1）入籍者；（2）获永久居住权者；（3）未获这两项身份的移民；（4）长期居留的外国商人或代办；（5）短期停留（40 天以内）的外国商人。不同身份不同待遇。1431 年议会授予亨利·汉思福斯本国臣民权利，国王不同意并作了修正，认为他应按外国人缴付关税。② 外国人获永久居住权者也要付出巨大代价，如亨利六世末年，每年必须交纳不少于 10 马克的费用。③

（三）民间社会对外来人态度的复杂性

相对国王对外来移民和商人的明确的鼓励和利用态度，中世纪英国地方当局和民众的态度则要复杂得多。大部分城市对外来移民和外国商人的态度多是两面性的：一方面是接受和容忍，另一面则是嫉妒和排斥。作为市民，他们不可能从所谓国家全局考虑问题，而是更多地受眼前直接利益所支配。之所以有两面性，根本原因在于英国工商阶层尚在成长之中，没有能力阻止外来人，同时也需要外来者；在发展中又感到了外来者的竞争和威胁。外国商人的富有，极易成为本国人忧虑和攻击的对象。除了向国王申诉和抱怨外，许多城市经常出现由地方当局组织或民间自发掀起的仇外排外行动。④ 如 1270 年，一些佛兰德尔商人财产被没

---

① Anno 9°Edw. III. Stat. 1. c. 1, *The Statures of the Realm*, Vol. 1, p. 270.
② Roger Kershaw and Mark Pearsall, *Immigrants and Aliens*, p. 54.
③ Ralph Flenley, "London and Foreign Merchant in the Reign of Henry VI", *English Historical Review*, Vol. 25, 1910, pp. 644–655.
④ 外来人与本地人发生争端时，当地人常自动站在本国商人一边。如 1270 年一个佛兰德尔伊普里斯商人与温切顿商人在波士顿集市上发生争执，一群人冲进屋子将外国人拖到街上，许多外国人被打抢，呢绒被剁烂。(C. Nicolson, *Strangers to England, Immigration to England 1100—1952*, p. 28)

收。① 1376 年下院要求驱赶伦巴底人。1381 年农民起义期间，外国人成为特别的袭击目标。凡是嫌疑分子都被要求说出"bread and cheese"，说不来即死。这不是一个佛来芒语发音，很多佛兰德尔人和荷兰人至死也只能发成"brod and case"。这年一份上诉至国王的抗议，称这块土地上承载的人太多了，外国人来得太多了，致使本国人反倒务工无门。15 世纪英国的仇外行为更为激烈。1406 年，许多申诉都要求所有外国人离开英国。1436—1437 年，各地都弥漫着反外排外情绪，伦敦出现了反法国人、佛兰德尔人和皮卡迪人的骚乱。这年还出现了声称荷兰啤酒有毒的骚乱，一些附属于荷兰人的伦敦酒商也遭到攻击。1450 年杰克·凯德起义，强烈表露了对外国商人财富的嫉妒。据说他在打进伦敦之前送去一封信，要求伦巴底商人和其他外国人为他提供马具、战斧、刀剑、马匹，以及 1000 马克现金，否则，"有多少人头我们都可以取得"。1455 年，伦敦市民抱怨伦巴底人等带进了质量低下的丝织行业，影响了本城人生计。② 1457 年，伦敦市民又一次破坏了伦巴底街的外国商人店铺。③

15 世纪反对外国人情绪不断增长，也与英国商业发展和本国商人势力成长有关。新起的英国商人阶层越来越多地有自己的诉求，并且开始以议会作发言平台。除了像伦敦、南安普敦等城市在议会中有代表外，各郡骑士议员也有不少人介入羊毛行业，因此下院常常发出反对外来商人的请愿书，要求控制或限制外国人的活动。④ 1436 年的小册子《英国政策之弊》（*Libel of English Policies*）还强烈抨击政府对外国商人的优待政策。在这些压力下，国王对外来商人的限制措施逐渐多了起来。1400 年规定，外国商人卖掉货物后所得钱款，必须有一半以上用于购买英国商品，1402 年规定必须全部用于购买英国商品。1404 年制订法律防止外

---

① T. H. Lloyd, *Alien Merchants in England in the High Middle Ages*, p. 100.
② Ralph Flenley, "London and Foreign Merchant in the Reign of Henry VI".
③ C. Nicolson, *Strangers to England, Immigration to England 1100—1952*, pp. 28 – 29.
④ R. A. Griffiths, *The Reign of King Henry VI*, Stroud, Gloucestershire: Sutton Publishing, 1998, pp. 169, 555.

国商人将金银运出英国，规定他们在英国停留从事贸易不能超过三个月。1420 年防止贵金属出境的法令付诸实施，第二年又予重申。1423 年法令要求外国商人不得将贵金属块带出英国。1413 年、1416 年多次重申"寄住"，最终在 1439 年由议会作为第 7 号法令通过，成为固定制度。按照这一法令，外国商人必须在到岸后一周内住进由各城市所指定的英国人房东家，活动行踪须向房东报告，房东对他负有监督职责。还有不少申诉书要求限制外国商人的贸易活动。对于原本由英国商人或英国船只负责运往英国的外国商品，抗议并限制外国商人取而代之，譬如要求意大利商人不得将直布罗陀海峡以西的英国近邻国家商品运到英国。政府不断向外国商人加征额外税费，也是各种抗议导致的结果。① 在某些特殊时期如 1435—1437 年百年战争期间，所有的外国人不论其来源，不论其在英国住的时间长短，都受到了迫害，结果使在英国的外国人总数大约减少了一半。② 只有个别城市如南安普敦依靠外国商人进行贸易，城市达到繁荣兴旺状态，对外国商人尤其是意大利商人采取欢迎态度。在这种不太友好的环境中，外国人对是否居留英国陷入了尴尬选择，不同的群体也有不同想法。商人一般不愿客死他乡，没几个人愿意变成英国人；尽管他们也可能长期居留，他们的寄托仍在远方的家乡。手工工匠完全不同。他们带着工具和技艺为谋生而来，来就是为了留下。尽管面对当地人的敌意，这些有技艺的工匠移民，最终汇入了英国主流社会。③

三 近代早期英国的逐步开放与外来者对英国的贡献

在 16—18 世纪即近代早期英国崛起的进程中，外来移民及其资本和技术的作用日渐凸显。这一点在当时为英国政府所认识，也逐渐被民间社会所感知，对外来者的态度都在向着积极一面变化，越来越具有开放

---

① Ralph Flenley, "London and Foreign Merchant in the Reign of Henry VI".
② R. A. Griffiths, *The Reign of King Henry VI*, pp. 171, 551.
③ C. Nicolson, *Strangers to England, Immigration to England 1100—1952*, p. 31.

性。不过都是在历经曲折后才达成的。

(一) 政府开放性态度的演变过程

16世纪英国王权达到鼎盛状态,对社会经济生活的干预更多更强。从促进国家经济发展的大局出发,亨利八世积极鼓励外国商人和移民来英国。早在1514年,他就允许外国商人在伦敦办邮局,让他们自由地收发邮件而不受政府干预检查。[1] 他特别鼓励熟练工匠来英国安家。在其统治期间,有不少来自大陆的军械工匠、枪炮工匠、玻璃工匠、仪器制作工、测量师、织毯工、织工等。在移民日增的情况下,国王先后于1523年、1529年颁布法令规范他们的行动及其与所在城市的关系。[2] 1540年颁布了加强与外来移民永久居住权相关的法律。[3] 在这些法令的推动下,许多外国工匠移居英国,只要宣誓效忠并付出费用,就取得了永久居住特许,[4] 成为永久性居民。当然,亨利八世也不忘从移民那里获取利益,他对外国人征收的人头税和世俗补助税仍执行两倍于本国人的税率标准。1512年、1514年和1515年,外国人还须按双倍标准缴纳土地收入税或物品税。[5] 1540年法令规定,外国商人可在指定港口享受与本国人一样的关税,但必须用英国商船,否则就按外国人征税。[6] 只有1546—1547年在征收补助税、1549年征收救济税时,才执行了与本国臣民同样标准。[7]

亨利八世和爱德华六世的宗教姿态,是吸引外来宗教难民的重要原因。亨利八世进行了宗教改革,其宗教取向是同情新教难民的。爱德华六世更是一个坚定的新教徒,并有枢密院新教派领袖萨默塞特伯爵辅佐。在他执

---

[1] J. A. J. Housden, "The Merchant Strangers' post in the Sixteenth Century", *English Historical Review*, Vol. 21, No. 84 (1906), pp. 739–744.

[2] Annis 14° & 15° Henrici VIII, A. D. 1523, c. 1—2, Annis 21° Henrici VIII, A. D. 1529, c. 16, *The Statures of the Realm*, Vol. 3, Buffalo: William S. & Co., Inc., 1993, pp. 206–209, 297–301.

[3] Annis 32° Henrici VIII, A. D. 1540, c. 16, *The Statures of the Realm*, Vol. 3, pp. 765–766.

[4] Roger Kershaw and Mark Pearsall, *Immigrants and Aliens*, p. 83.

[5] Roger Kershaw and Mark Pearsall, *Immigrants and Aliens*, p. 82.

[6] Annis 32° Henrici VIII, A. D. 1540, c. 14, *The Statures of the Realm*, Vol. 3, p. 762.

[7] Roger Kershaw and Mark Pearsall, *Immigrants and Aliens*, p. 82.

政时期,新教移民骤然增多,并出现了最早的难民宗教社团。1550 年爱德华特许将奥斯汀修士会教堂赐给欧洲大陆难民的宗教社团。亨利八世后期和爱德华六世前期(1541—1550),向相当多的外国移民授予英国国籍(见表2)。

表 2　　　　　　　　16 世纪取得英国国籍的外来移民①

年代	人数	年代	人数	年代	人数
1501—1540	634	1551—1560	487	1571—1580	639
1541—1550	3972	1561—1570	1037	1581—1600	222

随后的玛丽女王作为天主教徒,大肆镇压新教徒,宗教难民社团被遣散,移民被赶出了英国。幸而玛丽的恐怖统治时间较短,继位的伊丽莎白女王对新教移民实行信仰自由原则,也采取更积极灵活的鼓励措施招揽外国工匠,因此从她统治早年起,英国就被难民们感觉为"苦难民族的避难所"。英国作为最大的新教国家,接收了欧洲大陆宗教冲突中产生的大量难民,伦敦成了欧洲拥有外国移民最多的城市。1580 年,伦敦外来移民达 6492 人;当年新移民中有 712 人是纯粹的宗教难民。② 伊丽莎白前期(1561—1570 年),授予较多的外国移民以英国国籍(见表2),到后期则控制较严。不过,向外国人课重税罚重金的政策却与前朝无异。如 1589 年下令,对试图将财产转移给子女以逃税的外国人,以双倍财产值征税作为处罚。③ 1601 年,107 个移民被强迫贷款高达 23000 英镑。④

早期斯图亚特王朝时期,对外来移民和商人的政策再次经历了曲折。詹姆士一世在神学上有新教倾向,治内没有出现太多的宗教纠葛,但他在利用民间排外情绪来满足自己的私欲上做得最突出。如 1617 年,他要

---

① Roger Kershaw and Mark Pearsall, *Immigrants and Aliens*, p. 56.
② Ronald Pollitt, "'Refuge of the distressed Nations', Perceptions of Aliens in Elizabethan England", *The Journal of Modern History*, Vol. 52, No. 1, On Demand Supplement (Mar., 1980), pp. D1001 - D1019.
③ Roger Kershaw and Mark Pearsall, *Immigrants and Aliens*, pp. 82, 95.
④ C. Nicolson, *Strangers to England, Immigration to England 1100—1952*, p. 37.

求在英国的外国商人承担2万英镑贷款。1618年，他示意星室法庭弄出一个案件，指控外国商人从英国非法出口金银，最后的判决是向18名外国商人处以高达14万英镑的罚金。① 1625年继位的查理一世在宗教上毫不妥协。在他统治时期，对外来移民的最大排挤活动是1634年劳德大主教实行宗教同化政策，即规定出生于英国的外国人必须改信英国国教。② 这一事件的结果是导致许多宗教移民离开了英国。

在英国革命时代，宗教倾向和商业考虑使得对新教难民的容忍和鼓励成为一种指向。如主张发展呢绒业的托马斯·洛伊爵士认为，英国本土的厚重呢绒只适合于冷带气候，如果鼓励瓦隆人移入，增加面向温暖地区的新呢布生产，就能充分利用本国的羊毛资源。他还提出，外国新教徒应像在伊丽莎白时代那样获得特许权。还有人援引德国移民在别国受到优厚待遇并向本地人传授技术的例子，认为外来移民只会对英国带来好处，英国也应实行类似政策。一些外国新教徒商人主动请缨。1649年一群外国新教徒商人向共和政府提出了一系列产业发展方案。他们声称自己有300多人，拥有财富30000英镑，都愿意带到英国来。③ 虽然革命年代并未有外来移民成批进入，但政府对既有移民给予相当优渥的待遇。1643年上院通过法案批准新教移民维持其已有信仰。最有力度的鼓励来自克伦威尔。他曾对新教难民首领说，"我爱外来人，主要是那些和我们同属一个宗教的人"。④ 经历半个世纪动荡后，"光荣革命"最终以英国特有的谨慎方式尊重了宗教宽容原则，不再计较外来者的宗教信仰。

复辟王朝时期，对英国人口数量太少了的担忧越来越多，1665年大瘟疫加深了这种忧虑。贸易不景气和土地贬值，使人们广泛地感到劳动

---

① Ole Peter Grell, *Calvinst Exiles in Tudor and Stuart England*, pp. 42 – 44.
② Ibid., p. 46.
③ Margaret James, *Social Problems and Policy during the Puritan Revolution 1640—1660*, London: Routledge and Kegan Paul Ltd., 1966, pp. 183 – 184.
④ Ibid., pp. 184 – 185.

力不足。英国人口从 1650 年代后期下降，1680 年代中期才开始恢复。而授予移民以国籍的做法，能鼓励大量新教徒移居英国。于是社会上出现了有关外国人入籍立法的大讨论，各种杂志、小册子、书籍纷纷发表看法。许多学者包括重商主义思想家查尔斯·达维南等，认为英国处于人口的"半饱和"状态，应该早日颁行入籍法，大力鼓励外国人移入。一本 1673 年的匿名小册子《英格兰的大事》说："一个关于外来新教徒的入籍法现在绝对是最必要的，没有什么比人口更是英国所需要的了"。议会从 1660 年开始讨论这一立法，经过十几次的讨论，终在 1709 年获得通过。这个立法简化了赐予移民"永久居住权"或颁给国籍的烦琐程序，宣布任何外国人只要在英国参加了某个教会的圣事，在法庭上公开宣誓效忠，交纳一定费用后，就可以成为英国臣民。① 虽然入籍法实施遇到了很多阻力，但外国人移居英国在 17 世纪末时就没有太多的制度障碍。

（二）民间态度的转折：从敌意到宽容

民间社会包含着许多不同利益和地位的阶层。民间又是与外来者直接打交道的，感受自然不同于政府。总的来说，这一时期民间的态度是逐渐从敌意转为宽容。

16 世纪里，民间对外国人的反对声仍然是此起彼伏。亨利八世统治早年，身边尽是外籍廷臣，外国商人和金融家统治着首都的商业，外国工匠和技工引进了新的技术，他们还拥有大量特权。这种状况自然引起了没有特权的本国人的敌意。伦敦在申诉中说，由于外国手艺人太多，因此普通的伦敦工匠基本上找不到工作；由于外国商人带来了大量丝绸、金丝呢布、红酒、油类和铁器制品等商品，英国商人的货也没有人再买了。② 这些情绪导致了 1517 年五朔节伦敦爆发反对外国人的暴力事件。③ 民间也不十分欢迎宗教难民。16 世纪后半期，英国国力虽在壮大，但经

---

① 1720 年，英国总人口再次上升到 525 万左右，超过了 1650 年代。（参见 Daniel Statt, "Daniel Defoe and Immigration", *Eighteenth-Century Studies*, Vol. 24, No. 3 (1991), pp. 293 – 313)

② J. A. J. Housden, "The Merchant Strangers' post in the Sixteenth Century".

③ C. Nicolson, *Strangers to England*, *Immigration to England 1100—1952*, pp. 7 – 8.

济危机频发，失业增多，贫困外来人的涌入有可能加剧危机。而城市行会和公会试图控制商业、建立垄断，体制之外的新来者便成了障碍。促成反宗教移民浪潮的有商人和上升中的手工业主，因为外来移民是他们的竞争者。城市当局则认为宗教难民到来影响了社会稳定。由此，外国移民与本地人的关系日趋紧张。在这种压力下，女王在1563年甚至发布了反对外国人的公告。1566年至1572年当外来难民如潮水般涌进时，反对他们的骚乱也频繁出现。[①]

宗教移民大都是身怀技艺，英国同行虽然对他们满怀嫉妒和敌意，极力限制其竞争，但又想学到他们的技术。他们阻止移民招自己的人做学徒，要求移民必须招收一个英国人作学徒。在一次抗议后，伦敦的外国人所接受的英国籍学徒和帮工高达2336人。[②] 1563年《学徒法》规定，进入某一行业必须先当学徒7年。这意味着外来工匠在英国从业前，必须先在英国人手下第二次当学徒，这样给了英国人学外来人技术的机会而不是他教给移民什么。让已有先进技术和独特工艺的移民再当学徒，显然不合情理，接受英国人做学徒，移民也不情愿。官方出面调停后，颁布法令规定移民不可以雇佣两名以上的外国人，也不允许接受自己子女以外的外国人为学徒，作坊里有两名外国人的同时必须有一名以上的英国人。但本国人并不以此为满足，抱怨不断。诺威奇的英国工匠申诉，移民给产品起了些怪异名称，使其听上去像是进口货，以促进其销售。[③] 1571年，诺威奇当局编制了一个《秩序手册》，十分苛刻地限制外来工商业者：制造毛纺品时，移民被禁止使用桶装油，只能用鲸油；外国人面包师不能烤制白面包，只能从英国人面包师那里买白面包；外国人只能雇英国人做佣人；物资短缺时，外国人不能去市场买食品，也不能在星

---

① Ronald Pollitt, "'Refuge of the distressed Nations', Perceptions of Aliens in Elizabethan England".

② C. Nicolson, *Strangers to England, Immigration to England 1100—1952*, p. 41.

③ Robin D. Gwynn, *Huguenot Heritage: The history and contribution of the Huguenots in Britain*, pp. 62 – 63.

期六或假日到小酒馆等场所饮酒。① 伦敦从六个方面控诉和抱怨外来商人。其一是认为外国人不住到被安排的住所里,企图脱离本国人监督。其二,认为外国人不按要求在规定的6周内将货物卖掉,为了卖出好价钱而拖延时间。其三,认为外国人违反不得进行零售的法令,常常将货物进行直销。其四,认为外国人在英国所得收入,只有5%左右留在英国花费,其余全带回母国了,大大损害了英国利益。其五,外来商人在相互间进行交易活动,结成生意伙伴关系,排斥与英国商人的来往。其六,外来商人还垄断了奢侈品市场及高档手工品制造,雇佣外国人工匠而不是本地工匠。② 即使到17世纪,还陆续有诸如此类的抱怨与申诉。如1641年伦敦的穷苦工匠抗议说,法国人、瓦隆人和荷兰人的数量与日俱增,城内很多行业都集中在他们手中。在伦敦的档案中,甚至还有反对政府实行鼓励移民政策的记载。③

事物的另一面则是对外来移民的容忍度不断增加。16世纪中期后,随着宗教改革进行和宗教观念变化,英国人越来越同情大陆来的宗教难民;加上社会上对外来移民作用的认识越来越客观,宽容、接纳甚至鼓励外国移民逐渐成为风气。1570年,科尔切斯特市民写信给枢密院,要求安置更多的难民,信中说移民忠厚、善良、有礼貌,讲秩序,不越轨。英国人对大陆移民的接纳和容忍,许多外国移民大有感受。1573年,一个荷兰制帽工匠写信给妻子,称已同英国人友好地相处。一个年轻移民写信给奶奶,说到诺威奇两年,在那里安静和平地生活着。1593年下院一次辩论中,当有人强烈反对接受难民时,对手的争辩更为有力,说正是由于接收了外来移民伦敦才富起来。1590年代某作者写到,桑德维奇享受着因接纳新教难民而带来的经济利益,居民增加了,穷人有了生计,

---

① C. Nicolson, *Strangers to England*, *Immigration to England 1100—1952*, p. 40.
② Ronald Pollitt, "'Refuge of the distressed nations', Perceptions of Aliens in Elizabethan England".
③ Margaret James, *Social Problems and Policy during the Puritan Revolution 1640—1660*, pp. 185 – 187.

租金也大幅度提高。地方当局和行业组织也逐渐形成了对移民的新认识，意识到移民迁入会给本地带来利益。如坎特伯雷为向移民征收"织机钱"，① 积极帮助他们安顿甚至永久定居。诺威奇、科尔切斯特等城市积极向政府申请难民的居住许可。如1561年6月，梅德斯通市长向女王申请，要求准许60户外国难民落户该市，并附上名单注明他们的一技之长，11月即获得特许状。② 诺威奇当局承认，移民带来的"新呢布"技术，确实给城市带来了巨大利益。③ 以往的传统再次被强调：外国移民只要带进了一门新技艺，就可免去许多对他们的限制和减少他们的负担。④

外来移民对英国的贡献，当时人并非视而不见。17世纪初的学者约翰·斯托曾赞赏，德国移民建立了英国第一个优质白纸工场，列日人带来了切割铁条技术。几十年后维奥勒特也说，移民给英国"带来了许多手工制造业，借此这个国家同外来商人一起都富起来了，在他们居住的科尔切斯特、诺威奇、坎特伯雷和海港城市都见证了这一点"。他还感到一个好的荷兰商人对英国和英国人"都是有益的"，应该受到尊敬。⑤ 因此，英国上下对外来移民的态度逐渐开明，特别是革命年代比较宽松的社会和政治环境，对外国人更具吸引力，甚至还吸引了北美的英国移民回流。1652年，新英格兰人约翰·克拉克甚至在小册子中鼓动人们迁回英国。他说："旧英格兰已变成了新的英格兰，而新英格兰则变成了旧的英格兰"。⑥ 17世纪后期，外来移民分布在众多经济部门。以伦敦为例，

---

① C. Nicolson, *Strangers to England, Immigration to England 1100—1952*, p. 37.

② V. Morant, "The settlement of protestant refugees in Maidstone During 16th century", *Economic History Review*, New Series, Vol. 5, No. 2 (1951).

③ C. Nicolson, *Strangers to England, Immigration to England 1100—1952*, pp. 42-43.

④ E. Baines, *History of the Cotton Manufacture in Great Britain*, London: Frank Cass & Co. Ltd., 1966, p. 99.

⑤ Carlo M. Cipolla, *Before the Industrial Revolution: European Society and Economy 1000—1700*, p. 211.

⑥ William L. Sachse, "The Migration of New England to England, 1640—1660", *The American Historical Review*, Vol. 53, No. 2 (Jan., 1948), pp. 251-278.

依据城市自由人①纳税名册估计,伦敦从事工商行业的自由人中大约有5000名外国移民,②外来人口总数当在3万以上。1677年《英国之大幸》这本小册子倡导把更多的外国人引进来发展英国工业。③ 17、18世纪之交,英国社会尤其是精英和知识阶层对外来人的认识更为理性。文学家笛福写下一系列作品,为英国人中的仇外排外行为而道歉,并讴歌了跟随威廉三世而来的荷兰人和胡格诺教徒。他极力倡导鼓励移民到英国来,坚信英国必定会因移民的到来而大受其益。他还认为应该让移民入英国籍,取得同本土居民一样的权利。④ 外国人眼中的英国印象和英国人形象也在改变。英国土地肥沃,物产丰富,人民勤劳,得到了许多外国人的赞美。如威尼斯工匠根提利尼说道:"英国人是聪慧的民族,具有伟大的才智,在发明方面特别有悟性"。⑤ 那些移居者无疑是看到了英国的有利条件和英国人长处。

(三) 外来移民和商人及资本对英国崛起的影响

在16—18世纪英国的崛起时期,外来移民和商人对英国经济发展有重大的积极性影响,下面从手工业、农业、商业和金融等方面作些考察。

手工业方面,首先,外来移民带来了对英国崛起有关键作用的技术和产业。1540年后英国兴起的采矿冶炼等"大工业",被认为是工业革命的前奏曲,⑥ 而这一兴起与来自德国的工匠、技术有紧密联系,而且吸收

---

① Freeman,指在中世纪和近代早期英国城市里取得了自由人身份,加入了某个行业公会组织,可以在城里独立开业的人员。

② Jonathan Barry ed., *The Tudor and Stuart Town*, *A Reader in English Urban History*, New York: Longman, 1990, p. 150.

③ Sylvia L. Thrupp, "A Survey of the Alien Population of England in 1440", *Speculum*, Vol. 32, No. 2 (Apr. 1957), pp. 262 – 273.

④ Daniel Statt, "Daniel Defoe and Immigration".

⑤ Carlo M. Cipolla, *Before the Industrial Revolution: European Society and Economy 1000—1700*, p. 206.

⑥ J. U. Nef, "The progress of technology and the growth of large-scale industry in Great Britain, 1540—1640", *Economic History Review*, Vol. 5, No. 1 (Oct., 1934).

了德国的资本和管理方式。16世纪后期，由尼德兰移民和胡格诺难民带进的"新呢布"（New Drapery）织造技术，使其产品面向大众消费市场，因而促进了英国毛纺业的又一次复兴，并加速了乡村毛纺业的普遍发展。由于16世纪后期的战乱，一些安特卫普难民于1585年最终来到了曼彻斯特，为这里带来了棉纺织技术，这是后来作为工业革命突破口的英国棉纺业发展的最初起点。工业革命的某些技术发明也有移民的贡献。早期式样蒸汽机的发明者巴本，滚筒式纺纱机的发明者刘易斯·保罗，都是外来移民。① 其次，移民为英国带来了许多新工业、新技术，使得英国的手工业生产体系日益完备，生产领域大为扩展。如尼德兰移民在伦敦创立了新玻璃制造业、新陶瓷业；在坎特伯雷开创了丝织业；在梅德斯通建立了丝线业；为诺威奇带来了印刷、麻织、琉璃瓦制作；在科尔切斯特开创了造羊皮纸业和制针业；将纽波特等地变成了花边制作中心，还建立了花边技术学校。② 胡格诺移民涉足更广，他们是染匠、缫丝工、丝织工、中间商、缎子服装师、设计师等，进入了丝织业的几乎每一分支部门：正编、刺绣、印花布、手帕等。③ 他们建立的北爱尔兰麻纺业，其产品在国际市场上比法国麻纺品更具竞争优势。他们几乎将诺曼底制帽中心科德贝克的整个行业搬到了伦敦。④ 大量胡格诺移民定居在威斯敏斯特和索霍，使伦敦西郊成了时尚展示中心。他们中有裁缝、假发制造商、香水商、扇子商、毛皮商、理发师、雕刻师、制鞋匠、制靴匠、食品商、饮料商、珠宝商、金银匠、钟表制造商和枪炮制造商等，人人工艺精湛。16、17世纪之交，单伦敦就有63个法国金匠。在家具、装饰、制绳、印刷、造纸、新闻、出版、医疗、教育等行业的发展中，也有法国移民的

---

① R. D. Gwynn, *Huguenot Heritage: The History and Contribution of the Huguenots in Britain*, p. 243.
② C. Nicolson, *Strangers to England, Immigration to England 1100—1952*, pp. 34 - 37.
③ I. Scouloudi ed., *Huguenots in Britain and Their French Background, 1550—1580: Contribution to the Historical Conference of the Huguenot Society of London*, 24—25 September, 1985, pp. 126, 132 - 133.
④ William Cunningham, *Alien Immigrants to England*, p. 243.

身影。荷兰移民引进的回旋式织机,可同时织出 16 条以上丝带。它在 1660 年代被曼彻斯特采用;至 1750 年,该城拥有这样的织机 1500 台。① 1643 年荷兰人凯普勒在伦敦附近建立了英国第一家印染红色呢绒的染坊,这是英国呢绒印染业的开端。② 1667 年佛兰德尔移民鲍埃尔改进了这项技术。③ 荷兰钟也在这时由移民弗朗曼蒂尔引入英国,取代了原先流行的法国钟。来自阿姆斯特丹的埃尔勒兄弟 1688 年在斯塔福德最先采用盐釉方法制造红色陶瓷,并雇用了许多荷兰陶工。荷兰工人还被大量雇用在缆索、锚链制造等造船辅助性部门。

农业方面,移民中不乏农业和园艺高手。擅长亚麻种植的佛兰德尔人定居约克郡,向当地人传授了许多耕种技术。他们带动了英国蔬菜和园林业的兴起,伊丽莎白时期英国开始种植洋白菜,种子就是移民从佛兰德尔阿尔图带来的。他们还传入了啤酒花种植,促使英国啤酒酿造发生巨大变革。④ 法国移民也涉足农业领域。如 1680 年代埃塞克斯郡等五六个郡都有进行农业开发的胡格诺移民团体。⑤ 定居伦敦切尔西的胡格诺园艺工匠使小型园林流行起来,并创造了用于装饰的剪花艺术。荷兰移民对英国农业的贡献最大。治理水患具有丰富经验的荷兰人,积极参与英国东部的排沼工程。荷兰工程师弗缪登受委派负责"大沼泽"等处排沼工程,所获得的耕地有 90000 多英亩,他本人也因此受封为爵士。⑥ 荷兰专家克罗本布帮助治理泰晤士河口的坎维岛,范德维尔特帮助排干瓦平沼泽的积水。1628 年一名荷兰商人将 13000 英镑投入英国埃克斯霍默岛等地的排沼工程,1630 年荷兰商人维劳尼顿与 18 个阿姆斯特丹人合

---

① D. C. Coleman, *The Economy of England 1450—1750*, London: Oxford University Press, 1977, p. 155.

② V. Morant, "The settlement of protestant refugees in Maidstone During 16th century".

③ William Cunningham, *Alien Immigrants to England*, p. 212.

④ G. E. Fussel, "Low Countries' Influence on English Farming", *English Historical Review*, Vol. 74, 1959.

⑤ R. D. Gwynn, *Huguenot Heritage: The History and Contribution of the Huguenots in Britain*, p. 70.

⑥ William Cunningham, *Alien Immigrants to England*, p. 209.

作，大商人维拉提兹与 14 个阿姆斯特丹商人合作，分别承包了英国多处排沼工程。① 一些荷兰农业家移居英国后，撰写著作介绍先进的农业技术和经营方法。通过荷兰移民亲身实践而传播到英国的农业技术包括：谷物与豆类等作物轮作的新轮作制；新饲料和草料作物的引进；圈养牲畜方法；引进荷兰的轻便二轮犁，并继续由荷兰人改进为更轻便的单翼犁；引进荷兰式谷仓。② 可以说，17 世纪和 18 世纪英国农业革命，荷兰移民是直接参加者和推动者。

商业方面，虽然意大利商人和汉萨商人 16 世纪先后退出了英国出口贸易，但外国商人在英国进口贸易中仍然占有较大份额。伊丽莎白时期在大臣伯格利主持下，曾对外国商品进入英国的情况进行了调查，最后报告中列出了将外国商品输入到英国的最大的进口商人名单，没有一个是英国人。最大外国进口商人共 10 人，分为三组：意大利商人、尼德兰商人，"高地多切人"（High Doches，应为德国人）。他们进口商品的规模相当大。如维鲁特利曾在 4 年中每年进口商品总值达 30000 英镑；两名"高地多切人"法尔金和布朗分别为每年 10000 英镑和 5000 英镑；尼德兰商人圣丁也与此不相上下。③ 而 17 世纪和 18 世纪之交外国人在英国对外贸易中的重要性，被认为相当于 1550—1650 年间英国工业发展中的外国人。经济史家阿什顿说："在 810 个亲吻过国王乔治三世的商人中，至少有 250 人肯定是外国出身。这正是英国人的一个功绩：他们打开了大门欢迎来自各国的资本和企业"。④

17 世纪和 18 世纪英国对外来资本的需求更甚于它对外国商人的依赖。1688 年格里高利·金的统计中，显示当时英国的外债 70 万英镑左

---

① V. Barbour, *Capitalism in Amsterdam in the 17th century*, Michigan: The University of Michigan Press, 1966, p. 122.
② G. E. Fussel, "Low Countries' influence on English farming".
③ Ronald Pollitt, "'Refuge of the distressed Nations', Perceptions of Aliens in Elizabethan England".
④ Carlo M. Cipolla, *Before the Industrial Revolution: European Society and Economy 1000—1700*, p. 211.

右。随着光荣革命使英国与荷兰联系的加强,外国资本流入英国更为增多。1737 年,荷兰资金在英国公共债务中占 1000 万英镑,为英国国债的 1/4 多,1762 年 3000 万英镑,1774 年 4660 英镑;此外还有更多的对私人公司或企业的投资,如 1770 年,英国东印度公司的荷兰资本达到 1000 万英镑。① 18 世纪中期,英格兰银行、东印度公司和南海公司的资产总额中,荷兰人投资占了 15.3%。② 布罗代尔估计,1782 年荷兰资本向英国贷款 2.8 亿弗罗林,占其向外国贷款总额(3.35 亿弗罗林)的 83.6%,占荷兰金融资产总额(10 亿弗罗林)的 28%。③ 在英国工业革命的最初阶段,其所需资本的大约 1/3 是由外国人提供的。表 3 即是学界对 18 世纪外国资本流入英国以及英国所欠外债余额的几种估计。④ 尽管这些估计差异很大,学界对此还有许多争论,⑤ 但有一点是不可否认的,那就是英国工业革命初期的资金准备中,来自国外的资本不应忽视。

表 3　对 18 世纪英国吸纳外国资本及外债余额的几种估计　　　(单位:万英镑)

年代	外国资本流入额(年均)	研究者对外债余额(各个年代末)的几种估计						
		第一种	第二种	第三种	第四种	第五种	第六种	第七种
1710	200	0	-70	-200	200	200	200	
1711—20	27	270	170	65	-130	410	450	490
1721—30	126	1733	1283	1126	833	1521	1658	1812
1731—40	156	3291	2638	2410	1986	2602	3099	3677
1741—50	-14	3157	2211	1879	1264	1507	2724	4269

---

① Elise S. Brezis, "Foreign capital flows in the century of Britain's industrial revolution", Economic History Review, New series, Vol. 48, 1995, pp. 46 – 67.

② Jan De Vries and Ad Van Der Woude, The First Modern Economy: Success, Failure, and Perseverance of the Dutch Economy, 1500—1815, Cambridge: Cambridge University Press, 1997, p. 142.

③ [法] 费尔南·布罗代尔:《15 至 18 世纪的物质文明、经济和资本主义》第 3 卷,施康强等译,生活·读书·新知三联书店 1996 年版,第 298 页。

④ Elise S. Brezis, "Foreign capital flows in the century of Britain's industrial revolution".

⑤ 如 Elise S. Brezis 于《经济史评论》1995 年第 1 期上的文章发表后,另一个经济史家 R. C. Nash 对此提出了多方面质疑,Brezis 则又一次做出了回应。(参见 R. C. Nash, "The balance of payments and foreign capital flows in eighteenth-century England: a comment", Economic History Review, Vol. 50, 1997, pp. 110 – 128; Brezis 在同一期上的回应文章)

续表

年代	外国资本流入额（年均）	研究者对外债余额（各个年代末）的几种估计						
		第一种	第二种	第三种	第四种	第五种	第六种	第七种
1751—60	-68	2481	1109	629	-263	-287	1717	4734
1761—70	172	4200	2210	1514	221257	3006	8176	
1771—80	335	7545	4661	3651	1776	1764	5664	14537
1781—90	280	10340	6734	5472	3129	3025	8838	24167

概括全文，可从两大方面来认识外来移民和商人对英国的贡献。一是从经济社会整体进程看。当 11—15 世纪英国尚处于经济落后阶段时，外来移民和外国商人及其财富的进入，弥补了英国经济总量弱小所带来的不足和困难，确保英国经济生活的基本水平，也有利于将这个落后的岛国与国际市场相连接，并带动英国工商业进步及国内市场的逐渐活跃。当 16 世纪后英国开始崛起、经济发展开始进入欧洲前列的时候，大量技术人才和经营人才的迁入，新式工业技术引进，资本财富涌入，增强了英国社会前进的推动力，英国由此处于更为优势的地位；大陆移民还带来了新的生活方式、生活艺术，有利于英国的社会进步和生活品位提升。二可从各经济部门的发展和变革来看。生产上，外来移民带来了许多手工业和农业基本技术，也不断带进各种新发明、新技术，使英国在横向上不断增加新的生产层面，扩展生产领域，纵向上不断提高生产水平，推动生产技术革命。财政金融上，外国商人长期向困难中的英国政府贷款，使王室财政得以正常运转，有利于政局稳定和社会安定；在英国崛起时期，外国资本的投入促进了近代英国金融体系的建立，并为工业革命提供了一定资金准备。在商业贸易上，中世纪意大利商人和汉萨商人等从英国出口羊毛，客观上为英国羊毛开拓了市场，将英国的丰富资源转化为财富，有利于积累发展资本；他们把呢绒带到英国商人难以到达的地中海及波罗的海地区，拓展了英国产品的国际市场，有利于推动英国毛纺业发展。当 16 世纪后英国人口增长、需求旺盛的时候，外国商人向英国输出商品的活动，有助于满足英国人口的基本需要。当然，外来

移民和商人之所以能进入岛内并起着重大作用，亦在于英国自身在经济社会变革的过程中逐渐生成了容受、欢迎乃至刺激外来者进入的良性机制。由此还可推论，在前工业时代的西欧，国与国之间已非截然壁垒，彼此渗透和相互影响造成西欧颇似一个"准"一体化的大经济圈。经济和技术处于相对高位的大陆，其先进要素易于向相对低位的英国流动，英国成了圈中受益最多的国家。各种内外因素在这里发挥聚集效应，促成了它的率先崛起。

（发表于《历史研究》2010年第1期）

13世纪世界贸易体系及其维护机制

杜宪兵*

摘 要：珍妮特·阿布—卢格霍德在《欧洲霸权之前》一书中重构了现代世界贸易体系之前的13世纪世界贸易体系，认为该体系是13世纪中期至14世纪中期以欧亚大陆为主要辐射范围的贸易网络。畅通的陆路和海路、先进的贸易制度、贸易离散社群的商业实践、科学技术的革新与传播以及各中心地区之间的均衡发展维系了该体系的良性运转。对13世纪世界贸易体系及其维护机制的研究有助于客观地认识西方兴起的原因，全面审视近代之前的跨地区互动和跨文化交流。

关键词：珍妮特·阿布—卢格霍德；《欧洲霸权之前》；13世纪世界贸易体系；维护机制

世界体系理论是一个融历史学、经济学、政治学与社会学等诸多学科为一体的研究领域，自20世纪70年代以来，诸多学者涉足其间。[①] 在围绕世界体系所展开的各种争论中，要数关于世界体系的起源的争论最为激烈，具体争论从时间和空间两个向度展开。[②] 以沃勒斯坦为代表的世

---

* 杜宪兵，天津师范大学欧洲文明研究院讲师。
① 参见王正毅《世界体系论与中国》，商务印书馆2000年版；江华《世界体系理论研究》，上海三联书店2007年版。
② 参见［德］安德烈·冈德·弗兰克、巴里·K.吉尔斯编《世界体系：500年还是5000年?》，郝名玮译，社会科学文献出版社2004年版；［英］巴里·布赞、［英］理查德·利特尔《世界历史中的国际体系》，刘德斌译，高等教育出版社2004年版。

界体系论者认为唯有 16 世纪以来的资本主义世界体系才是真正的世界体系①,对此,美国社会学家珍妮特·阿布—卢格霍德提出质疑和批判,并重构了 16 世纪之前的世界体系,大大丰富了世界体系理论。基于对跨地区经济交流的分析,阿布—卢格霍德在《欧洲霸权之前:1250—1350 年的世界体系》一书中集中阐释了 13 世纪的前现代世界体系。在她所建构的 13 世纪世界体系里,国际贸易占据了很大比重,跨区域贸易在整个体系中发挥了至关重要的纽带作用,通过推动系统化的互动深刻地影响了个体社会和整体世界的发展进程。本文简要评介阿布—卢格霍德所界定的 13 世纪世界贸易体系的内涵,并结合相关资料对她着笔甚少的该体系的维护机制加以探讨。

一

世界体系的经济层面是沃勒斯坦和弗兰克等世界体系论者集中讨论的主题,而区域贸易或跨区域贸易又是他们重点关注的内容。诚如菲利普·柯丁所言,"跨文化领域的贸易与交易在人类历史上扮演着一个关键性的角色,抛开军事征服不可估量但略显消极的影响不说,它可能是引起历史变迁的最为重要的外部因素"。② 相比学界对近现代世界贸易体系进行的深入研究而言,国内外学者对近代之前的贸易网络的研究显得较为薄弱,既有的研究成果要么宽泛地描述世界历史上的贸易往来,③ 要么将注意力聚集于某个区域性的贸易网络,④ 鲜有学者针对性地就前现代世界贸易体系进行系统研究。正是对前现代世界体系的疑惑促使阿布—卢

---

① [美] 伊曼纽尔·沃勒斯坦:《现代世界体系》第一卷,尤来寅等译,高等教育出版社 1998 年版。
② [美] 菲利普·柯丁:《世界历史上的跨文化贸易》,鲍晨译,山东画报出版社 2009 年版,第 1 页。
③ 同上。
④ 如 K. N. Chaudhuri, *Trade and Civilisation in the Indian Ocean: An Economic History from the Rise of Islam to 1750*, Cambridge: Cambridge University Press, 1985; Maria Fusaro, Colin Heywood and Mohamed-Salah Omri ed., *Trade and Cultural Exchange in the Early Modern Mediterranean*, London: I. B. Tauris Publishers, 2010。

格霍德亲自前往欧、亚、非三洲的多个国家搜寻史料,重构了欧洲霸权之前的 1250 年至 1350 年的世界体系。

在阿布—卢格霍德看来,13 世纪,尤其该世纪下半叶是世界历史上一段非同寻常的时期。其间,一个世界性的贸易体系从西北欧一路延展到中国,涵盖了整个欧亚大陆以及东非和北非等众多地区,整个商业网络狭长而辽阔,吸引着各地的商人和生产者参与其中,参与地区之广泛,贸易交往之频繁均是史无前例。虽然自 11 世纪开始就有很多地区融入以欧亚大陆为主的经济交流体系之中,但这种交流直到 13 世纪中期才随着游牧民族的崛起以及东半球跨文化交流的增加达到鼎盛。在辐射地域上,欧亚大陆是 13 世纪世界贸易体系所涵盖的主要范围。虽然真正遍及全球的世界市场在 1500 年之后才渐趋形成,世界上大部分地区在 13 世纪时尚处于以欧亚大陆为主体的世界贸易体系之外,但是,如斯塔夫里阿诺斯所言,"正如世界史的结构要求我们着重研究对人类的发展有重大影响的那些历史运动一样,世界历史地理也要求我们着重研究发生那些历史运动的区域。如果这样做了,我们就会发现,有一块陆地在世界上踞有独一无二、无可争辩的地位,这就是欧亚大陆——它自新石器时代以来,一直是世界历史的真正心脏地区。……在很大程度上,可以说,人类的历史也就是欧亚大陆各文明地区的历史"。[1] 根据地缘因素,阿布—卢格霍德将 13 世纪世界贸易体系分成西欧、中东和远东三个中心地区,这三大地区又可以划分为八个相互联结的贸易圈,分别是西北欧贸易圈、跨地中海贸易圈、中亚贸易圈、波斯湾贸易圈、红海贸易圈、阿拉伯海贸易圈、孟加拉湾贸易圈以及南中国海贸易圈。[2] 虽然 13 世纪世界贸易体系不是一个全球性的或世界范围的体系(波罗的海地区稍有涉入,非洲只有东海岸涉入,新世界依旧与世隔绝,日本是体系外的边缘地带,包

---

[1] [美] 斯塔夫里阿诺斯:《全球通史:1500 年以前的世界》,吴象婴、梁赤民译,上海社会科学院出版社 1988 年版,第 57 页。

[2] [美] 珍妮特·阿布—卢格霍德:《欧洲霸权之前:1250—1350 年的世界体系》,杜宪兵等译,商务印书馆 2015 年版,第 39—40 页。

括澳大利亚在内的太平洋诸岛都置身体系之外），但它覆盖了欧亚大陆的绝大部分地区，囊括了那个时期的绝大多数人口。①

13世纪世界贸易体系中的跨地域贸易的主要目的在于互通有无，而非追求合理分工和比较优势。在所有的交易商品中，初级产品占据了很大比重，它们多是日常生活所需的物品，如香料、谷物、大米、木料、皮毛、棉花、亚麻、牲畜、矿石等，其中，香料是欧洲从东南亚输入的主要商品，它们包括藏红花、桂皮、豆蔻、甘草、丁香、孜然、胡椒等。制成品主要有布料、丝绸、瓷器、宝石、葡萄酒、武器等，相比初级产品而言，制成品对于整个13世纪世界贸易体系的运转更为重要，因为它们是远程贸易交易品的主要构成。② 由于各地的资源禀赋以及各地区对交易物品的需求均有所不同，一个城市及其周围的农业地区通常不能自给自足，因此人们通常与其他城市或地区通过贸易交换物品，进而在13世纪世界贸易体系内形成了一个覆盖广泛的贸易网络。根据各地区交易范围的大小，当时的贸易可以分为短程贸易和远程贸易。短程贸易多以某个经济中心或集市为交易地点，交易物多为牲畜、农作物等初级产品，参与交易的群体多局限于某个区域之内，交易形式较为简单，甚至出现了较为原始的物物交换，法国东北部的香槟集市就是较为典型的短程贸易中心。远程贸易是13世纪世界贸易体系的主要支柱。与贸易空间狭隘，参与群体有限的短程贸易不同，远程贸易多是跨越欧亚大陆多种文化、多个地域的贸易活动，参与群体较为复杂。由于当时的运输条件极其恶劣，运输成本过高，所以，除香料等初级产品外，远程贸易的交易物品多为体积小，利润大，比较利益较高的丝绸、宝石、珍珠等奢侈品。根据货物的运输方式和运输路线的不同，13世纪世界贸易体系内的贸易往来又可以划分为陆路贸易和海路贸易。13至14世纪，欧亚大陆的陆路

---

① ［美］珍妮特·阿布—卢格霍德：《欧洲霸权之前：1250—1350年的世界体系》，杜宪兵等译，商务印书馆2015年版，第43页。

② 同上书，第14页。

贸易和海路贸易均取得飞速发展，贸易额与日俱增，但是相比代价高昂、风险极大的陆路来说，商人们更为倾向于选择海路来从事贸易经营，海路是 13 世纪世界贸易体系中最主要的运输方式。

13 世纪世界贸易体系是现代市场体系出现之前的一个经济交流体系，虽然在诸多方面它都远没有"现代世界体系"那么成熟，但它自身别具特点。首先，在体系的构成方式上，13 世纪世界贸易体系由三个中心区和八大贸易圈组成，它们在整体实力上大致处于均衡状态，共同主导着贸易体系的走势，这种结构与欧洲主导下的近代贸易体系和美国主导下的现代贸易体系形成了鲜明对比。该体系的整体结构非常类似于各个亚体系的结构，通过不同地区之间的互动，形成了具有某些共性的元素，这些元素赋予整个体系以强大的内聚性。13 世纪里没有出现一统整个贸易体系的地区或国家，东西方之间互不存在经济上的从属关系。同东方的一些中心地区相比，其时的欧洲在整个体系中尚处于边缘地位，远远不如在 16 世纪之后那般显赫。其次，由于体系的参与者过于庞杂，13 世纪世界贸易体系缺乏将所有经济活动都标准化的内在基础。阿布—卢格霍德将该体系的参与者划分为四类：（1）幅员辽阔的农业社会，如印度和中国，这里的工业生产主要但并非仅仅以农业原材料的加工为导向；（2）小型城市国家的港口，如威尼斯、亚丁、巴邻旁和马六甲，它们极好地发挥着买办的作用；（3）类型各异的地点，如印度南部、香槟地区、撒马尔罕、累范特，以及波斯湾周边的港口，它们处于贸易伙伴的交汇点上，因其战略位置而具有重要地位；（4）拥有绝无仅有的珍贵原材料（如英国的上等羊绒、苏门答腊的樟脑、阿拉伯半岛上的乳香和没药、印度群岛的香料、锡兰的宝石、非洲的象牙和鸵鸟毛等）的地点。[①] 再次，13 世纪世界贸易体系存有经济和政治发展的不同步性，亦即整个体系在经济上的交流和一体化要比在政治上的交流和一体化更为密切和广泛。

---

① ［美］珍妮特·阿布—卢格霍德：《欧洲霸权之前：1250—1350 年的世界体系》，杜宪兵等译，商务印书馆 2015 年版，第 345—346 页。

帝国是该体系内较为庞大的政治单位，不同政治单位间的相互联系往往比较疏松，一体化仅仅局限于一定的疆域之内。然而，各中心区和贸易圈在经济上却紧密地联系起来，互相渗透，彼此影响，欧亚大陆的东西两端保持着频繁的贸易往来。另外，虽然13世纪世界贸易体系"任何时候都不是建立在整体生产过程中轴性劳动分工的基础之上"[①]，但体系的各组成地域之间存在着一些共同的经济节律。比如，在13世纪，欧洲的毛纺织业、埃及和叙利亚的亚麻纺织业、印度的棉纺织业和中国的丝绸纺织业都不约而同地出现了繁荣，而且各地区都有了较为成熟的货币制度和市场管理制度，这在很大程度上归功于体系内相互协调的贸易交流与文化交流。

13世纪世界贸易体系虽然体系成熟，运转良好，但它却仅仅存续了一个世纪左右的时间，至14世纪后半期时，该体系的绝大多数组成部分都纷纷沦落，整个贸易体系很快陷于崩溃。阿布—卢格霍德认为两大因素促使了体系的崩溃，一是黑死病的爆发与流行，另一个就是蒙古帝国的崩溃。据记载，腺鼠疫最初从中国西南部传播开来，[②] 其后就伴随蒙古帝国的征服活动和欧亚大陆的贸易往来传播到东半球的绝大部分地区。黑死病所及之处人口数量锐减，甚至造成了欧洲1/4至1/3的总人口死亡，直到1480年之后，人口总数才恢复到瘟疫流行前的水平。劳力的短缺，社会的动荡都严重破坏了正常的贸易活动，各个区域性贸易网络都支离破碎，各区域间的贸易往来大大减少。另外，从宏观层面上来看，13世纪世界贸易体系缺乏一个有能力或有意愿维持贸易体系运转的中心地区，也缺少能持久地维系东西方贸易往来的推动力。蒙古帝国为开疆拓土，攫取资源，控制商道而发动的大规模军事远征在一定时期内打破

---

① ［美］伊曼纽尔·沃勒斯坦：《世界体系与世界诸体系评析》，出自［德］安德烈·冈德·弗兰克、巴里·K.吉尔斯编《世界体系：500年还是5000年？》，郝名玮译，社会科学文献出版社2004年版，第352页。这也是沃勒斯坦认为"贸易独家构不成体系"的原因。

② 对黑死病发源地的探讨，参见李化成《全球史视野中的黑死病——从麦克尼尔的假说论起》，出自刘新成主编《全球史评论》第一辑，商务印书馆2008年版，第236—249页。

了东西方之间的闭塞状态，推动了广阔地区的经济、文化交流。然而，随着蒙古帝国的瓦解，昔日由蒙古帝国沟通起来的陆路商道重新陷于废弃，陆路贸易受到极大冲击，中亚地区再次与中国为敌，亚欧大陆又重新回到了东西方彼此相对隔绝的境地。15世纪下半期，奥斯曼帝国控制了欧亚大陆之间的主要陆路贸易路线和地中海世界的大部分地区。与此同时，欧洲的葡萄牙人开始了远洋航行，并很快填补了中国撤离后在印度洋留下的权力真空，控制了欧洲与亚洲之间的贸易。"当好几个本是独立发展的事件碰在一起并相互影响的时候，历史的偶合便出现了，这是无与伦比的历史时刻。"[①] 可见，13世纪世界贸易体系存在于"旧生态体制"之下，其生成源于历史的偶然性，各组成部分的跨文化互动推动了商品的交流和贸易网络的延伸。与此同时，这种跨文化互动也加速了黑死病的传播，在很大程度上摧毁了贸易体系赖以存在的基础。

二

诞生于16世纪的现代世界贸易体系自始就是自成一体的经济网络，由中心区、半边缘区和边缘区这三个具有不同劳动分工的部分联结成一个整体结构。而13世纪世界贸易体系则缺少凌驾于整个体系之上的霸权国家以及建立在整体性生产过程基础上的劳动分工，但是即便如此，该体系仍旧良好地维系了一个世纪之久，而且体系内的贸易交流比先前的各个时期都更频繁，更规律，更系统。多种因素共同推动了该体系的运转，它们从诸多侧面综合成为一个复杂的维护机制。

第一，畅通的陆路和海路。在前现代世界贸易体系中，交通条件较为落后，极易受到地理因素和自然条件的限制，商道的畅通成为贸易体系得以维系的基本前提。三条重要的商路成为13世纪世界贸易体系的动脉，将体系内的各个贸易圈连接起来。这三条商路的终点都位于东地中

[①] [美] 罗伯特·马克斯：《现代世界的起源》，夏继果译，商务印书馆2006年版，第50页。

海，北线从君士坦丁堡向北经过黑海，穿越中亚大陆，进入中国；中线经巴格达至波斯湾，然后进入印度洋；南线经过马穆路克帝国控制下的开罗，从陆路向南到达红海，再由此进入阿拉伯海，并延伸至印度洋。13 世纪后半期，所以这三条线路都在正常运转，这是前所未有之事。从地理空间方面来说，将地中海东部与印度洋联结起来的中东腹地构成了 13 世纪世界贸易体系的支点，东西方借此实现了大致的均衡。13 世纪初崛起的蒙古帝国虽然未能为当时的世界贸易提供独特的产业，但它却为东西方之间的陆路交易营造了一个安全畅通的有利环境，保障了陆上丝绸之路的重新运行，在短时期内打破了南方贸易路线的垄断局面。13 世纪后期，马可·波罗正是通过这条商路抵达中国。相对而言，海路承担的贸易额远远超过陆路，现代世界贸易体系之前的许多海域，诸如地中海、波罗的海、波斯湾、印度洋和南中国海等都起到了沟通并整合周边陆地贸易的作用[1]。中线是三条路线中最为便捷，也是沿用时间最为久远的路线，不过，该路线在 13 世纪末期时因蒙古人对巴格达的征服以及十字军对地中海东岸控制权的丧失而逐渐衰落。其后，南线取代中线成为 13 世纪世界贸易体系下的主要商道，并影响了未来世界贸易体系格局的走向。每一条线路都带动了所经地区经济的发展，推动了欧亚大陆的商品交流。

第二，较为先进的贸易组织形式和管理制度。尽管在 13 世纪贸易体系内未曾有任何势力在政治上一统整个欧亚大陆，但基于各地区商人的商业实践，体系内还是形成了一套切实可行且收效显著的贸易方式和规章制度，将跨地区、跨文化贸易的风险降到了商人们可以容忍的程度。13—14 世纪，从中国南部沿海地区到地中海整个南方海域的广阔地区都沿用了类似的经营方式和技术手段。亚洲、阿拉伯世界和欧洲地区在物

---

[1] 相关研究成果众多，可参见 K. N. Chaudhuri, *Asia before Europe: Economy and Civilization of the Indian Ocean from the Rise of Islam to 1750*, Cambridge: Cambridge University Press, 1985 和 Jerry H. Bentley, "Sea and Ocean Basins as Frameworks of Historical Analysis", *Geographical Review*, Vol. 89 (1999), pp. 15 – 24 等。

品交易中都采用货币作为支付手段,并出现了较为成熟的信贷制度。在贸易额的计算方面,十进制计数法和算盘已广为采用。此外,为了为远程贸易筹集资金并降低投资风险,各地区逐渐发展出相似的商事契约。地中海地区的贸易活动主要采用"康孟达"(Commeda)的契约形式,由劳资双方合伙经营生意。而此前出现的犹太人的"伊斯卡"(Isqa)和伊斯兰世界的"苛拉德"(Qirad)也都包含"康孟达"的成分。[1] 在远程海上贸易中,穆斯林和基督教徒在船舶的经营管理、利润的分配和职责的划分上的方式也几乎相同。此外,为了避免自身的商业利益遭到政府的强制掠夺,保护合法权益,欧洲等地的商人还组成了强有力的商人行会。如此一来,虽然13世纪世界贸易体系下的众多商人群体分布在不同的地域,语言各异,货币不一,"各地之间的距离通常以时间加以衡量,多以周和月为准,遍历整个体系需要数年时间。但即便如此,货物的调度,价格的调整,汇率的商定,契约的缔结,贷款(给异地的资金或货物)的提供,伙伴的达成,当然还有记录的备存和协定的履行,一切都井然有序。"[2]

第三,贸易离散社群(trade diaspora)的商业实践。长久以来,贸易离散社群一直是跨区域商业活动得以维系的最为有效的保障因素。[3] 出于对某地区稀缺物品的需求以及与异域建立经济联系的必要,很多商人社团往往以移民的身份定居在某个商业中心,学习语言,了解习俗,并掌握寄居地的商业运作方式。然后,他们可以作为跨文化经纪人,帮助并鼓励当地人与来自故乡的商人进行贸易往来,久而久之就形成了成熟的贸易网络。正如杜赞奇所言,"相互之间具有柔性界限的群体有时对差异

---

[1] Abraham L. Udovitch, "At the Origins of the Western Commenda: Islam, Israel, Byzantium?" *Speculum*, Vol. 37, No. 2 (1962), pp. 198–207.
[2] [美]珍妮特·阿布—卢格霍德:《欧洲霸权之前:1250—1350年的世界体系》,杜宪兵等译,商务印书馆2015年版,第16页。
[3] [美]菲利普·柯丁:《世界历史上的跨文化贸易》,鲍晨译,山东画报出版社2009年版,第1—10页。

已全然不觉,以至于不把对共同界限的破坏当作一种威胁,甚至最终会完全融为一个群体"。① 撒马尔罕是联结欧洲、中亚和中国的陆路商道沿途贸易离散社群的典型,马六甲和卡利卡特在印度洋地区扮演了类似角色,欧洲的热那亚和威尼斯在亚得里亚海和黑海地区建立了类似的离散社群,中国的泉州更是汇集了阿拉伯商人、意大利人、犹太人和印度商人等几大自古便以从事海外贸易而著称的商人社群。意大利的热那亚和威尼斯等地的商人在欧亚大陆贸易体系中尤为活跃,他们都积极地发展海上力量,力图参与并控制西欧与东方的贸易活动,因此,他们热烈地响应教皇的号召,在十字军东征的过程中渗透到某些贸易中心区,并定居下来。从东方输往欧洲的香料和丝绸等奢侈品,大多由意大利商人经营,可见他们在贸易网络中的地位。

第四,科学技术的革新与传播。13世纪世界贸易体系的形成和扩展自始就有赖于技术条件的革新和传播,因为技术条件直接关乎航运业、农业、手工业和武器制造等产业的发展。

在这一时期,中国、印度、伊斯兰世界和欧洲等众多地区都不约而同地出现了经济的复苏和繁荣,这在很大程度上得益于技术条件的改进和交流。在农业方面,耕作方法的改进与技术水平的提高极大地推动了农业生产的发展,食物供应的数量和质量都得以提升,人口数量快速增长。1000年时,欧洲人口接近3600万,而到1300年时,欧洲人口已经攀升至7900万,中国也在同一时段里出现了人口数量的骤增。伴随农业革命而来的是商业革命,地中海沿岸、印度洋海岸以及南中国海沿岸都成为充满活力的商业区。在运输业方面,中国人发明的指南针和火药保证了商道的安全畅通,降低了远程贸易的风险。另外,"1280年至1330年间,造船业有了根本性的发展,因而比以前更大、更坚固、更易操控的船只能够首次不分冬夏地在海上安全航行。不久,全天候的航船能够

---

① [美]杜赞奇、高继美:《从民族国家拯救历史:民族主义话语与中国现代史研究》,王宪明等译,江苏人民出版社2009年版,第64页。

围绕欧洲的海岸编织起空前周密的商业网。"① 科学技术的革新与交流促进了欧亚大陆上贸易的蓬勃复兴和中心城市的繁荣,也缩小了各地区在整体实力上的差距。

第五,各中心地区之间的均衡发展。由于地缘条件和经济基础的不同,13 世纪世界贸易体系下的西欧、中东和远东三个地区的内部发展水平严重不均衡。在欧洲内部,地中海沿岸的意大利的经济发展蒸蒸日上,而北欧和中欧则处于边缘地位。中东、印度和中国也都存有类似境况,沿海地区和内陆地区往往差异悬殊。然而,这个时期开始的跨文化互动影响了东半球绝大多数地区,由陆路和海路联结成的贸易网络几乎可以触及各个主要的贸易城市和港口,开罗、布鲁日、热那亚、撒马尔罕、巴格达、马六甲和泉州等中心城市成为分布于世界贸易体系之中的枢纽。而且,随着欧亚大陆贸易联系的扩展,此类中心城市的数量还在不断增加,其作用也日渐加大。借由商人的商业实践,大多中心城市出现了财产盈余,进而推动了所在地区的贸易发展。地中海世界、伊斯兰世界、印度洋沿岸和东南亚地区并非建立在共同的世界经济体基础之上,而是各具特色的区域性体系,这些亚体系在 11—13 世纪期间逐渐形成并相互沟通。到 14 世纪初时,它们已经联结成一个世界性的贸易体系。从整体上看,这些中心地区在发展节奏上具有超乎其他时段的一致性。中国的瓷器、波斯的彩釉器物、埃及的饰品以及西欧的教堂都体现出各自地区在文化艺术上的繁荣,从另一个侧面反映了各地区在经济上的富足,也反映出世界贸易体系对各个地区性体系的影响。

从整体上看来,13 世纪世界贸易体系与 16 世纪以来的现代世界贸易体系在空间上存在着连续性,但在时间上却未能一脉相承,两个体系之间存有一个世纪有余的断裂。阿布—卢格霍德认为,从 13 世纪世界贸易体系的兴衰可知,东方的衰落先于西方的兴起,东方人撤离印度洋等地

---

① [美]威廉·麦尼尼尔:《竞逐富强——西方军事的现代化历程》,倪大昕、杨润殷译,学林出版社 1996 年版,第 77 页。

为欧洲的崛起留下了巨大的权力真空，也为现代世界贸易体系的形成提供了机会。阿布—卢格霍德对13世纪世界贸易体系的建构与论述有助于我们抛弃以欧洲为中心的研究思路，更为客观地认识西方兴起的原因，进而从全球史的宏观视野审视世界体系的变迁。由众多因素共同构成的维护机制保证了整个贸易体系的有效运作，充分展现了欧洲、中东和亚洲等地区在经济层面的跨区域互动和跨文化交流。

［发表于《首都师范大学学报》（社会科学版）2012年第3期］

中世纪英国维兰土地权利考察

孙立田[*]

摘　要：中世纪英国非自由人维兰土地权利是一个颇为复杂的问题，需要从中世纪法理和实际状况等方面对维兰土地权利加以综合考察，尤其应从庄园习惯法角度对维兰土地权利的保障加以分析。事实上，维兰土地权利具有稳固、安全的特征，维兰因此取得了自身充分发展的必要条件，具备了积累个人财富、扩大再生产的经济和制度基础。在英国经济社会向近代转型过程中，由维兰转化而成的公簿持有农成为富裕农民约曼的重要来源，成为新的生产经营方式的重要推动力量。

关键词：英国；维兰；普通法；习惯法；公簿持有农

中世纪英国农民财产权利问题历来被认为是一个颇为复杂的问题，它既牵涉到农民的身份差异，被人格化的土地性质的区别，又牵涉到法学家的观点以及普通法、庄园习惯法等不同层面法律关于财产权利问题的不同话语表述与实践，结果出现法律理论与实际状况若合若离的复杂特征，使得对该问题的探讨越发有难度。本文拟从中世纪法学家的有关论述，普通法、庄园习惯法以及实际状况角度对中世纪英国属于非自由

---

[*] 孙立田，天津师范大学历史文化学院教授。

人范畴的维兰土地权利作一系统的考察,以期能够从一个方面说明中世纪英国社会的实际状况。

一 维兰及其土地权利的法理分析

在中世纪的英国,维兰是农奴的统称,用于称谓人身处于依附状态并承担奴役性义务的非自由农民。就实际情况而言,维兰之成为农奴,经历了一个过程。

"维兰"(Villani)一词是诺曼人引进英格兰的一个法文词汇,在当时的欧洲大陆,用于称呼那些人身已出现依附状态的农民。在英国最早见诸记载的时间大约应该是在威廉征服英国后进行全国性土地调查而编纂的《末日审判书》中,原意是指村庄共同体成员[1]。据《末日审判书》的统计,在农村不同阶层的居民中,以维兰人数最多,占农民总数的41%[2]。从身份上看,当时的维兰是自由人,社会地位要高于边地农(bordars)、茅舍农(cottars)和奴隶(slaves)[3];从经济上看,维兰是一种相当殷实而保有土地的农民,所占耕地占《末日审判书》统计的45%,他们通常占有一维格特(virgate)土地,甚至在某些庄园,每个维兰似乎都拥有一个完整的犁队[4]。在调查员眼里,维兰是生来自由而只是不能出卖份地的人。维兰农奴化的时间,学者们基本一致认为始于12世纪,特别是12世纪下半叶以后。在12世纪的森林法中,维兰明显失去自由,成为农奴。所以有学者认为维兰在12世纪中叶,最晚到12世纪末完成农奴化;也有学者认为完成于13世纪初,如希尔顿指出,最代表农奴身份的

---

[1] 侯建新:《社会转型时期的西欧与中国》,济南出版社2001年版,第286页注2。另见 A. L. Poole, *From Domesday Book to Magna Carta*, Oxford: Oxford University Press, 1966, p. 39。

[2] E. Miller & J. Hatcher, *Medieval England Rural Society and Economic Change 1068—1348*, London: Routledge, 1978, p. 22.

[3] J. Clapham, *A Concise Economic History of Britain*, Cambridge: Cambridge University Press, 1963, p. 93.

[4] F. W. Maitland, *Domesday Book and Beyond: Three Essays in the Early History of England*, Cambridge: Cambridge University Press, 1988, pp. 66 – 67.

几种捐税是在12世纪最后25年才创造出来的①。看来，维兰的农奴化基本正式完成于12世纪末13世纪初。

很多英国学者依据法律的标准，认为维兰的农奴化特征主要表现在其人身性质在法律上发生的变化，是鉴于需要从法律上区分出哪一类农民才可以取得王室法庭的保护，此即所谓的"维兰除外之律"，意思是说，普通法的保护范围只覆盖自由人，而非自由人的维兰则不能享有王室法律的恩宠，由此自由人与非自由人在法律上便出现了分野。所以他们认为维兰的农奴化应该是在12世纪普通法形成时期②。其实，维兰的农奴化是个复杂的问题，牵涉到政治、经济、法律等诸多因素。大致说来，它是随着诺曼征服后封建制在英国的发展而逐渐成形的，而非用统一的法令一次完成的。随着自由人与非自由人的分野，有关维兰身份及其财产权利的法律理论相应发展起来。

首先是来自中世纪法学家们的相关论述。中世纪的法学家们在讨论维兰的身份与财产权利时，主要沿用了罗马奴隶法的概念，主张自由与不自由之间有着截然的鸿沟，如，勃拉克顿认为，"人或为奴隶或为自由人"，二者必居其一，并把维兰也称为 servus，即奴隶③。按照罗马法的规定，既然维兰是奴隶，则没有任何的自由，是属于主人的人，主人因此可以随意买卖，强调农奴人身的绝对不自由。与维兰的奴隶地位相适应，就是维兰同样不能也不可能拥有财产。格兰维尔曾就此专门详细地阐述过他对此问题所持的看法。他说，农奴不能买到他的自由，因为他除了最终属于他的领主，本人一无所有。"所以，如果领主因为农奴交付一笔钱而解放一个农奴的话，就会遇到难题；在这种情况下，只有第三者介入才能解决，即这个第三者实际上是用农奴的钱但名义上要说使用自己的钱买下农奴的。"④

---

① 蒋孟引主编：《英国史》，中国社会科学出版社1988年版，第105页。
② A. L. Poole, *From Domesday Book to Magna Carta*, p. 39.
③ 马克垚：《英国封建社会研究》，北京大学出版社2016年版，第159页。
④ H. S. Bennett, *Life on the English Manor*, Cambridge: Cambridge University Press, 1989, p. 286.

12 世纪伯顿的一个修道院院长对他的农奴们说,他们除了自己的肚子,一无所有。13 世纪某位神学家在与学生们讨论附庸是否应该向领主交纳任意税时,教导学生说:"这取决于他们是农奴还是自由人。如果他们是农奴,就必须交纳新加诸他们身上的任意税,尽管这只对领主有利;因为农奴和他们的所有物都是领主的财产。"①

总之,按照海姆斯的记述,在 13 世纪法学家们的眼中,理想的维兰制度应该是:主人之拥有维兰,就如拥有一件物品一般,并且可以像出售物品一样将其卖掉。因此维兰没有任何财产,其全部土地和财产均属于主人所有。未经主人允许,他不能离开土地,更不能将土地出售。当主人提高地租或夺佃时,王室法庭并不保护他。由于他没有自己的财产,所以没有任何物品可以传给后代。除了在一定情况下主人可以算是继承人外,维兰也就没有继承人②。

除了法学家们的论述,英国 1170 年出现的《财政署对话集》谈到农奴时,也是这样表述的:"维兰不仅可以由他的主人从这一份地转移至另一处,而且他的人身也可以出售或用其他办法处置,因为他本身以及他为主人耕种的土地均被认为是领主领地的一部分。"③ 13 世纪王室法庭明确记载:"伯爵、男爵们以及其他自由佃户可以合法地出卖他们的农奴(rusticos),就像出卖公牛和母牛一样。"④

与法学家们关于维兰身份及其土地权利的较为系统的理论阐述相比,12 世纪时开始逐渐形成的普通法同样在法理上坚持自由人与非自由人之间的区分。按照普通法的观念,它所提供的司法保护只覆盖到自由人,

---

① H. S. Bennett, *Life on the English Manor*, Cambridge: Cambridge University Press, 1989, p. 139.

② P. R. Hymas, *Kings, Lords and Peasants in Medieval England*, Oxford: Oxford University Press, 1980, p. 2.

③ D. C. Douglas and others ed., *English Historical Documents*, Vol. 2, London: London, 1953, p. 252.

④ P. R. Hymas, *Kings, Lords and Peasants in Medieval England*, Oxford: Oxford University Press, p. 3.

除刑事案件外的民事案件，非自由人是无权在普通法庭上对自由人提起诉讼的。作为判例法，普通法在这一问题上，更多的是通过司法操作等实践行为，进一步加深自由人与维兰在身份与财产权利上的分野的。具体说来，这是在普通法的发展过程中，通过有关土地权利的诉讼而逐渐完善了关于土地权利分野制度体系建设的结果。在普通法受理关于土地权利诉讼的范畴，包含着两种土地保有形式的划分，即按自由条件领有的自由土地（free tenure）和按照维兰条件保有的不自由土地（base tenure 或 villein tenure）[1]。普通法保护的是自由地，而非自由地则不在普通法的保护之列。

一般说来，普通法是具有广泛适用性的全国性法律，却因何将维兰的权利排除在外呢？按照13世纪王室的看法："在我们看来，领有维兰土地的佃户是由领主任意支配的佃户。"维兰之所以能保有土地，并非由"臣民"权利或法律所规定，而是由领主法庭所解释的庄园惯例所决定[2]。密尔松的解释相同，王室法院不帮助非自由土地保有人，其缘由是，根据王室法院的法律，非自由土地保有人的土地属于领主所有，根据领主

---

[1] J. H. Baker, *An Introduction to English Legal History*, Oxford: Butterworth, 1990, p. 282. 按照哈德森的分析，无论是《末日审判书》还是早期的地产调查清册，都没有提到所谓维兰保有地概念，相反，它们只提到 villani 持有的土地，而 villani 这个词最准确的译法应该是"农民"（peasants）。至于"依维兰条件"而持有的土地（lands held "in villeinage"）的提法只是在12世纪后半叶才见诸记载。由此可见，将不自由与土地保有性质联系在一起看来是各种因素影响的结果，包括出于将土地保有类型做出明确划分的普遍需要因素；明确区分承担义务的主体是人还是土地的需要；特别是在安茹王朝时期王室司法受理土地纠纷时明确规定案件范围只包括自由土地。但其积极意义在于，土地持有人的身份和土地的性质产生了分离，等于间接承认了自由人进入非自由地市场。见 John Hudson, *The Formation of the English Common Law*, London: Longman, 1996, p. 93. 另外，出于法理上的整齐划一和司法实践的方便，当时法律上是限制维兰持有自由土地的。如，在诺福克郡的一些庄园，还出现了一种特殊名称的土地保有形式——Soliat land 或 soiled land，直意为"被玷污了的土地"。指土地本身原为自由地，后来被非自由佃户通过各种方式所持有，由此使土地的"身份"被玷污。此种土地保有形式反映出土地性质在法律上存在的严格规定。但同时也说明，非自由人进入自由土地市场的现象已是大势所趋。在僵硬守旧的法律规定和活跃的土地市场之间，形成了严重的脱节，而法律在这样一种趋势的面前，只能以这样一种特殊的形式，默认非自由人进入自由土地市场。见 J. Whittle, *The Development of Agrarian Capitalism*, Oxford: Oxford University Press, 2000, p. 66。

[2] J. Clapham, *A Concise Economic History of Britain*, p. 95。

的意愿，非自由土地保有人才占有了该土地。在这样的土地上无权利可言，无法庭可言，亦无法官可言①。按此法律逻辑，维兰并不是以他自己的名义，而是以他主人的名义持有土地，所以即使他人将维兰从土地上赶走，实质上也没有侵犯到他的权益，受到侵害的反倒是他的主人。

普通法只是保护自由人以及自由人占有的自由土地的原则可以通过土地占有保护的诉讼程序加以说明。最早、也是最为重要的以保护自由人自由土地为目的的诉讼程序是 1166 年创制的"土地新近被夺占有诉讼"（Assize of Novel Disseisin）。依此程序，如果某自由人的自由土地被非法侵占或未经法律判决而被侵占，则可以按照王室令状得到补救。"土地新近被夺占有诉讼"的标准化诉讼模式如下："国王向郡长 N 致以问候。A 向我诉称，……B 不公正地且未经判决地侵夺了他位于 C 地自由土地。因此，我命令你，如果前述 A 向你保证进行他的诉讼，届时，……你要召集该地附近十二名自由且守法之人去查验该土地，并将他们的名字签于此令状之上，同时，通过合适的传唤人通知他们于开庭之日到庭，准备进行查验结果的确认（recognition）。同时责成 B 为此提供担保物和担保人，到庭听取确认结果。……传唤人要到庭，本令状及担保人姓名亦应届时当庭出示。"②

可见，新近被夺占有诉讼是有明确限定的，它只是为解决自由人之间的自由土地占有纠纷而设计的一种诉讼形式。至于没有人身自由的维兰，即使其土地遭到任何他人的非法侵占，也不能通过新近被夺占有诉讼来保护自己的权益。1176 年，根据《北安普敦条例》（Assize of Northampton）而设立的"收回继承地令状"（Assize of Mort d'Ancestor）是继"土地新近被夺占有诉讼"之后的又一重要解决土地纠纷的程序，该诉讼程序同样不适用于维兰③。

---

① ［英］S. F. C. 密尔松：《普通法的历史基础》，李显东等译，中国大百科全书出版社 1999 年版，第 12 页。
② J. H. Baker, *An Introduction to English Legal History*, p. 619.
③ Ibid., p. 617.

海姆斯提供的关于土地权利诉讼的案件可资进一步佐证，同时也表明，由于英国中世纪存在着多元法律体系，所以维兰的土地权利是个颇为复杂的问题。1224 年，北安普敦巡回审判法庭遇到了这样一个案件：当事双方分别是威廉和巴萨罗姆，威廉凭借不知通过何种手段从王室法庭处购得的一份恢复新近被夺占有土地令状，对抗巴萨罗姆将其驱逐的企图。后者坚称威廉是他的维兰，而且持有的是维兰份地。陪审团最终认同了巴萨罗姆的证词，威廉不仅交出了土地，而且被处以罚金。不过法庭提出，威廉可以在庄园法庭再行诉讼①。王室法庭不保护维兰的土地，威廉当然败诉；但王室法庭提示威廉可以在庄园法庭重新起诉，委实意味深长。显然，庄园法庭可能做出不同于王室法庭的判决。而在实际生活中，恰恰是庄园法庭对维兰是最重要的。

二 维兰土地权利的实际状况分析

根据中世纪法学家的话语和普通法的原则而得出的关于维兰土地权利的结论无疑是晦暗的。事实并非完全如此。正如许多学者指出的那样，中世纪早期法学原理与维兰的实际生活状况存在着相当程度的背离。早在 20 世纪初，马克·布洛赫在其《封建社会》一书中就针对中世纪的农奴制问题明确指出："当时盛行的是一种基本而又简单的对比，一方面是自由人，另一方面是奴隶……不过，细加考虑，这种明显尖锐的对立，对五花八门的实际情况的反映，是非常不准确的。"② 海姆斯也结合英国的具体情况指出，虽然维兰土地不受普通法的保护，王室及其法官也不承认维兰的土地权利，但实际上大部分维兰土地权利在 13 世纪都是有保障的，既安全又稳定③。历史事实充分证明，维兰是拥有家庭、财产、土

---

① 见 P. R. Hymas, *Kings, Lords and Peasants in Medieval England*, pp. 60-61。

② [法] 马克·布洛赫：《封建社会》上卷，张绪山等译，商务印书馆 2004 年版，第 405—406 页。布洛赫此处所指的"奴隶"是个泛义的概念，包括各种人身处于依附状况的农民。——笔者注

③ P. R. Hymas, *Kings, Lords and Peasants in Medieval England*, p. 49.

地的生产者,有自己相对独立的经济,并且世代相传,这种情况即使在中世纪农奴制最残酷的 13 世纪,也没有发生变化。在现实中,一个维兰在经济上可能,并且也常常比法律地位高于他的人更为殷实,他可以用支付工资的办法雇佣另一个维兰代替他工作,也没有禁止他雇佣自由人的明文规定。中世纪法学家关于维兰身份与财产权利的话语和理论自己也无法自圆其说,所以才会出现前述格兰维尔关于维兰农奴赎买自由只能通过第三者这样一种变通的方式进行,事实上等于承认了维兰可以赎买自由的事实。圣阿尔比修道院院长就公开以 2 英镑的价格使一个维兰获得了自由①。中世纪法学家关于维兰财产权利理论的自相矛盾,按照学者的分析,主要原因在于几乎没有考虑农奴制的经济实况,而机械地依据罗马法,而罗马法是奴隶法,已经与中世纪时期的经济状况严重不符。在这种情况下,将罗马法强加于农奴制的经济实况之上,便无异于削足适履,结果必然造成法律概念严重背离经济实况的现象②。

也正因为如此,王室与普通法法官在是否保护维兰财产权利的问题上的态度也不是断然的。一份来自 14 世纪初年的司法判决说:"最初,世上的每一个人都是自由的,而且法律是如此偏爱自由,只要在法庭记录中发现谁是自由人并拥有自由地产,他就可以永远拥有自由,除非后来他因自己的行为而使自己变成维兰。"③ 克拉潘并且举出 1252 年颁布的《武器管理条令》(*Assize of Arms*) 允许维兰携带武器作为 13 世纪时王室并不把维兰当作奴隶看待的最佳证据,强调一个真正的蓄奴制社会是不会有意让奴隶携带武器的④。

再如,维兰是否有权利立遗嘱处分财产呢?法学家们的回答是不能。但实际上法律对此问题的回答却显得模棱两可。爱德华一世对有关该问

---

① G. G. Coulton, *Medieval Village*, New York: Dover Publications, 1989, p. 159.
② 参见顾銮斋《西欧中世纪依附劳动者的法律概念与经济实况》,《史学理论研究》2004 年第 2 期。
③ H. S. Bennett, *Life on the English Manor*, p. 309.
④ J. Clapham, *A Concise Economic History of Britain*, p. 94.

题的两次指令可以证明。一次见诸坎特伯雷地方材料的记述:"一旦立了遗嘱,就应该有效";另一次见诸约克地方材料的记述:国王严格禁止任何阻碍自由人和教士立遗嘱的行为,但领主可以制止维兰立遗嘱,因为只要领主愿意,便可以取走维兰的全部财产。但爱德华一世又表示,一旦立了遗嘱,就是有效的,就要得到遵守①。

普通法不保护维兰的财产权,但在法庭上也不乏王室法官因倾向于保护自由而做出有利于维兰的判决。1219 年,林肯郡一个名叫亚当的人因继承地问题与约翰发生诉讼,约翰在法庭上声称,亚当是他的维兰,所以没有资格提起诉讼,并将亚当的一个承认自己是维兰的叔父带上法庭充当证人。亚当也承认其叔父是维兰,但坚持自己的自由人身份。法官下令由陪审团裁决。陪审团的裁决是:过去,约翰的父亲曾试图证明亚当的父亲是维兰,但因没有证据而未得逞,而且亚当的父亲去世时是自由人。亚当因此赢得了诉讼②。1202 年,也是在林肯郡,一个名叫罗伯特的人向法庭诉称,哈维萨夺占了他 13 英亩自由地。替哈维萨出庭的是她的儿子西蒙——当地一个相当有地位的乡绅。西蒙称罗伯特"生就是个维兰",并将罗伯特的弟弟、叔父和其他亲属带上法庭作为证人,这些人都承认他们的维兰身份。罗伯特辩称,这些人是因为接受了贿赂才承认是维兰的,但他本人决不会承认这一点。案件最终的判决是,西蒙以向国王交纳 3 个马克为条件,获准与罗伯特达成一项协议,最终罗伯特恢复了土地的占有。显然,法官采纳了罗伯特的辩词,并向西蒙施加了压力③。可见,即使在推行普通法的王室法庭,在僵硬的法律概念和规定背后,维兰也并非对财产毫无权利可言。

对维兰生活更直接发生作用的是庄园法庭。庄园法庭是如何认定维兰的土地权利呢?

---

① P. R. Hymas, *Kings, Lords and Peasants in Medieval England*, p. 72.
② D. M. Stenton, *English Society in the Middle Ages*, London: Penguin, 1965, p. 146.
③ Ibid., pp. 146 – 147.

先看维兰土地占有权的情况。梅特兰说，在中世纪，"再没有任何其他比占有（seisin）概念更为重要的了，……它是如此重要，以至于几乎可以说，英国整个土地法就是关于土地的占有及其结果的法律"①。从理论上说，维兰占有的土地是来自领主的，是按照领主的意志（at the will of the lord）而占有的，领主似乎同样可以随意将维兰从土地上驱逐。但实际情况并非如此。维兰占有土地的前提是要向领主提供相应的维兰义务，如为领主的自营地提供周工劳役，缴纳实物地租或货币地租，还要承担其他有关符合农奴身份的义务，如缴纳婚姻捐、迁徙税、继承捐、进入税等等；作为领主，则要公正对待履行义务的维兰。维兰与领主之间形成的这种权利义务关系虽然不能用现代意义上的契约关系概括，但也具有一定的"约定"性质，经过长时间的实践，形成了具有法律效力的习惯。按照伯尔曼的看法，领主与农奴之间形成的这种权利和义务关系是一种互惠关系②。实际上，只要维兰正常地履行相关的义务，土地通常可以完整地世代相传。在这一点上，勃拉克顿也表示认同："当完满地执行劳役时，维兰是不可能被从土地上赶走的。"③ 如果占有土地的维兰死亡，其土地应归还领主，领主再根据自己的意愿重新分配。只有在极少情况下，领主才会让另一家庭接手份地，并将原来的佃户赶走。一般说来，领主会让原来的家庭继续占有份地，并在庄园法庭上按照严格的程序正式授地：先是由这个家庭将原有土地交还给领主，然后向领主宣誓效忠，继续承担相应的维兰义务，当然还要交纳一笔必不可少的份地进入税（enter fine），最后领主将土地交给该家庭。整个过程都要记入庄园法庭案卷，作为证明。一旦日后维兰的权利遭到领主的侵害，维兰就可以据此向庄园法庭提出上诉。

---

① F. Pollock & F. W. Maitland, *The History of English Law*, Vol. 2, Cambridge: Cambridge University Press, 1923, p. 29.
② ［美］哈罗德·J. 伯尔曼：《法律与革命》，贺卫方等译，中国大百科全书出版社 1993 年版，第 395 页。
③ 见蒋孟引主编《英国史》，中国社会科学出版社 1988 年版，第 142 页。

当然，也不乏发生领主出于各种原因，意图驱逐维兰佃户的事件，但结果并非都能如意。1198 年林肯郡的悠多因为和亚历山大发生土地产权纠纷，把 100 马克的土地交给了亚历山大，但悠多的两个佃户拒绝交出土地，也不给亚历山大交租。亚历山大诉诸王室法统，佃户则坚持认为领主出卖土地是无效的，因为事先没有跟他们商量。案件前后拖了 7 年之久，土地可能仍在两个佃户之手①。在另一个案件中，庄园主试图剥夺一个农奴的某块地产，理由是该农奴持有的份地超过了规定的数量。该农奴却争辩说，其他佃户也有类似的情况，"此前一直持有几块地产，而无须特许状，也未受罚和受指控"，他"准备通过佃户（即庄园的全体佃户）和其他必要的方法证明这一点"。这个案件记录的结果是："将这个问题搁置起来，直到达成更充分的协商等。"② 最终判决结果不得而知，但至少可以说明两点：一是如果发生争议，领主不能直接处置农奴的土地；二是庄园法庭在这里起码暂时抵制住了领主收回土地的企图而支援了佃户。显然，领主是不能随意出卖维兰的份地和赶走维兰的。

再看维兰的土地处分权。土地的处分权主要包括土地的买卖、出租和转让。科斯敏斯基通过对 13 世纪有关百户区案卷、庄园法庭案卷和各种契据的研究证实，当时包含有丰富的关于土地的赠予、出售、财产的分割、遗赠以及关于土地所有权的判决的资料，农民出让或取得维兰份地的现象屡见不鲜。而自由份地的出租也非常普遍。自由人往往持有维兰土地，维兰也同样往往持有自由土地③。科斯敏斯基进一步认为，起码自爱德华一世（1272—1307 年在位）时起，英国农奴就已经开始频繁地将小块土地短期出租，收取货币租金。而后，则出现了公开的买卖现象。

---

① P. R. Hymas, *Kings, Lords and Peasants in Medieval England*, p. 9.
② ［美］哈罗德·J. 伯尔曼：《法律与革命》，贺卫方等译，中国大百科全书出版社 1996 年版，第 398—399 页。
③ 见 E. A. Kosminsky, *Studies in the Agrarian History of England in the Thirteenth Century*, Oxford: Oxford University Press, 1956, pp. 3, 38 – 39.

自 14 世纪，此类买卖普遍见于庄园法庭的记录，13 世纪也可找到这类证据。例如，从 1260—1290 年圣阿尔比修道院院长罗杰斯发布的一些指令可以见到，有大量关于维兰土地出租和出卖手续的记载。13 世纪，农民之间以及农民和领主之间出租、买卖土地的事情充斥庄园法庭记录，其中包括大量绕开庄园法庭的私下土地交易行为。由于这类事情太多，自 1267 年起，就维兰是否有权不经庄园法庭同意就转让土地还展开了一系列的争论①。波斯坦的研究证明，"维兰也被允许购买自由的土地而不会受到阻碍。他们还可以购买、出卖、抵押和租用家畜，可以取得动产并随意分割"②。史密斯的研究发现，1259—1300 年，萨福克郡某庄园领主的收益中，通过土地市场交易取得的各种罚金占到 3/4③。可见当时土地市场的活跃程度。维兰转租和购进其他农民土地或领主自营地的案例，在庄园法庭档案中时常可见。在圣阿尔本斯修道院法庭案卷中，土地转移的案件居于首位，而且半英亩以上的小块土地转移又在其中占优势。1260—1319 年间，伍斯特郡里德戈拉夫庄园记载了 2756 起非亲属家庭之间的土地让渡案例，涉及面积 1304 英亩，主要在小农家庭之间进行。而且，农民安排这种交易往往不通过法庭，即不通过领主同意④。又例如，圣阿尔本斯修道院案例明确地表明了这一点：修道院长向法庭控告一个名叫比塞的人，说他的土地是领自修道院的奴役性土地，因而他应是修道院的佃户。比塞辩称，他的土地买自亚历山大·瓦特莱特；据他所知，瓦特莱特买自詹姆斯·拉·韦特，韦特则领自里尔·布尔敦，布尔敦领自詹姆斯，而詹姆斯才领自修道院长。从这一长串人的名字中，可以看出一块土地往往发生一系列的买卖和转移，但都没有经过领主同意，而

---

① 见 E. A. Kosminsky, *Studies in the Agrarian History of England in the Thirteenth Century*, pp. 211 – 212。

② M. M. Postan, *The Medieval Economy and Society*, London: Penguin, 1975, p. 162.

③ P. D. A. Harvey, ed., *The Peasant Land Market in Medieval England*, Oxford: Oxford University Press, 1984, p. 344.

④ C. Dyer, *Lords and Peasants in a Changing Society*, Cambridge: Cambridge University Press, 1980, p. 302.

是农民在私下进行的①。

我们看到，与维兰生活密切联系的庄园法庭及庄园习惯法，更切实地反映了维兰的土地权利。许多史家对庄园法庭及庄园习惯法法于维兰的重要作用给予了高度评价。梅特兰认为："在庄园法庭上农奴有着与自由人一样的权利。在理论上，被告不是接受领主，而是接受全体出席法庭之人的审判"②；海姆斯认为，是否保护维兰土地权利，这是普通法中的维兰法与庄园习惯法的最大分歧，在适用庄园习惯法的庄园法庭，维兰土地权利得到保护③；希尔顿指出，习惯法对于中世纪小农经济发展是一道防护性的"防波堤"（dyke）④；侯建新教授则将庄园习惯法对维兰财产权利的保护评价为"农奴竟能有财产独立发展的最隐蔽的秘密之一"⑤。

三 维兰土地权利的发展及其历史启示

维兰的土地权利不仅在法理和实践中存在着明显的距离，在中世纪早期与晚期更存在着明显的变化。

英国维兰农奴制度的历史，有两个现象非常值得注意：一是即使在农奴制最严酷的13世纪，也有超过1/3的人口是自由人；二是其延续时间的短暂性。如果以12世纪作为农奴制的开始，并以12世纪末、13世纪初作为农奴制的完成阶段，则几乎在同一时期，农奴解放运动的大潮就已经开始涌动了。从整体上看，农奴制实际上在14世纪末已经不存在了。即使保守一点，至少到15世纪中叶，英国农村中的绝大多数人都已经是自由人，而且其自由地位已经不可逆转。这样算来，农奴制在英国存在的时间只有300—350年。贝内特干脆给出了一个明确的时

---

① 见侯建新《现代化第一基石》，天津社会科学出版社1991年版，第197页。
② F. Pollock & F. W. Maitland, *The History of English Law*, Vol. 1, p. 593.
③ P. R. Hymas, *Kings, Lords and Peasants in Medieval England*, p. 63.
④ R. Tawney, *The Agrarian Problem in the Sixteenth Century*, London: Longmans, 1912, p. 120.
⑤ 侯建新：《现代化第一基石》，天津社会科学院出版社1991年版，第99页。

间表，认为到 1600 年，整个英国已经没有一个农奴①。维兰通过和自由人结婚、奔向自由城市和新垦区、利用庄园法庭进行合法的斗争、把劳役地租折算为货币地租以及货币赎买等各种不同方式和途径，一步步地走向自由。

伴随着维兰争取自由的过程，旧的社会阶层之间本来就不清晰的界限更加模糊不清了。1313 年，伯克利领主托马斯和圣彼得修道院长共同签署的一份协议中，把双方庄园佃户统称为农民（peasantry），据希尔顿考证，这大概是"农民"一词在英语中最早使用的例证②。14、15 世纪以降，对于一个人身份的描述，一般用语以至法律用语，都不再强调人的身份等级，而是指称人的经济地位、社会功能等，如把人只分为领主和普通人两大类，对村民则称为"耕作者"或"农夫"。根据希尔顿的记述，在 1363 年的反奢侈法中，对人是这样划分的：拥有动产 40 先令者；在地产上从事耕作的仆工，即车夫、耕夫、犁夫、牛倌、羊倌、猪倌、制乳品者、打谷者等。1390 年的反偷猎者的法律中，提到的人的分类是：地产收入 40 先令以下者，工匠、雇工和仆工。1463 年的反奢侈请愿书中，提到的阶层也是约曼（yeomen）、地产年收入 40 先令者、农业仆役、普通劳工和工匠③。另据记载，自 1413 年颁布《使用称呼法令》以后，在各类诉讼案件中，对乡村人口所使用的称呼主要是按照"约曼"、"农夫"和"雇工"来进行分类的④。

土地占有形式也从 13 世纪开始发生了不可逆转的变化。按照最初法律概念的分类，英国只有自由占有和依维兰条件占有两种基本形式，二者之间有着严格区分。13 世纪以后，受土地市场发展的影响，庄园自营

---

① H. S. Bennett, *Life on the English Manor*, p. 277.
② R. H. Hilton, *The English Peasantry in the Later Middle Ages*, Oxford: Oxford University Press, 1979, p. 3.
③ R. H. Hilton, *The English Peasantry in the Later Middle Ages*, p. 25.
④ R. H. Hilton, *The Decline of Serfdom in Medieval England*, London: Macmillan, 1983, p. 47.

地的出租，土地占有形式呈现出多样化，出现了按照期限、凭证等带有明显契约租地性质的新的土地占有形式。

按照期限占有土地的形式至少在13世纪就已经出现了。如在伊利主教区的地产上，1251年时就有一些佃户"依照领主的意志，年复一年地持有土地"的例子，这属于不定期的土地占有。按照这句话的含义，似乎应理解为"土地占有可以依领主的意志随时终止或延续"。格雷对此的解释认为，这是针对自由人持有维兰土地而采取的一种办法。而到了13世纪晚期的时候，彼得巴洛修道院长针对维兰持有自由土地的情况也采取了类似的措施，即先将土地收回，然后再将土地授予维兰。所以，在威斯敏斯特修道院和伍斯特主教区的地产上，不定期的土地占有与土地出租同时实行。到了15世纪早期，不定期的土地占有形式急剧衰落，各种定期持有土地的形式开始上升，土地的占有权更加趋于稳定，对土地占有条件的规定更加明确。与此同时，不定期的土地占有形式在达勒姆则完全消失了[①]。黑死病以后，土地出租成为常见形式，出租的年限或定为若干年，或定为几代。出租的形式主要有两种：一是承租人取得具有普通法意义上的租赁权（leasehold），也即凭借契约持有土地，租赁双方需要签订书面协议，作为凭证；二是承租人在习惯保有权的框架内取得租地，土地完全通过庄园法庭进行管理。至此，区分土地占有形式最为简便，也最为醒目的方式是根据期限和凭证，即土地的保有是世袭的，还是一代或几代；是有一定的年限，还是按照领主的意志持有。原来那种自由土地和维兰土地的简单划分不再适用。土地出租，即有期限的土地占有因为具有较强的反映市场价格变化的弹性，成为发展趋势。大量的农民从传统的体现农奴制根基的维兰土地占有形式领域中退出，转变为租借地持有人。

15世纪是维兰身份和持有土地形式变化的关键时期，出现了两个具

---

① P. D. A. Harvey, ed., *The Peasant Land Market in Medieval England*, Oxford: Oxford University Press, p. 335.

有新的含义的相互关联的词汇：公簿持有地（copyhold）和公簿持有农（copyholder），开始取代原来的维兰和维兰土地名称。"公簿持有地"的全称是"凭法庭案卷副本而持有的保有地"（to hold by copy of the court roll）①，也记作"根据庄园惯例，凭法庭案卷副本而持有的保有地"（tenure by copy of the court roll according to the custom of the manor）②，而凭公簿持有土地的人则称为公簿持有农，其主体是维兰。在 15 世纪，"公簿持有地"这个名称已经普遍使用。至于"法庭案卷的副本"这一名称可能最早出现在 1368 年的一次法庭判决书中，称为 per copy de court rolle③，但语焉不详。以法庭案卷副本作为持有地的凭证，较早的日期是 1412 年，在沃里克伯爵位于伍斯特郡的埃姆利·卡叟庄园，一名继承者在法庭上要求得到法庭案卷副本，公簿持有权从此流行。瑞夫兹认为，"副本"是 1450 年代以后在拉姆西出现的一个新词，最初并不是指土地持有的一种类型，而是继承习惯土地的佃户因没有缴纳进入税，后来被领主的查账人员记录在庄园法庭案卷正文的空白处。此后许多新转手的习惯土地都变成此种类型，并因为不按照庄园习惯缴纳进入税而被处以罚金。直到该佃户去世后，法庭案卷才以正文条目的形式交代他是以该种形式持有土地，并记载该土地由谁继续使用。在 15 世纪下半叶，拉姆西所有庄园的习惯佃农都持有这种副本作为保有土地的凭据④。

从社会后果上看，公簿持有地的发展，促使原来的农奴佃户对自己的身份有了新的认识，对自身的土地权利也有了新的认识。在他们看来，现在手中握有一份证明其土地保有权的庄园法庭记录副本，即意味着他们与领主之间只是一种契约关系，因为他们持有的土地不再是领主意志的结果，而是"根据庄园惯例，凭法庭案卷副本而持有的"，他们是自由

---

① A. W. B. Simpson, *A History of the Land Law*, Oxford: Oxford University Press, 1986, p. 161.
② R. H. Hilton, *The Decline of Serfdom in Medieval England*, p. 47.
③ J. H. Baker, *An Introduction to English Legal History*, p. 348.
④ 见徐浩《农民经济的历史变迁》，社会科学文献出版社 2002 年版，第 165—66 页。

的人，持有的土地也是安全的。来自一些地产的记录也证明，这样一种状况得到了承认。1673 年，爱德华·科克在《完全的公簿持有农》(complete copyholder) 一书中这样描写道："公簿持有农有着稳固的地位了，他们无须小心地考虑庄园主的不满，他们对每一突如其来的暴怒不再战栗不安了，他们安心地吃、喝和睡觉，他们唯一当心的重要事项，就是小心翼翼地履行对公簿地所规定的而为惯例所要求的那些责任或劳役。除此之外，就让领主皱眉蹙额吧，公簿持有农完全不在乎，他们知道自己是安全的，没有任何危险。"① 实际上，他们与土地的关系，已经介于自由持有农和维兰之间，如同半自耕农，英国法律史家称其为"占有维兰土地的自由人"。在拉姆西修道院，15 世纪末时公簿持有地中所包含的人身奴役和束缚特征在法庭案卷中消失了。在埃塞克斯郡，公簿持有地以"和自由地一样美好"著称，可以世袭继承，进入税固定，可以转租，如不通过法庭，允许转租 3 年；如通过法庭，可永久性转租。佃户的法律和社会身份，不再提及。由于这种变化，所以牛津郡的斯托纳家族，作为法律世家，却不以持有公簿地为耻②。

按照希尔顿所述，公簿持有地的出现，是"维兰土地在未改变其基本的法律特征的情况下，转变过来的"③；恩格斯也透彻地指出，到 15 世纪，英国绝大多数人口已经是自由农民，"尽管他们的所有权还隐藏在封建的招牌后面"④。由此看来，以公簿持有地取代维兰土地，表面上看只是名称发生了改变，但究其实质，性质已经发生改变了。面对这样一种事实，到 15 世纪末，王室法庭的态度也发生了根本性的变化，对公簿持有地从法律上给予了正式的承认和保护。1467 年，大法官法庭（Court of

---

① J. Clapham, *A Concise Economic History of Britain*, pp. 202 – 203. 本段译文参考了中译本《简明不列颠经济史》（范定九、王祖廉译，上海译文出版社 1980 年版，第 282 页），个别术语根据英文版做了改动。——笔者注
② R. H. Hilton, *The Decline of Serfdom in Medieval England*, pp. 47 – 48.
③ Ibid., p. 44.
④ [德] 马克思：《资本论》第一卷，人民出版社 2004 年版，第 824 页。

Chancery) 开始受理公簿持有地的诉讼。1482 年，普通高等民事法庭 (Court of Common Plea) 也开始受理公簿持有地的案件①。1482 年，大法官布里安明确提出，他本人的观点"一直是，将来也是这样，即如果公簿持有地的佃户按照习惯承担了义务而遭到领主的驱逐，该佃户可以针对领主提起侵权之诉"；同时期的另一位大法官丹比也持同样的观点，认为公簿持有农的土地一如普通法意义上的自由持有地，两者没有区别②。公簿持有农土地权利的法律制度空间至此得到了进一步的扩展，所有权得到了进一步的强化。这是中世纪以来维兰在赢得自身劳动力的所有权之后，取得的又一个基本成果，至此可以说个人所有制诞生了。

　　土地所有权的稳固对公簿持有农的发展具有重要的历史意义，公簿持有农因此取得了充分发展的必要条件，具备了积累个人财富、扩大再生产的经济和制度基础。不唯如此，还有一个与此相关的重要因素应该引起注意，那就是公簿持有农自其产生之日起，就在市场和习惯这对原本互不相容力量的对抗和博弈中成了双重受益者，获得了自身发展的重要契机。13 世纪以降，商品货币经济因素开始逐步侵袭封建庄园制度，到 14 世纪末、15 世纪，商品货币经济逐渐占据了主导地位，自营地的出租显现出长租期和大租佃的特征，领主希望地租随行就市，谋取高额收入；这一时期也被公认为是农民分化的剧烈时期，地租的上涨既为有实力，又富于进取精神的农民提供了发展空间，也造成大量小农流离失所，沦为雇工。而具体就公簿持有农来说，这一时期可称是"黄金时代"。一方面，至此，在他们的身上，旧日卑贱的维兰身份外观几乎荡然无存，他们都成了自由人；另一方面，尚未完全被市场力量完全吞没的庄园习惯法却仍旧构成了对公簿持有农的有效保护屏障，他们的土地权利是安全的，他们依旧按照庄园惯例，缴纳劳役折算后的习惯地租，其数额不

---

　　① P. D. A. Harvey, ed., *The Peasant Land Market in Medieval England*, Oxford: Oxford University Press, p. 328.
　　② E. Lipson, *The Economic History of England*, Vol. 1, London: Adam and Charles Black, 1945, pp. 155 – 156.

仅长期固定不变，尤其与按照市场确定的竞争性地租相比，可谓微不足道，公簿持有农自己却可以将土地再行出租，享受土地经营收入增值的好处，领主对此毫无办法。例如，在威尔伯顿庄园，一维格特土地的市场地租是 7 英镑，而公簿持有农缴纳的地租却只有 1 英镑，类似的例子非常多①。15 世纪是英国富裕农民阶层约曼普遍兴起的关键阶段，先是 15 世纪初自由农民构成约曼的核心，而到了都铎王朝和早期斯图亚特王朝，约曼中来自自由农民的人数下降，公簿持有农和租地农场主成为约曼的另一重要来源。而由富裕农民约曼开创的新的生产经营方式、经营结构，即资本主义租地农场的产生则揭开了英国经济社会向近代转型的序幕。从中世纪维兰演化而来的公簿持有农从中发挥了积极的历史作用，成为重要的推动力量。对于这样一种结果，究其原因及其意义，诚如马克思所言："在这里，土地的所有权是个人独立性发展的基础。它也是农业本身发展的一个必要的过渡点。"② 这也是我们考察英国维兰土地权利变迁和发展的历史启示所在。

（原文发表于《世界历史》2006 年第 5 期，现略有改动）

---

① E. Lipson, *The Economic History of England*, Vol. 1, pp. 168 – 169.
② ［德］马克思：《资本论》第三卷，人民出版社 2004 年版，第 912 页。

15—16世纪英国契约租地的兴起及影响

孙晓明[*]

摘　要：契约租地的兴起是近代英国土地保有关系发生的一次变革，它最初出现于领主自营地以及惯例租佃地中，逐渐彰显出优于其他封建土地保有形式的独特优势，到16世纪末最终取代公簿持有地成为最为重要的英国土地保有形式之一。本文首先对契约租地的出现和兴起进行归类、分析，而后对公簿持有地和契约租地进行了比较。本文认为契约租地是一种不同于以往的新型租地，它体现了领主与佃户之间平等的契约关系以及土地的市场价值，有利于农民采用新技术、转变经营方式。它的兴起是商品经济发展结果，适应了英国乡村生产力的发展要求；它的兴起也是土地市场化的必然结果，对英国兰农业现代化产生了深远影响。

关键词：契约租地；公簿持有地；租地农场

英国作为第一个工业化国家，绝不是偶然的。农业的发展是其必要的前提和基础。英国农业现代化的过程实际上就是中世纪晚期到近代，英国农业从封闭走向开放，从自给自足的庄园经济发展为面向市场生产的商品经济的过程。在这一过程中，农奴制的废除以及劳役折算动摇了

---

[*] 孙晓明，天津师范大学欧洲文明研究院《经济社会史评论》编辑部编辑。

封建土地保有制度，土地最终作为商品进入市场，实现了自由交易。这就是我们所说的契约租地。国内外史学界一直关注土地问题的研究，学者们也纷纷在论著中论及该课题，但目前为止还没有专门研究契约租地的专著和文章。契约租地是英国社会转型时期兴起的一种新型的土地保有方式，由于它与租地农场乃至资本主义农场都有着一脉相承的密切联系，因此值得我们做以深入研究。

15—16世纪是英国近代社会的初始时期，社会经济正发生着巨大的变化。与13世纪相比，英国农民的土地保有状况已经发生了重要的转变。据一份地租册显示，此时已不再将土地分为自由地和维兰份地，而是按照土地保有的性质，分为自由持有地（freehold）、公簿持有地（copyhold）和契约租地（leasehold）。[1]

契约租地这种形式早在诺曼征服后不久就曾出现过，但是到12世纪中叶仍不普遍；13世纪以后，才开始陆续增多。例如，在13世纪某个庄园里，曾有2英亩耕地出租6年、租金为6先令的案例，佃户要在租期期满时交还这些土地。[2] 契约中没有承租人要为领主耕种土地的规定，这也就表明佃户在租期内不负担任何田间劳役，可以按照自己的意愿对租地作以安排。由此可见，这种租地形式完全不同于封建制度下的土地保有方式，它是出租人与承租人之间通过契约的形式建立起租佃关系的土地保有形式，且租佃关系受契约租期的限制。

契约租地的发展速度是十分迅速的，到亨利八世及伊丽莎白一世时期，契约农的比例已大大增加。根据一项对十余个郡共118座庄园的调查，在全部的6203户中，它已占12.6%。其中，在英格兰北部的诺森伯兰郡（Northumberland）和兰开郡（Lancashire）的13个庄园中比例更高，为19.04%。英格兰中部的斯坦福德郡（Staffordshire）、莱斯特郡（Leic-

---

[1] R. H. Tawney, *The Agrarian Problem in the Sixteenth Century*, London: Harper & Row publishers, 1912, pp. 22 – 25.

[2] 参见蒋孟引《英国史》，中国社会科学出版社1988年版，第262页。

estershire）和北安普顿郡（Northamptonshire）比例稍低，为 14.2%。英格兰南部的威尔特郡（Wiltshire）、汉普郡（Hampshire）和另外 10 个郡为 9.3%。英格兰东部的诺福克郡（Norfolk）和萨福克郡（Suffolk）为 5.7%。① 有的地方比例更高，如 1568 年在萨默塞特郡（Somerset）的 4 个庄园和德文郡（Devonshire）的 1 个庄园中，契约农占农民总数的 20%。据统计 1626 年在个别庄园中，契约农达到 315 人，比自由农（64 人）和公簿持有农（233 人）的总和都要多。②

契约租地为何在 15—16 世纪得以发展并成为日后英国最主要的土地保有形式之一？以下让我们来逐一探讨。

一 契约租地的兴起

（一）领主自营地上的契约租地

在英格兰，领主很早就开始出租自营地了。据学者研究，作为一种增加收入的手段，这种做法在 13 世纪末以前就开始了。③ 最初，领主只是小块出租完全属于自己的地产。这样做既不牵扯到其他惯例租佃农的利益，也不易受外力干扰。中世纪晚期，当商品经济在英国乡村深入发展时，各庄园领主为获取利益掀起了出租自营地的浪潮。据陶内统计，到 16 世纪中期时，99% 的庄园已被出租出去。④ 塞文教授（Alexander Savine）对 1534 年修道院地产的调查证明了这一结论。他发现，在被调查的几百个庄园中未出租的自营地所占比例很小。另外的一项调查也得出了相同结论：1568 年佩姆布鲁克（Pembroke）伯爵在威尔特郡、萨默塞特郡和德文郡共有 36 个庄园，可以确定土地使用方式的有 32

---

① R. H. Tawney, *The Agrarian Problem in the Sixteenth Century*, London: Harper & Row publishers, 1912, p. 25.
② Ibid., p. 284.
③ 沈汉:《英国土地制度史》，学林出版社 2005 年版，第 69 页。
④ R. H. Tawney, *The Agrarian Problem in the Sixteenth Century*, London: Harper & Row publishers, 1912, p. 202.

个，其中的 29 个庄园的自营地已被出租。调查者又在 16 世纪和 17 世纪早期的任意时间段中随机抽取了 29 个庄园，结果自营地也都被出租出去了。① 此类案例并非都发生在 16 世纪，出租自营地的浪潮是伴随着农奴制瓦解、庄园解体而发生的。虽然各地区情况不同，但黑死病导致的劳动力匮乏和 1380 年以后谷物价格的下跌无疑推动了自营地的出租。可以说，至少到 15 世纪中期自营地的出租已相当普遍，部分地区可能更早一些。

据调查显示，领主出租自营地的方式有两种：一般是将其分成块按一定年限出租给农民，但更多的是将整个自营地出租给一个或几个农场主。陶内也说，自营地出租并不一定都租给一个农场主，承租人还可能是许多小农，有时可能是众多小农，他们短期或长期（有时 80 年，有时 92 年或 99 年）甚至终身承租部分自营地。

小契约租地农多见于英格兰西部。据调查证实，该阶层的出现是源于"庄园管理者对监督佃户耕种自营地这种古老制度的摒弃"②。领主一开始会试探着将自营地以小块、短租期的方式出租出去。例如，位于萨默塞特郡阿布洛德庄园（Ablode）的自营地，在 1515 年全部出租给一个农场主之前，是分租给 17 个惯例租佃农的；1568 年佩恩顿庄园（Paynton）自营地被 51 个小契约租地农分别持有；南布伦特庄园（South Brent）的自营地则由 18 个契约租地农持有。类似这种情况此时已遍布整个英格兰：在诺森伯兰郡的海厄姆费勒斯庄园（Higham Ferrers）的自营地分租给 9 个佃户；斯坦福德郡的斯通戴尔夫庄园（Stondelf）的自营地上共有 31 个契约租地农；在萨福克郡的夏泊庄园（Shape）和诺福克郡的诺森戴尔庄园（Northendale）的自营地都由众多惯例租佃农承租。诺福克郡的福恩塞特庄园（Forncett）的部分自营地在 15 世纪也以小块土地方

---

① R. H. Tawney, *The Agrarian Problem in the Sixteenth Century*, London: Harper & Row publishers, 1912, p. 202.
② Ibid., pp. 201 – 203.

式出租给佃户的。等份分割的小块契约租地是佃户持有自营地的重要方式之一。① 更有甚者，部分地区还出现了转租契约租地的情况。例如，1454年诺福克郡的康门比庄园（Combe）的自营地被租给4名佃户，他们又将部分土地转租给其他佃户，② 收取更高的租金。

领主将自营地分成小块投入土地市场，促进了土地的流通，在一定程度上缓和了农民对土地的需求，也抑制了土地租金的高涨。尽管以上列举了众多出租小块自营地的案例，但是这并非是出租自营地的主要出租方式。在更多情况下，领主是将自营地集中出租给一两个农场主。戴尔对伍斯特（Worcestershire）主教区地产的研究表明，这里大多数庄园的自营地都是整个出租的，同时附带出租的还有建筑物、厨房、谷仓以及牛棚等等。③ 中世纪晚期最先大规模承租自营地的并非是普通农民，而是庄头、管家和磨坊主。他们本身就直接负责经营自营地，有时甚至就是领主的农场主而非仆人，所以更具备承租整个自营地的有利条件。④ 15—16世纪，自营地的承租者往往是富裕农民（约曼）、乡绅或商人。在相当长的时间里，富裕农民在承租者中都占有绝对优势。⑤ 承租这样大规模的农场，除了要具备一定资金，还要有成功的经营阅历。这只能在富裕农民中找到，即约曼。⑥

即便自营地先由众多小农承租，15—16世纪时也逐渐产生了向少数人手中聚集的趋势。例如，在贝德福德郡（Bedfordshire）的两个庄园，14世纪末到15世纪初都是将自营地分成小块出租，到15世纪中期时，庄园自营地已出现由一个农场主承租的情况。又如该郡隶属拉姆斯修道

---

① 侯建新：《现代化第一基石》，天津社会科学院出版社1991年版，第204页。
② R. H. Tawney, *The Agrarian Problem in the Sixteenth Century*, London: Harper & Row publishers, 1912, p. 208.
③ Christopher Dyer, *Lords and Peasants in a Changing Society: The Estates of the Bishopric of Worcester 680—1540*, New York: Cambridge University Press, 1980, p. 210.
④ R. H. Tawney, *The Agrarian Problem in the Sixteenth Century*, London: Harper & Row publishers, 1912, p. 211.
⑤ Christopher Dyer, *Lords and Peasants in a Changing Society: The Estates of the Bishopric of Worcester 680—1540*, p. 211.
⑥ 侯建新：《现代化第一基石》，天津社会科学院出版社1991年版，第205页。

院的佩格斯顿庄园（Pegsdon），15世纪时大部分自营地也由一个承租人接管。达勒姆郡（Durham）东南部的修道院庄园在14、15世纪时是分成小块出租自营地的，但是不久整个庄园自营地都被租给了一个农场主或几个农场主。① 陶内也认为，尽管16世纪时小契租地农仍然"在自营地上经营小农场"，但是庄园自营地在向大租地农场演化。② 哈维也说，小块的自营地出租是将整个自营地出租给一个农场主的前奏。③

（二）部分惯例租佃地向契约租地的转变

除了产生于领主自营地外，契约租地也可以由部分惯例租佃地转化而来。14世纪后半期黑死病爆发，佃户的数量不断减少。有的庄园领主为了吸引新佃户不断降低地租、改善土地保有条件，在维兰保有地或惯例租佃地上推行新型的土地保有方式——契约租地。14世纪50年代伯克郡（Berkshire）乌尔斯通庄园（Woolstone）的惯例租佃地都被出租，"直到找到可以交纳维兰捐税和愿服劳役的佃户为止"。这种临时性的土地保有形式在其他地区也广泛存在。我们还可以在威斯敏斯特修道院的地产上找到此类案例。④ 戴尔对伍斯特主教区地产的研究表明，14世纪晚期，领主手中已聚集了大量无人承租的惯例租佃地，为了挽回经济损失，他们通常将土地短期出租，或"按领主意志"出租。短期出租的土地租期一般为9年或12年；"按领主意志"出租的土地则可以随时终止租期。佃户们争相承租这些租期短、进入税低、无劳役的租佃地。⑤ 哈维也从研究中证实从14世纪后半期开始领主们纷纷放弃世袭惯例租佃地而代之以短期或终身契约租地。

---

① P. D. A. Harvey, *The Peasant Land Market in Medieval England*, Oxford: Clarendon Press, 1984, pp. 181 – 182, 205, 302.

② R. H. Tawney, *The Agrarian Problem in the Sixteenth Century*, London: Harper & Row publishers, 1912, p. 210.

③ P. D. A. Harvey, *The Peasant Land Market in Medieval England*, Oxford: Clarendon Press, 1984, p. 26.

④ Ibid., p. 328.

⑤ Christopher Dyer, *Lords and Peasants in a Changing Society: The Estates of the Bishopric of Worcester 680—1540*, p. 293.

但是 15 世纪以后，随着黑死病给社会造成的影响逐渐消失，一些由惯例租佃地转变而来的契约租地最终转变回其原有形式——惯例租佃地。例如，伍斯特主教区的怀特斯通庄园（Whitestone）的法庭案卷记载，1378—1398 年间，共有 15 例短期租地，其中 10 例是惯例租佃地被出租；1400 年之后只有 2 例短期租地。在这 10 例惯例租佃地被出租的案例中，有 7 例是"按照领主的意志"持有，它们都发生在 1450 年之前；有 4 例发生在 1400 年之前。在一个契约租地退变为世袭惯例租佃地的案例中，佃户约翰·乔伊为此交纳了 1 先令的费用。① 类似退变的案例似乎都是在继承人接管原先的短期租地时发生的。

我们无法统计全英格兰到底有多少惯例租佃地转变为契约租地，因为所有的资料都是地方性的或至多涉及英格兰境内十几个郡，而且有些转变也是临时性的。最终实行哪种土地保有方式还要视具体情况而定。对于领主来说，有时他可能愿意实行短租期的契约租地。因为这种租地的租金可以随着土地的市场价格进行调整，领主可以从中获取更大利润。陶内将这种真正体现土地经济价值的租金称为"竞争性租金"。黑死病时期，出租惯例租佃地收取"竞争性租金"的确使领主减少了损失；但是当社会运转慢慢恢复正常时，"竞争性租金"往往高于劳役折算的地租，所以佃户又会希望恢复原来的土地保有形式。当然，还有另外一个原因：农民希望受到庄园惯例的保护，而这是契约租地农所不可能拥有的权利。一般认为，领主不得驱赶完成规定劳役量的惯例租佃农；当利益受到侵犯时，惯例租佃农可以诉诸庄园习惯和法庭的保护。在此要说明的是，惯例租佃农所赖以保护的"习惯"因地而异，正所谓有多少个庄园就有多少种习惯，因此惯例租佃农受法律保护的程度也要分地域和情况而论。

当然，可能有时领主也希望实行惯例租佃地，否则就不会有契约租地退变为惯例租佃地的案例了。怀特在诺福克郡的个案研究中甚至还发

---

① Christopher Dyer, *Lords and Peasants in a Changing Society: The Estates of the Bishopric of Worcester 680—1540*, p. 293.

现，16 世纪时有的领主买下契约租地，然后将其转化为惯例租佃地。① 可能领主认为通过惯例租佃地可获得终身的、世代的佃户，省去了在契约租地租期满时再费心寻找佃户的麻烦；或者可能因为此时契约租地的地租较低，让领主觉得得不偿失；抑或是领主怕惹来法律纠葛的缘故。

总之，15—16 世纪部分惯例租佃地转变为契约租地的过程是错综复杂的，不可一概而论。但是如果从生产力的角度来说，惯例租佃地显然不如契约租地更有利于农民转变经营方式、提高农业劳动生产率。尽管惯例租佃地也实行了劳役折算，但是佃农仍然要负担一些田间劳役，也要不定期地交纳包括进入税和遗产税在内的封建性捐税。相比较而言，契约租地农只需向领主交纳租金、履行一定的非田间劳役就可以了。所以，1399 年埃塞克斯郡（Essex）内隶属威斯敏斯特修道院的一所庄园的领主在出租一处惯例租佃地时的条件是：如果有人想以"古老的劳役"方式持有该土地，那么该契约租地就必须再转变为惯例租佃地。但是，这只是一种徒劳的声明。到 15 世纪早期，该庄园中的 216 处惯例租佃地已有 212 处成为契约租地，② 没有发生领主所期待的退变。

二 契约租地的租期问题

目前，国内外学者对英国乡村契约租地的研究多以个案为主。关于契约租地租期的资料较为分散且不足以涵盖英格兰所有郡县，但是其中却不乏较有代表性的案例。例如，陶内在其著作中所提到的契约租地隶属于分散在英格兰各地的十几个郡县。在哈维编辑的《中世纪英格兰农民土地市场》一书中，伯克郡和贝德福德郡的案例可以说明英格兰中部和中南部地区的情况；达勒姆郡的东南部可以集中体现英格兰东北部

---

① Jane Whitte, *The Development of Agrarian Capitalism: Land and Labour in Norfolk 1440—1580*, Oxford: Clarendon Press, 2000, p. 83.
② Philipp R. Schofield, "Tenure Development and the Availability of Customary Land in a Later Medieval Community", *The Economic History Review*, New Series, Vol. 49, No. 2 (May, 1996), pp. 250–267.

的情况。此外，还有伍斯特郡、格罗斯特郡（Gloucestershire）、牛津郡（Oxfordshire）、白金汉郡（Buckinghamshire）、威尔特郡、约克郡（Yorkshire）以及东部各郡的零散资料。虽不详尽，但着实可以说明一定问题。

由于契约租地进入了土地市场，所以租期必然受到市场规律的调节。契约租地的租期受土地市场活跃程度的影响，即在土地市场异常活跃的时期（特别是黑死病前后）契约租地的交易频率高，租期一般较短、租金较低；当土地市场较为平稳时（15世纪中期以后）契约租地的租期延长、租金有所上升。租期的变化也反映出英国农民生产经营方式的转变。上文提到，15—16世纪契约租地不断向少数富裕农民手中聚拢。著名英国史专家侯建新教授也认为，土地自由买卖的结果，不是趋于越来越分散的小农经营，而是越来越集中于有一定经济实力且有较强经营能力的大农手中。① 16世纪的租地农场正是在农场主长期、大面积承租契约租地的基础上建立起来的。所以总的来说，15—16世纪英国乡村契约租地的租期呈现出租期越来越长、租地面积越来越大的趋势。

但这并不表明所有的契约租地在15—16世纪都经历了租地面积由小到大、租期由短到长的过程。因为有的领主从一开始就将整个自营地直接租给一个农场主，也有的农民很早就终身承租自营地。例如，在伯克郡的布莱特沃尔顿庄园，14世纪末自营地的租期非常多变，定期出租、终身出租和不定期出租几种方式并行。14世纪末到15世纪初，这里共出现两次出租给三代人的情况（丈夫、妻子、儿子）。再如，贝德福德郡的拉姆斯修道院早在14世纪末到15世纪初也出现了少数终身持有契约租地的案例。② 少量终身出租的案例并不会影响我们的结论，因为到15世纪中期时它也并不多见。③

下面笔者仅就居主要部分的不定期出租和定期出租作以具体分析：

14世纪末至15世纪初期，黑死病在西欧蔓延，给英国乡村社会造成

---

① 侯建新：《现代化第一基石》，天津社会科学院出版社1991年版，第200页。
② P. D. A. Harvey, *The Peasant Land Market in Medieval England*, Oxford: Oxford University Press, pp. 133, 205.
③ 沈汉：《英国土地制度史》，学林出版社2005年版，第70页。

了巨大的影响。由于人口大量死亡,包括自营地在内的许多土地都荒置了。那些无人耕种或无继承人的惯例租佃地又重新返回领主手中。为了在经济萧条时期使土地不至于空闲,领主降低惯例租佃地的地租、减少或免除附带的劳役条件,吸引佃户承租。于是,部分惯例租佃地转变为契约租地。对于无人耕种的自营地,有些领主也将其分成小块出租,这些小块契约租地直到16世纪依然存在。① 所以,14世纪末到15世纪初,土地市场中小块契约租地的数量增加,且租期较短、租金较低。短租期、低租金反映了此时土地市场中有大量惯例租佃地和自营地等待出租,土地已远远供大于求,领主必须以更优越的条件吸引佃户承租。以下是一则惯例租佃地转变为契约租地的案例,土地的租期是这样变化的:

埃塞克斯郡的博尔德布鲁克庄园(Birdbrook)隶属威斯敏斯特修道院。14世纪前半期,修道院领主对惯例租佃地进行严格的控制,以防其流入土地市场。但是,1349年鼠疫爆发后,博尔德布鲁克庄园内的惯例租佃地被转变为契约租地,契约租地的数量也因此迅速增长。据统计,从1361年到1402年,庄园内25英亩大小的惯例租佃地转变为契约租地的比率为92%,4英亩大小的惯例租佃地转变为契约租地的比率为50%;到15世纪初,庄园内98%以上的惯例租佃地都转变为契约租地出租。② 这其中既有不定期出租、定期出租,也有终身出租。例如,1349—1350年有两处惯例租佃地以每年10先令和18先令的价格出租出去,租期仅为1年。之后,修道院领主以短租期形式出租这些土地。1350年后有5处契约租地的租期为12年,其中有3处再次续约。到1363年时,修道院领主将没有续约土地的租期缩短为9年。14世纪70年代初,12年的租期不是转变为终身租期就是转变为更短的租期——通常是7年。到14世纪的最后十年,承租人通常只是按领主意志的不定期租户了。从该案例可以看出,14世纪后半期到15世纪初,

---

① R. H. Tawney, *The Agrarian Problem in the Sixteenth Century*, London: Longmans, 1912, p. 94.
② Philipp R. Schofield, "Tenure Development and the Availability of Customary Land in a Later Medieval Community", pp. 250 – 267.

博尔德布鲁克庄园内契约租地的租期越来越短，这也可由下表证明。

表1　　　1350—1409年每一时期契约租地的租期长短（年）

时期	出租数量	平均租期	租期标准差	租期中间值
1350—1359	6	17.5	13.162	12
1360—1369	3	18	12.675	9
1370—1379	7	11.3	11.609	7
1380—1389	12	15.2	9.441	9
1390—1399	13	10.6	5.795	3
1400—1409	27	4	3.210	1

注：资料转引自 Philipp R. Schofield, "Tenure Development and the Availability of Customary Land in a Later Medieval Community", pp. 250 – 267。

从表1中可以看出，这一时期此庄园内契约租地的租期总体上在不断缩短。每到租期期满时，土地就被再次投入土地市场寻找新承租人。租期越短，土地进入市场的频率越高。这一方面说明了当时土地市场活跃的活跃程度，另一方面也说明社会经济的起伏不定使土地出租人和承租人缺乏长期投资的信心。

博尔德布鲁克庄园的案例并非个别现象，短租期出租也发生在同时期的其他庄园：伯克郡考利斯山庄园（Coleshill）的许多佃户非常乐于承租小块、短租期的自营地；布莱特沃尔顿庄园（Brightwalton）在14世纪的最后二十年中自营地的出租年限仅为7—12年，但10年租期最为普遍。14世纪末在贝德福德郡的雷顿巴泽德庄园（Leighton Buzzard），小块自营地的租期一般也是10年。戴尔认为，15世纪初期，伍斯特主教区庄园内契约租地的租期一般超不过20年，通常都是不到10年。霍伊尔（R. W. Hoyle）也在一篇论文中提到，由于对土地的需求少，15世纪初米德兰地区契约租地的出租条件都很优越，领主会以短租期、减免租税的条件吸引佃户承租。[①]

[①] 参见 Christopher Dyer, *Lords and Peasants in a Changing Society*, p. 293。另见 R. W. Hoyle, "Tenure and the Land Market in Early Modern England: Or a Late Contribution to the Brenner Debate", *The Economic History Review*, New Series, Vol. 43, No. 1 (Feb., 1990), pp. 1 – 20。

从 15 世纪中期开始，契约租地的租期更长、租地面积更大。这是因为，15 世纪早期以后黑死病给社会所带来的阴霾逐渐退却，社会经济更加稳定，人口逐渐恢复，土地资源相对短缺，租金有所上涨。显然，高租金、长租期、大面积地出租土地会使领主获取更多利益。所以，领主采取以下方式收回土地重新出租：如果佃户持有的土地没有凭据——按照领主意志租种土地，领主可以随时收回租地；如果佃户持有租种土地的契约，领主则会在租期已满时或利用抬高租金和捐税的方法来驱逐佃户。① 例如，在达勒姆郡东南部各修道院庄园的自营地上，那些租期仅为 1 年的小块租地逐渐被领主收回，不久，庄园整个自营地出租给了一个农场主。而 1515 年在萨默塞特郡阿布洛德庄园，圣彼得隐修院院长将整个庄园自营地租给了一个农场主，租期为 80 年，但达成租约时自营地中的耕地和牧场已经被 17 个惯例租佃农分租。最终经协议商定：到惯例租佃农的租期期满时，农场主才可以按其意愿使用此自营地。② 达文波特（Davenport）也提供了几则此时期契约租地的案例：从 14 世纪末开始，诺福克郡的福恩塞特庄园自营地以小块、短租期的形式出租，当出租自营地逐渐流行时租地面积更大、租期更长了。牛津郡（Oxfordshire）库克斯海姆庄园（Cuxham）早期出租自营地的租期只有六七年，直到 1472 年将其出租给大学时租期达到了 20 年。③ 而到 16 世纪时，有的地方契约租地的租期已长达 92 年。④ 上述案例说明，这一时期出现了两种契约租地形式的竞争，最终部分小块租地在一定程度上实现了整合。换句话说，自营地的耕作方式正在从小块、短租期的契约租地转变成大面积、长租期的租地农场。

---

① R. W. Hoyle, "Tenure and the Land Market in Early Modern England: Or a Late Contribution to the Brenner Debate", pp. 1 – 20.
② R. H. Tawney, *The Agrarian Problem in the Sixteenth Century*, London: Longmans, 1912, p. 208.
③ Ibid..
④ 沈汉：《英国土地制度史》，学林出版社 2005 年版，第 28 页。

总之，到 16 世纪初期，庄园自营地中的小块契约租地正在逐渐消失，使用自营地的一般方式是将其租给一个农场主，或者至多租给三四个农场主。① 租用自营地的年限也呈现出渐长的趋势：戴尔对伍斯特主教区的研究成果表明，15 世纪中期租期延长到 20 年、40 年或更长。16 世纪早期租期为 50 年、60 年已相当普遍，但更常见的租期是 70 年、80 年或 90 年，终身租期并不多见。陶内的考察具有更广泛的代表性，他也证明在通常情况下 15—16 世纪契约租地的租期是 21—80 年，有时是 99 年甚至是终身持有。② 租期的延长、租地面积的扩大也使土地市场相对平稳，不再像 15 世纪初期以前那样活跃。

三 契约租地的影响——兼与公簿持有地之发展前景比较

中世纪以来，维兰保有地上的农民所提供的劳役和产品足以满足领主的需求，这使得维兰份地得以长期存在。到中世纪晚期，商品经济对自给自足的庄园经济形成巨大冲击。领主对货币的需求和渴望愈发迫切，货币关系日益呈现出取代附庸关系的趋势。从农民的角度来说，中世纪晚期农民的劳动生产率水平和储蓄率都已有了较大的提高，出现了现代意义上的经济增长。③ 此时，农民既希望也有能力摆脱领主的人身束缚，获取人身自由。所以劳役折算这种能同时满足双方需求的方法便广泛流行起来。劳役折算的实行最终使得维兰保有地演变成惯例租佃地，其主要形式为公簿持有地。

16 世纪的一个重要特点就是公簿持有地和契约租地这两种土地保有形式的冲突与竞争，后者最终取得了胜利。④ 霍伊尔也说，契约租地取代

---

① R. H. Tawney, *The Agrarian Problem in the Sixteenth Century*, London: Longmans, 1912, p. 208.
② Ibid..
③ 侯建新：《社会转型时期的西欧与中国》第二版，高等教育出版社 2005 年版，第 45 页。
④ R. H. Tawney, *The Agrarian Problem in the Sixteenth Century*, London: Longmans, 1912, p. 2.

公簿持有地的过程大约始于 16 世纪，17 世纪结束。① 从这个意义上说，16 世纪也是土地占有关系乃至于土地占有观念发生巨大转变的分水岭。我们首先来分析一下这两种土地保有形式的本质差别：

第一，公簿持有地是由维兰保有地演化而来的，它与封建保有地还存在着千丝万缕的联系。这一结论的根据便是公簿持有农不仅要向领主交纳货币地租，而且还负担一定劳役，其中不乏奴役性工作，具体情况因地而异。例如，15 世纪末，在牛津郡的库克斯海姆庄园，公簿持有农在秋收季节还要作为布恩工完成 28 种工作；隶属于泰尼茂斯修道院（Tynemouth Abbey）的诺森布里亚庄园（Northumbrian），直到解散修道院之前，"每个佃户每年都要在收获之前将一车干草送至领主的城堡，并要刈三天干草，用一天将其耙平，还要收割三天谷物"。16 世纪英格兰的某些地区，公簿持有农所负担的车马役仍然不确定，而这恰恰曾经是维兰的标志。甚至到 1568 年时，威尔特郡沃施密庄园（Washerne）的公簿持有农所承担的劳役还是相当多的，其中每个佃户都要为领主犁 1.5 英亩地以便于冬季播种，而且还要为领主清洗和修剪羊毛、刈牧草等等。② 与维兰相比，公簿持有农负担的劳役的确减轻了不少，这也正反映了"农奴制的衰落"；③ 但是这些残留的奴役性劳役也证明了公簿持有地并没有完全摆脱封建保有地的性质。

第二，公簿持有农交纳的货币地租仍与劳役有关联，它并非是土地的市场价格。这种货币地租是按照公簿持有农的劳役量折算而来，并非是以领主租给佃户的土地面积来衡量。如果一个占地多的公簿持有农和一个占地少的公簿持有农所负担的劳役量相同，那么他们就会交纳相同的劳役折算地租。但是如果将大小不等的两块土地投入土地市场，领主的收益将会是按照土地的英亩数所折合的地租，它往往要高于劳役折算地租。

---

① R. H. Tawney, *The Agrarian Problem in the Sixteenth Century*, London: Longmans, p. 53.
② Ibid., p. 3.
③ Ibid..

综上所述，无论从劳役负担还是从交纳的货币地租来说，公簿持有地都已经与一个日益走向土地市场化的社会背道而驰。而契约租地是一种与封建土地保有形式截然不同的租地：首先，佃户与领主之间不再有任何依附关系，他只向领主交纳货币地租并履行相应的非田间劳役。其次，佃户交纳"竞争性地租"，即地租不再由佃户的劳役折算而是由市场来定价，充分体现出土地的市场价值。最后，佃户不再按照领主的意愿而是在租地上按照自己的意愿耕种土地，有利于采用新技术、转变经营方式。总体看来，契约租地是与商品经济相适应的土地保有方式，适应当时英国乡村社会的发展要求。所以当16世纪结束时，契约租地已经打破了陈规取得前所未有的胜利；先前凭借庄园法庭副本持有的土地——公簿持有地——大多已被出租。①

15—16世纪契约租地的兴起对英国兰农业产生了深远影响：由于租期稳定、租金不变以及佃户与领主之间平等的契约关系，契约租地农能够更加积极地、自主地改进生产技术、改变经营方式、提高劳动生产率。所以，租地农场，这一新型的土地经营方式在其基础上发展起来。从16世纪中期开始，租地农场已获得一定程度发展，在英格兰部分地区农场主持有的土地面积已和其他佃户持有的总和一样多。② 也就是说，至少有一半的英格兰土地"冲出了旧生产经营结构的樊篱"，③ 用于农场式经营，为资本主义农场的建立奠定了坚实的基础。

[发表于《暨南学报》（哲学社会科学版）2010年第4期]

---

① R. H. Tawney, *The Agrarian Problem in the Sixteenth Century*, London: Longmans, 1912, p. 3.
② Ibid., p. 208.
③ 侯建新：《中世纪晚期的商品化与现代化启动》，《历史研究》1994年第5期。

英国农村劳动力转移与城市化：
历史、经验及教训

谷延方*

摘 要： 英国是西方发达国家中最早完成城市化和工业化的国家，其劳动力转移与城市化进程始于中世纪时期，完成于 19 世纪中叶，先后经历 11 至 13 世纪的快速发展期、14 和 15 世纪的衰落停滞期、16 和 17 世纪的恢复期、18 和 19 世纪的加速发展期。英国农村劳动力转移与城市化留给后人一系列经验及教训。了解英国城市化历史，不是为了照搬其模式，而是以一种开放与包容的心态去学习、继承其他民族的优秀文化成果，推动我国社会主义建设事业顺利发展。

英国是西方发达国家中最早完成了城市化和工业化的国家。中外学者都对此进行了相关研究，取得了一系列有见地的研究成果。[①] 在劳动力

---

* 谷延方，天津师范大学欧洲文明研究院教授。
① 王章辉：《近代英国城市化初探》，《历史研究》1992 年第 4 期；徐浩：《中世纪英国城市化水平研究》，《史学理论研究》2006 年第 4 期；刘景华：《西欧中世纪城市新论》，湖南人民出版社 2000 年版；高珮义：《中外城市化比较研究》（增订版），南开大学出版社 2003 年版；Susan Reynolds, *an Introduction to the History of English Medieval Towns*, Oxford: Oxford University Press, 1977; Edward Miller and John Hatcher, *Medieval England: Towns, Commerce and Crafts 1086—1348*, Longman, London and New York, 1995; E. A. Wrigley, *People, Cities and Wealth: The Transformation of Traditional Society*, Oxford, Massachusetts: Blackwell, 1992; R. H. Hilton, *English and French Towns in the Feudal Society*, Cambridge: Cambridge University Press, 1992;（转下页）

转移与城市化过程中，英国政府采取了诸多政策、措施，有成功的经验，也有失败的教训。本文试图勾勒英国农村劳动力转移与城市化的历史轨迹，并从中总结些许经验、教训，以期服务于我国社会主义经济建设。

一　历史

大不列颠是世界上最早完成城市化的国家。据统计，1851 年时英国已经有 54% 以上的人口居住在城市里，可以认为是初步实现了城市化。人们普遍认为是工业革命掀起了英国农村劳动力转移和城市化的历史进程，如此算来则大不列颠仅仅用了七八十年就完成了工业化和城市化。这简直是继工业革命之后的第二个"奇迹"，探求其成功的秘密已经成为中外学者孜孜以求的奋斗目标。时至今日，第三世界许多不发达国家还在步履蹒跚地进行着这一过程。

实际上，英国劳动力转移与城市化进程并非开始于工业革命，而是更早，至少已历经七八百年之久。目前越来越多的学者认识到，这一历史进程早在中世纪时期就已经开始了。在 11 至 13 世纪英国还处于封建社会时就迎来了一个城市化的"小高峰"，如雨后春笋般涌现出了大大小小 150 多个城市，史称"城市复兴"。与此同时，欧洲大陆也出现了农村人口向城市流动的浪潮。据统计，经历这一 200 年左右的城市化阶段后，整个欧洲城市化水平大约平均提高了 10 个百分点，中世纪史家布瓦松纳认为大约有 1/10 的人口流入了大大小小的各类城市。①在"城市复兴"的背景下，英国的城市化水平也得到相应提高。据米勒与哈彻尔统计，到 14 世纪早期英国城镇居民比例至少占到总人口的 10%；利兹大学中世纪史教授帕利泽和达勒姆大学的布里特奈尔（Britnell）两人都认为，到 1300

（接上页）D. M. Palliser, *The Cambridge Urban History of Britain*, Vol. I, 600—1540, Cambridge University Press, 2000.

① ［法］P. 布瓦松纳：《中世纪欧洲生活和劳动：五至十五世纪》，潘源来译，商务印书馆 1985 年版，第 114、205—206 页。

年时,英格兰城镇居民占到总人口的15%。① 而霍尔特(Richard Holt)、戴尔(Christopher Dyer)则认为城市化水平已达到20%,② 后两者无疑秉持一种比较乐观的判断。

不过,中世纪英国在欧洲城市化舞台上尚未扮演领头羊的角色,远远落后于意大利、尼德兰等国家,也低于欧洲大陆的法国。希尔顿教授等人的研究成果表明,13世纪的英格兰就像现在的"殖民地",出口大量原材料,而进口的则是奢侈品和制成品;城市数量远远低于法国,除伦敦、诺威奇等几个大城市人口达到万人之外,其他很多小城镇人口数量仅有数千人,其中约有一半城镇人口不足2000人。③ 中世纪英国城镇带有如此浓厚的乡村色彩,以至于悲观者如伦敦大学的约翰·吉林厄姆(John Gillingham)认为,"1286年的英国并不比1086年时更加城市化",虽然城镇比以前更多、更大了,但总人口也比以前增加了一倍有余。④ 还有学者甚至认为,直到工业革命前英国城市化水平仅在5%。显而易见,国内外学者们在该问题上存在着较大分歧,并未取得共识。因此,综合以上认识,笔者认为,对中世纪英国城市化水平不宜作过高判断,应该保持在15%—16%。⑤ 相对说来,这是一个持中而审慎的判断,尽管也存在推测成分和估算误差,但与历史实际相去不会太远。

中世纪城市化为广大乡村居民揭示了一个新世界——与农村庄园生活迥然有别,这个世界以各种非农行业为其主要生产部门,依靠工商业

---

① Edward Miller and John Hatcher, *Medieval England: Towns, Commerce and Crafts 1086—1348*, pp. 274 – 275, 278; D. M. Palliser, *The Cambridge Urban History of Britain*, Vol. I, 600—1540, p. 741.

② D. M. Palliser, *The Cambridge Urban History of Britain*, Vol. I, 600—1540, Cambridge University Press, 2000, pp. 103 – 104.

③ R. H. Hilton, *English and French Towns in the Feudal Society*, p. 32.

④ [英]约翰·吉林厄姆、拉尔夫·A. 格里菲思:《中世纪英国:征服与同化》,沈弘译,外语教学与研究出版社2007年版,第250、253页。

⑤ 我国英国中世纪史专家中国人民大学徐浩教授也持大体相同观点。参见徐浩《中世纪英国城市化水平研究》,《史学理论研究》2006年第4期。

与外界沟通交换来维持生存,所以它不是封闭的,而是具有相当开放性,同时它又是自由的,城市居民可以自由地支配自己的劳动,无需向领主服劳役。更为重要的是,它还享有一定特权,通过向王室或封建领主缴纳"承包租"或"年度税"(fee farm),一些城市获得了司法豁免权,"设立城镇法庭",其市民"只能在当地城市法庭被提起诉讼";有的城镇获得了"选举城守(bailiff)或地方长官(reeve)"等自治权力,还有的城市获得了"选举市长和郡长"的权利,如伦敦由此而保有了米德尔塞克斯郡。[①] 正如比利时大历史家皮雷纳所言:中世纪的城市是一个享有"特别的法律、行政和司法"、享有特权的"集体法人"。[②] 在这个意义上,中世纪的农村劳动力转移和城市化不仅是一种简单的经济行为,而且还是一种"追求自由和特权"的政治诉求,因为离开庄园意味着摆脱奴役,向城市迁移就是选择自由。

在中世纪晚期的14、15世纪,由于气候环境的恶化、瘟疫的频繁发生,欧洲大部分地区程度不等地经历了逾一个半世纪之久的经济衰退,大约损失了1/3的人口,英国也不例外。农业生产出现危机,耕地大量撂荒,许多市场小镇消失或退化为乡村,城市人口数量大为减少,甚至连城市化水平最高的英格兰西南部科茨沃尔德地区都出现了经济衰退。这些都已经为学者们的研究所证实。据城市史家保罗·霍恩伯格(Paul Hohenberg)研究,中古晚期城市出现显著衰退,在1350—1550年间,英格兰市镇减少了2/3。[③] 泰特(Tait)教授对兰开斯特郡的个案研究表明,该郡曾经于1066至1372年间在落后地区创建了23个自治市,但到中世纪末期时只有4个保持着既定的自治市地位。布里特奈尔(Britnell)研究了英格兰21个郡后发现,1349年时持有王家特许状可以开办市场的1003个小镇,在16世纪只

---

① [英]F. W. 梅特兰:《英格兰宪政史》,李红海译,中国政法大学出版社2010年版,第36—37页。
② [比]亨利·皮雷纳:《中世纪的城市》,陈国樑译,商务印书馆2006年版,第133页。
③ Paul M. Hohenberg, *The Making of Urban Europe 1000—1950*, Harvard University Press, 1985, p.106.

有372个——大约37%还保留着市场。① 显而易见,劳动力转移和城市化进程在中世纪晚期出现停滞甚或倒退。据笔者估算,英国城市化水平下降到15%之下,大约在13%,甚至更低一些。牛津大学近代史教授雅各布(E. F. Jacob)将其浓缩为一个词:"逆城市化"(de-urbanization),可谓是对这一时期农村劳动力转移和城市化历史的高度概括。②

16世纪和17世纪早期是英国人口和经济恢复发展速度较快的一个阶段。桑巴特认为"整个文明进程中最有意义的事件"之一,就是城镇人口出现"快速增长"。③ 在圈地运动、海外新兴市场等因素的推动下,农村劳动力转移和城市化在近代早期获得了长足进步,恢复乃至超过了中世纪盛期15%的水平,达到17%—20%。④ 在一定意义上,首都伦敦代表了这一时期英国的城市化水平。据研究,到1600年时,伦敦人口已经占到英国全部城市人口的60%,1670年上升为70%,1700年亦保持在70%左右,1750年时依然超过城市总人口的一半以上——占55%。⑤ 一个城市巨人开始矗立在英国城市化历史舞台上。伦敦的急速膨胀缔造了一个稳定且需求巨大的国内市场,推动了以为首都中心的民族市场的形成,这对于英国城镇经济和乡村农业生产,尤其是"乡村工业"的发展都起到不可估量的作用。所以,著名经济史家费希尔(Fisher)称伦敦为英国"经济增长的火车头"。⑥

据英国剑桥大学人口史专家里格利(Wrigley)统计,到1700年时,

---

① Alan Dyer, *Decline and Growth in English Towns, 1400—1640*, Cambridge University Press, 1995, p. 10.
② E. F. Jacob, *The Oxford History of England, the Fifteenth Century, 1399—1485*, Oxford University Press, 1978, p. 367.
③ [德] 维尔纳·桑巴特:《奢侈与资本主义》,王燕平、侯小河译,刘北成校,上海人民出版社2000年版,第29页。
④ 谷延方:《英国农村劳动力转移与城市化》,中央编译出版社2011年版,第242页。
⑤ David Nicholas, *Urban Europe, 1100—1700*, Palgrave Macmillan, 2003, p. 16; D. M. Palliser, *The Cambridge Urban History of Britain*, Vol. I, 600—1540, Cambridge University Press, 2000, p. 197.
⑥ Jonathan Barry, *The Tudor and Stuart Town, A Reader in English Urban History 1530—1688*, London and New York, Longman, 1990, p. 37.

英国城市人口约为 17.0%，乡村非农人口约占 28.0%，两者合计约占总人口的一半（45%）；而到 18 世纪中叶时，城市人口和乡村非农人口比例分别上升为 21% 和 33%，两者合计已占到总人口的 54%。① 可见，总人口中已经有一半以上的居民主要在城市里从事工商业或在乡村从事各种非农行业，摆脱了"依附于土地"和以农为本的生存状态。而据安妮·迪格比等人估算，同期 1700 年、1760 年时，欧洲其他国家从事农业生产的男劳动力平均水平比不列颠分别高 10.8 和 13.4 个百分点，而工业部门的男劳力则比不列颠低 5.9 和 6.9 个百分点。② 男性劳动力虽不是工农业部门的全部劳动力，但也具有很大代表性。在一定程度上，上述数字充分表明英国已经迈出了传统农业社会，跨进了一个新的发展阶段——非农社会可见，近代早期的英国已经改变了以往的落后地位，开始超过欧陆主要国家，成为欧洲城市化的"领头羊"。而更大规模农村劳动力转移——工业革命，则是这一历史进程发展的必然后果。

19 世纪中叶，大不列颠在欧洲率先完成了城市化。20 世纪以降，西方主要资本主义国家也相继完成了城市化；而在二战后欧美城市化更进入了一个新的阶段——城市郊区化时代。1951 年，英格兰和威尔士城市人口达到 80.75% 的最高峰之后，城市人口由市中心的商业密集区开始向城郊和郊区倒流，追求乡村田园诗般恬静悠然的生活环境，城市人口比例出现下降趋势。③ 人们初期视之为一种"倒退"——逆城市化，后来逐渐认识到这是对城市化人口高度集中状态下出现诸种社会问题，譬如空气环境质量下降、工作压力大、生活节奏快、交通拥挤及房价高昂等的一种反应，而居住在郊区显然不会有上述问题。因此，城市"市郊化"发展是对城市化弊端的一种扬弃，是对传统城市化模式的一种修正，也

---

① E. A. Wrigley, *People, Cities and Wealth: The Transformation of Traditional Society*, 1992, pp. 162, 170.

② Anne Digby and Charles Feinstein, *New Direction in Economic and Social History*, Macmillan Education Ltd., 1989, pp. 70-71.

③ 王章辉：《英国工业化与农村劳动力的转移》，《世界历史》1996 年第 6 期。

是城市化向着更高层次发展的一种"成熟"表现。

二 经验

纵观英国农村劳动力转移与城市化的历史,大致可以分成如下几个阶段:11 至 13 世纪是快速发展时期,14、15 世纪是衰退期,16、17 世纪是恢复时期,18 世纪工业革命之后开始了新一轮城市化浪潮,20 世纪中叶后则进入后都市化时期。在这近千年左右的时间里,英国农村劳动力转移与城市化是一个受多方因素影响、综合作用的复杂过程,留给我们许多的经验教训,择其要者如下。

(一) 大力培育、开发国内市场,促进经济社会和城市化平稳发展

英国是一个老牌殖民主义国家,号称"日不落"帝国,其殖民地遍布全球各地。人们通常认为,在英国向近现代工业社会发展进程中,殖民地提供了庞大的海外市场,是工业革命强有力的助推器。实际上,海外市场并没有如人们想象那般发挥了重要作用,对经济社会发展起着更大作用的是国内市场。据罗伯特·杜普莱西斯（Robert Duplessis）审慎的估算,英国工业出口份额在 1700 年时仅占工业总产出的 1/4,在 1801 年时才达到 1/3,可见绝大部分工业产品是在国内市场消费的。[①] 另外,不唯工业品,英国农产品绝大部分也是在国内加工消费的。经济史家克莱（Clay）、瑟斯克（Thirsk）等人研究表明,到 17 世纪末 18 世纪初,英国农业总产量提高了大约 250%,开始向国外大规模出口谷物,其中在 1700 至 1709 年间出口量达到了 280 万夸脱,但是,如此庞大的出口量也仅占国内总产量的 1/10 左右。[②] 可见,绝大部分农副产品主要还是在国内市

[①] Robert S. Duplessis, *Transitions to Capitalism in Early Modern Europe*, Cambridge University, 1997, p. 245.

[②] C. A. Clay, *Economic Expansion and Social Change: England, 1500—1700*, Cambridge University Press, 1984, Vol. I, p. 138; Joan Thirsk, *Agricultural Change: Policy and Practice, 1500—1750*, Cambridge University Press, 1990, p. 159; John Charters, *Agricultural Markets and Trade, 1500—1750*, Cambridge University, 1990, p. 157.

场消费的。

  对此，英国人自己也意识到了这一点。著名经济史家布伦纳认为，英国经济尽管最初受到呢绒出口贸易的促动，但"持续增长"则是建立在"国内市场扩张"基础之上的。① 国内市场上这些日常生产、生活用品的消费主力军当然不是王侯贵族，而是普普通通的消费者。普通消费者一家一户之需求固然有限，但千家万户汇合就会形成巨大市场。我国已故著名史学家吴于廑先生曾指出，正是这些普通的日用品、"大路货"而非少数人享用的"名品"、"奢侈品"，才产生了工业大生产的"前景"，才引出了"近代工业世界"。② 由上可见，英国工业经济的发展和城市化进程主要是在国内市场需求推动下完成的。因此，在经济发展和社会转型过程中，我们要抛弃单纯依赖外贸和国际市场拉动经济发展的惯性思维，应该大力开发国内市场，建设国内市场，培育国内市场，拓宽国内市场的广度和深度，从而推动经济社会和城市化平稳发展。

  （二）大力发展中小城市，促进城市体系网络化、均衡发展

  农村劳动力转移与城市化进程有时难以同步，严重失衡时会带来一系列社会问题。我国大江南北涌动的"民工潮"表明城市化已经处于关键阶段，解决不好就会制约城市健康发展。英国作为"原生型"国家有过的经验教训，为我们提供了一个解决劳动力转移和城市化"错位"问题的视角。在工业革命发生前，伦敦这个超大城市占英国城市总人口的比例达到了60%—70%，成为英国城市化舞台上的巨人，而城市经济并未同步发展，无法吸收来自农村的大量移民，结果各色流民和无业者、乞丐充斥其中，人满为患，矛盾丛生，城镇当局甚至采用烙铁、皮鞭和绞刑架等暴力手段驱赶无业流民，酿成了很严重的社会问题。③ 这是英国

---

  ① T. H. Aston and C. H. E. Phlipin, *The Brenner Debate, Agrarian Class Structure and Economic Development in Pre-Industrial Europe*, Cambridge University, 1987, p. 325.
  ② 吴于廑：《吴于廑文选》，武汉大学出版社2007年版，第134、148页。
  ③ 详见尹虹《16、17世纪前期英国流民问题研究》第4章节内容，中国社会科学出版社2003年版。

城市化历史上一段沉痛的教训。

后来在政府引导下,许多城市商人、手工业者将资本、技术转移到乡村落后偏远地区,充分利用当地的廉价劳动力、原料和各种资源等便利条件,从事纺织、服装、粮食加工、酿酒、采煤、冶铁、制盐等各种生产活动,经济史家曼德尔斯称之为"原工业化",彼得·克里德特则称其为"工业化前的工业化"。① 这些乡村居民点吸纳了大量农村剩余劳动力,后逐步发展成为许多中小城镇,首都伦敦的人口高密度局势才逐渐得以缓解。新兴中小城镇的出现,无异于在农村劳动力向城市转移环节中增加了一个"中转站",不仅分流了大城市的人口压力,缓解就业压力、楼市的刚性需求等,而且还会使城镇体系在地域上趋向更均衡、网络化,缩小地区差距,促进区域经济协调发展,有利于一种良性城乡关系的形成。所以,我国应在政策层面向二、三线城市乃至穷偏地区倾斜,大力发展中小城市,合理分流农村劳动力,促进城市网络化、均衡发展。可以预见,不久的将来,大量新兴中小城镇的发展将会打破城乡二元体制,逐步消除城乡差距,真正开启我国城乡一体化的历史。

(三) 拓展经济结构,推进社会分工,为农村劳动力转移提供就业空间

人们通常认为,农业生产力的进步是英国城市化发展的根本原因,譬如古典经济学家亚当·斯密就断言:"只有先增加农村产品的剩余,才谈得上增设都市"等。② 但是,英国城市化模式促使我们重新审视这一结论。众所周知,前资本主义英国是一种落后的、农牧混合、粗放型农业,但却孕育出了世界史上最早的城市化和工业化民族!古代中国从反

---

① Peter Kriedte, *Industrialization before Industrialization*, *Rural Industry in the Genesis of Capitalism*, Cambridge University Press, 1981, p.135.
② [美] 亚当·斯密:《国民财富的性质和原因的研究》上册,王亚南译,商务印书馆1979年版,第396页。

面进一步印证了这一点。① 可见，在农业生产力与城市化水平之间不存在必然的因果联系。目前，我国政府和学术界认为城镇化率保持在50%左右。②

那么，与中国相比较，英国粗放农业孕育出高水平城市化的秘诀在哪里？一言以蔽之，在"经济结构"方面，即英国是"农牧混合经济"，而我国是比较单一的粮食种植业。这种粗放的农牧混合经济会促进劳动力转移与城市化吗？马克思关于社会分工的论述给予了我们重要启示："工商业劳动同农业劳动的分离，是由一个民族内部的分工引起的……分工的进一步发展导致商业劳动同工业劳动的分离"。③ 而"工商业劳动同农业劳动"的分离，即劳动力从农业部门向工商业转移，一部分乡村人口会流向、定居于城市，专门从事非农产业，这实际上就是农村劳动力转移与城市化的历史过程。可见，社会分工的发展会促进人口流动和城市化。

显而易见，英国农牧混合经济意味着在农业和畜牧业之间出现了简单的分工，为劳动力转移提供了更多空间，虽然落后却更有利于劳动力向非农领域转移。这一先天的"历史"基础使英国在农村劳动力转移与城市化方面居于领先地位，其优势是单一谷物种植业所不具备的。英国的粗放型混合经济在中世纪晚期没有走向精耕细作，反而因畜牧业大发展进一步巩固和确立，这种有利于人口流动的结构优势一直保持下来。那么，如何促进社会分工进一步发展呢？马克思认为，问题的关键"不是土壤的绝对肥力，而是它的差异性和自然产品的多样性，……促使他们自己的需要、能力、劳动资料和劳动方式趋于多样化"。④ 因此，我们

---

① 中国古代农业发达，很早就迈进了精耕细作阶段，耕地面积之广、总产量之高世所罕见，但城市化水平却严重落后，大量农业劳动力陷入了"过密化"陷阱，难以向农业之外的领域转移。甚至到20世纪80年代，城市化水平也仅有30%左右。葛永军：《中国城市化水平的综合判断》，《人文地理》2003年第1期。
② 根据国家统计局的数据，中国城市化率略高于50%，而研究城镇化专家们认为略低于50%。参见厉以宁《走符合中国国情的城镇化道路》，见《文汇报》2012年12月24日。
③ 《马克思恩格斯选集》第1卷，人民出版社1995年版，第68页。
④ [德] 马克思：《资本论》第1卷，人民出版社1975年版，第561页。

要促进社会分工进深化、细化，进一步使我们的劳动方式"多样化"，发展养殖业、粮食与肉类加工业、制造业、服务业、物流业等多种非农产业，为农村劳动力转移提供就业空间，从而推进我国农村劳动力转移与城市化深入发展。

（四）加大对农村移民的职业培训、文化学习和文明濡染，使农村移民"市民化"，最终完成农村劳动力转移与城市化

农村居民离开土地不等于完成了城市化，非农化并不能保障农村移民在城市安家落户，当然也不能保证他们转变成城市市民。英国历史表明：当圈地运动将大量农村居民驱出土地、驱向城镇时，英国城市化进程并未获得突飞猛进之进展，许多农村人口变成了"流民"，季节性地往返于城乡之间。据我国已故英国史专家王觉非先生研究，到17世纪中叶时，伦敦除去40余万常住人口之外，每年还有几十万人流动人口。[①] 这些流动人口显然没有市民化。

这一历史教训告诉世人：在农村和城市、农民和市民之间还有一条鸿沟——职业、社会身份和思想观念的巨大差距。一些农村居民虽在城市里工作却没有接受城市文明，他们依然是都市里的"外乡人"、周期性游荡于城乡之间"民工群"。他们离开了土地，却没有真正融入城市社会。所以，政府或城镇当局不仅要给这些农村移民创造就业机会，进行各种职业技能与素质培训，而且还要培养他们遵守城市的规章制度、接受城镇生活习俗等文明理念。只有这样，他们才会是"离土"又"离乡"，最后"市民化"而融入城市社会。

因此，农村劳动力转移与城市化是两个历史过程的统一：一是农村人口离开土地的过程，二是城市接受他们的过程；前一个过程（农民离开土地）是非农化，还不等于完成了城市化，只有实现了第二个过程才算完成了城市化。因此，建立完整的流动人口接收机制，对于我国实现

---

① 王觉非主编：《近代英国史》，南京大学出版社1997年版，第16页。

城市化具有决定性意义。

（五）保护乡村生态环境，加快建设发达的城乡公共交通系统，推进我国城市化向后都市化时代转型

"二战"后，一些西方国家包括英国完成城市化目标后迈向一个新的发展阶段——后都市化时代，城市化呈现出"市郊化"和"郊区化"特点。后都市化之所以出现，是因为乡村存在着城市居民向往的绿色生态环境，城市居民居住在城郊既能享受到大自然的田园风光，同时也能享受到城市文明的绝大部分成果，当然这有赖于大城市具备了高度发达的"文明辐射"能力。因为便捷的轻轨、地铁等公共交通极大地缩小乃至消除了城市与乡村在地理上的空间距离，在很大程度上实现了"城乡一体化"，所以乡村人口已没有必要再向城市中心转移或迁移。

目前，我国绝大部分地区还在向城市化目标迈进，个别地区则已悄然踏在后都市化的门槛之上，后都市化时代的到来将会成为我国城市化发展不可逆转的历史潮流。为推进我国由城市化向后都市化时代顺利、平稳转型，需要采取如下措施：第一，进一步加大对农村社区生态环境的保护力度，将其置于城市化发展的战略高度，纳入城乡统筹发展的整体规划中，从而营造后都市时代所需要的绿色生态环境；第二，要加快乡村基础设施建设和投入，为消除城乡差别及城市"市郊化"奠定物质条件；第三，优先建设发展乡村公共交通设施，与城市公共交通全面衔接，打造城乡一体的公共交通网络。这是实现"城乡一体化"的基础和前提，也是消除城乡差别的重要物质手段，从而推进我国城市化平稳、顺利发展到后都市化时代。

三 教训

由于英国是第一个完成城市化目标的典型案例，人们常常对其城市化经验推崇有加，忽略了其在城市化过程中出现的一系列问题，反思其历史会发现：它留下的失误和教训也同样典型，有些至今依然在第三世

界发展中国家不同程度存在着。揭示出英国城市化进程中出现的各种教训,无疑可以克服时下普遍存在的"经验论"倾向,也有助于全面而客观认识英国城市化历史进程。

(一)放任劳动力自由流动,造成大城市畸形发展

经济发展与城市化进程有时难以同步,严重失衡就会带来一系列社会问题。英国作为"原生型"国家有过典型教训。在工业革命发生前后,由于政府的放任自流,劳动力迁移的目标多为首都伦敦,致使中世纪以来的人口流动集中态势进一步"极化"。结果造成英国首都伦敦畸形发展,其城市居民占全国城市总人口的比例达到了60%—70%,成为英国城市化舞台上的超级巨人,"像一具摇摇晃晃的躯体上所承载着一个超级大脑袋",以至于有学者认为伦敦对英国是"有害的"。[1] 由于城市经济并未同步发展,无法提供大量的工作和就业岗位,结果伦敦人满为患,贫民窟成区连片,令人触目惊心。譬如,1841年调查发现:在古奇—普雷斯(Goodge Place),27间房屋里挤住了485人,平均每间房装有18人,有限的空间里还杂乱不堪,塞满了手推车、各种工具和材料;在西敏寺的教堂胡同(Church Lane),27处住宅也容纳了655人,在1847年则增加到1095人。这些地方"青年男女混住,单身汉同已婚夫妇混杂……满身虱子和寄生虫,滋生了各种淫荡和不道德行为"。[2] 这些人大多来自农村,涌入首都后沦为各色流民、无业者乃至乞丐,数量巨大,据统计至少占到外来人口的1/3以上。今天许多第三世界国家城市化也出现类似情形,人口过度膨胀而工业化并未同步发展,造成城市化畸形发展,英国城市史专家乔纳森·巴里(Jonathan Barry)称之为"伪城市化"(pseudo-urbanization)。[3]

---

[1] Jonathan Barry, *The Tudor and Stuart Town*, *A Reader in English Urban History 1530—1688*, London and New York, Longman, 1990, p. 36.

[2] Roy Porter, *London: A Social History*, Penguin Group, 2000, pp. 324–325.

[3] Jonathan Barry, *The Tudor and Stuart Town*, *A Reader in English Urban History 1530—1688*, London and New York, Longman, 1990, p. 37.

根据官方档案，当时许多流民参与偷窃、抢劫、诈骗、散布异端邪说和煽动骚乱等，其中比例最高的就是偷窃，约占到流民犯罪的1/2，致使社会矛盾丛生。都铎王朝一系列的血腥立法就是在此背景下出台的。譬如亨利八世时期颁布的1531年法令和1536年法令，惩罚流民的措施有戴枷关押、鞭打示众、遣返原籍、割掉耳朵等；爱德华六世时期颁布的1547年法令则更为严厉，从罚做奴隶、在前胸烙"V"和"S"记号到处以死刑。简言之，以伦敦为代表的城镇当局采取了烙铁、皮鞭和绞刑架等暴力手段驱赶无业流民。① 英国著名社会史家阿萨·勃里格斯说：伦敦"这座城市有可能成为波及全国的犯罪、骚乱和疾病中心，使人怀有恐惧感"。② 这是对英国城市化一种莫大的讽刺，更是一段沉痛的历史教训。

（二）圈地运动剥夺农民生产资料，造成乡村大量人口生计困难

从15世纪末开始，英国乡村上演了长达3个世纪之久的圈地运动。由于大多数被圈占的耕地转化为牧场，所以也被称为是一场"羊吃人"的运动。在圈地运动中，"大量农民脱离了土地"，造成了"生产者与生产资料相分离"过程。工业革命史专家保尔·芒图也说："田里的人少了，……大批破产的自耕农被逼往城市"等，在一定程度上反映了圈地运动对英国城市化进程的影响。据里格利等人研究，当圈地运动将大量农村居民驱出土地、驱向城镇时，1600年英国城市化水平仅为8.25%，1670年为13.5%，1700年为17%。③ 这一数字也仅仅是比中世纪盛期的15%稍高些而已，没有出现加速发展的迹象。可见，脱离了农村和农业生产的乡村居民并没有全部流向城镇，至少大多数农民没有在城镇安家落户，而是变成了"流民"。以伦敦为例，据我国已故英国史专家王觉非

---

① 详见尹虹《16、17世纪前期英国流民问题研究》，中国社会科学出版社2003年版，第143页。

② ［英］阿萨·勃里格斯：《英国社会史》，陈叔平、刘成等译，中国人民大学出版社1991年版，第152页。

③ E. A. Wrigley, *People, Cities and Wealth: The Transformation of Traditional Society*, 1992, p. 162.

先生研究，到17世纪中叶时，伦敦除去40余万常驻居民之外，每年还有数量高达几十万人的流动人口。这些贫困人口季节性地往返于城乡之间，因贫困而违法犯罪的现象非常普遍，近代早期英国各类法庭受理的偷盗、抢劫等诉讼案件数量不断上升，也从一个侧面显示了圈地运动所带来的消极后果。

更为严重的是，圈地运动激化了社会矛盾，尤其是在近代早期。尽管现在学者们研究后认为圈地运动主要是由经济力量推动的地权革命，但在部分地区确实夹杂着暴力行径，至少也是违犯了广大普通乡村居民利益，所以激起了农民强烈不满。1536年英国北部林肯郡和约克郡等地爆发了"求恩巡礼"骚乱（Pilgrimage of Grace），在仅仅1年间连续发生5次骚乱；1547年，康沃尔郡爆发了农民起义；1549年，该郡农民在凯特领导下再次起义（Kett's rebellion）；1554年，怀亚特领导肯特郡民众起义；[1] 1607年英格兰中部莱斯特郡、沃里克郡和北安普敦郡等地爆发了农民起义。在18世纪圈地期间，各种反圈地活动也是连绵不绝，譬如公开签名向议会请愿"反对圈地"，或秘密地破坏"刚刚圈围的篱笆围栏"，甚至同"治安法官率领的马队发生冲突"等等；[2] 可见，大量失去生产资料的农村居民生活陷于贫困境地，转变为乡村动荡不安的因素。所以，许多英国学者不仅将近代早期视为经济扩张期，同时也看作一个"社会两极分化"阶段。[3]

（三）疏于环境污染治理，严重危害城市居民健康

英国首都伦敦曾经被称为"雾都"，是英国城市严重污染的典型案例。据记载，1952年和1962年发生的"伦敦烟雾"事件，最高污染浓度

---

[1] Stephen J. Lee, *The Mid Tudors, 1547—1558*, Routledge, Taylor & Francis Group, 2007, p. 135.

[2] J. M. Neeson, *Commoners: Common Right, Enclosure and Social Change in England, 1700—1820*, Cambridge University Press, 1996, pp. 277 – 278.

[3] Keith Wrightson, *Earthly Necessities: Economic Lives in Early Modern Britain, 1470—1750*, Penguin Group, 2002, p. 200.

分别达到了 3800 微克/立方米和 5660 微克/立方米。早在 19 世纪，随着工业化的进行，炼油厂和化工厂产生的大量碳氧化物和硫化物释放到空气中，城市居民呼吸的空气里充斥着严重的污染物质，有时夹杂着酸雨和腥臭味；大量污水污物也直接排进了泰晤士河，臭气熏天，河中特产鲑鱼也近乎绝迹。1858 年出现的"巨臭"（great stink）甚至在下议院造成了恐慌，会议被迫推迟，时任议员迪斯雷利骂泰晤士河为"地狱池塘"。[①] 工业化进程最迅速的约克郡西区污染更为严重，1867 年英国皇家委员会调研后认为：当地河流流淌着的与其说是河水，倒不如说是墨水。由于漫天烟雾（smog），伦敦市民每年在冬季的 12 月和 1 月见到阳光的日子少得可怜。根据 1837 年建立的人口登记制度得出的人口死亡统计数据，使我们进一步验证了格里高利·金关于"烟雾与疾病"联系的论断。数据表明：在维多利亚时代大部分时期，1/4 的死者死于肺病，由支气管炎导致的死亡率不断攀升；例如，1880 年是 30%，1891 年是 60%，在最糟糕的 1892 年，各种疾病所导致的死亡率达到 90%。[②] 可见，空气污染对城市居民生命健康已经造成了严重损害。19 世纪英国小说家狄更斯的《雾都孤儿》也从一个侧面印证了伦敦在工业化过程中受到的严重污染。

谁应该为此承担责任？政府，抑或排污企业？1876 年英国就颁布了《河流污染防治法》，然许多排污企业并不遵守；1864 年伦敦建成了排污主干管道，但污水仍是不经处理就直接注入泰晤士河下游；1821 年英国颁布了《烟尘禁止法》，结果是工业烟尘照排不误。不仅许多企业家漠然视之，甚至连许多民众对环境污染也熟视无睹，直至 20 世纪中叶"伦敦烟雾"事件才迎来雾霾治理的历史契机。

（四）城市基础设施落后，严重威胁城市居民生命安全

截至 17 世纪末，伦敦等城市大部分房屋建筑材料为木质，极易引发火

[①] Roy Porter, London: A Social History, Penguin Group, 2000, p. 319.

[②] ［英］布雷恩·威廉·克拉普：《工业革命以来的英国环境史》，王黎译，中国环境科学出版社 2011 年版，第 49、58 页。

灾，许多城镇如东迪勒姆（East Dereham）在 1581 年，贝克尔斯（Beccles）在 1586 年，圣埃德蒙—伯里在 1608 年，怀门德姆（Wymondham）在 1615 年，绍斯沃尔德（Southwold）在 1659 年，纽马基特（Newmarket）在 1682—1683 年间，邦吉（Bungay）在 1688 年都发生过火灾。① 当然，最典型的是 1666 年 9 月 2 日至 5 日的"伦敦大火"（Great Fire），造成城中 1/2 以上的建筑物被烧毁，其中包括著名的圣保罗大教堂、87 座教区教堂、44 座同业公会大楼以及 13200 幢房屋，至少 10 万人无家可归。② 此外，许多城市卫生设施也极不完善，没有室内厕所和下水道，人畜粪便随处可见，饲养猪、牛和马直到维多利亚时代依然是英国城市里非常普遍的现象。据记载，1874 年，普利茅斯市卫生官员在考察时发现了一堆前所未见的污物粪堆散发着臭气，"重约 3000 吨"；而伦敦在 1900 年以前，每年要从城市街道和马厩中清除 100 万吨的马粪。这样污秽的环境大大利于细菌病毒传播，任何地方病和疾疫都会造成很高的死亡率，特别是在婴儿和儿童中间；③ 像鼠疫、霍乱、热病、伤寒等各种流行病在 16、17 世纪多次发生，尤其是鼠疫在黑死病过后的 3 个世纪里依然定期光顾伦敦，在 1563 年造成了首都 1/5 人口死亡，在 1578 年和 1582 年死亡人数是 6000 人和 7000 人，1593 年和 1603 年分别为 1.8 万人和 3 万人，1625 年则为 4 万人，而 1665 年的"大瘟疫"（Great Plague）竟夺取去了 8 万人的生命，造成伦敦全城几近 1/5 的居民消失。④

当然英国其他城市的死亡率也非常高，但伦敦无疑是死亡率最高的城市之一，设菲尔德大学社会史教授迈克尔·布拉迪克称其为"死亡陷

---

① Peter Clark, *The Cambridge Urban History of Britain*, Vol. II, 1540—1840, Cambridge University Press, 2000, p. 37.

② Roy Porter, *London: A Social History*, Penguin Group, 2000, pp. 108, 109.

③ 希尔提供了一个比较极端的例子：在 18 世纪初，伦敦的一个教区每出生 4 名婴儿几乎就有 3 名死亡。参见 Christopher Hill, *The Century of Revolution 1603—1714*, London and New York, 2002, p. 307.

④ Peter Clark and Paul Slack, *English Towns in Transition 1500—1700*, p. 64. Roy Porter, *London: A Social History*, pp. 100, 105. 有学者认为死亡人数高达 9.7 万人，参见 Paul Slack, *Plague: A Very Short Introduction*, Oxford University Press, 2012, p. 59。

阱"(death trap)当不为过，① 这与首都繁荣的经济形成鲜明反差。各种疫病在近代早期成为一种"都市现象"，使得城市变成了一座"杀人机器"，这显然与人口密集、卫生条件恶劣易于传播病菌密切相关。遗憾的是，限于当时的医疗水平和认识，英国政府更多是采取暴力手段"隔离"、"鞭打"，甚至"绞死"身患瘟疫的患者，或者将其随身携带物品烧毁，这种做法一直延续到 18 世纪。例如在 1720 年，英国还将两艘来自塞浦路斯岛的可疑船只烧毁，仅赔偿其主人 2.4 万英镑。因此时人说：瘟疫"使我们彼此之间比狗都残忍"。② 在如此恶劣的环境下，伦敦等一些大城市居民的平均预期寿命在 17、18 世纪一直徘徊在 35 岁至 38 岁之间，比乡村地区要低很多。

（五）城市食品供应不稳定，造成各种违法行为普遍

城市居民时常受到食品短缺的影响，饥荒频繁发生。第一次灾难性的歉收发生在 1482—1483 年，进入 16 世纪后，灾荒更是接连不断，其中 20 年代出现 2 次大面积减产，这种灾荒在 50—80 年代相继出现，90 年代则庄稼连续四年歉收。农业歉收对城市最直接的影响就是食品短缺，造成许多城市居民营养不良、粮价高涨和人口死亡率上升，譬如伍斯特市在 1556—1557 年的灾荒中，近 1/5 居民如无救济就无法活命。17 世纪时英国发生两次全国范围的大饥荒，第一次是在 1623 年，因 1621 年和 1622 年连续灾难性歉收所致；第二次发生在 1695—1699 年间，饥荒在不列颠东北部最为严重，大约造成阿伯丁 20% 人口死于饥馑，整个苏格兰死亡率则高达 13%。③

城市居民因食品短缺而引发的造假、囤积等不法行为非常普遍。16世纪都铎王朝亨利八世和爱德华六世频繁颁布"打击囤积居奇者、倒买

---

① Michael Braddick, *God's Fury, England's Fire: A New History of the English Civil Wars*, Penguin Group, 2009, p. 114.

② Paul Slack, *Plague: A Very Short Introduction*, pp. 68, 83.

③ Peter Clark, *The Cambridge Urban History of Britain*, Vol. II, 1540—1840, Cambridge University Press, 2000, p. 206.

倒卖者"的各种法令证明了这一点。此类违法行为显然屡禁不止。直至17世纪，各地市民的书信里还经常抱怨各种"谷物囤积"行为，以及不法分子教唆穷人"密谋造反和叛乱"，伦敦、布里斯托尔和约克等城市商人向国王枢密会递交的请愿书中涉及内容也尽是"谷物、鲱鱼"等食品的不法销售问题。① 而1765年的歉收不仅造成伦敦谷物市场小麦价格飙升，而且在牛津、伯明翰、莱斯特、巴斯等地"发生骚动，磨坊、店铺和市场遭到抢劫"。在这样的背景下，城镇居民生活饮食难以保障，有的仅靠"面包和发霉的马铃薯"来糊口，境况最糟糕的当属纺织工厂里的学徒童工，他们"食品变质而不足，黑面包、燕麦粥以及变味的猪油"。在利顿密尔，"学徒们常常为了同工厂院子里所养的肥猪争抢猪槽内的食物而进行搏斗"。② 由此，因营养不良造成的患病概率大大增加。美国加利福尼亚大学的加洛韦（P. R. Galloway）研究了1670—1830年间的伦敦市民后发现，首都居民因天花、伤寒和热病等发生的死亡与粮荒和高物价之间存在密切关联。③

当然，城市食品供应不足并非完全由农业歉收导致，英国农业产量一直在稳步增长，但人口在工业革命后大幅增长也是原因之一，如1751年人口约为725万，1831年则高达1630万人；另一方面，英国在关税保护政策下一直实行"谷物法"，限制谷物进口，也在一定程度上加剧了粮食短缺的恶果。实际上，正是因为英国在工业化和城市化过程中暴露出的严重社会问题，才引发了19世纪的浪漫主义思潮。许多人仿效卢梭，批判城市生活，留恋过去的田园风光；更有一些社会进步人士，如圣西门、欧文、马克思等人产生了对资本主义进行改良和革命的想法。

---

① H. E. S. Fisher and A. R. J. Jurica, *Documents in English Economic History*, *England from 1000 to 1760*, London, G. Bell & Sons Ltd., 1977, pp. 254 – 256, 517 – 518.
② [法]保尔·芒图：《十八世纪产业革命——英国近代大工业初期的概况》，杨人楩、陈希秦等译，商务印书馆1997年版，第337、346、349、504页。
③ P. R. Galloway, "Annual Variations in Deaths by Age, Deaths by Cause, Prices, and Weather in London from 1670 to 1830", *Population Studies*, 39 (1985), Issue 3, p. 487.

（六）不断提高农业生产力，推动城市化持续、平稳、健康发展

历史表明，如果不持续、稳步提高农业生产力，城市化就会失去源水和活力；如果农业生产出现衰退，城市就会萎缩乃至"回归农业"乡村化，也就不可能发展壮大。英国在城市化的历史上出现过这类教训。

通观历史，英国工业革命前城市化快速发展的两个时期——11 至 13 世纪、16 和 17 世纪都是农业生产力获得显著提高时期，尤其是后一时期被称为"农业革命"，而 14 和 15 世纪是农业生产衰退时期，也是城市化停滞时期，"逆城市化"现象蔓延，一些小城镇消失乃至回归乡村。显而易见，在农村劳动力转移与农业生产力进步之间存在着依存关系。因此，我国不仅不能放松农业生产，相反还要加大资金投入与政策支持，当然要改变传统的劳动力投入为科技智力投入，改变农业生产相对单一的模式，逐步转变农业生产的增长方式，使我国农业生产逐渐由劳动力密集型向集约型农业转变，这既是农业现代化建设的需要，也是推进城市化发展的重要措施。总之，在城市化迅猛发展的当代社会，农业依然是"基础"。

综上，英国是西方发达国家中较早完成了城市化和工业化的国家，现在已向后工业化和后都市化时代迈进。在劳动力转移与城市化过程中，英国政府有成功的经验，也有失败的教训。历史告诉我们，盲目照搬自不可取，故步自封更要不得。只有秉承积极进取和开放的心态，对人类活动的一切优秀文化成果采取包容和学习的态度，才有可能推动我国社会主义各项建设事业顺利发展。当然域外成功的经验未必适合中国国情，因为中英两国具有不同的文化传统，但其失误值得后来者警醒和防范。了解英国城市化的历史、经验及教训，对于我国城市化和现代化建设具有重要意义。

（本文部分内容发表于《北方论丛》2015 年第 2 期）

英国议会圈地投资中的个人权利

徐 滨[*]

摘 要：英国议会圈地集中发生在1750—1850年，范围以英格兰中部为主。议会圈地原则上是依据个人权利来实施的，并以特别法案的形式确定下来。该原则具体体现为：一、按照产权人的权利进行土地分配和利益补偿；二、按照其权利进行圈地投资基金的分担和筹集。在圈地过程中，产权人的权利和利益得到了充分的保障，同时农场主的利益也得到了保障。圈地同时也是一场大规模的农业投资，其资本来源于产权人的储蓄、销售土地和贷款等。圈地后土地上的公权消失，明确的个人财产权利确立。经过议会圈地，英国最终完成了土地财产制度和利用方式的转变。农业资源的效率得到提高，农业现代化的基础由此铸就。

关键词：英国；议会圈地；个人权利；投资；农业现代化

本文主要致力于对英国议会圈地的实施原则进行探究，并尝试对该原则与农业现代化的关系做出解释。西方学者对议会圈地的研究是多角度的，且不断有新作问世。此处只述及两类同本研究有关的观点。一类是从敞田到圈地的财产权变化。长期以来持续受关注的是所谓土地公权问题。由于

---

[*] 徐滨，天津师范大学欧洲文明研究院教授。

圈地导致公权消失，从而产生了诸如小农衰落、穷人受损等社会现象，众多研究圈地的学者对此都会有所涉及，如阿瑟·约翰逊、哈孟德夫妇、约翰·克拉潘、J. M. 尼森等。① 但本文所要研究的是圈地建立个人私权的过程和意义，这方面的开拓首先来自经济学领域。20 世纪后期新制度经济学兴起，交易费用、产权等因素对经济效绩的影响逐渐上升至学术研究的关注。历史学家也将相关理论引入到圈地等问题的研究中，如，麦克劳斯基即认为圈地"是一种土地法律权利的重新安排"，且对经济增长具有重要意义。② 另一类观点涉及圈地与农业现代化或农业进步的关系，这也一向是西方学界热衷的主题。马克思就曾指出，圈地有利于资本主义生产方式的形成，即生产力的提高。③ 阿诺德·汤因比是较早就关注到这一问题的历史学家，他认为，"在圈地实践与农业改进之间的联系是非常紧密的……耕作最好的是那些长久以前就已完成圈地的郡"④。此后的一百多年中，不断有学者长期从事这一主题的研究，并提出各自的观点。迄今，主流观点大多与汤因比的相近，认为圈地有利于农业生产进步、效率提升。持此见解的学者包括保尔·芒图、吉尔伯特·斯拉特、E. C. K. 纲纳、W. E. 泰特、J. D. 钱伯斯、J. A. 耶林、马克·奥弗顿等。⑤ 对此持反对意见的并不多，罗伯特·

---

① Arthur H. Johnson, *The Disappearance of the Small Landowner*, London: Merlin Press, 1963, (first published 1909), pp. 99 - 100; J. L. Hammond and Barbara Hammond, *The Village Labourer 1760—1832*, London: Longemans, Green & Co., 1912, pp. 97 - 105; 克拉潘：《现代英国经济史》上卷，姚曾廙译，商务印书馆 1997 年版，第 136—137 页; J. M. Neeson, *Commoners: Common Right, Enclosure and Social Change in England, 1700—1820*, Cambridge: Cambridge University Press, 1993, pp. 55 - 80.

② Donald N. McCloskey, "The Enclosure of Open Fields", *Journal of Economic History*, Vol. 32, No. 1, Mar., 1972, p. 16.

③ 《资本论》第 1 卷，人民出版社 1975 年版，第 24 章。

④ Arnold Toynbee, *Lectures on the Industrial Revolution of the 18th Century in England*, London: Rivingtens, 1884, pp. 40, 41.

⑤ [法] 保尔·芒图：《十八世纪产业革命》，杨人楩等译，商务印书馆 1997 年版，第 107—144 页; Gilbert Slater, *The English Peasantry and the Enclosure of Common Fields*, London: Archibald Constable, 1907, p. 266; E. C. K. Gonner, *Common Land and Inclosure*, London: MacMillan, 1912, pp. 302, 308, 357; W. E. Tate, *The English Village Community and the Enclosure Movement*, London: Victor Gollancz, 1967, p. 159; J. D. Chambers & G. E. Mingay, *The Agricultural Revolution 1750—1880*, London: B. T. Batsford, 1966, p. 104; J. A. Yelling, *Common Field and Enclosure in England 1450—1850*, London: Macmillan, 1977, pp. 144 - 145, 203 - 204; Mark Overton, *Agricultural Revolution in England, 1500—1850*, Cambridge: Cambridge University Press, 1996, pp. 162 - 167.

艾伦是其中很有代表性的，他认为圈地并不比敞田更有效。[①] 步其后尘，格里高利·克拉克也认为，公田并非无效，圈地的收益是有限的。[②] 近些年，明盖的观点颇有新意，他指出圈地实际上就代表着一场巨大的农业投资。[③] 这是一个长期为人们所忽视的视角，目前国内可能尚有学者不能理解。但笔者认为，为获得圈地法案，为修建围篱、道路，为土地排水等，都花费了大笔金钱，结果是得到更适于耕作的土地和更好的收成。因此，圈地无疑就是一场持续的农业投资。过去几十年中，国内学者对圈地主题也有不少研究，且视角和观点不断出新，但重理论、轻史料的特点却少有改变。

本文重点关注议会圈地中个人权利的实施原则，这是本文立论的中心，也是论证的起点。议会圈地是按照个人权利的原则来践行的，其过程本身即是一场变革生产和权利制度的投资，结果则是确定了完全的、以个人权利为核心的土地利用制度。

一 议会圈地与个人权利原则

第一个议会圈地法出现在 1604 年，最后一个则在 1914 年。议会圈地历时三百余年，共有圈地法案超过 5000 部，但圈地案主要集中在 1750—1850 年。议会圈地面积的低估值为 680 万英亩，高估值为 725 万亩，占英格兰土地面积的 1/5 或 1/4。[④] 议会圈地主要集中在英格兰中部的米德兰地区（Midlands）和北部的约克郡，其他地区则很少。但这个集中区域

---

① Robert C. Allen, "The Efficiency and Distributional Consequences of Eighteenth Century Enclosures", *Economic Journal*, Vol. 92, No. 368 (Dec., 1982), p. 950; Robert C. Allen, *Enclosure and the Yeoman*, Oxford: Clarendon Press, 1992, pp. 20, 149.

② Gregory Clark, "Commons Sense: Common Property Rights, Efficiency and Institutional Change", *The Journal of Economic History*, Vol. 58, Issue 1, 1998, p. 100.

③ G. E. Mingay, *Parliamentary Enclosure in England*, London: Longman, 1997, p. 111.

④ 相关研究见：J. R. Wordie, "The Chronology of English Enclosure, 1500—1914", *Economic History Review*, second series, Vol. 36, No. 4, Nov., 1983, pp. 488, 501; Michael Turner, *English Parliamentary Enclosure*, Folkstone: Dawson, 1980, p. 32; John Chapman, "The Extent and Nature of Parliamentary Enclosure", *Agricultural History Review*, Vol. 35, 1987, pp. 28, 29; Roger J. P. Kain, John Chapman and Richard R. Oliver, *The Enclosure Maps of England and Wales 1595—1918*, Cambridge: Cambridge University, 2004, pp. 24 – 28.

恰恰是敞田制的主要分布区域。① 敞田制农业以二圃或三圃制、休耕、公地和公权为特征，是英国旧农业中最能抵御变革的用地制度，直到工业革命前仍在上述地区占据很大比例。议会圈地实际上是大规模和最终替代敞田制的一场变革，并由此完成了向新用地制度的转变。

议会圈地以圈围敞田制下的土地为主，细分为如下几种：一是敞田（open fields）。敞田是种植庄稼的耕地，实行二圃或三圃制，土地休耕，收获后的耕地向镇区开放，用于放牧牲畜。敞田耕地的财产权明确属于相应的产权人。② 但由于其收获后和休耕期的开放性，因而又具有共有属性。敞田由此又称为公田（common fields）。二是公共草场（common meadows），用于种植草料以饲养牲畜。这种土地虽是公共用地，但却明确地属于教区的产权人。产权人根据其耕地的比例使用公共草场，其权利一般限定在草场中划分出的特定区域内，并不与其他产权人共用整片草地。为了公平起见，产权人的地片每年要抽签重新分配。这种形式在英格兰比较普遍。三是公共牧场（common pastures）。收获后和休耕期中的敞田会向教区的所有产权人开放放牧，公共草场在收割完草料后也是如此，这时，这两类土地就变成了公共牧场。使用这类土地的权利也是

---

① 自中世纪以来，英格兰的土地系统相当复杂。敞田制并不是覆盖全境的系统，而主要存在于英格兰自南到北的中间地带。霍华德·格雷的研究表明，敞田制"被限制于在一个大的不规则地区，主要在米德兰。中央地区向北远至达勒姆（Durham），向南到英吉利海峡，从东边的剑桥郡到西边的威尔士边界"；英格兰的其他地区的田制则是有别于此的凯尔特制、肯特制、东昂格里安制（Howard Levi Gray, *English Field Systems*, Cambridge：Harvard University Press，1915，p. 403，及相应各章）。这一结论得到后来的很多学者认可。C. S. & C. S. 奥温认为，16 世纪初敞田制主要存在于英格兰中部和约克郡，其他地方即使在中世纪时敞田的证据也不多，如兰开郡等（C. S. & C. S. Orwin, *The Open Fields*, Oxford：Clarendon Press，1954，pp. 63 – 68. ）。W. E. 泰特也采用了这一观点（W. E. Tate, *The English Village Community and the Enclosure Movement*, London：Victor Gollancz，1967，pp. 56 – 57）。

② 在各议会圈地特别法案的文本中，广泛使用"产权人"（Proprietors）和"业主"（Owners）。两个词几乎是无差异地指以各类权利保有土地的人，其法律身份可能是"自由持有人"（freeholders）、"租赁持有人"（leaseholders）、"公簿持有人"（copyholders）等。而且，二者同时用来指圈地前和圈地后的对土地拥有上述权利的人。圈地后，土地保有权的形式可能发生改变，也可能不发生。举例来说，一块公簿持有地经圈地后可能转变为自由持有地，也可能仍是公簿持有地。保有权形式是否改变要根据产权人意志而定。

与产权人的土地面积成比例。四是荒地（wastes），是荒芜的、未经耕耘和种植的土地。这类土地可能包括荒野、林地、沙坑、砾石坑等。这样的公地有时道理上也是按产权人的权利比例来使用，但有时所有人都可使用。人们可从这种土地上获得木材、沙石、泥炭等，也可能放牧一些牲畜和家禽。使用公共土地的权利即为公权。圈地特别法案有圈围教区耕地和草场的，有圈围荒地的，也有各种土地一并圈围的。

议会圈地是明确和重新界定个人财产权利的制度变革，同时也是为未来农业发展奠定基础的投资。通过圈地，取消了土地上的公权，确立了完全和清楚的个人权利。敞田制下并非没有个人财产权，而是产权人的权利有残缺、不够明确，土地的使用缺乏鲜明的排他性，公权、私权掺杂。土地在庄稼收获后就会向其他人开放，用于放牧牲畜。这种情况下个人财产在一定时期内就不具备排他性。而且，产权人的敞田无论其面积大小，都不是集中于一处或几处，而是以许多块条地的形式分散于村庄四周。每条地块经常不足一英亩，甚至更小。每个产权人的条地都与其他人的相互接邻。结果，在一大片耕地上的所有农场主只能种植同种类的庄稼，同时播种并同时收获。否则，将很难进入自己的土地进行生产，更不用说在上面饲养牲畜了。这就使得农场主无法选择自己认为最有利的生产品种，也无法单独改善土壤，也就是限制了个人追求利润最大化的可能。进一步说，就是敞田这种土地使用方式妨碍了个人的劳动投入和更多的资本投放。圈地是将土地永久圈围起来，敞田上权利的模糊性消失。生产者就可以在经过整合的、排他性权利明确的农场上选择最佳的经营方式。圈地又是重新界定个人财产权利的投资。因为，圈地并不是简单地将各家的分散条田逐个圈围起来，而是把土地进行重新分配，最终使各家的土地成为连片的块地，所以，必须包含重新界定财产权利的过程。经过整合的耕地经营更方便，资产的价值也常常相应地上升。公共草场的圈围也会解决相似的问题。圈地还圈围荒地。荒地是个人权利最不清楚的土地，它与敞田、公共草场相比排他性更差，甚至几乎完全没有排他性。每个人都可以使用这种财产并得到好处，使用越多，收益越多，但却没有人对它承担义务。这种资源的使用方式在地广人稀的中世纪并不会表现出明显弊端。但到了近代史，随着人口的稳定增长，资源的稀缺性日益突出，这种资源使用方式的弊端也就愈加明显。最大的弊端就是低效率，因为人人都可以不承担义务而得到好处，这就必然会导致资源的滥用。而且，由于它不可能用于特定的生产目的，故而经济价值也很低。通过圈地，这类土地建立了排他性的个人权利，从而转变为具有生产价值的资产。

圈地的意义不仅仅是明确和重新界定财产权利的投资，它还是使土地资本获得数量上增长的投资。议会圈地原则上是依据个人财产权利来实施的，并以法律的形式确定下来。圈地之前的土地上，个人财产权利大致体现为两种形式——相应土地上的个人私权和公权中的个人份额。就敞田而言，尽管产权人的某些土地私权一定时间内会与公权相掺杂（如收获后公共放牧），但不可否认其私权早已是不可剥夺的和绝对的。这就是敞田制中存在的个人权利。大法官布莱克斯通将其称之为"私有财产权"，是他所说的"绝对的个人权利"的一部分。[①] 另一方面，所谓公权也是属于某些具体人的，而不是属于一个与个人无关的、空泛的概念。这样的公权可以划分为实实在在的份额，分配到每个公权者名下（尽管滥用公权的情况时常发生，但并不能否定这一特征）。圈地即是以上述权利为依据来明确和重新界定新的土地财产权利。个人权利原则不是为圈地而新创的，也不是在圈地后新生的，它是在敞田制上早已存在的。也就是说，旧制度本身就包含着建设新制度的基本构架。圈地完成后，公权消失，完全的个人权利确立。圈地是用旧制度中的个人财产权利原则去消除与之并存的公权原则，从而建立完全的个人财产权新制度。个人财产权利原则突出体现在两方面：一是土地分配和利益补偿方式；二是圈地投资基金的分担和筹集方式。本文即着重从这两方面展开研究。

---

① William Blackstone, *Commentaries on the Laws of England*, Vol. 1, Oxford: Clarendon Press, the third edition, 1768, p. 129.

二 个人权利与议会圈地中的利益补偿和安排

个人财产权利原则首先在圈地利益安排的过程中得到了充分的体现。

议会圈地是土地产权人的自发行为,通常以教区为单位,并以议会特别法案为法律依据。自发行为意味着,土地的产权人必须通过共识来解决圈地问题。这是因为各人的耕地零碎地交接在一起,没有共同的意愿将不可能改变现有土地的性状。那么,如何达成共识呢? 就是通过相关各方之间的谈判协商来完成,其依据是各方对土地的权利。

发起人首先要召集相关各方商讨圈地事宜,并通告公布。一开始这是惯例,后来则成为申请法案的必备程序,《议会议事程序》对此有专门的规定。[①] 这实质上就是一个告知过程,要求各方参与其事。由于涉及各方权利所在,不告知就不可能实施圈地。确定圈地意向后,教区的土地产权人们会任命一个专门的圈地委员会,授权负责圈地事宜。委员会大多由三名委员组成,但多达十数人或仅有一人的情况也有。委员须是非利益相关人。另外,委员会通常还有一名书记员和一名调查员。1808 年的《圈地大报告书》指出,一般来说委员分别代表着庄园领主、什一税拥有者和其余产权人三个群体的利益。[②] 泰特对剑桥郡的研究也表明不同的委员代表不同各方的利益。[③]

在圈地的诸项事物中,大土地产权人无疑拥有比小产权人大得多的影响力。因为决策取决于大比例土地产权人的意见,而非产权人数量的多寡,道理上类似于股份公司的决策是由持有多数股份的股东决定。尽管大地主对圈地的影响更大,但设想圈地由其独断是不符合实际的。大地主的优势在于,其地产占教区土地比例可能相对较高,在谈判中的影响力就较大。但这绝非

[①] Standing Orders of the House of Commons, Relating to Private Bills, and Other Matters: 1685—1830. *Parliamentary Papers*, 1830 (692), XXX. 113, p. 13.

[②] *General Report on Enclosure*, London: B. McMillan, 1808, p. 67.

[③] W. E. Tate, "Oxfordshire Enclosure Commissioners, 1737—1856", *Journal of Modern History*, Vol. 23, No. 2 (Jun., 1951), p. 145.

意味着可以不顾，甚至随意侵占他人利益。亨利·霍默在1766年提到，圈地的"行事之本是要依照该处产权人的相应利益"①。1808年的《圈地大报告书》也认可这一说法。② 此外，对于本地的圈地计划，反对者还可通过向议会请愿的方式表达反对意见。反对者的呼声也是议会审议法案的重要参考信息。提出反对请愿可能是一些小产权人、其他利益相关者，也可能是大地主。

任命圈地委员，实施圈地的程序由此开始。这是一个谈判如何重新安排业主财产权利的过程。圈地委员会要就圈地的计划反复征求各方权利人的意见，协调各方利益以求最终达成一致。有时特别法案中还要写明委员们的这项工作，例如，1779年的《伯克郡斯频教区圈地法》中就有条款专门载明，圈地委员要就利益冲突进行取证和解决争议。③ 协调的过程经常不是简单而顺利的，它由一系列产权人之间的谈判构成，有可能历经几年的时间才能完成。谈判之难即反映了重新安排权利之难，任何人都希望在这场交易中收益最多、代价最小。但要达成共识，各方不得不依照其固有的权利得到其应得的，至少基本道理如此。

委员会的协调工作和谈判内容主要涉及：1. 是否应当圈地，无疑谈判如果不能就此达成多数一致，圈地就无法进行；2. 圈地费用将如何承担；3. 确定现有土地权利状况，解决圈地后土地分配和划分的问题。为此，要任命调查员，要丈量、勘察教区的边界和土地面积，并绘图标出现有持有地的分布状况。标出未来计划的新分配地块和道路的边界、走向、占地面积。在有关权利安排谈判的基础上，开始着手进行立法，即委员会向议会提交圈地请愿，申请特别法案。最后，圈地委员会裁定圈地安排，监督并实施圈地事务。《裁定书》的中心内容是关于土地的分配、留作公路和其他

---

① Henry Sacheverell Homer, *An Essay on the Nature and Method of Ascertaining the Specifick Shares of Proprietors upon the Inclosure of Common Fields*, Oxford: S. Parker, 1766, p. 60.

② *General Report on Enclosure*, London: B. McMillan, 1808, p. 62.

③ An Act for Dividing, Allotting, and Inclosing, certain Open and Common Field, Common Meadows, Common Pastures, Commons and Commonable Land and Grounds within the Parish of Speen in the County of Berks, *Parliamentary Papers*, 1779, p. 6.

公共设施的土地的规划,以及委员所做的大量决定和仲裁的细节等。

议会圈地早期的请愿书陈述比较详细,以后比较程式化和简单,且多参照以前的形式。提交议会的文件必须包括圈地的相关详细内容,如教区中全部产权人的名单、每人土地的价值、对议案的态度以及产权人的签名。为了能使议案通过,需要财产权的多数支持。1800年的《圈地议案报告》称,同意圈地的产权人比例需达到"3/4"或"4/5"。该报告的附录中载有8位圈地委员的证词,其中有5位提到,协调各方意见或获取"同意"是非常困难的事情,需要大量的工作。[①] 议案是否通过取决于来自大比例土地上的意见,而不是支持或反对的产权人的数量。这实际上就是按财产权利份额的大小来决定对财产的处置。获取"同意"的困难说明了在各方权利间进行谈判的难度。明盖对92份征求圈地意见的文件进行了研究,其中包含反对意见的有47个,反对者大多是小土地产权人。[②]

无论是选派代表,还是在产权人之间交涉,上述过程都表明,圈地与否以及如何圈地都必须以个人权利为依据来谈判和决策。谈判的结果就是确定下来具体的土地圈围、分配以及利益补偿方案,并呈现于法律文本之上。

针对各教区的圈地法案,属于议会特别法案。这类法律不同于一般性法律,它提供的不是某些法律原则,而是就某个特定群体或事件颁布的专属法律。每个特别法案都会在最开始的部分载明所要圈围教区的名称、土地的性质和面积、各类产权人的名字等重要信息。实际上,某个圈地法案所载的就是当事人有关圈地谈判的结果或权利安排。法案只不过是以法律的格式将其呈现出来,以此授权特定的当事人按照他们所要求的方式圈地。因此,圈地特别法案能够为历史研究提供丰富且具体的实证资料。本文随机抽取了130份圈地特别法案。这些样本来自议会圈地面积超过33%的12个郡,时间跨度从1759—1843年。样本按各郡圈地

---

① Report from the Select Committee on Bills of Inclosure, *Parliamentary Papers*, 1800, pp. 5, 16 – 32.

② G. E. Mingay, *Parliamentary Enclosure in England*, London: Longman, 1997, p. 64.

特别法案的数量分配权重。这 12 个郡分别是贝德福德郡、伯克郡、白金汉郡、剑桥郡、亨廷顿郡、莱斯特郡、林肯郡、北安普顿郡、诺丁汉郡、牛津郡、拉特兰郡、约克郡东区,它们共有圈地特别法案 1856 份,抽样率为 7%。① 通过分析这些样本,可以从中得出议会圈地过程中财产权利

---

① 由于每份法律的标题都很冗长,为了简化起见本文只给出各郡抽取的法案数、教区或镇区名称、法案签署的年份。这些信息足以提供检索之用。以下是 130 份法案的基本信息。资料来源:《议会文献》(Parliamentary Papers)。

贝德福德郡(Bedford),7 份法案,分别是:Amptbill, 1806; Aspley Guise, 1759; Caddington, 1797; Clifton, 1832; Ridgemont, 1795; Odel, 1775; Keysoe, 1803。贝克郡(Berks),9 份法案:Basildon, 1808; Chaddleworth, 1810; Hinton, 1760; Brightwell, 1811; Great Shefford, 1812; Speen, 1778; Wargrave and Warfield, 1814; Ruscombe, 1827; South Moreton, 1818。白金汉郡(Buckingham),9 份法案:Manor of Calverton, 1781; Donington, 1801; Grandborough, 1795; Turweston, 1813; Westbury, 1763; Datchet, 1809; Little Brickhill, 1796; Long Crendon, 1824; Towersey, 1822。剑桥郡(Cambridge),10 份法案:Gamlingay, 1807; Horningsea, 1801; Abington Pigotts, 1769; Connington, 1799; Foxton, 1826; Harlton, 1807; Knapwell, 1774; Melbourn and Whaddon, 1813; Elm, 1834; West Wickham, 1811。亨廷顿郡(Huntingdon),5 份法案:Ellington, 1773; Brington, 1803; Saltree and Saltree, 1803; Woodhurst, Somersham, and Pidley, 1795; Stilton, 1804。莱斯特郡(Leicester),11 份法案:Claxton, 1778; Harby, 1789; Bruntingthorp, 1775; Great Wigston, 1763; Hoby, 1759; Slawston, 1792; Statbern, 1791; Swithland, 1797; Glooston and Cranoe, 1825; Congerston, 1823; Belton, 1812。林肯郡(Lincoln),25 份法案:Ashby juxta Partney, 1810; Lordship of Caistor, 1796; Mavis Enderby, 1797; Ancaster, 1768; Belchford, 1800; Boltham, 1802; Grimoldby, 1765; Haburgh, 1813; Harlaxton, 1794; Legburn, 1779; Ludborough, 1773; Market-Raisin, 1778; Scamblesby, 1766; South Reston, 1770; West Keal, 1773; Whitton, 1772; Welbourn cum Sapperton, 1779; Wood Enderby, 1791; Cumberworth, 1819; Fulstow, 1817; Holbeach and Whaplode, 1812; Horncastle, 1803; Thurlby, 1801; Easton, 1805; Allington, 1792。北安普顿郡(Northampton),16 份法案:Aldwinckle, 1771; Cranford Saint John, 1804; Denford, 1764; Duddington, 1773; Duston, 1775; Woodford, 1762; Rothersthorpe, 1808; Saint Martin, 1794; Saint Peter and Saint James Brackley, 1829; Slipton, 1770; Welford, 1776; Whitfield, 1795; Abthorpe, 1823; Croughton, 1806; Little Harrowden, 1780; Naseby, 1820。诺丁汉郡(Nottingham),11 份法案:East Drayton, 1819; Edwinstow, 1777; Elton, 1806; Farndon, 1766; Great Leke, 1797; Lenton and Radford, 1795; Norwell, 1826; Upton, 1794; Warsop, 1818; Widmerpool, 1802; East Markham, 1810。牛津郡(Oxford),13 份法案:Westwell, 1769; Cropredy, 1773; Ensham, 1780; Aston Rowant, 1832; Ambrosden, 1814; Broadwell, 1774; Hanwell, 1782; Somerton, 1764; Sandford, 1766; Wendlebury, 1799; Caversham, 1832; Spelsbury, 1801; Oddington, 1791。拉特兰郡(Rutland),2 份法案:Braunston, 1765; Uppingham, 1769。约克郡东区(East Riding, York),12 份法案:Bridlington, 1792; Foxholes, 1770; Humbleton, 1805; North Burton, 1823; North Grimston, 1791; Skipwith, 1808; Sutton upon Derwent, 1775; Sancton, 1768; Would Newton, 1771; Huggate, 1766; Fridaythotpe, 1810; Hemingbrough, 1843。

另注:各郡抽样比例的依据参考 Michael Turner 关于圈地特别法案数量的统计,见 Michael Turner, *English Parliamentary Enclosure*, Folkstone: Dawson, 1980, pp. 176–181。

安排的基本特征。

无论是敞田、公共草场还是荒地，在圈地时都要重新分配。分配的基本原则是：对该教区土地拥有财产权的人，按照原拥有土地的比例得到圈围后的土地。各圈地案中都会涉及三方土地产权人，即，庄园领主、什一税拥有者、其他的产权人。圈地特别法案主要是对此三类财产权进行补偿或重新安排。新分配地按权利比例授予这些产权人，并在相应法案中做出明文规定。

庄园领主对当地公地和荒地享有的权利可追溯到中世纪。英国的土地权利不是现代意义的所有权，而是保有权，这是自诺曼征服起就具有的法律特征。[1] 庄园领主都是直接或间接自国王处领有土地，同时向国王承担某些义务。自庄园领主那里领有土地的人也同样享有某种保有的权利，并要负担一定的义务。到议会圈地这个时代，庄园土地尽管可能已经以自由持有、租赁持有、公簿持有多种形式成为他人的财产，但庄园领主依然对这些土地拥有一定的财产权利。[2] 理论上讲，其他产权人在荒地和公地上享有的公权是在领主的财产上产生的。但这种权利由于习惯和深远的起源而变成了对这类土地的实在权利，因此，拥有此种公权的产权人有权将相应的比例划归私有。同时，由于这类土地上的公权转变为其他产权人的私权，庄园主也有权获得利益补偿，因为这些土地从名义和源头上是属于领主的。补偿方式一般是分配一部分土地给他，其古老权利也就转化为明确的私有财产。分配的比例据称是"这类公地的 1/17 到 1/8"[3]。例如，威廉·瓦特森（William Watson）是艾灵顿庄园的领主，法案规定给予他的补偿占"荒地和公地的

---

[1] 关于英格兰土地保有权的特点可参见 William Blackstone, *Commentraies on the Laws of England*, Book II, Oxford: Clarendon, 1768; F. W. 梅特兰:《英格兰宪政史》，李红海译，中国政法大学出版社 2010 年版。

[2] 庄园领主（Lord of manor）不仅存在于中世纪，而是至少直到 19 世纪都具有法律意义的概念。

[3] *General Report on Enclosure*, London: B. McMillan, 1808, p. 61.

1/20"①。

　　什一税原本是土地保有者支付给教会的一部分收入，以支持其生计和运作。由此形成了教会对某些土地享有一定的收益权。自中世纪以来，有许多收取什一税的权利自教会转入到世俗人士的手中。这使得什一税拥有者既可能是教会，也可能是世俗人士。到 18 世纪，土地的实际占用者成为了什一税最终承担者，尤其是租地农场主。而什一税是一种分成租，生产者收入越高，交纳的数量越多，土地实际占用者对此日益不满。圈地要对土地财产权进行重新分配，这就为解决该问题提供了一个最适宜的机会。因此，圈地的目的之一就是将什一税拥有者的权利进行折算，按相应比例分配土地给他们，以此永久性抵偿掉什一税负担。托马斯·帕克（Thomas Parke）是莱斯特郡斯塔特本教区的教士和什一税拥有人。该教区的圈地法案规定，为了替代什一税，给他的补偿是敞田、牧场等的"1/7，以及园地、果园、宅地和旧圈地的 1/9"②。

　　一个庄园的土地通常不会仅属于庄园领主，而是有数量不等的产权人或业主。他们是当地敞田、公田的地主，同时也享有公共草场、荒地等的公权。圈地使他们的私有土地和公权重新分配和权利转化，以新分配地替代原有的分散条田和公地权利，公权从此废止。1796 年的《贝德福德郡的理奇蒙特教区圈地法》载明，除庄园领主和什一税拥有者外，其他产权人包括有一位世袭贵族，两位拥有终身爵位的乡绅，九位平民。法案记述了上述地主的名字，并规定："委员将分配……给这几位产权人……上述土地和场地……的全部剩余遗产和剩余地产。而且，在如此部分和位置，按照如此的数量、份额和比例具有相关利益的人……应该被判给和断给一

---

　　① An Act for Dividing and Inclosing the Open and Common Fields, Meadows, Commonable Lands, and Commons, within the Manor, Parish, and Liberties of Ellington, in the County of Huntingdon, *Parliamentary Papers*, 1774, pp. 1, 5.

　　② An Act for Dividing and Inclosing the Open and Common Fields, Meadows, and other Commonable Lands and Waste Grounds, within the Parish of Statbern, in the County of Leicester, *Parliamentary Papers*, 1792, pp. 1, 9.

份公正和完全的补偿和满足,并且等同于他们在该处的几份和相应的土地、场地、公权和其他权利与利益。"①

上述三类产权人的利益必须在圈地的过程中得到满足。因此,本研究涉及的130份特别法案样本中普遍包含有上述类型的补偿条款。

一些产权人在圈地前已经针对其土地立有遗嘱、契约等,这意味着土地经圈围和重新分配后,原契约所涉及的土地已不属于立约人。为了保证契约和相关利益不受损害,涉及此问题的地区会在其圈地法案中做出规定,申明遗嘱、契约等将不因圈地而受侵害。在本文所做的12郡圈地特别法案抽样统计中,具有这类条款的法案有98部,占75%(见前文和注释)。如,白金汉郡一教区1796年的法案规定,不得"废除、改变或取消任何遗嘱或继承安排;或,损害任何拥有或有权主张……任何寡妇所得产、亡夫遗产、继承产、债务或债权的个人或人们……"② 这些契约在相关权利人的新分配地上有效。

产权人对原有土地之上的财产也享有权利,如树木、灌木、旧圈地的围篱等。土地重新分配后,这些财产的原产权人有权向该土地的新产权人索要赔偿,或收回这些财产。样本中有这类条款的有53例,占41%(见前文和注释)。特别法案常载明如下:"如果土地的任何部分……分配给任何人,那么,这样的人……将支付给这些树木或灌木的原业主相同的钱数。假如他拒绝这么做,那么原业主将获准……出售和砍伐这些树木和灌木"③ 尽管许多法案都未载有这类条款,但这并不一定意味着这些利益得不到尊重,而可能是问题已经以其他方式解决。

---

① An Act for Dividing and Inclosing the Open and Common Fields, Common Meadows, Commons, and Waste Lands within the Parish of Ridgemont, in the County of Bedford, *Parliamentary Papers*, 1796, pp. 2, 20.

② An Act for Dividing and Inclosing the Open and Common Fields, Common Meadows, Common Pastures, and other Commonable Lands and Grounds within the Parish of Grandborough, in the County of Buckingham, *Parliamentary Papers*, 1796, p. 18.

③ An Act for Dividing and Inclosing the Open Fields, Coppices, Commons, and Waste Land, within the Parish of Lambley, in the County of Nottingham, *Parliamentary Papers*, 1792, pp. 15 – 16.

除了上述三类土地产权人，圈地还涉及其他人等的利益。这些人主要分为两类，一类是租地农场主，另一类是教区中的劳工或穷人。

租地农场主或佃户的利益因圈地而受损的，地主或产权人要予以补偿。圈地要历经数年才能完成，土地要重新分配、道路等要重新规划。此间生产可能无法正常进行，租地协议也不得不废止，农场主势必遭受损失。《圈地大报告》也直言了这种状况的存在。[①] 这构成了农场主反对圈地的重要理由。为了平息反对，产权人要对佃户做出赔偿。这些谈判结果最终在法案中得以体现。抽样中具有这样条款的法案有107部，占82%（见前文和注释）。这个比例相当高，说明租地农场主的利益得到了很大的重视。牛津郡维斯特维尔教区的1769年法案这样写道："所有这样的租约和协议将终止和完全废除。……作为……对佃户或佃户们的补偿……钱款将由那些相应土地的出租人或地主支付。"[②] 圈地过程会给农场主的庄稼或耕耘作业造成损害，地主也负有赔偿义务。1832年的《卡弗沙姆教区圈地法》载有："货币补偿将……由那些土地所分配给的个人或人们付给……地里任何庄稼的拥有者……并且，货币补偿将付给……任何佃户或任何土地的占用者，这同样也是因为他们在任何……土地上所做的犁地、耕地和施肥工作。"[③] 40个样本中载有这类条款，占31%（见前文和注释）。写入这类补偿的比例不高，原因有二：一是有些圈地是在收获后实施土地重新分配的，不造成损害，也就不必申明补偿。二是一些此类补偿可能已包含在其他条款中了。

租佃农场主虽然只是土地的租赁者，但他们无疑已在相应的土地上投入了资本和劳动。这些使他们对土地具有了一定的财产权，这是他们能够得到补偿的最根本原因。再有，租地农场主与地主的利益密切相关。

---

① *General Report on Enclosure*, London: B. McMillan, 1808, p. 31.

② An Act for Dividing and Inclosing the Open and Common Fields, Lands and Downs, within the Manor and Parish of Westwell in the County of Oxford, *Parliamentary Papers*, 1769, p. 8.

③ An Act for inclosing Lands in the Parish of Caversham in the County of Oxford, *Parliamentary Papers*, 1832.

大地主通常不可能亲自经营农业生产，而会将土地出租。农场主的利润就是地主收入的来源。损害农场主的利益无疑不利于得到稳定和良好的收入，从这一点上地主也能够接受给予对方补偿。更何况，圈地农场更方便经营，地租一般都会上升。更好的未来收入使地主认为补偿是值得的。因此，圈地特别法案在满足产权人或地主的利益之后，其次就是农场主的利益。

一些法案对小屋民、穷人的利益和公权给予补偿。圈地涉及的大量当地居民不是土地的产权人，不拥有土地。他们的身份往往是农业雇工或工农业兼营的劳动者，除了占有一所栖身的小屋外，几乎别无他物，这些人经常被人称之为小屋民。这些居民虽不是土地产权人，但也有可能享有在公共牧场、荒地上的公权。一些人世代居住于当地，他们的公权可追溯，权利依据明确。但很多穷人实际上并没有公权，只是在产权人的默许或无法监督的情况下利用公共土地得到一些收入。[1] 如果他们拥有公权的话，大致包括这几类：在公共牧场放牧的权利，包括放牧牛羊、家禽等；掘取泥炭的权利，以用作燃料；获取一些生产、生活资料的权利，包括可充当燃料的枝条、用于修缮房屋的木材等；河流、湖泊中捕鱼的权利等等。当然，即使没有公权的话，穷人也经常照此使用公地。圈地后荒地、公地等被划归私有，公权消失。这意味着这些人的一部分生活来源将因此失去，这自然会导致他们的反对。于是，同样是为了减少圈地的阻力，有时这些人的利益和权利也要得到补偿。1808年的《圈地大报告》中提到，给这些人补偿就是为了减少反对。[2] 补偿方式通常是分配给这些人小块土地、保留一定的挖掘泥炭的权利等，以此补偿其失去的公权。1773年科洛普雷迪教区的法案规定："分派、分配、裁定和指

---

[1] 这一点许多学者都用共识，如，纲纳、钱伯斯和明盖。（参见 E. C. K. Gonner, *Common Land and Inclosure*, London: Macmillan, 1912, p. 32; J. D. Chambers & G. E. Mingay, *The Agricultural Revolution 1750—1880*, London: B. T. Batsford, 1966, pp. 97 – 98）

[2] *General Report on Enclosure*, London: B. McMillan, 1808, p. 69.

定给上述公地小屋的拥有者和拥有者们……几片或几块土地和场地。"①
但这类人的利益并非能得到广泛关照,在本文的抽样统计中载有这样条款有25例,只占19%(见前文和注释),也就是说,这类人中大部分得不到补偿。

有些法案虽然没有针对的补偿条款,但也会写明留出一些公共土地供公众采集石料、泥炭等用。然而,一点儿这样的公共资源或小块土地的补偿,常常不能弥补这些人过去的收入。原因在于,圈地前这些人使用公共土地具有很大的随意性,每个人的使用量通常又很难监督,多利用就多得。而某些的补偿意味着确定的经济利益份额,这就难免会小于以前他有能力利用的份额。1808年《圈地大报告》所调查的18个郡的32个教区中,23个教区声称圈地后穷人的收入减少,只有2个表示状况更好了。② 那些原本能利用一些公地的劳工,如果得不到小块分配地,就变成了完全与土地无关的工人,这样的人连一只羊也养不了。因此,圈地确实令很多劳工家庭沦入了一无所有的境地。这一群体因圈地而失去既有利益,基本已成共识。

三 个人权利与议会圈地的农业投资

议会圈地的各个程序都会产生相应的费用,且往往数量不菲。其结果是确立了新的财产权利特征和农业生产制度,农业生产的地貌也为之改变。这本身就意味着圈地是一场意义重大的农业投资活动,且个人权利原则在资本的投入方向和筹集方式上都表现得非常鲜明。

重新确定权利安排需要反复谈判,申请立法也需经过多重程序。这些都经常带来巨大的开支,并在整个圈地投资中占据了相当的比例。剑桥郡的小韦伯拉汉姆教区(Little Wibraham)1797年圈地,圈围面积共

---

① An Act for Dividing and Inclosing certain Open Common Fields, Pastures, and Waste Grounds, called Cropredy Field and AstMead, within the Parish of Cropredy, in the County of Oxford, *Parliamentary Papers*, 1773, p. 21.

② *General Report on Enclosures*, London: B. McMillan, 1808, pp. 150 – 152.

1970 英亩，总投资 3339 英镑，其中花在律师、调查员、委员等上的 1644 英镑，约占总投资的 49%。① 贝德福德郡的敦顿（Dunton）教区，1797 年圈地 2200 英亩，总支出 1803 英镑，其中调查、委员、法案等的费用为 1344 英镑，占 75%。② 林肯郡的巴顿原（Barton Field）据称是英格兰最大的圈地之一，法案 1793 年通过，共圈地 6240 英亩，总费用 13180 英镑，其中法律等费用 6180 英镑，占 47%。③《圈地大报告》研究了到 1800 年为止圈地状况。所调查的 2591 个圈地法案中，各案圈地面积平均为 1612 英亩，平均总投资 1650 英镑。其中，用于法律程序、调查、圈地委员的费用平均为 1100 英镑，占到总投资的 67%。④ 这些都可以被视为安排财产权利而付出的司法和谈判费用。这份报告所反映的情况正处于第二个议会圈地高潮（18 世纪 90 年代到 1820 年），这个比例或许能代表平均水平。当然，由于各圈地案所涉及具体情况的差异，实际花销可能明显偏离平均值。1770 年阿瑟·杨对英格兰北部的一个估计就比较高，他认为司法费用一般在 1800—2000 英镑。⑤

上述例证中，调查、圈地委员、法律程序等费用可能要占到总支出的 2/3 左右，这些属于在圈地协调和立法等方面做出的投资。土地产权人之所以愿意为此花费如此大比例和高昂的代价，其原因与实施圈地的基本原则完全一致，那就是人们对个人权利的重视。为了保障已有的权利和获得新的权利，人们不惜付出成本。这部分资本不是投到物质性资源上，而是投到无形的权利安排上。由此可见，个人权利的观念在人们心中已经变得多么的重要。它是处理人与人关系、人与物关系的基准点

---

① W. Gooch, *General View of the Agriculture of the County of Cambridge*, London: Richard Phillips, 1811, pp. 67 – 68.
② Thomas Batchelor, *General View of the Agriculture of the County of Bedford*, London: Sherwood, Neely & Jones, 1813, pp. 218, 225.
③ Arthur Young, *General View of the Agriculture of the County of Lincolnshire*, London: Sherwood, Neely and Jones (second edition), 1813, pp. 101 – 103.
④ *General Report on Enclosure*, London: B. McMillan, 1808, pp. 97 – 99, 329.
⑤ Arthur Young, *A Six Months Tour Through the North of England*, Vol. I, London: W. Strahan, 1770, p. 223.

和出发点。

圈地投资的资本来源基本符合下述原则：享有投资结果的人承担出资义务。圈地投资的成本，原则上依据个人对教区土地权利的大小按比例分摊，即个人权利原则。从发起请愿到完成裁定书，以及最后的圈地公共工程建设，所有这些费用都要由涉及圈地的产权人共同承担。从原则上说，每位产权人承担的比例相当于它所分得的圈地面积的比例。但什一税拥有者的费用由教区其他业主承担，以此作为替代什一税的一部分补偿。

圈地的资本金来源可能有多种形式，但究其根本都是按照财产权利来分摊或承担投资成本。

首先，最常见的形式是由圈地委员按比例向产权人收取，形式上类似于征收土地税。

这种方式完全符合投资者的利益，所以只要财力允许，人们通常都乐于接受。征收圈地费是普遍存在的做法，各地的特别法案中经常也都有相关条款。在本文的统计中，有122例圈地特别法案明确规定，圈地的相关费用由产权人承担，并授权圈地委员负责征收或解决付款问题。这一数字占抽样总数的94%（见前文和注释）。例如，林肯郡的帕特尼附近艾施比教区1810年圈地，其特别法案显示："花销和费用……应由所有产权人承担和支付……依据他们在前述的土地、场地和其他可继承产上的相应份额、利益和比例。"[①] 1836年《普通圈地法》规定，圈地委员有权"决定、估价和判予成本和费用"[②]。征收往往不是一次性的，多是分期征收。圈地一般都历时数年才能完成，分期征收可以大大减少产权人的支付压力。

分摊的费用由圈地委员收取，并安排开支。1792年剑桥郡的温伯顿（Wimbleton）圈地800英亩，排水工程共花费了约两千英镑，费用由圈地

---

① A Act For Inclosing and Exonerating from Tythes Lands in the Parish of Ashby juxta Partney, in the County of Lincoln, 1810, p. 18. *Parliamentary Papers*.

② Common Fields Inclosure, A Bill Intituled an Act for Facilitating the Inclosure of Open and Arable Fields in England and Wales, *Parliamentary Papers*, 1836 (579), II. 191, p. 12.

委员向土地产权人征收。① 最初的预算难免会估计不足，所以追加征收也是常有的事。有时几个大地主就占有了教区中的大部分土地，圈地费用自然主要由这些人承担。这样的地主在一项圈地案中就可能分摊到上千英镑，甚至更多。19世纪初，大地主科克（Coke）在其几处地产的圈地中分摊的费用常达一两千镑。②

圈地委员在征收圈地费方面的确拥有很大的权力，似乎他们可以决定征收多少、何时征收。而且，许多圈地法案也有明文授权给他们。但其实圈地委员的处置权是来自于产权人的，正是产权人授权他们为圈地而收费。法律之所以授权，是因为圈地的相关利益人要求法律如此。圈地委员从来不具有凌驾于各方利益至上的特权。

其次，销售一些土地，用以支付各种圈地费用。

出售的土地就是圈地的某部分，原本可能是耕地、草场或荒地。出售土地可以直接为教区筹集到投资基金，这不仅可以部分解决投资者资本不足的问题，而且还不必负债。实际上，即使是大地主也经常会缺乏资金。出售土地是一种很明智的筹资方式，这一方面解决了圈地资本不足的问题，另一方面也促进了资本向更有效的领域流动。1820年的《纳斯比教区圈地法》规定，按照产权人的要求，圈地委员可以安排"土地销售"以筹集圈地的"成本、开支和费用"。③ 涉及公共费用的土地出售一般都由圈地委员负责，拍卖是常见的形式。1815年，牛津郡伊弗利（Iffley）教区就登出过这样的广告："按照上述圈地法案，某些牛马公共牧场上的土地将拍卖。土地位于从牛津城（City of Oxford）到利托摩尔（Littlemore）的收费公路的西南侧，是本教区荒地的一部分。时间：9月30日星期六，上午

---

① Arthur Young, "Minutes Concerning Parliamentary Inclosures in the County Cambridge", *Annals of Agriculture*, Vol. XLII, 1804, pp. 325 – 326.

② S. W. Martins, *A Great Estate at Work*, Cambridge: Cambridge University Press, 1980, pp. 127 – 129.

③ An Act for Inclosing and Exonerating from Tithes, Lands in the Parish of Naseby, in the County of Northampton, *Parliamentary Papers*, 1820, p. 525.

11点。地点：牛津的托马斯·皮克大厦，人称'蓝野猪酒馆'。"①

并非每项圈地都会出卖土地，这只是筹资的方式之一。圈地各方会视情况而定是否有必要出售一些土地。而从时间上讲，M. 特纳认为，出售土地的情况在 18 世纪整体上并不普遍，18 世纪末才逐步增多。即使用这种方法筹资的地方，也经常要收圈地费。在白金汉郡 17 个出售土地的案例中，有 3 例发生在 1830 年以前，有 4 例圈地委员还要征收摊款。②本文的抽样中写明出售土地的有 33 份，比例是 25%（见前文和注释）。

当将圈围的土地以荒地、沼泽为主时，出售部分土地的情况更为常见。这样做的原因之一在于，这类土地原非生产用地，要想具备生产价值就必须做出更大的投入，如长期的排水等。这导致其圈地成本明显高于敞田。高昂的投资成本，大地主也难免承担不起。再有，这类土地原本价值不大。只要出售一部分，其余大部分就能成为有用的资源，这当然是非常值得做的。大约 18 世纪 70 年代，林肯郡的霍伯灵（Horbling）教区为支付圈地费用出售了 100 英亩土地，平均售价是每英亩 12 英镑 2 先令 9 便士。③ 阿瑟·杨也有这样的记载，在 1793 年剑桥郡的圈地中，一部分公地即被出售，所得的 2600 英镑用以支付法案和委员的费用。④白金汉郡的沃顿（Whaddon）1830—1831 年圈地，玛莎·霍伍德（Martha Horwood）分到的土地为 53 英亩，分摊圈地费 148 英镑。圈地委员代她出售了 12 英亩，卖地收入大部分用来支付摊款。⑤ 出售土地也有利于资本更有效的配置，一些闲置的资本会因此投向农业。购买者大多是附近的乡绅、农场主、医生、律师、教士、商贩等。在沃里克郡 18 世纪

---

① "Iffley Inclosure, Sale of Land", *Jackson's Oxford Journal*, Saturday, September, 2, 1815.
② Michael Turner, "Cost, Finance, and Parliamentary Enclosure", *Economic History Review*, May, 1981, Vol. 34, Issue 2, p. 241.
③ W. H. Hosford, "Some Lincolnshire Enclosure Documents", *Economic History Review*, New Series, Vol. 2, No. 1, 1949, p. 75.
④ Arthur Young, "Minutes Concerning Parliamentary Inclosures in the County Cambridge", *Annals of Agriculture*, Vol. XLII, 1804, p. 324.
⑤ Micharle E. Turner, "The Cost of Parliamentary Enclosure in Buckinghamshire", *The Agricultural History Review*, Vol. 21, 1973, Part I, pp. 43 – 44.

末的圈地中，考文垂伯爵（Earl of Coventry）两度出售土地，买者是两位乡绅。①

荒地、沼泽原本经济价值微薄，更算不上是资产。仅是由于确定了个人权利，就变成了可投资的资产，成为生产资源。更耐人寻味的是，人们连确定财产权利的资本也是靠出让一部分权利获得的。

再次，产权人以抵押贷款和借款的方式筹得资本，以后再逐步以某种方式偿还，抵押之物一般就是土地。

本文的抽样中共有90例法案写明了可以通过上述方式支付费用，占69%（见前文和注释）。约克郡东区一教区1772年的法律规定，产权人可以通过借贷"去支付将要转让和分配给他们的土地和场地的费用，钱数不超过每英亩40先令。"② 在白金汉郡的圈地中就有一些例子，有关抵押的地产契约有15份，其中5份涉及庄园地主，2份涉及什一税拥有者，3份涉及慈善机构地产，2份涉及最主要的产权人。③ 小土地产权人的支付能力可能有困难，抵押贷款是解决难题的方式之一。据明盖估计，1770年20英亩敞田的抵押价值是约200至250英镑，如要圈围就值得更多。而圈围这样一块土地的费用在24英镑至50英镑之间，这样，只需抵押少部分土地就可支付相应的款项。④

圈地委员有时会先向乡镇银行贷款来支付各种前期费用，待到征收圈地费后再偿还。19世纪前期，白金汉郡的多个教区圈地中都曾向银行贷款。⑤ 私人借款也是可能的筹款方式。在乡村小镇上，专业人士、商

---

① J. M. Martin, "The Parliamentary Enclosure Movement and Rural Society in Warwickshire", *The Agricultural History Review*, Vol. XV, 1967, Part I, p. 30.

② An Act For Dividing, inclosing and allotting the Open Fields, Common Pastures and other uninclosed Grounds within the Township of Would Newton, in the East Riding of the County of York, *Parliamentary Papers*, 1772, pp. 19, 20.

③ Michael Turner, "Cost, Finance, and Parliamentary Enclosure", *Economic History Review*, May, 1981, Vol. 34, Issue 2, p. 243.

④ G. E. Mingay, *Parliamentary Enclosure in England*, London: Longman, 1997, pp. 113 – 114.

⑤ Micharle E. Turner, "The Cost of Parliamentary Enclosure in Buckinghamshire", *The Agricultural History Review*, Vol. 21, 1973, Part I, p. 45.

贩、手艺人、寡妇等都有可能有一定的闲置资本。这种私人借贷范围不会太大，多在附近的乡村、小镇的朋友、亲戚之间。

最后，尽管理论上所有相关权利人都应分摊圈地费用，但也有例外。在有些地方，考虑到个别小业主确实难以支付相应的款额，也有免除他们义务的情况。在 M. 特纳的研究中，白金汉郡有一个穷人和两个最小的业主被免除了这一义务，莱斯特郡也有几例。[①] 有时一家地主就占有了教区中的大部分土地，圈地费用有可能由他全部承担而不是分摊。剑桥郡阿宾顿—皮格特教区共有三位地主，其圈地法明文规定圈地费由格兰纳多·皮格特（Grannado Pigott）一人支付。[②] 这种情况下，有些地主之所以愿意承担所有费用，也主要是考虑减少圈地的阻力。因为很多产权人反对圈地主要是由于担心费用太高，而不是认为圈地不如敞田好。

用于圈地的资本首先是投入到重新确定权利上，然后才投入到物质设施上，即，重新规划和建设当地的公共道路、公共围篱、水路码头等。在此之后，圈地将引发更大的和持久的农业投资。人们要为自己的新土地建设私有围篱，新农场要修建房舍，沼泽等圈围后要历经长期的排水才能成为有经济价值的土地。也就是说，圈地投资本身必定带动进一步的农业投资，其经济意义是不言而喻的。而且，农业一直是工业革命中非常重要的产业，其在整体经济中的比重只有到工业革命后期才被工业超过，这类投资在增长中的作用就更不能忽视了。

从理论上讲，产权人通过某种方式分担了圈地成本，并最终按照自身的权利按比例分得了土地，或说重新安排了财产权利。有投入，也有所得。产权人的利益并不会因圈地而受损。但产权人中有一类属于小产权者，他们本来土地面小，经济承受能力差。由于没有能力负担公共和

[①] Michael Turner, "Cost, Finance, and Parliamentary Enclosure", *Economic History Review*, May, 1981, Vol. 34, Issue 2, p. 239.

[②] An Act For Dividing and Inclosing the Common Fields, and other Commonable Lands and Grounds, within the Manor and Parish of Abington Pigotts, otherwise Abington in the Clay, in the County of Cambridge, *Parliamentary Papers*, 1769.

自己土地的围篱费用，有些人只得将土地出售。其中有头脑、善谋划者利用卖地的收入成为租地农场主，经营着较原先大得多的土地，境遇反而改善。但也有将到手的地款整天喝酒耗尽的，这样的人便由小有产者沦为了农业工人。这便是圈地导致小农破产或约曼消失的问题。这种现象无疑是存在的，但是否是普遍性的却有不少争议。因非本文重点，孰是孰非也就不再深究了。

四 圈地与农业现代化

圈地花费了大量的资本，完成了一种土地财产权制度的变革。但如果这仅仅是为了重新安排一下权利，就似乎远没有必要如此大费周章，更何况这也不是圈地者的初衷。因为，虽然敞田制存在权利界定不清的问题，但也绝非模糊不堪。某块条田耕地属于谁，某块草场由哪些人共有，实际上本来还是相当清楚的。权利不清主要存在于公地的共用时间内和荒地上。因此，在揭示了圈地的实施原则之后，我们又不得不思考圈地的结果到底有何意义。笔者认为，圈地的新制度安排最终使英国农业具备了现代化的基础、导向了现代经济。现代农业不同于传统的旧农业，其最直接的表现为资源效率的超越性提升。

议会圈地主要发生于1750—1850年间，到工业革命结束时英格兰的农业用地已基本上都是圈地了。我们首先考虑这个时段内农业生产效率是否出现了增长。18世纪60年代英格兰和威尔士人口大约为630万，1851年为1800万，人口总量将近初期的3倍（苏格兰的人口变化也有相似趋势）。① 英格兰和威尔士的耕地面积1770年大致为1030万英亩，1836年最高，达到1510万，1851年降为1370万。② 不列颠王国变为谷物的净进口国是在1790年以后，1825年前净进口额一般为几十万夸脱，

---

① B. R. Mitchell, Ed., *British Historical Statistics*, Cambridge: Cambridge University Press, 1988, pp. 8 – 9.

② Hugh C. Prince, "The Changing Rural Landscape, 1750—1850", in G. E. Mingay, Ed., *The Agrarian History of England and Wales*, Vol. VI, Cambridge: Cambridge University Press, 1989, p. 31.

1831年以后才超过200万。① 1760年英格兰和威尔士的谷物产量就为1700万夸脱，1820年近2800万夸脱。② 这样，1825年前整个不列颠岛的净进口通常不超过英格兰和威尔士产量的5%。因此，英国的粮食主要依赖国产。而且，随着工业化的深入，农业劳动力的比例还在下降，1801年占35.9%，1851年时降为21.7%。③ 这样，如果没有农业生产率的持续提高的话，粮食供应将不可能养活越来越高比例的非农业人口和新增人口。据希利和琼斯估算，英格兰小麦平均每英亩产量1815—1820年在30蒲式耳左右，而1850年前后则达到50蒲式耳左右。④ 克拉夫茨的研究也认为，工业革命期间农业中的全部要素生产率不仅持续提高，而且速度还要快于工业。⑤ 因此，农业生产率的持续提高是毋庸置疑的。接下来我们考虑，圈地对生产率的提高是否有作用。这一时期的农业变革主要有圈地、新轮作制的采用、新品种的引进，新工具则要晚到19世纪后期才开始起作用。而新耕作制和品种的采用又常常要以圈地为前提。这样一来，圈地肯定对农业生产效率的提高发生了影响。

从敞田制到圈地的转变将直接带来效率的提升，这一差异的存在是现实的。当时保留下来的记录为我们提供了许多佐证。阿瑟·杨1770年比较了萨福克郡（Suffolk）的敞田和圈地小麦生产，他有这样的结论："对于小麦，他们犁4次，播种2蒲式耳1配克，按中等产量算敞田上收17或18蒲式耳。而在圈地上，收获3夸脱2蒲式耳。"⑥ 北安普顿郡的农

---

① B. R. Mitchell, Ed., *British Historical Statistics*, Cambridge: Cambridge University Press, 1988, p. 221.

② Phyllis Deane & W. A. Cole, *British Economic Growth 1688—1959*, Cambridge: Cambridge University Press, 1969, p. 65.

③ Ibid., pp. 166, 142 – 143.

④ M. J. R. Healy and E. L. Jones, "Wheat Yields in England, 1815—59", *Journal of the Royal Statistical Society*, series A, Vol. 125, No. 4 (1962), pp. 576 – 578.

⑤ N. F. R. Crafts, *British Economic Growth during the Industrial revolution*, Oxford: Clarendon, 1985, p. 84.

⑥ Arthur Young, *A Six Months Tour Through the North of England*, Vol. I, London: W. Strahan, 1770, pp. 161 – 162.

业报告也说:"毫无疑问,如果公田的平均产出是每英亩3夸脱,同样的土地,由圈地产生的改善,产出平均为每英亩4夸脱。"① 这样,阿瑟·杨的例子中,圈地对敞田的变革带来了约45%的产出增长,而北安普顿郡则是33%。畜牧业的效率提高可能更大。阿瑟·杨在《北游记》中提到:"圈地地区与敞田地区相比在羊毛产量和利润上有惊人的优势。……通过圈地,每只羊可以得到9磅羊毛而不是3磅。也就是,一只羊的产量像三只敞田上的羊一样多。对于利润,一只能产生五只一样多。"② 可见,制度的差异可以产生效率的差异。再者,当代学者的研究也提出了相近的结论。迈克尔·特纳有如下的统计结果:"在北安普顿,敞田和圈地教区在小麦和大麦上的产量差异是:1794和1795年,小麦超过20%,大麦在8%到36%之间。就英格兰整体水平,1801年的产量差距是小麦23.2%、大麦22.8%、燕麦10.5%。"③

圈地不仅创造了与敞田的产量差,更重要的是奠定了现代农业的基础。圈地是完全以个人权利为核心的经济制度,这是它与旧农业的最本质的区别。生产过程、资源利用中的个人权利是导向现代经济的核心要素。

现代经济体现为竞争的市场。个人财产权利有利于个人才能得以充分发挥,也有利于资源得到更有效、更充分的利用。这两者皆使经济活动趋向竞争和市场化。具体就英国的农业而言,新轮作制替代休耕的二圃或三圃制、各种新品种的引进和改良、土壤的改良,这些农业变革无疑都有助于提高效率,但这些通常都要以圈地为基础。这个时代,耕作者理念上完全具备选择自己生产方式的自由,但实际上土地的制度形式

---

① William Pitt, *General View of the Agriculture of the County of Northampton*, London: Richard Phillips, 1809, p.70. 另注:谷物体积的单位换算为:1夸脱(quarter)等于8蒲式耳(bushel),1蒲式耳等于4配克(peck)。

② Arthur Young, *A Six Months Tour Through the North of England*, Vol. IV, London: W. Strahan, 1771, pp. 189-190.

③ Michael Turner, "English Fields and Enclosures: Retardation or Productivity Improvements", *Journal of Economic History*, Vol. 46, No. 3 (Sep., 1986), pp. 684, 686.

可能彻底妨碍了这种选择的实施，个人才能难以得到发挥。在一片敞田上，任何一农场主单独改用诺福克轮作制是不可能的，仅对自己半英亩的条田进行排水而不干扰他人耕作也不可能。圈地是未来生产方式的改善和革新的基础。再有，圈地还将大量的荒地转变为耕地或草场，使原本收益微薄的土地有了收益，由此带来的资源使用效率的提升也是显而易见的。这些都使农业生产更有效率，产生更多的剩余，于是，令市场更具竞争性。市场的竞争又要求更有效的使用资源，现代的经济增长才得以发生和持续。因此，基于个人权利的资源使用方式与现代经济是相容的。这些状况当时的人们已经看的相当清楚。克兰福德—圣约翰教区位于北安普顿郡，其圈地特别法案中这样写道："鉴于上述公共敞田、公共草场、公共牧场、公地和荒地交错在一起且地理位置不方便，在它们目前的状态下没有能力做任何大的改善。"[①] 18 世纪末亨廷顿郡的农业报告则更为清楚地指出，圈地使"每个业主将使他的地产成为整片连续的状态；他可以将他的土地用于正确的用途；（也就是说，当可以转变为其最好用途时，耕地转变为草场以及草场转变为耕地）来引进最佳的、特别适合于不同的农业系统；来实现恰当的排水；来促进木材的生长"[②]。这些史料无非在说，没有圈地做基础，农业进步难以实施。

  1850 年以后英国的农业几乎都是圈地制上的农业了，其农业现代化的制度基础已然铸就。它对农业进步的意义在于，在这样的土地之上经营者的个人才能可以得到充分发挥，其权利可以得到充分保障，资源由此可以获得更大的有效性。当然，本文并不否认，农奴制瓦解后敞田制上已经发生了农业的进步和效率的提高。敞田制本身并不意味着不可能发生效率的提升，但它有着难以逾越的上限。圈地替代敞田制，以制度变革的形式突破了这一屏障，使英国农业到达了足以施展现代性的彼岸。

---

  ① An Act for Inclosing Lands in the Manor and Parish of Cranford Saint John, in the County of Northampton, *Parliamentary Papers*, 1804.
  ② Thomas Stone, *General View of the Agriculture of the County of Huntingdon*, London: J. Nichols, 1793, p. 18.

英国议会圈地过程中体现出的个人权利原则并不是农业变革中的特例，而是沁润于整个社会之中，是其基本理念和行为方式的重要组成。18世纪布莱克斯通已经称其为"个人的绝对权利"、"英格兰人民的权利"。[①] 它在长期的历史中、在中世纪碎化政治等多元因素中生发，而最终成为置于传统土壤上的通往现代的桥梁。它不仅使农业转向了现代性，也使英国的整个产业和社会转向了现代性。[②]

此外，尚有一点余论有必要申明。议会圈地是以特别法案为基本特征的，但整个过程中政府并不起强制推动作用。政府既不鼓励也不要求圈地，圈地是产权人的自发行为。议会所做的实际上只是按照某些产权人或地主的要求，按程序颁布给他们所需的相应法律。这一特征的原因在于，17世纪末的革命使英国的国家权力由君主过渡到以地主为核心的土地利益手中。土地利益的要求就是国家或政府的政策和法律取向。特别法案反映的是特定产权人群体的利益要求，是按照各自权利做出的利益安排。当这些人就此需要有一项针对自己的法律时，就要求议会授予他们一项。议会就是土地利益的议会，所以，议会当然愿意支持其诉求成为法律。相对应地，土地利益不希望的，其议会和政府当然不会强求。换而言之，法律反映的是个人要求国家为之做什么，而不是国家要求个人去做什么。权利安排的结果是通过一系列复杂的谈判和付出了很高的投资成本方才达成的，同时也是产权人之间通过自治行为和对等交易而实现的。这一点对于理解议会圈地非常重要。其实，特别法案只是产权人彰明其圈地合法性手段，而其合法性的根本在于产权人对于各自可追溯权利的认可和维护。这一时期，在依法圈地之外还有为数不少的"协议圈地"行为，即产权人只要达成相互认可的协议，圈地就可实

[①] William Blackstone, *Commentaries on the Laws of England*, Vol.1, Oxford: Clarendon Press, the third edition, 1768, pp. 121–138.

[②] 笔者在其他著作中更为详尽地阐述过这一观点，参见徐滨《英国工业革命中的资本投资与社会机制》，天津社会科学院出版社2012年版。

施，并不申请议会法案。① 而议会圈地，其实不过是"协议"加"法律文本"。按照英国的法律，有传统和权利依据的就是合法的，这才是根本。当然，议会圈地中所指的个人权利主要就是土地利益的个人财产权利，其核心主体是地主和租地农场主。大部分乡村工人则不包括在内，因为他们不拥有、不享有财产权。

（发表于《世界历史》2015 年第 5 期）

---

① 如约翰·查普曼等的相关研究即表明，18 世纪汉普郡（Hampshire）的圈地中有 45% 并未诉诸议会立法，而只是通过协议的形式，即使在 19 世纪这种情况也有 7%（John Chapman & Sylvia Seeliger, "Formal Agreements and the Enclosure Process: The Evidence from Hampshire", *The Agricultural History Review*, Vol. 43, Issue 1, 1995, p. 38.）

生活与习俗

英国中世纪晚期普通民众的赡养习俗

王玉亮[*]

摘　要：从中世纪晚期至近代早期，英国各地都有自己约定俗成的赡养传统。虽然赡养需求的产生有多种情况，但一般都以契约形式将赡养的内容条款和数额明确下来，这样既可以确保受赡养者的权利，也易于解决赡养纠纷。比起单纯依靠血缘亲情和社会道德舆论监督，这一作法能更有效地保障老人受赡养的权利。

关键词：英国；普通民众；赡养习俗；契约关系

相对于英国中世纪晚期以来的家产分配继承、寡妇产等问题的研究，学者们对普通民众的赡养习俗的研究少得可怜。这一时期，英国各地普通民众的赡养习俗虽然不尽相同，但财产继承人与受赡养的老人两者之间基本上都存在着直接的权利义务关系，谁继承，就由谁赡养。这样一种赡养习俗对解决我国的养老问题尤其是养老与继承争端问题，不失一种借鉴和参考。

一　有关英国古代赡养习俗的研究现状

从 12 世纪开始，英国的各种文献资料才逐渐丰富起来，所以受研究

---

[*] 王玉亮，天津师范大学欧洲文明研究院教授。

资料的限制，这里所说的古代，主要是指 12 世纪以后至英国近代转型时期。这一时期，英格兰绝大多数人生活在以农业经济为主的乡村世界，因而原始记录往往都保存在领主的庄园档案（法庭档案）中。如果地产是属于教会、修道院的，这类事情也常会记录在教会档案或修道院的档案里。其中，涉及赡养内容方面的原始记录十分丰富。

但由于目前学术界对英国古代赡养习俗还没有予以足够重视，所以专门研究成果很少。只有戴尔、贝内特等为数不多的学者，他们在研究其他问题时，大量借用了相关原始资料，从而使人们得以大致了解英国古代的赡养情况。

戴尔为研究中世纪晚期的生活水平，搜集了 1240—1458 年间 141 个农民家庭的赡养协议资料。他揭示了农民的饮食、住宅、财产、穿戴、烧柴等等各个方面的消费情况，尤其是想通过被赡养者得到的吃穿住用，来考察当时农民物质生活的内容和质量。他通过这些资料反映了 1200—1520 年间人们生活水平的变化，并以此探讨这一时段英格兰的社会变迁。虽然他研究的重点不在于赡养问题，但他得出一条重要认识，"土地转让后，退出生产领域的家长仍然能保持以前的生活水准"。[①]

贝内特在其《英国庄园生活》中充分展现了黑尔斯庄园里人们的"日常生活"，从中可以看出，当时签订赡养协议的现象十分普遍；在达勒姆庄园法庭案卷里，也有大量的赡养协议；克罗兰修道院在剑桥郡的各个庄园盛行着相似的赡养习俗等等。这都说明，英国古代乡村社会盛行协议性的赡养习俗。

除了戴尔和贝内特，涉及相关内容的还有迈克法兰、克拉克等六、七位学者，他们或是从日常生活现象，或是从私人权益及观念的起源、发展，或是从当时乡村的公益福利与相互救助，而更多是从财产继承角度或从领主征收遗产税等诸方面，借用了当时的赡养资料。因而，我们

---

① C. Dyer, *Standards of Living in the Later Middle Ages: Social Change in England, 1200—1520*, Cambridge: Cambridge University Press, 1998, p.151.

可以看出，在英国学术界，赡养习俗只是作为研究其他学术问题的佐证而已，并没有得到重视，更没有人认识到它本身的意义和影响。

国内的情况也基本相同。侯建新教授是国内较早使用和研究这些赡养协议的学者，他以农民家庭财产清单、遗嘱清单以及赡养协议等为史料探讨工业革命前英国农民的生活与消费水平。他注意到"当儿子继承家庭的土地等财产后，要与退出生产领域的原家长达成一个'赡养协议'，说明财产继承的情况和继承人获得土地等财产后的回报"。① 自此以后，很多学者开始重视并利用这些资料进行研究。

如郭华博士在研究英国中世纪晚期农民饮食结构的变化中，充分利用了 12—15 世纪的赡养协议。她指出"赡养协议是年老佃农将习惯持有地转让给后代或没有血缘关系的继承者时制定的"。② 她还重申了戴尔关于退出生产领域的佃农仍然能保持以前的生活水平的观点。

柴晨清也借用赡养协议来研究英国土地继承中的市场化倾向，其结论是"继承人因继承土地而承担的赡养费用和他在市场上买得同样数量的土地所支出的费用基本相当"。③

丁建定在研究英国民间慈善救济中，不仅关注到寡妇产问题，也关注到了维兰身份佃农的赡养问题。他认为"在英国的一些地区，还把这种提供赡养金的习惯性做法推广到年老体弱具有维兰身份的佃农身上，这种佃农可以把他的租地让给他的儿子，保留几英亩田地和一所库房、农舍或者几间房子，为他自己及其年老的妻子养老使用"。④

总体来看，中外学者虽然关注到了这些原始档案资料，但都是借用这些资料研究其他问题，还没有人对赡养问题进行专门的研究。

---

① 侯建新：《工业革命前英国农民的生活与消费水平》，《世界历史》2001 年第 1 期。
② 郭华：《英国中世纪晚期农民饮食结构的变化》，《齐鲁学刊》2008 年第 3 期。
③ 柴晨清：《从赡养协议看英国土地继承中的市场化导向》，《历史教学》2008 年第 12 期。
④ 丁建定：《中世纪后期英国的民间慈善救济》，《学习与实践》2010 年第 9 期。

二 英国古代赡养关系产生的几种情况

赡养关系一般发生在父母与子女之间。如果父母没有退出生产领域,还能够自食其力,甚至能够养活一大家子人的时候,赡养问题还提不上日程;如果父母突然亡故,也谈不到赡养问题;如果母亲亡故,父亲健在,只要不退出生产劳作,就无须儿女赡养或基本不需要赡养。因而在英国古代,赡养需要的发生和建立赡养关系,一般有以下几种情况。

一是父亲故去,寡母需要赡养。寡妇的赡养主要有两个来源,首先是来自丈夫提供的,被称为寡妇产;其次才是来自于子女的赡养。

中世纪早期以来,西欧就存在着寡妇产。俞金尧教授曾专门研究了欧洲寡妇产的起源、流变以及中世纪晚期以来英国寡妇产的各种具体情况。以英国为例,中世纪晚期到近代早期,有关寡妇产的规定和做法逐渐稳定下来。"寡妇产"是寡妇享有的一种可终身持有土地的权利,一旦丈夫去世,守寡的妻子就可以依此权利获得生活保障。按照习惯,丈夫财产的1/3要转归寡妇,一般包括土地、房屋,还有钱财、家具、牲畜等动产。从中世纪晚期起,丈夫会以更慷慨的方式确保将来可能守寡的妻子的生活。如14世纪早期,夫妇以共同承租领主土地的办法使寡妇得到更可靠的生活保障;14世纪中期以后,丈夫生前就指定让妻子继承财产,给寡妇在处置财产方面更大的灵活性和更广泛的决定权。[1] 也就是说,一旦一家之长亡故,寡妇可以以此养活自己。

寡妇产只能说明寡妇得到了物质生活保障,但仍需要有赡养自己的人。无论她是农奴,还是自由农,或是贵族,同样都是以赡养契约来保障自己的晚年生活。为了确保自己得到赡养,寡妇会与承接自己财产的人签订赡养协议。戴尔在其书中记载了一份赡养协议:15世纪末,一个富有寡妇将财产转让给赡养人,赡养人要为她提供居室、取暖的柴火,

---

[1] 俞金尧:《中世纪欧洲寡妇产的起源和演变》,《世界历史》2001年第5期。

还要每星期供给烤好的面包以及奶酪、浓啤酒,另外还有每年一定数额的零用钱、布料以及果园里一半的水果。①

二是父亲老迈,无法继续劳作(不论母亲亡故与否),则需要儿女赡养。如果他是一个农奴,从理论上讲,土地是属于领主的,农奴死后或年迈病弱无法继续耕种土地时,领主可根据自己的意愿重新分配,但只是在极少情况下(如该农奴子女未成年,或没有子女),领主才会让另一家庭接手土地。一般来说,领主会让原来的家庭继续占有份地,继续向其履行义务。年老的农奴在将占有的份地转让给子嗣、亲戚时,一般会要求后者提供赡养。如果后者没有与他达成满意的赡养契约,他就有可能将份地转让给其他愿意提供赡养的人。只要这些份地能继续履行义务,领主一般并不在乎受让者是谁。所以,年老者通过让渡份地的占有权,获得受赡养的保障。即谁接手他占有的份地,谁就来赡养他。中世纪晚期的庄园法庭案卷中记录了很多通过转让份地达成赡养协议的事例,多数是父亲通过协议将份地转让给儿子,有时则是兄弟之间达成土地转让协议。

如果年老者是一个自由农,他也可以通过同样的方式,即谁继承他的财产,谁就来赡养他。对于无须亲自劳作的富裕阶层而言,临死前只要不将财产权交出去,就不存在赡养的困境。

三是救济性赡养。如果是极其贫困的人,无论他有无子女,都难以得到正常的赡养,有时只能靠邻里、教区的救济维持余生。在这样的境况下,谈不上什么赡养。如林肯郡某庄园有个年老体衰的农奴,已经多年没有交租。结果非但被没收了地里的庄稼,拿走了家里唯一值钱的锅,还失去了土地。在他无以维生的情况下,由村民们每年耕种一块田地,用收获的粮食供养他。② 这个农民到了赤贫的地步,又无子女,只有依赖

---

① C. Dyer, *Making A Living in the Middle Ages: The People of Britain in 850—1520*, New Haven and London: Yale University Press, 2001, p.351.

② Elaine Clark, "Social Welfare and Mutual Aid in the Medieval Countryside", *The Journal of British Studies*, No.4 (Oct., 1994), p.389.

本村村民的救济了。又如 1345 年的巴切斯特，领主要求以一头价值 8 先令的公牛和一头价值 5 先令的母牛作为遗产税，结果死者的寡妻在缴税后，因为贫穷竟无力接管丈夫的份地，领主于是命令庄头将死者的土地和房屋收回。① 在这种情况下，这个寡妇恐怕只有依赖救济而存活了。因此，贫穷的、没有子女的或还需抚养未成年子女的鳏寡孤独者，在丧失维生的基本资财后，只能指望着亲属或邻居的救济生存了。有时候，本宗族的富有者会起到表率作用。文献中有许多事例，记载了某富有者捐献自己的财产，用于本村穷困的人缴税纳租，也有人舍宅捐地，作为赡养穷人之用。

除了上述极端贫困状况，富豪之家毕竟是少数。在英国中世纪晚期，占人口绝大多数的是农奴和自由农，所以，他们受赡养的方式在当时最具代表性。差别只在于，农奴将份地占有权转让给愿意提供赡养的人，而自由农是将土地等财产的所有权转让给赡养者；相同之处是，大多都是由自己的儿子占有份地或拥有财产；都要与老人订立赡养契约，在履行契约的前提下，其占有权或所有权才是有效的。

三 契约内容的依据及保障

英国中世纪晚期，订立赡养协议以及协议的具体内容、数量、履行方式等都是约定俗成的，是人们长期以来形成的惯例作法。每一款赡养协议的签订，不仅依赖于惯例的指引，而且还须得到本地法庭以及人们的认可，从而确保赡养协议得以执行，使老人的赡养权益受到民众的监督和法律的切实保障。

一旦老人年事已高或体弱多病，失去了劳动能力，如果他占有或者拥有一定的土地和财产，那么，签订赡养协议便会被提到议事日程。假如此时老人头脑清醒，能够独立处理相关事宜，他就开始计划将"自己

---

① [英]亨利·斯坦利·贝内特：《英国庄园生活：1150—1400 年农民生活状况研究》，龙秀清等译，上海人民出版社 2005 年版，第 125 页。

名下的土地和财产交给已经成年的子女。但同时，双方订立赡养协议，明确继承人在衣、食、住等生活方面要对老人履行的义务""愿意接受这些赡养条件的人，将继承老人的财产和土地上的权利，当然，还是优先考虑老人的儿子们"。① 如果老人已经神智昏聩无法自己决断处理，那么本村村民们就会出面，按传统习俗为他确定条件适宜的"最亲近的继承人"。需要指出的是，在庄园制盛行的地域，"继承和赡养问题，涉及领主份地转移和谁来承担封建义务的问题，所以必须经过领主的允许，继承和赡养协议要记录、保存在庄园法庭档案里"。②

此外，每一份赡养协议中具体的内容是依据什么确定下来的呢？一般情况下都与转让的财产数额有直接关系。也就是说，老人得到赡养的条款与数量，与他转让给继承人的财产尤其是土地的数量成正比。老人转让的土地等资产越多，继承者越有能力提供良好的赡养。于是富裕的家庭，家长所得到的赡养条件就优厚，而贫寒的家庭，老人所得到的赡养条件就越差。通常情况下，协议内容是由老者本人讲明他所需的养老项目和数量，继承人如果不愿意提供相应比例的赡养条件，老人很有可能通过把土地等资产出租或转让给别人的方式，从而实现自己的赡养目标。总之，老人是通过将财产转给赡养人的方式，获取赡养所需的各项物质条件。当赡养人忠实地履行赡养义务，也就成为了老人财产的继承人。

其次，民众监督和法律保障可以确保赡养协议的实施。每一款赡养协议的签订，不仅依赖于惯例的指引，同时还必须得到本地法庭以及村民的认可。在执行赡养协议的过程中，老人的亲朋邻里都可能会起到见证和监督的作用。如果发现赡养人没有如约提供赡养，甚至还有虐待老人的现象，那么亲邻们就很有可能会出面干预。其他愿意提供赡养义务的人也会借机而入，因此，原赡养人要么按照协议履行义务，要么就会被新的赡养人所取代，而老人的财产也就随之转入到新的赡养人手中。

---

① 王玉亮：《英国古代赡养习俗》，《廊坊师范学院学报》2012年第4期。
② 同上。

因此，村民邻里的监督对赡养人履行义务的约束还是很大的。

赡养协议并不是一种口头上的约定，即使是父亲与儿子，也要订立书面契约。在庄园时代，协议内容还应在法庭上当众宣布，让村民代表知晓具体条款并监督执行情况。到了近代早期，即使庄园法庭已不复存在，但签订赡养契约时，往往需公证人在场并签署三方协议，这样就使赡养协议具有了法律保障。所以，老人与赡养人之间签订赡养协议，虽然转移了自己的财产，但能确保自己得到可靠的赡养。1540年的《遗嘱法》和1542年《对遗嘱法的解释》颁布后，老人晚年生活就更有了国家法律的保障。

研究英国古代的赡养习俗，具有较强的现实借鉴意义。随着我国老年人数量逐渐增多，人口老龄化的脚步愈走愈近，老年人的赡养也成为人们关注的热点问题。我国传统的赡养方式已越来越不能适应现代人们的现实生活，因财产之争而引发的弃养现象也屡有报道。怎样改变老人的赡养方式，如何确保老人受赡养的权益，是当前政府和学界探讨的重要课题。英国古代的赡养协议在老人所需的吃、穿、住、日常花费等各方面细节上，都对继承人（也就是赡养人）做出了严格的规定。更为重要的是，赡养协议不仅是按习俗惯例签订的，还受习俗惯例的保障和民众的监督。这就使赡养不仅成为法律框架内的契约关系，而且还易为民众监督、易于操作。我国当前的赡养，仍然主要是靠赡养人自己的良知和群众的道德舆论约束，而在道德滑坡、传统人际关系解体并受金钱利益驱动的现实情况下，良知和舆论已无法解决具体问题。"清官难断家务事"，只因先拘于"情"和"理"，应是先讲求"法"。在以"法"明断权利、责任、义务的前提下，再考虑"情""理"，这也符合人们权利意识不断增强、建立法制社会的时代需求。

[发表于《河北大学学报》（哲学社会科学版）2014年第3期]

中世纪晚期英格兰市民资格的变革与社会流动

姜启舟[*]

摘 要：市民是中世纪社会的特殊群体，只有具备相应资格、达到相关标准才能成为市民。通过市民注册登记簿可知，在中世纪晚期的英格兰，市民资格主要有三：即继承而来的身份资质、服役7年的学徒资质与购买而来的货币资质。相较于十一二世纪单一化的市民资格，中世纪晚期的英格兰市民资格明显扩大。市民资格的变革，使中世纪晚期的英格兰城市变得更为开放，推动了英格兰的社会流动。这一变革对英格兰社会在中世纪晚期的结构转型乃至从封建主义向资本主义的过渡都有重要的历史意义。

关键词：中世纪晚期；英格兰城市；市民资格；社会流动

一 问题的提出

自 19 世纪末中世纪英国城市史研究兴起以来，中世纪的英格兰市民就一直是史家所关注的对象。尽管不同的学术流派对之研究的角度不同，但他们基本都围绕市民的特权与自由等中心问题展开。目前来看，学界所关注最多的是作为一个阶级或阶层的市民群体，而对于个体化的市民

---

[*] 姜启舟，天津师范大学欧洲文明研究院讲师。

资格问题则涉猎不多。在中世纪英格兰，领主通过特许状授予城市诸多特权与自由，而这只有投放到城市个体市民身上才具有真切意义。因此，谁是市民、如何成为市民这一问题便关乎谁享有城市特许状所赋予城市的特权与自由问题，而市民资格在中世纪各时期、各城市差别很大。

为厘清中世纪晚期英格兰市民资格的变革，首先有必要梳理十一二世纪英格兰社会对"市民"（burgess）（或说 citizen，多指主教座堂城市的市民）的界定。中世纪城市史家苏珊·雷诺兹认为，有关中世纪英格兰"市民"的最早观点可能就是指市镇农役保有不动产的占有者（occupiers of burgages）。[1] 换言之，人们通过获得自由保有的市镇农役保有不动产（freehold of a burgage）而成为市民。[2] 在末日调查时期，以固定货币租在自治市内占有一处市镇农役保有不动产（burgage tenement[3]），这便意味着被授予了市民权。[4] 因此有学者认为，在中世纪英格兰"市民权最早的资格就是城市中的地产或房产所有权。"[5] 直到 12 世纪中晚期，该市民资格仍旧适用，在此阶段的伦敦、蒂克斯伯里（Tewkesbury）等地就有这样的实例。[6] 因而，辨别一人是否是市民，一要看其是否在城市中占有

---

[1] Susan Reynolds, *An Introduction to the History of English Medieval Towns*, Oxford: Clarendon Press, 1977, pp. 123 – 124. "burgage"来源于拉丁语 burgagium，它可指城市中的地产、房产或两者兼指（即不动产）；它同时又指市镇农役保有权/制（burgage tenure）。参见 R. E. Latham, ed., *Dictionary of Medieval Latin from British Sources: Fasciculi I, A – B*, London: Oxford University Press, 1975, p. 225; Morley De Wolf Hemmeon, *Burgage Tenure in Medieval England*, Cambridge: Harvard University Press, 1914, p. 92; Christopher Corèdon with Ann Williams, *A Dictionary of Medieval Terms and Phrases*, Cambridge: D. S. Brewer, 2004, pp. 51 – 52.

[2] T. R. Slater, "The Analysis of Burgages in Medieval Towns: Three Case Studies from the West Midlands", *West Midlands Archaeology*, No. 23, 1980, p. 53.

[3] 在中世纪英国"tenement"指的是一个自由承租人可以从领主那里所获得的任何种类的不动产，尤为指代自由持有的世俗不动产。参见 J. M. Kaye, *Medieval English Conveyances*, Cambridge and New York: Cambridge University Press, 2009, p. 368; Richard Ashdowne, ed., *Dictionary of Medieval Latin from British Sources, Fasciculi XVII, Syr-Z*, London: Oxford University Press, 2013, p. 3397。

[4] Adolphus Ballard, *The Domesday Boroughs*, Oxford: Clarendon Press, 1904, p. 56.

[5] Francis Hill, *Medieval Lincoln*, Cambridge: Cambridge University Press, 1948, p. 302.

[6] A. H. Thomas, ed., *Calendar of Plea and Memoranda Rolls Preserved Among the Archives of the Corporation of the City of London at the Guildhall*, Vol. 2, 1364—1381, Cambridge: Cambridge University Press, 1929, p. xix.

不动产，二要看其所占有的城市不动产保有类型。显然，此阶段的英格兰市民资格由财产（不动产）加特殊保有权混合而成的。这里的特殊保有权就是市镇农役保有权（burgage tenure），①因此专属于市民所以又被称为市民保有权或市民财产保有权，因其与市民准入挂钩，而被学者誉为"自由之途"②。当然，诺曼征服之后，随着封建王权的建立，城市民众还需以缴纳税金换取自由与特权。即除了上述的财产与保有权之外，向国王缴纳税收也成为十一二世纪人们获得市民资格的必要条件。正如有学者所说，"英国城市的市民权……在十一二世纪只限于在城市拥有财产和向国王纳税之人。"③

由此可见，中世纪晚期之前两个多世纪中的英格兰市民资格主要有二，即依市镇农役保有持有财产（不动产）以及承担国王的税额。在这两个条件中，尤以前者为重，后者更像是在前者基础上成为市民后所应履行的义务。进入13世纪以后，随着经济社会的发展，尤其是城市独立性的加强，市民资格也随之发生了重大变革，以致在中世纪晚期的英格兰，对"市民"都没有一个准确的、普遍接受的专门界定，因为其依据可能更多是变动的环境而非政策。④ 依据市民（freeman）⑤ 注册登记簿可

---

① 市镇农役保有是城市（尤指自治市）中的一种自由保有形式，以该种方式保有的不动产可以通过赠予、售卖或者遗赠实现转让，在一定程度上这只受城市惯例的管理，卸下了封建主义或农奴制的役务，其持有者只需交纳微不足道的免役租。参见 Morley De Wolf Hemmeon, *Burgage Tenure in Medieval England*, p. 5。

② A. H. Thomas, ed., *Calendar of Plea and Memoranda Rolls Preserved Among the Archives of the Corporation of the City of London at the Guildhall*, Vol. 2, 1364—1381, p. xx.

③ David Nicholas, *The Growth of the Medieval City: From Late Antiquity to the Early Fourteenth Century*, London & New York: Longman, 1997, p. 202.

④ Susan Reynolds, *An Introduction to the History of English Medieval Towns*, p. 125.

⑤ 在盎格鲁—撒克逊的特许状和法律中，"自由人"（freeman）一词是被用于与"奴隶"相区分，约到12世纪中晚期，"自由人"在城市语境中才形成与"市民"等同的意义即享有城市市民权的人，正如刘景华教授所言："'自由人'就是中世纪城市市民的正式称呼"。戴尔也认为，在中世纪的城市里，"人们使用'自由人'这一术语来描述因出生、学徒身份或财富而获得市民身份的人"。参见 Harry Ward, *Freemen in England*, York: Westminster Press Ltd., 1975, p. 3；刘景华《中世纪城市对近代文明因素的孕育》，《贵州社会科学》2012年第6期；[英] 克里斯托弗·戴尔《转型的时代》，莫玉梅译，社会科学文献出版社2010年版，第107页。

知，自 13 世纪以降中世纪晚期英格兰的市民准入渠道主要有三：继承、学徒身份与购买，多样化的准入渠道无疑彰显出市民资格的重大变革。这一变革又因牵涉中世纪英格兰社会的多个层面与领域而变得异常复杂，甚至有学者将其誉为"中世纪城市史中最难解的问题之一"①。

围绕上述难题，学界已开展了相关研究。从研究视域而言，学者们多从个案出发，考察了与市民资格变革相关的若干问题。首先，中世纪晚期英格兰的市民准入渠道。这往往是学者们研究市民资格问题必然要涉及的问题，因为市民准入渠道与市民资格互为表里，准入渠道的多寡便直接反映了其背后市民资格的面相。从准入渠道本身而言，学者们除了梳理了中世纪晚期各市基本都适用的三种主流准入渠道之外，还关注到了诸如任命（patronage）、赠予、服役、婚姻等非主流准入渠道。② 从选取的分析样本而言，既有伦敦、约克这样的大城市，也有罗姆尼、格里姆斯比这样的小城市，当然还有埃克塞特、切斯特这样的中型城市。这些研究在诸多样本的基础上，回答了各个城市具体市民准入渠道是什么的问题，为我们呈现了多元化的市民资格面相。③

其次，中世纪晚期英格兰市民资格变革的动因。在由表及里之后，首先要解答的第一个问题可能就是市民资格变革的动因何在？对这一问题的最早论述来自查尔斯·格罗斯，其认为中世纪中晚期城市工商业的发展"实质上改变了之前的市民身份资格"，伴随城市中农业的逐步消

---

① R. B. Dobson, "Admissions to the Freedom of the City of York in the Later Middle Ages", *The Economic History Review*, New Series, Vol. 26, No. 1 (1973), p. 20.

② Muriel E. Curtis, "Admission to Citizenship in Fourteenth Century Exeter", *Transactions of the Devonshire Association for the Advancement of Science, Literature, and Art*, Vol. lxiii, 1931, p. 265; Jane Laughton, *Life in a Late Medieval City: Chester, 1275—1520*, Oxford: Windgather Press, 2008, p. 91.

③ 上述个案研究成果详见本文，限于篇幅不另注释。此外，以苏珊·雷诺兹、戴维·尼古拉斯、希瑟·斯旺森为代表的晚近城市史学者在其城市史通论著作中也均从宏观上概述了中世纪晚期英格兰市民准入渠道。参见 Susan Reynolds, *An Introduction to the History of English Medieval Towns*, pp. 123 – 126; David Nicholas, *The Growth of the Medieval City: From Late Antiquity to the Early Fourteenth Century*, pp. 202 – 203; Heather Swanson, *Medieval British Towns*, Macmillan: St. Martin's Press, 1999, pp. 69 – 72。

失,古老的市镇农役保有便不再与市民权相连。① 多布森则将市民资格的变革归因于政府的财政需求,他认为这是越来越多的人得以通过购买获得市民资格的原因。② 而莎拉·里斯·琼斯通过最新的研究则认为是贸易和制造业的发展使得中世纪晚期的市民资格更为注重职业与行会成员资格,而非此前的不动产所有权。③

最后,中世纪晚期英格兰市民资格变革的意义。针对此问题,学者们主要从以下两个维度进行分析:

其一,市民资格变革与城市的政治结构、寡头制的关系。对此问题的最早研究来自缪里尔·E. 柯蒂斯。她认为新的市民资格实际在14世纪的埃克塞特已经存在,更为重要的是通过市政官员赠予获得市民资格的人并不多,而且市议会在市民准入方面发挥着主导作用。她借此认为该市在14世纪中期并无宪政危机问题。④ 多布森则统计了1482—1487年间约克市通过继承、学徒身份及其他渠道(主要是购买)每年获得市民资格的人数(分别为64人、139人和290人),他意在说明即使在人口下降、经济衰退之际,市政官员仍然具备让人们更多通过购买而非继承或学徒身份获得市民资格的能力,进而证明市民资格的变革是一种有意设计的旨在推进城市寡头制的举措。⑤

其二,市民资格变革与社会流动的关系。这方面的研究代表当属格温·A. 威廉斯。他在研究中世纪晚期的伦敦变迁时,不仅梳理了中世纪

---

① Charles Gross, *The Gild Merchant*, Vol. I, Oxford: Clarendon Press, 1890, pp. 125 – 126.

② R. B. Dobson, "Admissions to the Freedom of the City of York in the Later Middle Ages", pp. 20 – 21.

③ Sarah Rees Jones, *York: The Making of a City 1068—1350*, New York: Oxford University Press, 2013, p. 315.

④ Muriel E. Curtis, "Admission to Citizenship in Fourteenth Century Exeter", pp. 265 – 272.

⑤ R. B. Dobson, "Admissions to the Freedom of the City of York in the Later Middle Ages", pp. 18 – 19. 在多布森之后,玛丽安娜·科瓦雷斯基也曾对1284—1499年间埃克塞特市民准入数据做过类似的量化研究,其分析了各种市民准入渠道开放、限制乃至禁止与城市统治结构、商人寡头制的关联。参见 Maryanne Kowaleski, *Local Markets and Regional Trade in Medieval Exeter*, Cambridge and New York: Cambridge University Press, 1995, pp. 96 – 99。

晚期伦敦的市民准入渠道与政府的管理举措，而且从社会流动的角度，分析了 14 世纪前后在新的市民资格准入下的市民地域来源，指出他们大多来自伦敦之外；① 换言之，原为格温·A. 威廉斯认为新的市民资格有利于社会流动。与之类似的研究还有 A. F. 布彻、R. H. 布瑞特内尔分别对罗姆尼、科尔切斯特的市民地域来源分析。②

通过上述学术史梳理，我们不难看出，已有研究在中世纪晚期英格兰市民资格的变革方面已取得不少成就，但同时也还存有不足。比如，对市民准入渠道与资格的梳理，往往是短时段的个案分析，不仅对它们在长时段内的流变缺乏关注，而且对之在各城市间的适用差异也缺乏对比分析。另外，虽然已有学者注意到市民资格变革与社会流动的关系，但他们更多是从地域来源这种外围角度进行；对市民准入人数及其准入渠道的内在占比情况尽管也已有个别统计分析，但样本与时段选取均有欠缺，而且借此主要考察的还是城市政治结构与寡头制问题，这种内在占比格局与社会流动的关系尚待进一步探究。有鉴于此，笔者拟在前人研究的基础上，以多个城市留存下来的市民注册登记簿为基本史料，并结合其他城市档案与相关论著，对中世纪晚期英格兰市民资格的变革进行系统考察，冀望以量化研究的实证方法探析该变革与社会流动的关系。

二 市民资格的变革

考察中世纪晚期英格兰市民资格的变革，对其动因的剖析自然理当居首。从 11 世纪到中世纪晚期这数个世纪中，英格兰社会无疑发生了巨大变化，推动市民资格变革的动因也是多种多样的，诸如封建主义的衰落、城市化的推进与商业化的提升，或如前述学者所提出的大至城市经

---

① Gwyn. A. Williams, *Medieval London: From Commune to Capital*, London: Athlone Press, 1963, pp. 18 – 19, 44 – 49.

② A. F. Butcher, "The Origins of Romney Freeman, 1433—1523", *The Economic History Review*, Vol. 27, No. 1 (Feb., 1974), pp. 16 – 27; R. H. Britnell, *Growth and Decline in Colchester, 1300—1525*, Cambridge: Cambridge University Press, 1986, pp. 203 – 205.

济结构从农业到工商业的转型、小至城市政府的财政需求等都可以看作是该变革在不同层面与侧面的动因。简言之,这一变革是多重因素综合作用的结果。在此,笔者仅从实际操作层面解析这一变革的动因,即此前的市镇农役保有不动产为何不再能够继续作为中世纪晚期的市民资格,而后将以更为聚焦的变革的具体表现作为论述的重点。

在中世纪的英格兰城市,由于市镇农役保有的不动产是可以自由转让的,即市镇农役保有"乃是一种'流动'的保有,市民可以售卖、转让、抵押或遗赠而无须获得其领主的许可"①。随着经济社会的发展,尤其是城市人口的增长与相应需求的增加,城市不动产市场便自然而然地发展起来,到中世纪晚期这一市场已蔚为可观。② 而这一市场发展所导致的结果之一便是市镇农役保有不动产不再能够继续作为市民资格。因为从实际操作层面而言,市镇农役保有不动产的频繁流转使其不宜作为新时代下市民资格的稳定依据。比如:在13世纪初约克的一起申诉中显示,该市一处市镇农役保有不动产在短短数十年间先由吉尔伯特(Gilbert)转让给埃尔维瓦(Elviva)的儿子托马斯,之后托马斯将之赠予其姐姐/妹妹,后者又将之赠予其女,她后来又与其丈夫一起将之最终卖给了威廉·费尔法克斯(William Fairfax)。③ 显然,此时的约克市镇农役保有不动产已经频繁在家内家外流转。在14世纪的萨克斯特德,其市镇农役保有不动产的转让率同样已经非常之高:在1393年由承租者所持有的市镇农役保有房产中10处之中便有6处(59%)其姓氏与1348年的记载不同。④ 而在中

---

① S. H. Rigby, *English Society in the Later Middle Ages: Class, Status, and Gender*, Basingstoke: Macmillan, 1995, p. 160.
② 关于中世纪英格兰城市不动产市场的发展情况,可参见 Derek Keene, "The Property Market in English Towns, A. D. 1100—1600", in Jean-ClaudeMaire Vigueur, ed., *D'une Ville à L'autre: Structures Matérielles et Organisation de L'espace Dans les Villes Européennes (XIIIe-XVIe Siècle)*, Rome: école Française de Rome, 1989, pp. 201 – 226。
③ E. Miller, "Medieval York", in P. M. Tillott, ed., *The Victoria County History of Yorkshire: The City of York*, London: Oxford University Press, 1961, p. 37.
④ K. C. Newton, *Thaxted in the Fourteenth Century: An Account of the Manor and Borough, with Translated Texts*, Chelmsford: J. H. Clarke & Co., Ltd., 1960, p. 30.

世纪晚期的拉姆西，人们获得、转让不动产更是与他们买卖谷物、牲畜、面包等动产一样频繁。① 这样的流转频率无疑消解了市镇农役保有不动产作为市民资格的合理性。

如果说前述查尔斯·格罗斯、莎拉·里斯·琼斯所强调的城市经济结构的转型使以市镇农役保有不动产作为市民资格的经济基础不复存在，那么，在特殊产权结构下所兴起的城市不动产市场，则瓦解了其作为市民资格的现实施行基础。如此，与变动环境相契合的新市民资格自然应运而生，市民资格的变革便也顺理成章了。这样的演变结果便是："在13或14世纪，个人元素（学徒身份、赎买与继承）在众多城市特别是较大的贸易中心成为主要的市民资格。"② 那么这些个人元素代表怎样的市民资格，它们各自又有着怎样的流变与特征，它们在各城市的适用情况是否都一致？对此，以下将逐一考察。

通过继承获得市民身份，显然这是基于血统关系所获得的一种身份资格。在中世纪的语境中，顾名思义就是父承子继，即只要在出生之时父亲已为市民，③ 其子到法定年龄（15至21岁不等）便自动获得市民资格。这一看似理所当然的市民资格在中世纪英格兰并非源远流长，而是直到1230年以后才得到普遍认可。④ 其在中世纪晚期经历了重要变革：

首先是准入费用。通过继承获得市民资格，长久以来都是免交准入费的。就留存史料来看，坎特伯雷应是较早向市民之子征收准入费的城市，早在1298—1299年间他们便需要缴纳 $11\frac{1}{2}$ 便士，不过，这一金额

---

① Anne Reiber DeWindt & Edwin Brezette DeWindt, *Ramsey: The Lives of an English Fenland Town, 1200—1600*, Washington: Catholic University of America Press, 2006, p. 265.

② Charles Gross, *The Gild Merchant*, Vol. I, p. 71, note 3.

③ 父亲若在儿子出生后获得市民身份，其子便不能继承其市民资格。我们在中世纪林恩的市民登记簿中就发现：在1383—1384年间，市民之子威廉·基普（William Keepp）不得不通过购买获得市民资格，原因就在于他在其父获得市民身份之前出生。参见 Norfolk and Norwich Archaeological Society, *A Calendar of the Freemen of Lynn, 1292—1836*, Norwich: Goose and Son, 1913, p. 23。

④ David Nicholas, *The Growth of the Medieval City: From Late Antiquity to the Early Fourteenth Century*, pp. 202 – 203.

一直延续到14世纪60年代而未曾改变。① 就大多英国城市而言,直到14世纪末接纳市民之子成为市民仍是不收取任何费用的,只有到了15世纪才形成收取准入费的惯例。② 当然,这笔费用在各城市也差异较大。例如:在1431—1432年间的林恩,14位通过继承获得市民身份的人,他们所缴纳的准入费是每人40先令;③ 而在约克这笔费用就少了很多:虽然约克对从市民之子那里收取准入费的第一次记载是在1502年,但此时已然形成的惯例显示市民之子所要缴纳的准入金仅为1先令。④

其次是适用范围。通过继承获得市民资格,其适用范围在中世纪晚期的英格兰各城市中差异较大。在科尔切斯特,市民身份可以给予"任何出生在该市的人",从而被誉为"慷慨之城",而在别的城市,一般是只限于市民的儿子们;⑤ 在埃克塞特,到14世纪中期,出于限制市民数量方面的考量,原本市民所有儿子们均适用的继承规则被打破,即通过继承获得市民资格被限制为只适用于长子。其余诸子则或者通过学徒制或者依靠支付一笔购买金获得市民资格。⑥ 此外,该市还有一个与众不同的继承现象,即直到大约1350年,仍有少数人可以继承其叔伯、兄弟或其他亲属的市民资格;⑦ 在林恩,到亨利五世时期通过继承获得市民资格也只适用于长子。⑧ 另外,在中世纪晚期的伦敦,市民之子若成为学徒便

---

① Sylvia L. Thrupp, Harold B. Johnson, eds., "The Earliest Canterbury Freemen's Rolls, 1298—1363", in F. R. H. Du Boulay, gen. ed., *Documents Illustrative of Medieval Kentish Society*, Ashford: Kent Archaeological Society, 1964, pp. 179 – 211.

② R. B. Dobson, "Admissions to the Freedom of the City of York in the Later Middle Ages", p. 10.

③ Norfolk and Norwich Archaeological Society, *A Calendar of the Freemen of Lynn, 1292—1836*, p. 39.

④ R. B. Dobson, "Admissions to the Freedom of the City of York in the Later Middle Ages", p. 10.

⑤ Heather Swanson, *Medieval British Towns*, p. 71.

⑥ Maryanne Kowaleski, *Local Markets and Regional Trade in Medieval Exeter*, p. 96.

⑦ Margery M. Rowe and Andrew M. Jackson, eds., *Exeter Freemen, 1266—1967*, Exeter: Devon and Cornwall Record Society, 1973, p. xiv.

⑧ Norfolk and Norwich Archaeological Society, *A Calendar of the Freemen of Lynn, 1292—1836*, p. iv.

失去了通过继承获得市民资格的权利。①

相较于通过继承获得市民资格，学徒身份为更多外来者提供了准入机会，它本质上是基于生产方式所获得的一种职业资质，进而借此获得市民资格。这一市民资格大约在亨利三世或爱德华一世时期被引入英格兰。② 随着经济社会的发展，生产力与生产关系的转变，学徒身份作为市民资格已逐渐发展为中世纪晚期英格兰城市中的常规标准，到 13 世纪学徒身份已经成为很多人获得市民身份的前提。③ 当然，各城市对学徒身份作为市民资格的认可时间也颇有差异。例如：在伦敦，至少在 1230 年学徒身份已经成为人们获得市民身份的资格之一；④ 而在埃克塞特，通过学徒身份获得市民资格的首次明确记载已是 1358 年；⑤ 而现存档案表明，中世纪晚期的坎特伯雷一直未将学徒身份作为新市民的准入资格之一，直到 1520 年代以后此资格在该市才得以开启。⑥

通过学徒身份这一资格迈入市民之阶并非易事。首先一般需要完成 7 年的学徒期，⑦ 之后还需要缴纳一笔小额准入费。在 1309—1312 年间的伦敦，学徒期满的学徒借此获得市民资格一般需要缴纳 2 先令 6 便士；⑧

---

① Gwyn. A. Williams, *Medieval London: From Commune to Capital*, p. 47.

② Reginald R. Sharpe, ed., *Calendar of Letter-Books Preserved Among the Archives of the Corporation of the City of London at the Guildhall Letter-Book D. Circa A. D. 1309—1314*, London: John Edward Francis, 1902, p. viii.

③ A. R. Bridbury, *Economic Growth: England in the Later Middle Ages*, Brighton: Harvester Press, 1975, p. 63.

④ A. H. Thomas, ed., *Calendar of Plea and Memoranda Rolls Preserved Among the Archives of the Corporation of the City of London at the Guildhall*, Vol. 2, 1364—1381, p. xxx.

⑤ Margery M. Rowe and Andrew M. Jackson, eds., *Exeter Freemen, 1266—1967*, p. xiv.

⑥ Joseph M Cowper, ed., *The Roll of the Freemen of the City of Canterbury from A. D. 1392—to 1800*, Canterbury: Cross and Jackman, 1903, pp. 167 - 244.

⑦ 7 年学徒期为标准时长，也有多于或少于（需要多交准入费）7 年的情况。比如，伦敦 14 世纪早期准入的史蒂芬·德·格雷内伯勒（Stephen de Grenebourgh）其学徒期便为 10 年，准入费为 2 先令 6 便士；而同时期准入的罗伯特·斯威夫特（Robert Swift）其学徒期则因师傅去世而缩减为只有 3 年，准入费为 12 先令 6 便士。参见 Reginald R. Sharpe, ed., *Calendar of Letter-Books Preserved Among the Archives of the Corporation of the City of London at the Guildhall Letter-Book D. Circa A. D. 1309—1314*, pp. 102, 114。

⑧ Reginald R. Sharpe, ed., *Calendar of Letter-Books Preserved Among the Archives of the Corporation of the City of London at the Guildhall Letter-Book D. Circa A. D. 1309—1314*, pp. 96 - 179.

在中世纪晚期的约克，这笔准入费一般为 3 先令 4 便士或者 6 先令 8 便士；① 似乎只有在中世纪晚期的一些小城市如韦尔斯、林恩，学徒在学徒期满后才无须缴纳准入费。②

此外，在学徒期之初，师傅还应为学徒注册并缴纳一笔 2 先令左右的注册费，否则在学徒期结束后学徒申请市民资格时便需要缴纳数倍的准入费；当学徒期结束以后，学徒若想获得市民资格，还需其市民师傅到准入现场在市政官面前为其作证担保。我们在 14 世纪早期的伦敦市民登记簿中就看到大量这样的记载。③ 最后，若想通过学徒身份获得市民资格，还需要经过城市政府的严格筛选。在 1386 年的林恩，该市出台法令明文规定：禁止接纳出身不自由的学徒为市民，而且所有候选人都要经由市长盘问；若后来发现候选人撒谎，那么其将因此失去市民资格。④ 次年 7 月伦敦也颁布了相似的法令。⑤

在中世纪晚期的英格兰，除了继承与学徒身份，最后一种主流市民准入渠道便是购买，即通过支付一笔可观的购买金获得市民资格。它本质上是基于交换关系所获得的一种货币资质。尽管城市政府开辟此市民资格是为了增加一种新的收入来源，但客观上无疑为各等级、尤其是低等级的人们提供了较快成为市民的机会与可能。其在中世纪晚期以下两个方面的特征与变化值得关注：

一是购买金额。通过购买获得市民资格的购买金依据所进入城市的

---

① Francis Collins, ed., *Register of the Freemen of the City of York, from the City Records*, Vol. I, 1272—1558, Durham: Andrews & Co., Durham, 1897, p. xiii.

② 虽然韦尔斯的学徒成为市民无须缴纳准入费，但需要提供一些酒、蜡与手套。参见 Dorothy O. Shilton and Richard Holworthy, eds., *Wells City Charters*, Frome and London: Butler & Tanner Ltd., 1932, p. xxvi; Norfolk and Norwich Archaeological Society, ed., *A Calendar of the Freemen of Lynn, 1292—1836*, p. iv。

③ Reginald R. Sharpe, ed., *Calendar of Letter-Books Preserved Among the Archives of the Corporation of the City of London at the Guildhall Letter-Book D. Circa A. D. 1309—1314*, pp. 96–179.

④ Stephen Alsford, "Urban Safe Havens for the Unfree in Medieval England: A Reconsideration", *Slavery & Abolition*, Vol. 32, No. 3, September, 2011, p. 370.

⑤ Reginald R. Sharpe, ed., *Calendar of Letter-Books Preserved Among the Archives of the Corporation of the City of London at the Guildhall Letter-Book D. Circa A. D. 1309—1314*, p. viii.

不同而不同，一般而言与该市的发展水平、地位规模呈正相关。比如：小城罗姆尼在 1433—1523 年间，其市民购买金通常为 2 到 10 先令不等；① 同样是小城的韦尔斯，其市民购买金在中世纪晚期也一直维持在 10—15 先令之间；② 在较大的港口城市格里姆斯比，该市 1498 年的法令规定其市民购买金为 20 先令；③ 在更为重要的港口城市布里斯托，其市民购买金在 1455 年则是 40 先令；④ 而首都伦敦的市民购买金在 14 世纪早期已可以高至 100 先令。⑤ 当然，随着中世纪晚期货币贬值，一般而言，准入时间越晚购买金也便相对越高。比如，在林恩，爱德华一世时期的市民购买金为 6 先令 8 便士，而到 15 世纪时该购买金已增长至 40 先令。⑥

二是购买控制。虽然购买这一渠道为许多人获取市民资格敞开了大门，但在中世纪晚期的英格兰城市中并非一直在执行"谁付钱谁便可以进入"的准入政策。⑦ 各市设置了不同的机构负责监管购买市民资格问题：在林肯，这一权责由市议会掌握；⑧ 埃克塞特在 1345 年则成立了一个由 12 人组成的委员会负责，若想获得准入必须获得该委员会多数人的同意；⑨ 伦敦的负责机构颇为不同：在中世纪晚期的伦敦，那些通过购买获得市民资格的人，其档案是被保存在每一区（ward）中的，并由区市政官掌管，因而有学者推测"售卖自由的权力似乎落在了各区市政官的

---

① A. F. Butcher, "The Origins of Romney Freeman, 1433—1523", p. 25.
② Dorothy O. Shilton and Richard Holworthy, eds., *Wells City Charters*, p. xxvi.
③ S. H. Rigby, *English Society in the Later Middle Ages: Class, Status, and Gender*, Basingstoke: Macmillan, 1995, p. 272.
④ E. W. W. Veale, ed., *The Great Red Book of Bristol*, Text (Part II), Bristol: Bristol Record Society, 1938, p. 49.
⑤ Reginald R. Sharpe, ed., *Calendar of Letter-Books Preserved Among the Archives of the Corporation of the City of London at the Guildhall Letter-Book D. Circa A. D. 1309—1314*, pp. 35–96.
⑥ Norfolk and Norwich Archaeological Society, ed., *A Calendar of the Freemen of Lynn, 1292—1836*, p. v.
⑦ Caroline M. Barron, *London in the Later Middle Ages: Government and People, 1200—1500*, Oxford: Oxford University Press, 2004, p. 205.
⑧ Francis Hill, *Medieval Lincoln*, p. 303.
⑨ Margery M. Rowe and Andrew M. Jackson, eds., *Exeter Freemen, 1266—1967*, p. xvi.

手中"①。此外,随着工商业在中世纪晚期的日益壮大,行会对通过购买获得市民资格也采取了控制手段,毕竟市民候选人的准入与否对各行业的发展至关重要。在14世纪早期的伦敦,陌生人尤其是商人若想通过购买获得市民资格,必须要由其所希望加入的行业中的6位诚实且有分量的成员做担保,② 行业控制显而易见。

相较于十一二世纪以财产加市镇农役保有混合而成的那种单一市民资格,中世纪晚期的市民资格在多重动因的促动下,则不仅可以是继承而来的身份资质,而且可以是服役7年的学徒资质与基于交换关系所获得的货币资质,中世纪晚期英格兰的市民资格明显扩大。同时,这些市民资格又各有其流变史且在各城市适用情况差异颇大。

三 市民资格的变革与社会流动

虽然视中世纪城市为"封建海洋中的非封建岛屿"早已饱受质疑,③"城市的空气使人自由"也未必处处皆然,④ 但市民作为一个中世纪社会中的特殊群体与阶层,能够成为市民无疑还是值得向往与期待的。那么,中世纪晚期英格兰市民资格的变革有何社会意义呢?对此,笔者拟从个案出发,对市民准入人数及其准入渠道的内在占比情况进行量化统计,并从社会流动这一角度做一分析。

林恩、坎特伯雷的市民准入档案在大多时段均标注了每位新市民通过何种资格、渠道获得准入,这为我们进行量化分析提供了难得的数据

---

① Caroline M. Barron, *London in the Later Middle Ages: Government and People, 1200—1500*, p. 205.

② "Constitutions for the Regular Government of the City, granted by Edward II, for the Citizens of London, Concerning New Articles Then Made to Be Observed, 8 June, A. D. 1319", in Walter De Gray Birch, ed., *The Historical Charters and Constitutional Documents of the City of London*, London: Whiting & Co., 1887, pp. 46 – 47.

③ [英] R. N. 斯旺森:《不列颠与欧洲中世纪晚期历史大观》,首都师范大学出版社2011年版,第43页。

④ 朱明:《城市的空气不一定自由——重新审视西欧中世纪城市的"自由"》,《史林》2010年第2期。

支撑。具体而言,林恩市 1292—1489 年间的市民档案,共留存 142 年的有效数据。① 笔者对这些数据进行逐年逐类统计发现,这 142 年中林恩市共计接纳 1678 人为市民,除去 38 人的准入资格情况不详之外,其他均有明确记载,即通过购买、学徒身份、继承、赠予准入的人数分别为:1077 人、497 人、57 人、9 人,在所准入新市民总数中的占比依次约为:64%、30%、3%、1%。② 而在中世纪晚期的坎特伯雷,其市民资格与林恩颇为不同,即除了购买、继承与赠予之外,通过婚姻(即与生而自由的市民之女结婚并支付一笔准入费)获得市民资格也占有一定比例。此外,如前所述在中世纪晚期的坎特伯雷,没有人通过学徒身份这一资格获得市民身份。具体而言:在 1392—1499 年间,除了 1392 年、1455—1457 年间的数据不完整或丢失之外,在这期间共有 1354 人获得坎特伯雷的市民资格,其中有 5 人是通过赠予获得市民资格,另外通过购买、婚姻与继承准入的市民人数分别为:1032 人、194 人和 123 人,通过后三种资格获得市民身份的人数在所准入新市民总数中的占比依次约为:76%、14% 和 9%。③ 另外,玛丽安娜·科瓦雷斯基对埃克塞特的市民准入统计表明:在 1284—1299 年间,通过任命、继承、购买、赠予所准入的市民人数在所准入新市民总数中的占比依次为 45%、23%、16%、14%(另有准入资格不确定者占 2%),而到 1450—1499 年间,上述各渠道的占比已变为 0.25%、3.5%、45%、4%(另有通过服役及准入资格不确定者分别占比 0.25%、22%),而通过学徒身份准入者则从无到有占比 25%。④

---

① 1294—1296 年、1306—1342 年、1352—1353 年、1355—1356 年、1396—1399 年、1403—1411 年、1414—1418 年的档案遗失;该档案记载始于 1292 年,且 1490—1500 年间的留存档案中未标示市民准入资格,而此后数据超出中世纪的范畴,故笔者将数据统计的时限范围定为 1292—1489 年;档案中还记载了若干例师傅为学徒申请市民资格但是否得到批准不详的情况,此类案例没有列入统计。

② Norfolk and Norwich Archaeological Society, ed., *A Calendar of the Freemen of Lynn, 1292—1836*, pp. 1 – 68.

③ Joseph M Cowper, ed., *The Roll of the Freemen of the City of Canterbury from A.D. 1392—to 1800*, pp. 1 – 166, 245 – 328.

④ Maryanne Kowaleski, *Local Markets and Regional Trade in Medieval Exeter*, p. 97.

此外，伦敦的市政档案中也留存下 1309—1312 年间的市民准入数据，统计发现仅在此间的伦敦新准入市民人数已达 909 位，其中通过购买获得准入者有 657 位（约占 72%），通过学徒身份获得准入者有 252 位（约占 28%）。① 此档案并未记载通过继承获得市民资格的人数，不是此年间一位没有，而是由于在 1275 年伦敦的市长与其他市政官们认为没有必要坚持让通过继承获得市民资格的人强制登记，因为通过出生获得市民资格的人可能是众所周知的。② 与伦敦不同，中世纪晚期约克的市政官们尤为重视记载通过继承获得市民资格的人。从 1396 年一直到中世纪结束，约克市民登记簿在大多时段都是将通过继承获得市民资格的人逐年单独记载，反而将通过其他资格准入的市民混在一起记载了（1482—1487 年除外）。统计显示，从 1396—1499 年约克共准入新市民 8959 人，其中通过继承准入的有 1080 人，在总准入人数中约占 12%。③

显然，不管是林恩、坎特伯雷、埃克塞特、约克的统计数据还是伦敦的登记举措与现存数据均表明，通过继承获得市民资格在中世纪晚期的英格兰已退居末流，而通过货币资质、学徒资质等获得市民资格已成为主流，尤其是货币资质这一资格更是独占鳌头。当然，由于各城市在所享特权、区域地位、发展阶段等诸多方面存在差异，故而上述五座城市所留存的市民数据并不能代表中世纪晚期英格兰各城市全体市民的准入情况，但它们所反映出的市民准入资格的总体演变趋势与占比大致格局应是具有代表性的。

这一市民准入格局无疑说明越来越多的外来人或城市非市民家庭出身的人获得了市民资格。因而，到中古晚期伦敦的市民群体虽然是一个

---

① Reginald R. Sharpe, ed., *Calendar of Letter-Books Preserved Among the Archives of the Corporation of the City of London at the Guildhall Letter-Book D. Circa A. D. 1309—1314*, pp. 35 – 179.
② Gwyn. A. Williams, *Medieval London: From Commune to Capital*, p. 44.
③ Francis Collins, ed., *Register of the Freemen of the City of York, from the City Records*, Vol. I, 1272—1558, pp. 98 – 224.

人数相对较少的阶层，但其绝大多数却都是来自伦敦之外的。① 正如有学者所言："随着伦敦日益成长为一个繁荣的商业首都，通过继承获得市民权便逐渐萎缩了，其旨在吸纳全英国人作其市民。"② 在科尔切斯特，1390/1 到 1409/10 年共准入 295 位新市民，其中超过 3/4 都来自农村；在 1467/8 和 1476/7 年间共有 58 人获得该市市民资格，其中 18 位来自离科尔切斯特 10 英里以内的村庄，18 位来自埃塞克斯和萨福克的其他地区，另有 22 位出生在更远的地方。③ 在小城罗姆尼，1433—1523 年共有约 400 人获得该市市民资格，而他们的出生地却广泛分布在英格兰各地、苏格兰、威尔士、爱尔兰、海峡群岛与欧洲大陆，这其中近乎总数的 1/3 来自半径 5 英里之内，近乎 1/4 是来自肯特之外。④ 在中世纪晚期的约克，其新市民同样也是来自国内国外。⑤ 而这些在中世纪晚期获得英格兰市民资格的外国人之中有相当一部分是对英格兰发展至关重要的外国商人。⑥ 比如，在中世纪晚期的南安普顿，便有相当数量的意大利商人获得了该市市民资格。⑦

尽管由于多种原因，中世纪晚期的英格兰城市政府、行业行会对新市民的准入遴选变得更为严格，但通过对多个城市各市民资格下所准入市民数量的长时段的占比分析可以发现，此阶段的英格兰城市还是颇为开放的，购买而来的货币资质与服役 7 年的学徒资质等非世袭的市民资格为更多外来者或非市民家庭出身的人提供了实现正向社会流动的机会与可能。

---

① A. H. Thomas, ed., *Calendar of Plea and Memoranda Rolls Preserved Among the Archives of the Corporation of the City of London at the Guildhall*, Vol. 2, 1364—1381, p. lxi.

② Gwyn. A. Williams, *Medieval London: From Commune to Capital*, p. 47.

③ R. H. Britnell, *Growth and Decline in Colchester, 1300—1525*, p. 203.

④ A. F. Butcher, "The Origins of Romney Freeman, 1433—1523", p. 20.

⑤ E. Miller, "Medieval York", p. 108.

⑥ Keechang Kim, *Aliens in Medieval Law: the Origins of Modern Citizenship*, Cambridge: Cambridge University Press, 2000, pp. 41–42.

⑦ Alwyn A. Ruddock, *Italian Merchants and Shipping in Southampton, 1270—1600*, Southampton: University College, 1951, pp. 159–161.

综上所述，市民资格在中世纪英格兰经历了重要变革，相较于中世纪中期，中世纪晚期的市民资格明显扩大。这意味着越来越多的人，尤其是低等级民众可以凭借职业机会与财富积累相对更容易地跨越中世纪等级社会的身份藩篱、摆脱人身依附关系的枷锁，从君主或领主的臣民变为城市的自由市民。这样的开放与流动机制所孕育的结果便是：虽然中世纪晚期的英国城市总人口整体在减少，全国人口亦在同步减少，① 但随着市民准入的数量维持稳定甚或还有所增长，市民在英格兰城市人口中的比例却一直在稳步上升。② 而市民群体正是未来资产阶级的前身，作为封建社会中"体制外的异己力量"③，他们代表着新的生产力与生产关系。从这个角度而言，市民资格的变革，对英格兰社会在中世纪晚期的结构转型乃至从封建主义向资本主义的过渡都有着重要的历史意义。

（发表于《世界历史》2018年第2期）

---

① 徐浩：《中世纪英国城市化水平研究》，《史学理论研究》2006年第4期。
② A. R. Bridbury, *Economic Growth: England in the Later Middle Ages*, p. 82.
③ 厉以宁：《资本主义的起源——比较经济史研究》，商务印书馆2005年版，第421页。

19世纪末以前英国基础教育教师收入初探

张晓晗[*]

摘 要：中世纪以来，英国基础教育教师的职位逐步拓展到社会不同身份和地位的人群，逐步打破了由神职人员垄断的局面。国民教育体系形成以前，教师生活来源大体可以分为神职收入、社会捐赠、薪金、奖金、学费、小费，以及其他补充收入等，不同等级的学校、不同身份和地位的教师生活状况各有差异。教师群体也因此逐渐形成身份多元化、群体复杂性、地位和职能多样性的特点，长期以来很难形成统一的职业行会，以保障群体利益。近代以来，随着国家对教育事务的更多关注，教师薪酬制度逐渐确立，教师职业逐渐走向规范化，专业化。

关键词：英国；中世纪；近代；教师；教育捐赠；收入来源

英国直到19世纪末才确立了国民教育制度，教师职业受到国家的关注，并逐渐走向专业化。而在此之前，英国教师特别是从事基础教育的教师，他们的收入来源于何处？生活状况如何？作为社会重要群体，对其成员的收入来源进行考察有助于理解这一群体的生活状况、社会地位、

---

[*] 张晓晗，天津师范大学欧洲文明研究院副研究员。

对教育发展的影响,并从一个侧面反映英国社会发展的状况。由于教师群体的复杂性,本文仅做粗略的梳理。

一 英国教师职业演变概况

首先,先来了解一下英国基础教育教师职业的演变。在中世纪相当长一段时期里,有目的的教育活动主要是宗教教育和对教职人员的职业培养。教育主要是作为修道院、教堂的一种附属职能,教师由修道院的僧侣充任,后来则扩展为教士、修会成员、堂区的神职人员、堂区的执事,以及利用业余时间提供指导的俗界人员担任。这时,教学并不被认为是独立的活动,从事教学活动的这类人员也不是纯粹意义上的教师。

伴随社会的发展,知识领域逐渐扩充,对教育的追求逐渐提升,一些具有职业培养性质的自治学校出现。最迟从1100年起,学校教师(*schoolmaster*)用来指称一个专业指导者群体,这些人承担读写基础知识的教学工作,并逐渐得到社会认同。从这时起,教师有了自己独立的称谓。schoolmaster可谓现代学校教师(schoolteacher)的鼻祖。[1]

中世纪晚期,特别是文艺复兴、宗教改革以后,随着人们在经济、政治、法律、地方管理、思想传播等领域中各类活动的参与度逐渐加大,知识和教育在日常生活中的重要性越来越得到社会认同,对教育的渴望和追求也成为社会的普遍现象。教师逐渐成为独立于神职的一份职业。宗教改革时期,修道院、附属小教堂陆续被拆毁,教产被没收,承担教育职能的教会神职人员也因此演变成了依靠人们的捐赠和其他收入生活的职业教师。近代以来,教士只是教学力量中很小的一部分,1580—1700年伦敦教区获得教学许可证的教师中只有12%是神职人员。而在诺威奇教区,教师和教士重合的比例更低一些,在获得教学许可证的教师中仅

---

[1] Nicholas Orme, *Education and Society in Medieval and Rrenaissance England*, London and Ronceverte: the Hambledon Press, 1989, p. 49.

有 8% 的人担任着神职，1660—1700 年间签名的教师中声明自己是教士的也只有 11%。① 一些学校或捐赠人聘用教师时甚至明确提出，如果其担任神职的话，则立即取消其从教资格。② 可以说，这一时期是教师职业化、世俗化的开端时期。③

一般而言，一所小的学校通常仅有一位教师，既承担教学工作，也肩负学校教育管理职能。这些教师或者是学校的创建者，或者是经本地区主教为代表的官方许可的从教者。④ 一些规模较大的学校，还配有助教（usher），例如泰勒学校、圣保罗学校、什鲁斯伯里学校，都各有三至四名助教。当时一位著名的教师胡尔甚至认为学校至少应该有 6 名助教，即每个年级配有一名助教。⑤ 在一些文法学校里，助教一般教授阅读技能，其他课程由专门的教师（master）教授。⑥

有学者分析，14 世纪早期英国的学校数量和规模因人口的快速增长呈现出一个发展的高峰，此后由于黑死病等原因，人口下降，学校数量相应减少，规模也不断变小。1439 年英国东部有 70 所学校关闭，15 世纪早期全国有 150—200 所学校关闭。据一些学者推断，这时期英格兰大约有 200—400 所学校，按照每个学校至少有一名教师计算，教师总数至少达到 200—400 名；此外，还有 100—200 名教师在修道院和私人家庭中工作，⑦ 那么教师至少达到 300—600 名，数量甚至不到教士阶层的 10%⑧。

---

① David Cressy, "A Drudgery of Schoolmasters: the Teaching Profession in Elizabethan and Stuart England", in Prest, W. (ed.), *The Professions in Early Modern England*, Croom Helm, 1987, p.148.
② Ibid., p.140.
③ ［英］奥尔德里奇：《简明英国教育史》，诸惠芳等译，人民教育出版社 1987 年版，第 54 页。
④ Nicholas Orme, *Education and Society in Medieval and Rrenaissance England*, p.49.
⑤ J. H. Brown, *Elizabethan Schooldays: an Account of the English Grammar Schools in the Second half of the Sixteenth Century*, Oxford: Basil Blackwell, 1933, p.25.
⑥ J. M. Sanderson, "The Grammar School and the Education of the Poor, 1786—1840", *British Journal of educational Studies*, Vol. 11, No. 1 (Nov., 1962), pp. 28-43.
⑦ Nicholas Orme, *Education and Society in Medieval and Renaissance England*, p.50.
⑧ 14 世纪末教士阶层约有 4500 名僧侣和在籍教牧人员，2200 名修会成员，1500 名修女，和几千个堂区教士。Nicholas Orme, *Education and Society in Medieval and Renaissance England*, p.50.

还有学者将近代学校划分为五种类型①，即公学、捐赠文法学校、地区文法学校、依靠认捐和学费支持的职业性学校、教授基本读写技能的小学校。此外，还有相当一部分私立学校。绝大部分教师在这些学校任教。还有很多没有获得教学许可证的教师，他们被称为"访问教师"，专门教授某一类社会技能，这类访问教师流动性比较强，由其经营的学校往往都是临时性的，人数也很难估计。据统计，由访问教师经营的学校在斯坦福德郡有35所，德比郡有29所，考文垂有21所，萨洛普有22所。②另外，兼职教师或临时从事教学工作的人也有很多，如很多大学生或其他身份的人，为了筹集学费或补充收入，都充任兼职教师，临时从事教学工作。如哈利法克斯教区教会一位风琴手希望能够通过"教授学生、为乐器调音，以及其他凭自身条件可以承担的教学工作，获得额外收入"，以补充每年20英镑的工资。③

大学兴起后，逐渐垄断了教师从业资格的授予权，并且逐渐成为专门的学术研究性机构，其他教育机构则逐渐担当了基础教育的职能。这时，在大学获得各级学位意味着获得了担任教育职务的基本资格，doctor、master、professor 几个词语不仅指接受了相应年限学习、获得学位的毕业生，也用来称谓拥有其研究领域全部知识、获得教学资格的教师。15世纪末，获得硕士学位即可担任文法教师，获得博士称号既可担任大学教授，也可自行讲学或开设学校。④

二 中世纪以来英国教师收入来源分析

以上简要梳理了英国教师职业演变的基本情况，接下来分析教师的

---

① David Cressy, "A Drudgery of Schoolmasters: the Teaching Profession in Elizabethan and Stuart England", in Prest, W. (ed.), *The Professions in Early Modern England*, pp. 130 – 133.

② Rosemary O'Day, *Education and society, 1500—1800: The Social Foundations of Education in Early Modern Britain*, Longman Group United Kingdom, 1982, p. 29.

③ [美] 约翰·斯梅尔：《中产阶级文化的起源》，王晓辉译，上海人民出版社2007年版，第109页。

④ 参见吴式颖编《外国教育史教程》，人民教育出版社1999年版。

收入来源。大体说来，19世纪30年代以前，英国基础教育一直处于依靠社会力量捐赠和自主办学的状态，教师收入并不稳定，不同时期教师的收入来源各不相同，而不同级别的教育机构教师的收入来源和待遇差异也很大。教师的收入来源可以分为神职收入、市政薪俸、社会捐赠、学费和课程费用、其他职务收入以及兼职补贴等。本文中，笔者将早期承担教育职能的神职人员和以教师作为职业的人员分开，分别加以论述，并将所有收入来源分为主要收入和补充性收入两大部分，以区别其生活来源的不同结构。

1. 早期教育者的收入来源

如前所述，最初的教育职能主要是作为修道院、教堂的一种附属品，承担教育职能的主要是神职人员，他们的生活主要依靠神职收入（prebend、benefice），也有一些酬金（collectae），部分临时报酬，专门的捐助。

传统的观念认为，知识和学问是上帝的恩赐，不得被出售，出卖知识就是犯了买卖圣职罪。教皇亚历山大三世曾在1179年第三次拉特兰公会议上宣布"教学无偿"的原则，指出教学是教士天职不可分割的组成部分。① 因此，教士提供的教育应该是免费的。这时，承担教学职能的人主要依靠神职收入——圣俸作为生活来源，圣俸包括十一税、教产收入等。

随着具有职业培养性质的世俗学校出现，从事教师职业的人员身份更加多元化，很多世俗学校教师无法获得神职收入，一些教师开始向学生收取"酬金"（collectae），而受教于该教师门下的学生也多愿意以馈赠礼品和捐资的形式支付教师酬金。人们普遍认同了一种新的观念，即知

---

① 这次会议针对一些教士向学生索要学费或酬劳的做法，再次重申知识是赐予的，宣布不得任意买卖知识的律令，对教育原则、教师薪俸、执教资格等事项做出了具体规定，并提及：每处主教座堂均应向一位教师提供充足的教会俸禄，该教师既应该免费培养本堂的教士，也应该无偿教授贫穷学生。"这样既解脱了教师的困难，也为学习者打开了学习的道路"，如果此前有的教堂或寺院里曾经有过类似的做法应该予以恢复。参见［英］威廉·博伊德、埃德蒙·金《西方教育史》，人民教育出版社1986年版，第154页。

识与教学活动分属于两个不同范畴。尽管知识是上帝赐予的，但教师进行的是一种传授知识的劳动，二者不能混同。因此，教师可以凭自己的劳动获取应有的报酬，以保证自己的生计。这种观念为更多人从事教师职业提供了经济理论上的支持。

这时期的教育者也会得到某些专门的资助。一些信徒通过捐赠特别是遗赠，指定某位教士为捐赠者本人及其家属的灵魂祷告，同时规定这位教士除完成本职工作外，还必须担任一些教学工作。如 1489 年威廉·钱伯用一部分遗产雇用了一位教堂教士，让这名教士在北安普顿郡的奥尔德温克尔教区的教堂内每天做弥撒，以拯救他和他妻子伊丽莎白的灵魂，同时要求该教士免费"教导镇上最穷的六个孩子学习拼写和阅读"[①]。

2. 职业教师的主要收入来源

随着世俗教育的发展，教师职业化趋向越来越清晰。教师获取收入的来源更为广泛。

工资薪金（salary）是城市学校教师的主要收入来源，各级各类学校的创办者会根据本校实际情况发给教师工资。英国最早的教师薪水记录是 1400 年温彻斯特学院院长的，他负责给学生提供食宿，一年收入 10 英镑。教区学校教师的薪水由教会提供，市镇学校教师的薪水由市政支持。工资薪金很大部分源自土地的租金和收益，也包括王室对学校的投资或是城镇市民的入股。

众所周知，近代英国教育主要依靠社会捐助，一些堂区学校或集资学校多依靠投资者的捐赠运行。专门用于教育的捐赠（charity），特别是专门指向资助特定教师的捐赠更起到直接的作用。

大约 13 世纪开始，捐献人几乎把设立学校作为捐献基金的主要用途。沃尔特·德·莫顿于 1264 年开办莫顿学院时，曾提供给那里的学生和一名教师以生活资助，此举当属于英国最早的教育捐赠行为。1601 年

---

① ［美］E. P. 克伯雷选编：《外国教育史料》，华中师范大学教育系等译，华中师范大学出版社 1990 年版，第 119 页。

伊丽莎白一世时期的《慈善用途法》第三条即提及慈善用于"兴办义学、赞助大学的学者"。专门资助特定教师的捐助一般包括薪金、住房、财物、资助讲座等。① 虽然到 19 世纪中后期政府开始介入教育事务，但其拨款仅占教育总费用的很小部分，而来自各方的捐助仍占绝大部分，如 1869 年的教育支出中来自捐助的数额占到 2/3②。同年出台的《捐助学校法》批准重建捐款基金学校补助制度，授权捐助学校委员会及此后的慈善委员会（1874—1879）改革并重新分配教育捐赠基金，才将基金管理权从具有教派性质的慈善团体转移到国家。③

入学费和课程费用是学生直接缴纳的两笔费用，也构成了一些学校教师的收入来源。

各级学校一般都会规定学生入学时需要登记注册，同时支付一定的入学费。圣保罗学校的条例规定，儿童第一次入学，需要在名册上写下姓名，并交纳 4 英镑的费用；贫穷学生可以通过清扫学校和维护桌椅卫生来代替。1599 年奥夫特学校也有此类的规定。④ 许多文法学校还要求学生在入学时缴纳其他杂费，计 12 英镑。这笔杂费主要用于购置诸如蜡烛等日用品以及书籍、字典等学习用品。⑤ 还有学者注意到，一般文法学校都有一笔入学注册费用，而且根据不同的社会等级和不同地域，这笔费用有浮动标准。⑥ 据统计，伊丽莎白时期文法学校一般的入学费用在 4 便士、8 便士、12 便士不等。⑦ 学校创建者的亲属经常是免除这笔费用的；

---

① 关于专门提供给教师的教育捐赠情况，见张晓晗《社会捐赠与英国近代早期教师生活状况》，《历史教学》2012 年第 12 期。

② ［英］安迪·格林：《教育与国家形成：英、法、美教育体系起源之比较》，王春华、王爱义等译，教育科学出版社 2004 年版，第 14 页。

③ 同上。

④ David Cressy, *Education in Tudor and Stuart England*, London, 1975, p. 104.

⑤ David Cressy, "Educational Opportunity in Tudor and Stuart England", *History of Education Quarterly*, Vol. 16, No. 3, Autumn, 1976, p. 307.

⑥ Rosemary O'day, *Education and Society*, 1500—1800: *The Social Foundations of Education in Early Modern Britain*, p. 32.

⑦ J. H. Brown, *Elizabethan Schooldays: An Account of the English Grammar Schools in the Second Half of the Sixteenth Century*, Oxford: Basil Blackwell, 1933, p. 13.

而在一些地区，如哈罗公学，只有外地学生才需要缴纳入学费用，其额度也较高。1570 年代什鲁斯伯里文法学校规定，本地学生入学需要缴纳 4 便士到 10 先令不等的注册费用。①

  文法学校一般按课程收费，读写基础科目免费，开设其他科目可以另收学费。许多文法学校因此愿意多开设课程。1770 年，伍德彻尔文法学校教师的招生广告上承诺：学校除教古典语外，还开设算术、簿记、对数、几何学、测定法、三角学、力学、测量术、水准测量、航海术、地理学、自然哲学、天文学以及地球仪的使用法。费勒斯的家庭寄宿学校是一所女子寄宿学校，学生一年开销 16 镑，加上吃、住、洗、工作、阅读、写作、跳舞等，一年开销 32 镑。若希望开设音乐课，需要另收费 8 镑。② 也有一些学校文法课程免费，其他课程收费，例如圣比斯文法学校教授书写的教师可以得到每个学生每年 4 便士的课程费用。③ 南安普敦的一名教师 1569 年除了自己的薪水，还可以为每周一次的阅读课程得到 6 英镑 13 先令 4 便士的额外收入。④

  绩效奖励是学校管理的一种手段，也为教师增加了额外的收入。特别是 17 世纪以后，社会对教师需求量和教育质量的要求都明显提升，一些教育团体提供专门赞助，用于奖励教师的业绩。如在 1688 年成立的基督教知识促进会的赞助下，几乎每个教区都设有一个小学校，挑选规矩谨严、认真踏实的人来教学，并按"实效"付酬：如果学生能够按字母表说出和分辨出字母，教师可以得到 2 先令 6 便士；如果该生可以很好的拼读，教师可以得到同样的报酬；如果该生能清楚流利的阅读，回答教义问答手册上的问题，还可得到 5 先令；这样算起来，孩子学会阅读，

---

  ① Rosemary O'day, *Education and Society, 1500—1800: The Social Foundations of Education in Early Modern Britain*, p. 32.
  ② Ibid., pp. 186 - 189.
  ③ J. H. Brown, *Elizabethan Schooldays: an Account of the English Grammar Schools in the Second half of the Sixteenth Century*, p. 86.
  ④ A. M. Stowe, *English Grammar Schools in the Reign of Queen Elizabeth*, General Books LLC., 2009, p. 75.

教师可以挣得 10 先令。①

19 世纪初政府开始关注教育问题，1833 年为各类教育协会提供了一些经济资助，1853 年有议员提出改进资助办法的措施：按人头而不是按学校给学生以资助，以此来排除地方税交纳者反对用地方税资助那些与自己教派不同的学校的顾虑。1862 年实行根据考试成绩给予初等学校补助的制度。政府监督办学是否合格、教师是否称职的标准不仅包括学生的成绩、校舍的硬件设施，还包括学生的出勤率，以及 3R 课程的及格率。学生每年参加由督学处组织的考试，以学生入学情况和读写算成绩为依据，"每个学生可为学校争得 12 先令。全学年平均入学情况达到合格标准，每个学生可为学校获得 4 先令，3R 成绩合格可使学校再获得 8 个先令（每门各 2 先令 8 便士）。如果哪个项目未通过督学考试，该项目的经费就被收回"。②

3. 教师的其他补充性收入

许多记录表明，教师主要收入来源是有限的，生活待遇差是多数教师面临的问题，也影响着师资队伍的扩充。一些比较开明的地区意识到这样的问题，他们允许教师在年薪之外额外征收部分学费、入校费等"小费"。如 1558 年建立的约翰·迪恩学校为教师提供的年薪仅为 12 英镑，但教师可以收取每个学生 4 便士入学费和圣诞节 1 便士的费用。赫特福德郡的圣艾班斯学校允许教师每季度收取来自自治市镇学生每人 4 便士、走读生每人 12 便士充作小费。③

此外，教师还有一些来自按学生人头均摊的费用的收入。这部分费用按学期直接付给教师和助教，教师得到 6 便士到 1 先令不等，助教得到 3 便士到 0.5 先令不等。一些规模大的学校，比如商人泰勒学校，这笔费

---

① ［美］E. P. 克伯雷选编：《外国教育史料》，华中师范大学教育系等译，华中师范大学出版社 1990 年版，第 572 页。
② 徐辉、郑继伟编著：《英国教育史》，吉林人民出版社 1993 年版，第 149 页。
③ David Cressy, "A Drudgery of Schoolmasters: the Teaching Profession in Elizabethan and Stuart England", in Prest, W. (ed.), *The Professions in Early Modern England*, pp. 141 – 142.

用可以达到每学期 5 先令。这笔费用最初是学生父母或朋友在学期末自愿交纳，以示对教师劳动和能力的认同。①

更多的教师则通过兼职从事其他行业来贴补薪水之不足。如很多教师自己开设小酒馆，贩卖啤酒，倒卖旧书；很多教师利用自身的知识，兼职抄写员、代笔人、测量员等；兼职担任理发师、裁缝师的教师为数也不少；乡村教师参加农场工作很普遍；也有教师在教会谋职。例如一位获得大学学士学位的教师从事教师职业达 25 年，他的生活来源包括：薪水、4 份教会的差事、所教学生提供的小费。②

近代一些慈善学校里有明文规定给予教师额外补助，这部分多属于非货币性质，如多数教育捐赠者会给教师提供住所。有的学校，教师患病期间也可以得到全额薪俸。

三 中世纪以来教师的收入水平分析

上面分析了教师的收入来源，接下来再看一看这时期教师的收入水平。受学校自身条件及其所在城市及地区的经济状况、教师地位或职位的差异、教师个人的知名度、年龄、教学经验和学生数量等因素的影响，教师收入水平呈现较大的差异。

如前提到，温彻斯特学院院长一年收入 10 英镑。许多记载表明，1440 年以后建立的捐赠学校教师的年薪 10 英镑是一个一般水平的收入，主要来自学费、捐赠款。这一水平一直保持到 16 世纪。而依照里奇对宗教改革前教师的收入水平的估算，这时期教师年收入约为 6 英镑 9 先令 6 便士，规模较大的学校校长可能达到 10 多英镑。③

---

① J. H. Brown, *Elizabethan Schooldays: An Account of the English Grammar Schools in the Second half of the Sixteenth Century*, p. 14.

② David Cressy, "A Drudgery of Schoolmasters: the Teaching Profession in Elizabethan and Stuart England", in Prest, W. (ed.), *The Professions in Early Modern England*, p. 146.

③ A. F. Leach, *English Schools at the Reformation, 1546—8*, Archibald Constable & Co., 1896, p. 93.

当然在一些经营较好，资金比较充裕的学校，教师的收入远远超过这个水平。约翰·斯坦布里奇是一个较为典型的例子，他是15世纪基础拉丁文学校课本的校订者，经其校订的版本通过印刷机广泛流传。他本人的社会地位也较高，在莫德林学院（1488—1494年）和班伯里学校（1501—1510）任教期间受到林肯主教的庇护。此间，除了学校收入，他还拥有北安普顿郡的一块教区长管区和林肯主教座堂少量薪俸，收入约合每年25英镑。① 另外一个较为典型的例子是圣保罗文法学校的第一任校长威廉·利利（William Lily），他著有文法课本，该课本被公布为官方版本。他1610年就职时的薪水是35镑。② 从教师的遗嘱、租佃记录、税收记录中也可以推测当时教师拥有财产和薪俸的情况。奥姆曾经通过14世纪两名教师的遗嘱分析了他们的财产状况，并认为这两个遗嘱可能代表了大城镇中依靠收取学费生计的教师财产平均水平。例如15世纪30年代的一位私立学校的校长，在遗嘱中列出的财产包括：衣物（一件绿色带黑色和红色相间背带的袍子）；厨房用具（大锅、碗、杯子、银勺）；若干张床和若干个箱子；留给妻子的物品；一些书，其中有些是他自己写的。③

有学者对79所学校的详细调查发现，在伊丽莎白时期，教师的固定薪金发放大致有三种方式，王室一般以年金方式，其他还有半年或季度发放的方式，一般会选择在某个特定的节日发放。以1558—1603年教师年薪统计为例，有的学校教师年薪为3到4英镑，规模较大的学校教师的年薪则达到40—50英镑，平均薪金在16.5英镑左右，其中25所学校薪金在20英镑，18所学校薪金在13英镑。助教通常是教师的一半左右，平均为9英镑。但助教还可以取得其他一些收入，如从学校的房屋、花园和果园中获取的收益，按季度的人均费用收入，总收入可能达

---

① Nicholas Orme, *Education and Society in Medieval and Renaissance England*, p. 59.
② ［英］奥尔德里奇：《简明英国教育史》，诸惠芳等译，人民教育出版社1987年版，第105页。
③ Nicholas Orme, *Education and Society in Medieval and Renaissance England*, p. 56.

到 10 英镑。① 这时期教师的薪水较之宗教改革前有所增加。②

考文垂文法学校于 1573 年接受捐赠，付给教师年薪 20 英镑，有学问的助教 10 英镑，并提供住宿。1628 年新的规定没有提高薪水，但是官方同意教师收取入学费 12 便士以及外地生源缴纳的部分费用。桑德维奇学校教师年薪 20 英镑，提供住宿，并允许教师收取学生住宿费用，以及城镇以外生源的学费。1583 年卡姆伯兰创建的圣比斯学校，教师收入包括薪俸 20 英镑加学生入校费用。助教收入包括 3 英镑 6 先令 8 便士的年薪金、2 便士入学费、4 便士教授写字的课时费。③

1816 年下院提议组建的伦敦调查委员会到教区做检查时，一位教师提及，他们学校除了每年 60 英镑的工资外，教唱赞美诗一年 4 个畿尼④，并允许招收符合捐款人指定条件的几个孩子，收取每周 6 便士的廉价学费。这位教师同时身兼数职——教区执事、殡葬师和乐师，从中获得一定的收入。⑤ 1799 年至 1839 年个别文法学校教师的收入从 30 英镑增至 60 英镑。⑥

从上面的一些例证估算，13—16 世纪间英国教师收入一般保持在 10 英镑左右，16—17 世纪初达到 20 英镑左右，此后逐渐增长至 30 英镑，至工业革命后达到 60 英镑。但与同时期一些职业者相比，教师的收入水平并不高。比如，相较于神职人员，教师的薪俸少得可怜。据统计，1640 年代，教师的平均薪俸为 17 英镑 2 先令，而此间教区教士一

---

① A. M. Stowe, *English Grammar Schools in the Reign of Queen Elizabeth*, pp. 68 – 74.

② J. M. Sanderson, "The Grammar School and the Education of the Poor, 1786—1840", *British Journal of educational Studies*, Vol. 11, No. 1 (Nov., 1962), pp. 28 – 43.

③ David Cressy, "A Drudgery of Schoolmasters: the Teaching Profession in Elizabethan and Stuart England", in Prest, W. (ed.), *The Professions in Early Modern England*, pp. 141 – 142.

④ 1 畿尼 = 21 先令，约合 1.05 英镑。

⑤ 下院特别委员会受命调查首都下层阶级教育状况报告·情况记录（II），伦敦 1816，见 E. P. 克伯雷选编《外国教育史料》，华中师范大学教育系等译，华中师范大学出版社 1990 年版，第 568—570 页。

⑥ J. M. Sanderson, "The Grammar School and the Education of the Poor, 1786—1840", *British Journal of educational Studies*, Vol. 11, No. 1 (Nov., 1962), pp. 28 – 43.

年可以挣到42英镑，教区长平均则能达到78英镑。① 同期农村的约曼阶层依靠土地可以获得40—50英镑的年收入，100—200英镑收入也是常见的。② 而农业工人在工业革命前平均周工资可以达到7先令到8先令，③折合年收入应该在30—35英镑左右。18世纪前后普通工匠（如裁缝、木匠、石匠、铁匠、排字工人等）的年收入可达到90—100英镑。④ 从许多研究成果来看，从事普通教育职业的教师平均收入水平较技术工人还要低一些。

此外，教师收入水平会维持相当长的时期不变。如前提到的10英镑的收入水平持续了长达3个世纪。赫特福德郡的圣艾班斯学校教师年薪20英镑的水平自1570年起一直保持到17世纪初；⑤ 波内斯顿文法学校建于1688年，教师年薪16英镑，助教可得5英镑8先令。教师年薪直到1820年都没有调整。而这期间，英国先后经历了物价上涨的几个高峰，黑死病以后加之多次的自然灾害，食品供不应求，物价剧烈波动；而16世纪价格革命，物价更是飞涨，直到17世纪30年代以后，物价才得以稳定。教师实际收入增长并不明显。1701年许多在捐赠不足的学校任职的文法教师仍然只能拿到可怜的薪水，有的甚至只有10英镑。以17世纪的生活标准衡量，如果一个教师年收入10—12英镑，是相当可怜的，甚至无法支付获得教学特许状所需要的费用。⑥《一个工人的回忆》中曾描写，"我母亲在小学校也只赚2、3先令。他们依靠这些微薄的收入，维持一

---

① David Cressy, "A Drudgery of Schoolmasters: the Teaching Profession in Elizabethan and Stuart England", in Prest, W. (ed.), *The Professions in Early Modern England*, p. 146; Rosemary O'Day, *Education and Society, 1500—1800: the Social Foundations of Education in Early Modern Britain*, p. 171.

② M. Campbell, *English Yeoman under Elizabeth and Early Stuarts*, New York, 1969, p. 217.

③ 徐滨：《工业革命时代英国农业工人的工资与生活水平》，《首都师范大学学报》（社会科学版）2011年第3期。

④ 同上。

⑤ David Cressy, "A Drudgery of Schoolmasters: the Teaching Profession in Elizabethan and Stuart England", in Prest, W. (ed.), *The Professions in Early Modern England*, p. 146.

⑥ 根据1662年的法案，教师申办教学特许状需要交12英镑和捐款，并取得收据。违者罚款。

家六口人的生活。一个 10 磅重的面包售价为 1 先令 10 便士。尽管食物不足，我们也只得忍受。"①

在教师群体内部收入水平也是有很大差别的，可以从以下几个方面来分析。

1. 普通教育教师与大学教师待遇差异

奥姆认为，最初教师的地位和声誉都很高。很多学校的教师最初都身处教俗两界要职，其收入主要是教会收入或政府薪俸。② 而且，不论是大学还是文法学校，文法和文雅教育都是主要的教学内容，高深的学问还不是牛津大学和剑桥大学的专属，学问并无等级之分。13 世纪末期教师社会地位得到空前提升，那时的教师被称为"高贵的人"，其职位甚至还可以继承，其后代可以凭此得以受到荫庇。③

大学的兴起以及学问的日益专门化、专业化，增加了入学条件限制，大学不再承担基础文法和基本学习技能的教授，这些内容主要由大学以外的其他教育机构的教师（schoolmaster）传授，这些教师被限定在较低层次的阅读、歌咏和拉丁文语法等内容的教学上，没有机会触及更高层次的学问。学校（school）成了低级的教育机构，教师的地位也随之下降，④ 不为王室、教会甚至公众真正关注。教师几乎不被推荐委任教会职位，通常也不会在主教视察时现身，几乎得不到有关教学或行为方面的指令。他们培养最好的学生进入大学，而他们自身默默无闻。这样的情况持续到 16 世纪早期。

这样，教师群体逐渐分出层次，包括为皇室工作的教师、为城市学校工作的教师、为贵族工作的家庭教师、为平民工作的教师等等，此外还有宗教处所的僧侣及修会成员、堂区的神职人员等等，这也反映了英国教育的等级性、多层次性的特点。大学教师继续享有较高的收入和社

---

① T. Carter, *Memoirs of a Working Man*, London, 1845, p. 43.
② Nicholas Orme, *Education and Society in Medieval and Renaissance England*, p. 51.
③ [法] 雅克·勒戈夫：《中世纪的知识分子》，张弘译，商务印书馆 2002 年版，第 112 页。
④ A. F. Leach, *The Schools of Medieval England*, pp. 181 – 182.

会地位、各类特权、自由宽松的学术环境。大学成员的子弟还享有各种优惠条件，如优先获得教席或免费参加各项考试等。而平民学校的教师很多还在为生计疲于奔命，不为人知，终老一生。这类普通学校教师从事兼职工作的比较多，并且教师职业稳定性比较差。1637 年埃塞克斯的一位普通小学教师在执教之余还要在周末为人理发，补充收入；另一名多才多艺的教师属于非正式教师，他还照看一个小酒馆，充作裁缝、花匠和巡警，同时他也帮母亲和姐妹打理一些事务。①

2. 教育捐赠情况决定教师待遇

如前所述，教育捐赠是中世纪及近代教师收入的主要来源之一。在国民教育体系形成前，自愿捐助学校、教师、学生已经形成风气，促进了英国教育革命。18—19 世纪以来英国的慈善事业更是出现了新的发展，慈善学校和主日学校相继出现，以满足贫困儿童的教育需求。慈善团体的建立促进了教育捐赠的有组织性和有计划性。因此，学校收到教育捐赠的多寡直接影响了教师的收入水平。资金雄厚、管理良好的学校教师待遇不错，并随着通货膨胀而有所调整。有数据表明，接受捐赠丰厚的学校和捐赠相对贫乏的学校间，教师收入水平可能相差 3—4 倍不等。②

3. 城乡学校教师待遇有所差异

在城市，享受政府薪俸的教师和依靠自筹经费的教师待遇和地位有所差异。如前所述，随着知识领域的迅速扩大，知识的传授活动成为专业和职业，一些地区直接接管了教师的活动和任职资格审查，并实行薪俸制度，使一部分教师拥有了官吏身份，并逐渐与不享受政府薪俸的教师区分出层次，后者只处于手工艺人的地位。

乡村学校多数依靠自筹经费，经常是集资办学，学校的声誉往往受到教师声望的影响，这类学校的教师只能依靠周围村民的支持，生活可

---

① David Cressy, "A Drudgery of Schoolmasters: the Teaching Profession in Elizabethan and Stuart England", in Prest, W. (ed.), *The Professions in Early Modern England*, p. 148.

② 详见张晓晗《社会捐赠与英国近代早期教师生活状况》，《历史教学》2012 年第 12 期。

想而知。

4. 男女教师性别差异待遇也有所不同

女性在英国教育史上发挥了重要的作用,中世纪女教师主要是在贵族家庭中任家庭教师、保姆或负责管理工作。近代,妇女则主要出现在初等教育机构,如主妇学校(dame school)(有些主妇学校也涉及质量不同的幼儿园教育)以及大量女子学校或少妇学院,也偶有在慈善学校中执教的女教师。直到 1861 年前后,家庭教师一直作为独立的职业计入统计数据中。主妇学校主要收容那些因父母忙于工作而不能得到照顾的孩子,很多教师都会教授简单的阅读技能;女子学校的兴办则为更多的女孩子提供了受教育的机会。这类学校都是妇女私人创办的。据 1753 年创刊的《杰克森牛津杂志》统计,全国 315 所商业学校中,167 所建在牛津郡,其中 121 所分别以走读、寄宿或两者兼有的形式办学。32 名巡游导师(peripatetic tutors)中有 21 名在家里或住所为学生上课。① 1841 年英格兰女教师(包括校长、家庭教师、小学教师)总数 30150 人,人数比较可观,仅位于五大行业之末。②

然而,长期以来,女教师的待遇和社会地位较之男教师更低。据统计,1854 年男教师的工资大约每年 85 英镑,女教师每年仅 60 英镑。作为带薪见习期的工资只相当于男性的 2/3。一则为一所著名的寄宿学校招聘女教师的广告称:"学徒期 3 年,今后可成为一名教师,工资为 50 畿尼"③。19 世纪末,乡村女校长的工资比男性校长工资平均每年少 50 英镑。④ 1869 年在贝克郡的欧德马斯顿,一位女见习生与就读学校签定的五

---

① Hannah Barker & Elaine Chalus ed., *Gender in Eighteenth-century England*, Role, Representations and Responsibilities, London: Longman, 1997, p. 104.
② 其他四个行业为:家政服务者:712493,棉织工:115425,服装和帽织工:89079,农工:35262。(Ivy Pinchbeck, *Women Workers and the Industrial Revolution 1750—1850*, London: Routledge, 1969, appendix)
③ Hannah Barker & Elaine Chalus ed., *Gender in Eighteenth-century England*, Role, Representations and Responsibilities, p. 115.
④ P. Horn, *Victorian Countrywomen*, Oxford: Basil Blackwell, 1991, p. 202.

年学徒合同中，几乎没有涉及学徒的固定工资问题。1860 年代末，一般女见习生第一年工资不会超过 1 英镑，25 位女生中只有一位学生可能超过每年 10 英镑。[①]

由于教师普遍收入水平不高，加之内部差异也比较明显，所以我们还可以发现，在一些获得教育捐赠比较丰厚的学校、一些城镇学校，教师任教平均可达 25 年，教学队伍相对稳定。而在那些民办学校，获得教育资助比较贫乏的学校、乡村小学校，教师生活来源不稳定，教师流动性相对较强，如诺福克地区 148 所学校中，70% 只经营不过 6 年，只有 18% 超过 10 年。[②] 还有一些获得学位的毕业生仅仅把教师当作找到理想工作前的过渡工作。

综上，英国早期从事基础教育的教师凭借自己的责任心，为英国民众提高素质起到了重要的作用。但除了少数王室和政府监管的公学和文法学校外，多数教师主要依靠社会捐赠、个人自筹、村民集资获得收入，生活来源极不稳定，收入偏低，生活水平不高，职业吸引力不强，教师队伍不稳定，流动性大，中世纪晚期以来，教师多来自中低阶层。教师职业没有像医生、律师那样形成相对稳定的统一组织，其利益也很难得到应有的保障。这些因素造成后期英国教育发展迟缓，甚至有所迟滞。直到国家开始将教育纳入公共事务范畴，教师培养才真正得到重视。

（本文发表于《经济社会史评论》2015 年第 2 期）

[①] P. Horn, *Victorian Countrywomen*, p. 202.
[②] David Cressy, "A Drudgery of Schoolmasters: the Teaching Profession in Elizabethan and Stuart England", in Prest, W. (ed.), *The Professions in Early Modern England*, pp. 141–142.

德国传教士汤若望与东亚国家文化交流
——以汤若望北京之行与朝鲜世子的交往为例

王 臻[*]

摘 要：明末清初，德国耶稣会传教士汤若望来到中国传播宗教以及西方科学知识。在北京，汤若望与当时在清朝作为质子的朝鲜昭显世子相识，双方开展了友好的交往。朝鲜世子从汤若望那里接触到了西方的天主教及天文、历法等科技知识，打算日后在朝鲜传播天主教，普及西方科学知识，但由于朝鲜世子归国后猝然离世，该方案并未得以实施。尽管如此，汤若望与朝鲜世子的北京交往，促进了西学思想在朝鲜后世的传播。对该问题进行探讨，有助于凸显中国在东西方文化交往中的独特地位，促进中国、朝鲜、西方国家之间的文化交流。

关键词：汤若望；朝鲜世子；北京；文化交流

明末清初，西学传入中国，当时朝鲜派往北京的燕行使者由此接触到西学。在西学输入朝鲜过程中，德国传教士汤若望与作为清朝质子的朝鲜昭显世子在北京的交往，为促进西学在朝鲜的传播与发展做出了一定的贡献。关于汤若望与朝鲜世子的交往情况，只是见于相关书籍的零

---

[*] 王臻，天津师范大学欧洲文明研究院教授。

星记载中①，可惜从未有专门文章予以研讨。笔者不揣浅陋，在查阅有关中国、韩国以及西方国家文献资料的基础上，对清初西方文化与朝鲜文化在中国交汇问题进行探讨，不当之处，敬希相关专家学者不吝赐教。

一 汤若望其人及其来到明清王朝

汤若望（Johannes Adam Shall），1592年出生于德国科隆，明末清初来到中国进行传教，1666年在北京去世，是沟通东西方科学与文化交流的使者。汤若望的来华传教，是在继承前任传教士利玛窦的工作基础上进行的。众所周知，出生于意大利的利玛窦是一位耶稣会天主教徒，1582年，他来到中国澳门从事传教活动，1601年，他又到达明朝都城北京。利玛窦把西方的天文、历法、数学等科学技术与天主教知识带入中国，帮助明朝修订历法，在将西方文明传播到中国王朝方面做出了突出贡献。明朝灭亡，西方文明的传播一度中断，随着清朝的建国尤其是清朝入主中原，清统治者重视西方文明，因而汤若望等掌握西方文明的耶稣会士来到清朝，为发展清朝的天文科技事业做出了贡献。

早在明朝末期的1622年（明天启二年），汤若望即来到北京，进行传教活动。1629年（明崇祯二年），汤若望受明朝廷邀请，与明朝大臣徐光启等一起重修《崇祯历书》等历法，但由于明朝内部保守势力的反对，加之明朝不久即灭亡，历法未能得以推行和实施。1644年（清顺治元年），清朝入关以后，汤若望向顺治皇帝上书，建议修正长期使用的大统历，改用西洋历法，所谓："今以臣局新法，所有诸方节气，及太阳出入昼夜时刻，俱照道里远近推算，共增数页，加于篇首"②。时任顺治朝摄

---

① 相关书籍有：[法]费赖之：《入华耶稣会士列传》，冯承钧译，（台湾）商务印书馆，中华民国二十七年（1938年）；[德]魏特：《汤若望传》，杨丙辰译，（台湾）商务印书馆，中华民国三十八年（1949年）；李兰琴：《汤若望传》，东方出版社1995年版；林仁川、徐晓望：《明末清初中西文化冲突》，华东师范大学出版社1999年版；[韩]李元淳：《朝鲜西学史研究》，王玉洁等译，中国社会科学出版社2001年版；杨雨蕾：《燕行与中朝文化关系》，上海辞书出版社2011年版。

② （清）蒋良骐：《东华录》卷5，齐鲁书社2005年版，第65—66页。

政王的多尔衮对西洋历法非常感兴趣,采纳了汤若望的建议。之后,汤若望被清廷任命为钦天监监正,"在观测天象、制造仪器、修历治历以及掌管钦天监行政事务上均做出了突出的成绩"①,尤其是他刊行了《西洋新法历书》,即《时宪历》,史书记载:"乃以新法造《时宪书》,颁行各省"②。关于汤若望在清朝历法方面的改革,与清朝同时代的东邻属国朝鲜王朝也予以关注,在文献史料《朝鲜实录》中曾有记载:"西洋国人汤若望者,为清国钦天监掌管印务,作新法改旧历,又谕星度之差数、节气之盈缩,名曰《新历晓式》"③。

透过汤若望在明清王朝顺利传播西方科技知识的经历,我们可以得出如下认识:第一,汤若望之所以能够来到中国并得到重用,是与其之前欧洲传教士利玛窦等人的杰出工作密不可分的,正是由于他们的工作得到认可,因而中国人愿意进一步接受后来的汤若望等人宣传的西学,从这一点上而言,汤若望的顺利工作与其前辈有继承性"西洋人汤若望等说,盖利玛窦余论"④;第二,明清王朝对汤若望的任用,反映出明清统治者皆重视西方科技文化在中国的传播,正是封建王朝对科技发展的支持态度,大胆任命外国人担任朝廷公职,才能使汤若望等西方传教士有发挥自身专业知识才能的舞台;第三,朝鲜官方文献资料《朝鲜实录》的相关记载,说明朝鲜王朝也开始重视汤若望等传播西方科技知识的举动,由此才有了后世的朝鲜昭显世子热情地与汤若望的交往,以及主动接受西洋历法等科学知识现象的出现,而这就说明清朝等中国王朝在促进西方文化传播到东方世界中体现出了重要作用。

---

① 李兰琴:《汤若望传》,东方出版社1995年版,第1页。
② 王之春:《清朝柔远记》卷1,中华书局1989年版,第2页。
③ [韩]《朝鲜仁祖实录》卷46,仁祖二十三年十二月丙申,《朝鲜王朝实录》第35册,韩国国史编纂委员会编刊1960—1965年影印本,第254页。
④ [韩]黄胤锡:《颐齐遗藁》卷12,题跋"题张廷玉明史天文志",韩国民族文化推进会编刊《影印标点韩国文集丛刊》第246册,景仁文化社2000年版,第262页。

二 汤若望与朝鲜昭显世子在北京的交往

1636年（清崇德元年，朝鲜仁祖十四年）十二月，改金为清的清太宗皇太极发动了征伐朝鲜的战争（"丙子之役"），次年正月战胜朝鲜，迫使朝鲜与明朝脱离封贡关系，成为清朝的附属国。清朝尽管依靠武力征服了朝鲜，但朝鲜仍然在暗中极力地维护与明朝的友好关系；鉴于此，为了防范、限制朝鲜与明朝的联合，清朝要求朝鲜送人质到清廷，以便以人质来要挟朝鲜国王，迫使朝鲜王廷就范。根据清朝与朝鲜订立的《南汉山城条约》，朝鲜国王应"以长子并再令一子为质，诸大臣有子者以子，无子者以弟为质"①。按照该条约的内容，当年二月八日，朝鲜昭显世子李溰（1612—1645年）、凤林大君李淏等"男子八名，妇人十一口……从人三百五十名，马三百三匹"②，由朝鲜启程，来到清朝盛京城（今沈阳），开始了长达七年的质子生涯。朝鲜质子来到清国后，清朝安排他们居住在盛京城德胜门内，时称朝鲜世子馆，简称沈馆。清朝统治集团既在一定程度上限制沈馆内的朝鲜世子及其他人质的自由活动，又对朝鲜质子采取优遇措施以此怀柔朝鲜。朝鲜质子在沟通朝鲜王朝与清王朝的关系方面，发挥了重要的作用。

1644年（明崇祯十七年）三月，李自成率领农民起义军，攻陷明朝都城北京。当月十九日，明崇祯皇帝自缢于香山，统治中国二百七十余年的明王朝宣告灭亡。在明朝灭亡的前夕，1643年（明崇祯十六年，清崇德八年）九月二十一日，清太宗皇太极突然病逝，皇太极去世后，清朝内部展开了争夺最高权力的斗争，最终，睿亲王多尔衮拥立皇太极六岁的儿子福临即位，成为顺治皇帝。1644年（清顺治元年）九月，清军进入山海关，在北京建立起统一全国的清王朝政权。作为朝鲜的质子，

---

① 崇德二年正月戊辰，[韩]郑昌顺等：《同文汇考》第二册，（台湾）珪庭出版社影印1978年版，第1488页；别编第二卷，第1—2页。

② （清）历代官修：《清太宗实录》卷34，崇德二年四月甲戌，中华书局1985年影印本，第441—442页。

昭显世子等也随之进入北京城，被清朝安排在紫禁城中的文渊阁"曾闻昔我昭显世子从九王（多尔衮），宿留此阁云"①。

文渊阁是当时明清皇帝的藏书之所，位于文华殿前。朝鲜昭显世子从当年九月入住文渊阁，到被释放归国的十一月"以中原平定，遣朝鲜国人质世子李澄归国"②，一共在北京城居住了两个月左右的时间。这期间，尽管清朝对朝鲜质子控制甚严，但也给他们提供对外交往的空间，由此，昭显世子结识了曾在明朝供职、时任清朝钦天监监正的德国耶稣会传教士汤若望，双方频繁接触，建立了密切的关系，昭显世子在思想、文化方面深受汤若望的影响。

关于汤若望与昭显世子的初次交往，法国传教士费赖之在其书中有如下描述："王（朝鲜世子）因识汤若望，曾过访。而若望亦曾赴其馆舍谒见，冀天文、数理之学赖其输入朝鲜。若望且盼教理浸入王心，乃赠以耶稣会士所撰一切关于宗教之书籍，又赠浑天球仪一具，天主像一幅，并以讲说教义一人嘱其携带回国"。在两人会晤过程中，汤若望向昭显世子介绍了西方的天主教及天文、历法、数理等科学知识，昭显世子对此非常感兴趣，表示希望邀请汤若望到朝鲜讲授西学，如果汤若望不能前往，则将善待汤若望所派遣的代表，即"余宁愿延君之欧罗巴同伴一人至国，讲授西学；然不论所遣者何人，将待之如同君之代表"③。

汤若望与昭显世子交往之事，在清人著作《正教奉褒》一书同样有记载："顺治元年，朝鲜国王李倧之世子，质于京，闻汤若望名，时来天主堂（即宣武门南堂），考问天文等学。若望亦屡诣世子馆舍叙谈。久之，深相契合，若望频讲天主教正道，世子颇喜闻详询。及世子回国，若望赠以所译天文、算学、圣教正道书籍多种，并舆地球一架，天主像

---

① ［韩］朴趾源：《燕岩集》卷15，别集"热河日记·黄图纪略"，《影印标点韩国文集丛刊》第252册，2000年，第308页。
② （清）王先谦：《东华录》顺治三年十一月庚戌，上海古籍出版社2008年版，第227页。
③ ［法］费赖之：《在华耶稣会士列传》卷49《汤若望传》，冯承钧译，第198页。

一幅。世子敬领,手书致谢。"①

需要指出的是,对于汤若望赠送的地球仪、汉译天文学、数学以及天主教书籍,朝鲜昭显世子高兴地予以接受;但是对于天主像,昭显世子则委婉地表示拒绝,将其送还给汤若望,并写了感谢函。感谢函内容如下:"很高兴得到贵下所赠的天主像、地球仪和有关天文学等西方科学著作,非常感谢!我已经读了几卷,其中发现了修身养性最合适的上乘理论,它闪耀着知识的光辉,但至今却不为所知。望着挂在墙壁上的天主像,我们的心平和了,不仅如此,俗尘也好像被洗刷干净。……我国不是没有类似的东西(指地球仪和天文书),但数百年来推算天行常有误。我想如果回国,不仅要在宫廷中使用,而且要出版,将它们普及到知识层。相信它们将来不仅在学术殿堂成为受宠之物,而且将帮助朝鲜人民完全学到西方科学。……我内心非常强烈地希望能将这些书籍和圣画带入我的国家,并得到珍藏。但是担心的一点是我的国家之前对天主教一无所知,会把它诬作异端邪教,从而出现冒渎天主的行为,如此不能保存圣画。所以圣画还是还给您"②。

昭显世子的这封感谢函,反映出他的如下心情:第一,昭显世子对西洋文物很是欣赏,对西方书籍非常崇拜,称其"闪耀着知识的光辉";认识到天主教理论有利于人的"修身养性",能够使人平和心态,荡涤心灵。第二,昭显世子对于先进的西方科学知识未能早一点在朝鲜普及感到遗憾,表示回国后要刊印带回的书籍,加以推广天文学等科学知识和天主教理论,使广大朝鲜民众都接受到这些知识"完全学到西方科学"。第三,昭显世子对朝鲜国内的保守势力形势有着清醒的认识,担心他们

---

① (清)黄伯禄:《正教奉褒》第 1 册,顺治元年十二月,上海慈母堂印,光绪三十年(1884 年),第 25 页。

② 昭显世子致汤若望的书函至今仍保存在教会图书馆中,但书函原文不存,可知情况是手书内容后来被汤若望在给罗马教会的报告书中翻成拉丁语传到欧洲。现存文本为 1928 年法国人 Mutel 主教从拉丁文译成的法文,韩国中央大学金义贞女士将其从法文翻译成韩文,浙江大学杨雨蕾教授又将韩文译成中文。(杨雨蕾:《燕行与中朝文化关系》,上海辞书出版社 2011 年版,第 173—174 页)

会阻挠天主教在朝鲜的推行"出现冒渎天主的行为",因此将天主像送还给汤若望。

尽管昭显世子踌躇满志地想回到朝鲜进行一番作为,包括普及那些通过与汤若望交往而接受的西方科技知识,但是由于朝鲜国内复杂的党派斗争剧烈,作为亲清派的昭显世子遭到朝鲜保守势力的排斥,他的诸多主张都被抵制;并且,回到朝鲜不久,昭显世子便离奇死亡,即"顺治二年(1645年)岁次乙酉四月癸丑朔二十六日戊寅,昭显世子卒于昌庆宫之欢庆殿"①。为进一步消除昭显世子的影响,朝鲜保守势力销毁了昭显世子从中国带来的所有物品,包括昭显世子从汤若望处所接受的书籍。并且,当初昭显世子从北京回还时,清顺治帝曾将所俘获的前明朝宦官"李邦诏、刘仲林、谷丰登、张三畏、窦文芳和宫女等"带到朝鲜②。这些人都是接受过天主教洗礼的教徒,并且都是经过汤若望与昭显世子选拔的,他们对于天主教在朝鲜的传播,发挥了一定的作用。但随着昭显世子的去世,时任朝鲜仁祖国王将这些人员全部遣返回清朝,即"世子既卒,上以为不必留置此辈,遂付清使之行以还之"③。

尽管由于昭显世子的去世,朝鲜社会未能由此广泛地通过汤若望接触西方知识,但汤若望与昭显世子的交往启迪了朝鲜的一些有识之士,他们在赴清朝时频繁与汤若望交往,而汤若望也毫无保留地通过各种方式将西方科学传播到朝鲜。1645年(清顺治二年,朝鲜仁祖二十三年)五月,朝鲜仁祖王次子凤林大君李淏从清朝返回朝鲜时,汤若望赠送给凤林大君的护行大臣韩兴一《改界图》和《七政历比例》两本历书。归国后,韩兴一认真对比朝鲜现行历书与汤若望的历书,发现朝鲜现行历书有诸多弊端,于是给仁祖国王上书进言,曰:"见汤若望所造历书,则(朝鲜历书)尤宜修改。敢以《改界图》及《七政历比例》各一卷投进,

---

① 《朝鲜仁祖实录》卷46,仁祖二十三年六月辛酉,《朝鲜王朝实录》第35册,第227页。
② [韩]金德歆:《韩国宗教史》,柳雪峰译,社会科学文献出版社1992年版,第234页。
③ 《朝鲜仁祖实录》卷46,仁祖二十三年七月辛未,《朝鲜王朝实录》第35册,第235页。

请令该掌，使之审查裁定，以明历法"①。这个提议得到朝鲜很多大臣的响应，观象监提调金堉"请用西洋人汤若望时宪历"②，他主张朝鲜应学习清朝的做法，仿照西方的历法，对历法制度进行改革。之所以如此提议，原因在于"中国自丙子、丁丑间，已改历法，则明年新历，必与我国之历，大有所径庭"，考虑到中国封建王朝不会允许朝鲜派人学习历法，金堉建议派译官到钦天监打探信息，以便仿制，即："若得近岁作历缕子，推考其法，解其疑难处而来，则庶可推测而知之矣"③，而此处的钦天监，正是汤若望所掌管下的历法机构。

在国内一派西学的氛围下，朝鲜仁祖王采纳了金堉的建议，派遣金尚范、宋仁龙等人到北京拜望汤若望，向其学习西历算法。1646年（清顺治三年，朝鲜仁祖二十四年）二月，谢恩兼陈奏副使金堉到北京，试图与汤若望见面，但由于清朝的"门禁甚严，不能出入，只买其书而还"④。六月，谢恩使李景奭出使北京时，金堉又安排李景奭设法"买历法之书于汤若望，以为他日取来之计。其书凡一百四五十卷云"⑤。后来，经过一番争取，1648年（清顺治五年，朝鲜仁祖二十六年）二月，朝鲜终于得到清政府所赠"王历"，此即为汤若望所主持编修的《时宪历》，即："谢恩使洪柱元回自北京。清人移咨送历书，所谓时宪历也"⑥。朝鲜官员李景奭对此有记载："自甲午年，用汤若望历法。大统历变为时宪历"⑦。但由于朝鲜人对这一西洋历法不甚了解，于是又派人到清朝学习

---

① 《朝鲜仁祖实录》卷46，仁祖二十三年六月甲寅，《朝鲜王朝实录》第35册，第226页。
② [韩]许传：《性齐先生文集》卷10，杂著"象纬考"，《影印标点韩国文集丛刊》第308册，2003年，第233页。
③ 《朝鲜仁祖实录》卷46，仁祖二十三年十二月丙申，《朝鲜王朝实录》第35册，第254页。
④ [韩]洪凤汉：《增补文献备考》卷1"象纬考一，历像沿革"，（汉城）东国文化社1957年版，第19页。
⑤ 《朝鲜仁祖实录》卷47，仁祖二十四年六月戊寅，《朝鲜王朝实录》第35册，第278页。
⑥ 《朝鲜仁祖实录》卷49，仁祖二十六年二月壬辰，《朝鲜王朝实录》第35册，第318页。
⑦ [韩]李景奭：《白轩先生集》卷31，诗稿"散地录（中）"，《影印标点韩国文集丛刊》第95册，1992年，第525页。

西方历法。1649 年（清顺治六年，朝鲜仁祖二十七年）二月，朝鲜使臣宋仁龙到清朝得到汤若望的指点，并带回汤若望所赠的"缕子草册十五卷、星图十丈"①。

继仁祖之后的朝鲜孝宗王，同样注重引进西方科技历法，鉴于"西洋人汤若望作时宪历，自崇祯初，始用其法，清人仍用之，其法甚精"②，于是孝宗王多次派遣使臣到北京钦天监学习历法，并购买历书。1653 年（清顺治十年，朝鲜孝宗四年），从清朝学成归来的朝鲜日官金尚范，效仿汤若望修订的《时宪历》，结合当年汤若望赠送给昭显世子的书籍，加之自己所学的专门历法知识，"累朔推算"③，终于编写出西洋式的朝鲜历书《单历》。这一历法在朝鲜孝宗朝得以推行，从而克服了过去朝鲜历书与天象不一致的弊端。对于该历法，朝鲜王朝著名哲学家李瀷曾给予高度评价，曰："今行《时宪历》（指《单历》），即西洋人汤若望所造，于是历之道极矣。日月交蚀，未有差缪，圣人复生，必从之矣"④。并且，李瀷还认同汤若望所介绍的西方医学理论⑤。

总之，由上述内容可以看出，尽管汤若望与昭显世子的交往时间不长，但双方的态度都是积极、热情的：昭显世子主动地接受西方科技知识，并试图归国之后普及，而汤若望也予以积极配合，赠送文物与书籍等；但是由于朝鲜王朝复杂的内部斗争，因而昭显世子与汤若望的交往未能继续进行下去，双方试图通过昭显世子与汤若望在朝鲜传播西方科技知识的愿望未能实现。尽管如此，汤若望与昭显世子的交往，还是打开了西方文化向朝鲜传播的通路。昭显世子死后，朝鲜赴清朝使臣依然与汤若望保持联系"买西洋人汤若望所著日月食推进

---

① 《朝鲜仁祖实录》卷 50，仁祖二十七年二月甲午，《朝鲜王朝实录》第 35 册，第 343 页。
② ［韩］许传：《性齐先生文集》卷 10，杂著"象纬考"，《影印标点韩国文集丛刊》第 308 册，2003 年，第 233 页。
③ 《朝鲜孝宗实录》卷 10，孝宗四年元月癸酉，《朝鲜王朝实录》第 35 册，第 605 页。
④ ［韩］李瀷《星湖僿说类选》卷 1 上，"天地篇上"，"天文门·历象"条。转引自［韩］李元淳《朝鲜西学史研究》，王玉洁等译，中国社会科学出版社 2001 年版，第 118 页。
⑤ 陈尚胜：《中韩关系史论》，齐鲁书社 1997 年版，第 212 页。

一书以献"①；而汤若望依旧热情对待朝鲜使臣，并尽己之能给予帮助，由此朝鲜陆陆续续地接受了西方的各种文物典籍以及先进文化理念，这有利于朝鲜社会的发展。

三　汤若望与昭显世子交往对朝鲜社会的影响

德国传教士汤若望与昭显世子的交往，在将西学传入朝鲜方面的贡献，表现在：

首先，提升了朝鲜民众的思想开化程度。汤若望通过与昭显世子的接触，使昭显世子愿意引进天主教信仰到朝鲜，只不过由于朝鲜国内保守势力的反对无奈放弃。当时的朝鲜社会，长期受从中国宋明王朝传入的程朱理学思想影响，而程朱理学是一种相对较为传统保守的思想；天主教则是来自于西方世界的开放思想，属于一种先进文化，汤若望使昭显世子认识到天主教思想的先进性，并促使昭显世子将天主教引进朝鲜进行传播，这反映出以昭显世子为代表的朝鲜人对先进文化的渴望与追求，这一举动有利于影响和带动朝鲜民众思想的解放，正所谓："对朝鲜传统保守的儒学观念造成冲击，为新思想的萌芽创造条件，为朝鲜社会的近代化开启了一道曙光"②。

其次，促使西方科学知识传入朝鲜社会。在汤若望与昭显世子的交往过程中，汤若望向昭显世子灌输天文、历算等西方科技理论知识的先进性，说明这些科技知识对一个封建王朝发展的重要性，尤其是面对朝鲜传统社会闭塞保守、经济生产力发展水平亟待提高的情况，促使昭显世子热情主动地吸纳来自西方外部世界的新气息，积极准备将西方先进科学技术贯彻于朝鲜社会，以图加速朝鲜社会的经济近代化、科技近代化进程，促进朝鲜的繁荣富强。只不过昭显世子未能当朝执政即猝然离

---

① ［韩］李瀷：《星湖先生全集》卷43，杂著"日月蚀辨"，《影印标点韩国文集丛刊》第199册，1997年，第280页。

② 杨雨蕾：《燕行与中朝文化关系》，上海辞书出版社2011年版，第192页。

世，否则一旦其成为国王拥有自主治理国家的权力，全面与西方世界接轨，则朝鲜社会也许会像日本社会那样以西学迅速带动国家的高速发展，而不至于到了近代社会沦为日本的殖民地，这应该是朝鲜社会发展进程中的一大憾事。

其三，促进了朝鲜学者学习西方、研究西方队伍的成长。汤若望与昭显世子的交往，开启了朝鲜学人接受西学、研究西学的大门。受汤若望的影响，后世的朝鲜学者通过研读包括汤若望在内的西方传教士的天主教论说，仿效汤若望的天文历法书籍制定出符合朝鲜特点的历法《单历》，并代代相传，这就在朝鲜培养起了一批以研究西学理论、倡导学习西方科学知识为主的学者队伍，如前述金堉、金尚范、宋仁龙等人，从而对推动朝鲜社会的向前发展奠定了人才基础。

四 结语

通过上述德国传教士汤若望与朝鲜昭显世子在北京的交往过程并对朝鲜社会产生的影响，我们认识到，之所以有此情况的出现，是以清朝为代表的中国封建王朝在东西方文化交流中起到了重要的媒介作用，为东西方文化的交汇提供了极好的平台。

在中国封建社会长期发展过程中，曾经出现过很多强盛的王朝，如汉朝、唐朝、宋朝、明朝、清朝等，这些封建王朝有一个共同的特点是，对外开放的力度较大，如汉朝的丝绸之路，唐朝与新罗的友好交往，宋朝对外贸易的发达，明朝的郑和下西洋，清朝的万国来朝，这为国内外文化交流提供了前提条件，许多富商大贾在中国经商贸易，诸多文人学士在中国云游交往。在这个过程中，长期作为中国附属国的朝鲜半岛各政权，因地利之便，以附属国地位的身份，通过中国，接触外界，引进文化到本国，此种情况，在唐宋元朝都曾出现过。具体到清朝而言，德国传教士汤若望与朝鲜昭显世子在北京的接触交往，即又是一个例证。清朝初期，传教士汤若望等来到清朝并得到重用，朝鲜昭显世子认识到西学的重要性，并主动与汤若望接触交往，希望将汤若望在清朝传授的先进信仰及科技知识进一步散播到朝鲜，以促进朝鲜思想的深化及提升本国经济发展水平。北京天主教堂是汤若望与昭显世子当时交往的主要场所，从这一点上而言，清朝为朝鲜世子接触外部世界进而推动朝鲜社会发展的平台作用不可忽视，换句话说，朝鲜接触、传入的西方文化是带有清朝特点的"汉译西欧文明"①，由此也体现出了清朝等中国封建王朝在东西方文化交流过程中的突出地位。

在新的历史发展时期，随着中国对外开放程度的进一步加深，经济综合国力稳步提升，在世界舞台上的政治地位愈发提高，中国在国际大家庭中扮演着越来越重要的角色，在促进国际交流中的作用日益显现，尤其是随着欧亚大陆桥的搭建、"一带一路"经济文化带的建设，相信具有悠久历史传统的中国能够在全球人类文化交流的大潮中发挥出更加显著的作用。

[发表于《暨南学报》（哲学社会科学版）2015年第12期]

---

① [韩] 李元淳：《朝鲜西学史研究》，王玉洁等译，中国社会科学出版社2001年版，第23页。

11世纪拜占庭帝国的历史书写转型探析
——以邹伊和塞奥多拉的"紫衣女性"形象为例

刘宇方*

摘　要：11世纪拜占庭的历史书写经历了重要转型。首先，它强调以人为本的叙事理念，确立了以统治者为叙事核心的写作方式，并开始大量运用插叙与倒叙的写作技巧，从而突破了传统编年史体例贬低人的叙述价值的局限，打破了传统编年史严格遵循事件发展顺序的纪年叙述标准。其次，它创造出了包含刻画人物外貌、性格和心理活动三个层次的写作模式，形成了由外及内、形象的视觉效果与抽象的情绪思维活动相结合的系统化写作特点，从而能层层深入地刻画出富有生活气息、复杂又完整的人物形象，弥补了以往历史书写程式化的写作缺陷。在这一转型中，被史家成功塑造出的邹伊和塞奥多拉的"紫衣女性"形象尤为全面地涵盖了转型的内容与特征，成为本文探讨的典范。总体而言，取得绝对主导权的基督教文化在创造性地吸收和融合古典文化后所产生的新书写范式即是此阶段历史书写转型的本质。古典元素与基督教元素的有机结合，再加上由此带来的人在思想境界上的升华，促使拜占庭文化最终发展至最高阶的成熟形态。

关键词：11世纪；拜占庭帝国；历史书写；转型

---

* 刘宇芳，天津师范大学欧洲文明研究院教授。

古希腊神话中，历史女神克里奥（ΚλειΩω）居九位文艺女神之首，足见史学在古典文化中的重要地位。在拜占庭文明中，史学同样延续了这样的特点。① 拜占庭史家对古希腊典范的研究和承袭②以及他们在历史作品中展现出对史料记述的高度精准性和对历史事件发展的敏锐洞察力，足以令那些贬低拜占庭文化其他领域的学者为之倾倒。虽然不同历史作品的题材或体裁各有所异，③ 但它们共属于"历史书写（Historical Writing）"的范畴。④ 因此，研究拜占庭的历史书写对深入研究拜占庭文化有举足轻重的意义。

然而，拜占庭历史书写对古希腊典范的承袭并不是一以贯之的，中间曾出现巨大断层。塞奥多西二世（Theodosios II，408年—450年在位）后，⑤ 随

---

① 拜占庭的学术和文化传承源于古典时代的希腊罗马，对此国际拜占庭史学泰斗乔治·奥斯特洛格尔斯基这样阐释："正是希腊文化（Hellenistic culture）和基督教信仰融合统一在罗马帝国的政治框架内，才出现了我们称之为拜占庭帝国的历史现象。"参见［南斯拉夫］乔治·奥斯特洛格尔斯基《拜占庭帝国》，陈志强译，青海人民出版社2006年版，第23页。有关拜占庭帝国继承古希腊历史、语言、艺术等文化传统的其他论述，可参考 N. H. Baynes, *The Hellenistic Civilization and East Rome: The James Bryce Memorial Lecture*, Oxford: Oxford University Press, 1946, p. 1；徐家玲《拜占庭文明》，人民出版社2006年版，导言部分第2、452—455页；陈志强《拜占庭史研究入门》，北京大学出版社2012年版，第59页；陈志强《拜占庭帝国通史》，上海社会科学院出版社2013年版，第292—297页。

② ［美］J. W. 汤普森：《历史著作史》上卷·第1分册，谢德风译，商务印书馆2009年版，第499页。

③ 拜占庭历史作品主要包括教会史、编年史、当代史和人物传记四种体裁。参见陈志强《拜占庭史研究入门》，北京大学出版社2012年版，第60—92页；陈志强《拜占庭帝国通史》，上海社会科学院出版社2013年版，第292—294页。

④ 拜占庭帝国时期，文、史、哲各学科间并不存在明显区分，因此历史书写指的是通过文字进行创作的任何学术活动。但这其中，以史家创作的历史作品最为著名。为方便论述，本文将"11世纪拜占庭历史书写"的概念范围集中在当时著名的三部历史作品上，即米哈伊尔·普塞洛斯的《编年史》（*Chronographia*）、米哈伊尔·阿塔雷亚迪斯的《历史》（*Historia*）和约翰·斯基利齐斯的《拜占庭历史纲要》（*Synopsis of Historion*）。有关"拜占庭历史书写"的界定，可参考 Anthony Kaldellis, "The Corpus of Byzantine Historiography: An Interpretive Essay", Paul Stephenson ed., *The Byzantine World*, London: Routledge Press, 2010, p. 211；陈志强《拜占庭帝国通史》，上海社会科学院出版社2013年版，第285页。

⑤ 君士坦丁大帝时期，古典文化虽不再成为主流，却也势头强劲，如朱利安皇帝（Julian the Apostate，361年—363年在位）执政时曾全面复兴古典文化，甚至还试图恢复多神教信仰。因此，古典文化式微是在塞奥多西二世之后。参见 Ammianus Marcellinus, *The Later Roman Empire (AD 354 – 378)*, trans. Walter Hamilton, London: Penguin Books Ltd., 2004, pp. 237 – 239；N. H. 拜尼斯《拜占庭：东罗马文明概论》，大象出版社2012年版，第202页；陈志强《拜占庭帝国通史》，上海社会科学院出版社2013年版，第274页。

着基督教势力的不断壮大,被贴上"异教"标签的古典希腊罗马文化的影响力愈发衰弱。① 至查士丁尼(Justinian I,527年—565年在位)时代,在这位笃信基督教的皇帝的领导下,拜占庭历史书写更是确定了基督教思想原则的有力指导。古典时期历史书写的审美倾向、取材的价值取向、主题和素材等日渐遭到忽视,代之而起的是基督教思想观念和宗教抽象的审美标准。② 可以说,此时的拜占庭历史书写经历了从古典化向基督教化过渡的重要转型。

直到9—10世纪,在君士坦丁堡大教长佛条斯(Photios I of Constantinople,810年—893年在世)、摄政王凯撒·巴尔达斯(Caesar Bardas)和皇帝君士坦丁七世(Constantine VII,913年—920年、945年—959年在位)等人的带动下,古典希腊罗马元素才重新纳入到拜占庭历史书写的范畴中。③ 至11世纪,经过古典元素与基督教元素的有机融合,④ 并在米哈伊尔·普塞洛斯(Michael Psellos)、米哈伊尔·阿塔雷亚迪斯(Mi-

---

① S. Swain, *Hellenism and Empire: Language, Classicism, and Power in the Greek World AD 50 - 250*, Oxford: Clarendon Press, 1996, p. 36; Anthony Kaldellis, *Hellenism in Byzantium: The Transformations of Greek Identity and the Reception of the Classical Tradition*, New York: Cambridge University Press, 2007, p. 45.

② Warren Ginsberg, *The Cast of Characters: The Representation of Personality in Ancient and Medieval Literature*, Toronto: University of Toronto Press, 1983, p. 96.

③ 该时期出现这种文化现象的原因主要有三:第一,随着帝国边境压力的减弱,国内的政治环境趋于稳定。特别是到了马其顿王朝时期,国力逐渐强盛,具备了振兴文化的政治和物质基础。第二,统治阶级将古典文化作为复兴基督教罗马帝国梦想的助推力。比如,借助于古典文化所激发的灵感,拜占庭知识分子创造出了希腊字母的小写形式。它书写起来更快,同时因书写紧密使其所需要的羊皮纸更少,故逐渐取代了大写字母的书写习惯,实现了文字书写上的转型。第三,统治阶层对古典文化的喜爱也成为这种文化现象产生的重要原因。为此做出巨大贡献的统治者是君士坦丁七世。他将大量闲暇时间投身于学术研究中,而所涉及的大部分内容都与古典文化相关。参见 N. G. Wilson, *Scholars of Byzantium*, London: Bristol Classical Press, 1996, pp. 136 - 145;[英]西里尔·曼戈主编《牛津拜占庭史》,陈志强、武鹏译,北京师范大学出版集团2015年版,第290—291页。

④ 尽管拜占庭知识分子对古希腊典范的承袭在历史书写领域出现过巨大断层,但在教育领域却始终延续着。比如,学生在拜占庭大学里接受的高等修辞课便主要是通过阅读古代作品来完成的。学生们被要求背诵古希腊文史作品,并按照古代写作规范和文风撰写论文或进行演讲练习。荷马的作品在千余年间一直得到拜占庭知识分子的重视与欣赏:"荷马是孩子们遇到的第一位诗人,也是老年人遇到的最后一位诗人;当人们身处中年时依然会与他相逢。他总是尽可能地将自己的财富赠予每个人。"这种文化积淀使得恢复古典元素以及促使它与基督教元素进行有机融合成为可能。参见 Herbert Hunger, "On the Imitation (ΜΙΜΗΣΙΣ) of Antiquity in Byzantine Literature", *Dumbarton Oaks Papers*, Vol. 23 - 24, 1969—1970, p. 18。

chael Attaleiates）和约翰·斯基利齐斯（John Skylitzes）三位史学翘楚的共同努力下，拜占庭历史书写再度经历重大转型，形成了最终的成熟范式。这种范式在拜占庭帝国晚期阶段一再出现，从此再也没有消失。① 从这个意义上讲，研究11世纪拜占庭历史书写的转型显得格外重要。

在11世纪历史书写的转型中，当属被史家们成功塑造的邹伊（Zoe，1028年—1050年在位）和塞奥多拉（Theodora，1042年—1056年在位）的"紫衣女性"②形象最能突出体现转型的特征。通常而言，紫衣女性在帝国中扮演着不可替代的重要角色。首先，她们对皇帝的执政起到辅助作用。皇帝需要在她们的陪伴下参加各种重要的社交礼仪活动，诸如宗教节日、宫廷集会、外交接待和各类纪念日等。③ 其次，她们在皇位传承中也发挥突出作用。在皇帝驾崩或无皇子的特殊时期，紫衣女性对外姓男子的婚配、过继或加冕成为传承皇位、延续王朝的首要途径。④ 然而，紫衣女性中能以"皇帝（βασιλεύς）"⑤头衔掌握皇权的人却凤毛麟角，整

---

① A. P. Kazhdan and Ann W. Epstein, *Change in Byzantine Culture in the Eleventh and Twelfth Centuries*, Berkeley: University of California Press, 1990, p.136.

② "紫衣女性"是拜占庭皇室女性（Imperial Women）的另一种说法。因拜占庭皇室崇尚紫色，故"紫衣"成为拜占庭皇族的象征。身穿紫衣的公主、皇后和太后等皇室妇女由此被形象地称为"紫衣女性"。该术语最早见于朱迪思·赫琳所著的《穿紫衣的女性：中世纪拜占庭的统治者》，后国内学者贾继玉翻译其书名并开始使用该术语。参见 Judith Herrin, *Women in Purple: Rulers in Medieval Byzantium*, Princeton: Princeton University Press, 2001；贾继玉《早期拜占庭（4—6世纪初）紫衣女性地位评析》，硕士学位论文，东北师范大学历史文化学院，2011年，引言部分第1页。

③ Judith Herrin, "The Imperial Feminine in Byzantium", Judith Herrin, *Unrivalled Influence: Women and Empire in Byzantium*, Princeton: Princeton University Press, 2013, p.176.

④ 有关拜占庭皇室女性传承皇位的详细研究可参考陈志强《拜占庭皇帝继承制度特点研究》，《中国社会科学》1999年第1期；董晓佳《浅析拜占庭帝国早期阶段皇位继承制度的发展》，《世界历史》2011年第2期；武鹏《450—584年"无皇子时期"的拜占庭皇位继承特点》，《历史教学》2014年第18期；邹薇《12—13世纪拜占庭皇位继承的特点及原因》，《山西农业大学学报》（社会科学版）2015年第7期；王妍《10世纪拜占庭帝国皇位继承多样性的表现及原因》，《内蒙古大学学报》（哲学社会科学版）2016年第1期。

⑤ 此为其名词的阳性形式，是拜占庭帝国授予男性皇帝的尊贵称号。与之相对应的阴性形式为"皇后（βασίλισσα, basilissa）"。从该词阴阳词性的差异中可得出两个重要结论：第一，该头衔具有强烈的性别属性，皇室女性原则上没有资格获得阳性形式的称号。第二，不同词性所代表的权力也有巨大差别，阳性形式获得的权力远大于其阴性形式。例如，6世纪查士丁尼一世的皇后塞奥多拉（Theodora）权倾一时并频繁出现在当时的历史书写中，却依然无法获得此称号。参见 Judith Herrin, *Women in Purple: Rulers in Medieval Byzantium*, pp.100-101；（转下页）

个拜占庭帝国史中仅有三位,即 8 世纪的伊蕾妮(Irene,797 年—802 年在位)以及 11 世纪的邹伊和塞奥多拉。三人当中,因邹伊和塞奥多拉拥有"出生于紫色寝宫(Πορφυρογέννητος)"的皇室血统,故其地位更显尊贵,在政治上的影响也更为深远。例如,阿塔雷亚迪斯就曾赞誉她们 1042 年的共同执政为"值得载入史册的重要事件"①。更重要的是,她们在传承皇位上的失败行动最终成为 11 世纪中后期拜占庭帝国政治动荡的主要原因。马其顿王朝随塞奥多拉逝世而一同消亡后,拜占庭帝国从此展开了激烈的皇位争夺战,直至阿莱克修斯一世(Alexios I Komnenos,1081 年—1118 年在位)建立起科穆宁王朝后,政治局势才真正稳定下来。可以说,探讨邹伊和塞奥多拉在处理皇位继承问题上的失败原因是了解 11 世纪拜占庭帝国皇权衰落和政局不稳的关键。而人物的行为方式同其性格和心理活动紧密相关,故十分有必要对这两位重要的女性做细致入微的人物形象侧写,以最大限度地还原她们真实复杂的性格特点和心路历程。11 世纪拜占庭历史书写的转型恰好为我们提供了极好的条件,使这项研究成为可能。

学界以往研究 11 世纪拜占庭的历史书写,主要存在三方面的不足。第一,未将历史书写不同阶段的转型进行清晰划分,致使无法厘清拜占庭历史书写经历不同转型的来龙去脉。②由此导致第二点不足,即未充分

(接上页) Judith Herrin, "The Many Empresses of the Byzantine Court (and All Their Attendants)", Judith Herrin, *Unrivalled Influence: Women and Empire in Byzantium*, p. 219; Liz James, *Empresses and Power in Early Byzantium*, London: Leicester University Press, 2001, pp. 111 - 115; Alexander P. Kazhdan, Alice-Mary Talbot and etc. ed., *The Oxford Dictionary of Byzantium*, Vol. 1, Oxford: Oxford University Press, 1991, p. 264.

① Michael Attaleiates, *The History*, trans. Anthony Kaldellis and Dimitris Krallis, New York: Harvard University Press, 2012, p. 29.

② 有些著述侧重对拜占庭历史书写研究方法的讨论,却没有细致分析出不同阶段历史书写具备的不同特征。相关论著可参考 Ihor Ševcenko, "Two Varieties of Historical Writing", *History and Theory*, Vol. 8, 1969, No. 3, pp. 332 - 345; Anthony Kaldellis, "The Byzantine Role in the Making of the Corpus of Classical Greek Historiography: A Preliminary Investigation", *The Journal of Hellenic Studies*, Vol. 132, 2012, pp. 71 - 85。

另有些著述主要是对历史书写的宏观梳理,故同样存在上述问题。相关论著可参考(转下页)

意识到 11 世纪拜占庭历史书写转型的重要意义,致使对它的研究过于粗浅,著述极少。① 第三,具体到 11 世纪三部历史作品的研究上,学者们过分关注三人独立的文本研究,缺乏将三者综合分析的大局意识。② 并且,由于才华横溢的普塞洛斯对该时期的历史书写做出了巨大贡献,致使现代学者们将更多的注意力集中在他身上,③ 从而减弱了对阿塔雷亚迪斯和斯基利齐斯的重视程度。④ 至于学界对拜占庭紫衣女性的研究,近年来已成为一门显学,涌现出大量论著。⑤ 但存在的不足在于,针对邹伊和塞奥

(接上页) Paul Magdalino, "A History of Byzantine literature for historians", Warren Treadgold, *The Early Byzantine Historians*, New York: Palgrave Macmillan, 2007; Warren Treadgold, *The Middle Byzantine Historians*, New York: Palgrave Macmillan, 2013; 徐家玲《拜占庭文明》,人民出版社 2006 年版,第 452—482 页; 陈志强《拜占庭史研究入门》,北京大学出版社 2012 年版,第 59—94 页; 陈志强《拜占庭帝国通史》,上海社会科学院出版社 2013 年版,第 274—297 页。

① 目前有价值的论述仅有 A. P. Kazhdan and Ann W. Epstein, *Change in Byzantine Culture in the Eleventh and Twelfth Centuries*。

② 目前国际学界对三位史家的综合研究仅限于"普塞洛斯与阿塔雷亚迪斯对比分析"这一专题,相关论著可参考 Jakov Nikolaevic Ljubarskij, "Miguel Ataliates y Miguel Pselo (Ensayo de una breve compraci Ôn)", *Erytheia*, Vol. 6, 1995, pp. 85 - 95; Dimitris Krallis, "Attaleiates as a Reader of Psellos", Charles Barber and David Jenkins ed., *Reading Michael Psellos*, New York: Random House, 2006, pp. 167 - 192.

③ 国内外学界研究普塞洛斯的论著可谓汗牛充栋。归纳起来,有考据其生卒日期的,有探讨他同拜占庭文化和其他知识分子间关系的,但最主要还是对其作品的文本分析,相关代表性论著可参考 Jakov Nikolaevi cLjubarskij, "Man in Byzantine Historiography from John Malalas to Michael Psellos", *Dumbarton Oaks Papers*, Vol. 46, 1992, pp. 177 - 186; Anthony Kaldellis, *The Argument of Psellos' Chronographia*, Random House, 1999. 在这一专题研究中,国内学者赵法欣侧重用人物形象分析的手法来解构普塞洛斯的文本,例如其《米哈伊尔·普塞洛斯〈编年史〉中的"帝王批判"研究》,《西南民族大学学报》(人文社会科学版) 2015 年第 10 期。

④ 国内外学界系统研究阿塔雷亚迪斯历史作品的论著共两部,分别是 Dimitris Krallis, *Michael Attaleiates and the Politics of Imperial Decline in Eleventh-Century Byzantium*, Binghamton: State University of New York, 2012; 刘宇方:《衰落中的帝国——阿塔雷亚迪斯其笔下的拜占庭帝国研究》,博士学位论文,南开大学历史学院,2017 年。还有以其作品为史料来分析当时历史事件的论著,例如刘宇方《阿塔雷亚迪斯笔下的拜占庭谷物改革初探》,《历史教学》2017 年第 12 期。
国际学界研究斯基利齐斯历史作品的论著可参考 Bernard Flusin, "Re-writing history: John Skylitzes' Synopsis historion", John Skylitzes, *A Synopsis of Byzantine History*, *811—1057*, trans. John Wortley, New York: Cambridge University Press, 2010, pp. xii - xxxiii. 国内学界目前尚无对斯基利齐斯的研究论著。

⑤ 这些论著大多以研究拜占庭妇女的社会地位或角色为主,诸如 A. E. Laiou, "The Role of Women in Byzantine Society", *Jahrbuch der österreichischen Byzantinistik*, 31, No. 1, 1981, pp. 234 - 237; Barbara Hill, "Imperial Women and the Ideology of Womanhood in the Eleventh and Twelfth Centuries", Liz James ed., *Women, Men and Eunuchs: Gender in Byzantium*, London: Routledge, (转下页)

多拉的个案研究极为有限,[①]更缺少对她们人物形象的系统梳理。因此,从这些意义上说,本文的研究具有重要学术价值。

一

在马其顿王朝统治的"黄金时代",国家政治局势稳定,经济比较繁荣,对外战争屡屡获胜,社会物质生活昌盛,为拜占庭文化发展提供了有利条件。在生活典雅、鼓励科教发展的君士坦丁九世(Constantine IX,1042年—1055年在位)的支持和倡导下,历史书写呈现出前所未有的新进展,它们成为此阶段拜占庭历史书写转型的主要内容。

首先,11世纪的历史书写特别加强了对人的关注。这又包含了两个层次:其一,它十分强调以人为本的叙述理念。就这点来说,阿塔雷亚迪斯的作品非常具有代表性。他在《历史》中提到,人与历史发展间的关系就如同赛车场上的车手与马车。比赛不是靠马拉车跑得有多快来取胜,而是靠车手精湛的技艺和经验驾驶马车来取胜。[②]因此,人的地位比任何历史事件的地位都要高。或者说,任何历史事件实际上都需要靠人的行为与品德来推动与发展。其二,在以人为本的叙述理念基础上,11世纪的历史书写特别强调以统治者为核心的写作方式。以普塞洛斯的《编年史》为例,全书共分7卷,其中第1至4卷分别以瓦西里二世、君士坦丁八世(Constantine VIII,1025年—1028年在位)、罗曼努斯三世(Romanos III,1028年—1034年在位)和米哈伊尔四世(Michael IV,

---

(接上页)1997,pp. 76-99;刘洪英:《11—13世纪拜占庭皇室妇女地位探究》,硕士学位论文,东北师范大学历史文化学院,2004年;李秀玲:《论拜占庭皇室妇女在帝国政治中的角色——安娜·达拉西妮个案分析》,《历史教学》(高校版)2009年第12期;贾继玉:《早期拜占庭(4—6世纪初)紫衣女性地位评析》,硕士学位论文,东北师范大学历史文化学院,2011年;陈悦:《11世纪拜占庭女皇现象研究》,博士学位论文,南开大学历史学院,2013年。

① 截至目前,国内外专门研究邹伊和塞奥多拉的论著仅有一篇,即 Barbara Hill, Liz James and D. C. Smythe, "Zoe: the rhythm method of imperial renewal", P. Magdalino, ed., *New Constantines: The Rhythm of Imperial Renewal, 4th – 13th Centuries*, Brookfield, Vt., U.S.A.: Ashgate Pub. Co., 1994, pp. 215-230.

② Michael Attaleiates, *The History*, p. 159.

1034年—1041年在位）为中心，记述围绕他们所发生的重要事件。第5卷包括米哈伊尔五世（Michael V，1041年—1042年在位）和塞奥多拉二人，第6卷涵盖邹伊与塞奥多拉、君士坦丁九世及塞奥多拉独立执政的内容，最后一卷记载了从米哈伊尔六世（Michael VI，1056年—1057年在位）至米哈伊尔七世（Michael VII，1071年—1078年在位）间的6位皇帝。① 由此可见，虽然普塞洛斯基本上按时间顺序布局行文，但这15位统治者才是他书写的核心。

这种书写方式同几个世纪以来拜占庭编年史的写作传统大相径庭。无论是6世纪的约翰·马拉拉斯（John Malalas），② 7世纪埃及尼基乌的主教约翰（John of Nikiu），③ 还是9世纪的"坚贞者"塞奥发尼斯（Theophanes the Confessor），④ 这些传统的编年史家都认为事件的叙述价值远高于人的叙述价值：因为人需要强烈依赖上帝的神圣权威，所以对事件发展进程缺乏切实有效的影响力。⑤ 在这种理论指导下，突出事件的时间顺序和发展脉络成为他们的书写核心，人则隐退到历史背景中，成为情节发展过程中形式上的经受者。⑥ 由此，严格遵循事件发展顺序的纪年叙述法成为拜占庭编年史的书写标准。比如，"坚贞者"塞奥发尼斯将事件的流动视为历史发展的逻辑，严格依照年代顺序组织撰写材料，在作品中使用了包括创世纪年法、复活节纪年法、罗马皇帝纪年法、波斯皇帝纪年法、罗马主教纪年法、君士坦丁堡主教纪年法、耶路撒冷主教

---

① Michael Psellus, *Chronographia*, trans. E. R. A. Sewter, London: Penguin Books, 1966.
② John Malalas, *The Chronicle of John Malalas*, trans. Elizabeth Jeffreys, Michael Jeffreys and Roger Scott, Melbourne: Australian Association for Byzantine Studies, 1986.
③ John of Nikiu, *The Chronicle of John, Coptic Bishop of Nikiou*, trans. Robert H. Charles, Merchantville, NJ: Evolution Publishing, 2007.
④ 此处感谢匿名评审提供的翻译建议：学者通常将塞奥发尼斯的此称号译为"忏悔者"，但实际上其意义具有争议性。根据其生平经历，译为"坚贞者"更为恰当。
⑤ F. Winkelmann, "überlegungen zu Problemen des frühbyzantinischen Menschenbildes", *Klio*, Vol. 65, 1983, p. 447, note 2.
⑥ J. Beaucamp et al., "Temps et histoire, 1. Le prologue de la Chronique Pascale", *Travaux et Mémoires*, Vol. 7, 1979, p. 273.

纪年法、亚历山大纪年法和安条克纪年法在内的多达 9 种纪年方法，足可见对这种书写形式的青睐。① 但相比之下，普塞洛斯的《编年史》却没有任何明确的时间坐标，除正常的时间先后顺序外还包含大量的插叙和倒叙，因此并未遵循纪年叙述法工整的时间逻辑。可以说，尽管普塞洛斯将自己的作品称为《编年史》，却并没有严格遵循传统的编年体例，同"教会史之父"攸西比乌斯（Eusebius，约 260 年—340 年在世）的《编年史》中创立的大众化基督教世界编年史体例更是大不相同。可以说，普塞洛斯虽是一位虔诚的基督教徒，却写出了一部更具有古典主义气质的作品。②

以统治者为书写核心的写作方式在阿塔雷亚迪斯的《历史》中也有明显体现。例如，阿塔雷亚迪斯在作品中明确指出，占统治地位的领袖对历史的影响力最大："统治者的品德直接影响历史发展进程的好坏。拥有美德的皇帝会让事情朝真善美的方向发展，而劣迹斑斑的皇帝只能让事情变得更糟。"③ 所以，"皇帝要对降临在人间的事情负更多的责任，因为他们要是做得不好就会遭到上帝的惩罚，而他们要是能够审慎地做出伟绩便会得到上帝的赞赏。"④ 随后，他也完全遵循这种写作理念来记叙史实。比如，第 3 章描述米哈伊尔四世指挥的军事活动时，全文都在凸显米哈伊尔四世的英勇和睿智。第 12 章述及依沙克一世（Issac I，1057 年—1059 年在位）的统治时，全文以依沙克皇帝为事件发展的核心，详细叙述了他实施经济改革的每个细节。比如他"成为历任掌管公共财产

---

① Theophanes Confessor, *The Chronicle of Theophanes Confessor, Byzantine and Near Eastern History, AD 284 – 813*, trans. Cyril Mango and Roger Scott, New York: Oxford University Press Inc., 1997; Alexander P. Kazhdan, Alice-Mary Talbot and etc. ed., *The Oxford Dictionary of Byzantium*, Vol. 3, p. 2063. 有关拜占庭帝国各种纪年法的论述可参考陈志强《拜占庭学研究》，人民出版社 2001 年版，第 275—290 页；陈志强《拜占庭帝国通史》，上海社会科学院出版社 2013 年版，第 304—314 页。

② ［美］唐纳德·R. 凯利：《多面的历史：从希罗多德到赫尔德的历史探询》，陈恒、宋立宏译，生活·读书·新知三联书店 2003 年版，第 124 页。

③ Michael Attaleiates, *The History*, p. 157.

④ Ibid., p. 159.

统治者中极为严厉的收税官";他是"第一位缩减各种职位定期生活津贴的皇帝";他"分割修道院和教会的财产",等等。同时,文章还侧重描写了皇帝与君士坦丁堡大教长之间的个人矛盾,并生动展现出皇帝请求悔改的沮丧心情。① 第 16 章详细记载了罗曼努斯四世(Romanos IV,1068 年—1071 年在位)登基前的波折经历,展现出他对全体罗马人和国家满怀热爱之情的伟大情操。第 17 至 20 章以罗曼努斯四世为中心,事无巨细地记载了他指挥的三次东征,并展现出他的勇气、冷静和某些时候的怯懦。

  此外,阿塔雷亚迪斯也同普塞洛斯一样,使用了大量插叙和倒叙的写作技巧。例如,在第 27 至 29 章中,阿塔雷亚迪斯运用倒叙手法追溯尼基弗鲁斯三世的家族渊源,涉及古罗马共和国时期的法比(Fabii)家族和公元 961 年尼基弗鲁斯二世(Nikephoros II,963 年—969 年在位)对克里特岛的征服。在书中的其他地方,阿塔雷亚迪斯还大量穿插了对尼基弗鲁斯三世的回忆。比如第 16 章主要讲述的是罗曼努斯三世的个人经历,但其中阿塔雷亚迪斯就借皇帝之口追溯了登基前的尼基弗鲁斯三世在多瑙河流域抵抗匈牙利人所取得的军事成就。②

  同上述两部作品相比,斯基利齐斯《拜占庭历史纲要》中展现出的新特征稍显隐晦。一方面,它是一部以前朝编年史作品为蓝本而创作的摘要性史学大纲。因此,这种性质注定了它必然拥有很强的时间逻辑,极少使用插叙或倒叙的写作形式。从这点来看,它似乎更属于传统的编年史体例。但另一方面,它并非原创作品,而是对以往编年史的"重写(Re-writing)",即重新筛选、删减与组合。因此,它又具有极强的灵活性与创新性。首先,它从未系统地沿用传统编年史的纪年叙述法,表述历法的语言形式只是间或出现在某些章节中。这种随意性是与传统编年史

---

  ① 依沙克一世的改革参见 Michael Attaleiates, *The History*, pp. 111 – 115. 依沙克一世同君士坦丁堡大教长的矛盾参见 Michael Attaleiates, *The History*, pp. 115 – 121。

  ② Michael Attaleiates, *The History*, pp. 177 – 179.

相比最大的不同。比如,直到第 4 章的后半部分,文中才首次出现税收年纪年法的表述形式;① 随后直至第 10 章开篇,这种表述形式才再度出现。② 其次,与同时期另两位史家相仿,斯基利齐斯也是采用以统治者为核心的写作方式。以剑桥大学 2010 年版作品为例,全书共 23 章,从尼基弗鲁斯一世(Nikephoros I,802 年—811 年在位)逝世后开始记载,截止到米哈伊尔六世的统治,每章分别记录了一位皇帝的历史。而且,每章所记述的每件事情都是围绕执政皇帝展开,没有一件事情是脱离他(她)而叙述的。因此,有学者总结斯基利齐斯书写的是"皇帝统治的历史(History of the Reigns)"③。这是该作品最具 11 世纪历史书写转型特征的地方,也是它同拜占庭传统编年史相比最本质的区别。

以人为本的叙事理念连同以统治者为核心的写作形式在一定程度上提高了该时期历史书写对紫衣女性的关注度,有关紫衣女性的书写篇幅明显增多。比如,普塞洛斯《编年史》中有明确记载的紫衣女性就包括君士坦丁八世的三个女儿:尤多西娅(Eudokia)、邹伊和塞奥多拉,罗曼努斯三世的姐姐普切瑞娅(Pulcheria)以及君士坦丁九世的情人斯格莱瑞娜(Skleraina)等 9 人。斯基利齐斯《拜占庭历史纲要》中有明确记载的紫衣女性包括米哈伊尔一世(Michael I,811 年—813 年在位)的皇后普罗科皮娅(Prokopia),米哈伊尔三世(Michael III,842 年—867 年在位)的母亲塞奥多拉(Theodora,842 年—862 年摄政),利奥六世(Leo VI,886 年—912 年在位)的四位妻子,罗曼努斯二世(Romanos II,959 年—963 年在位)的皇后塞奥法诺以及邹伊和塞奥多拉等共计 18 人。即便是以军事战争为主要题材的阿塔雷亚迪斯《历史》,它明确记载的紫衣女性也包括了邹伊、塞奥多拉和君士坦丁十世(Constantine X,1059 年—1067 年在位)的皇后尤多西娅这三位 11 世纪著名的紫衣女性。由此可

---

① John Skylitzes, *A Synopsis of Byzantine History*, 811—1057, trans. John Wortley, Cambridge: Cambridge University Press, 2010, p.75.
② Ibid., p.206.
③ Bernard Flusin, "Re-writing history: John Skylitzes' Synopsis historion", p. xxiii.

见，11世纪的历史书写对作品记述时空范围内的紫衣女性都保持了敏锐的关注。这其中，大多数紫衣女性并未对历史发展起到关键作用，但却依然得到该时期史家充满人性的关怀。

对于马其顿王朝正统的皇位继承人、具有阳性"皇帝"头衔的邹伊和塞奥多拉，11世纪的史家更是表现出浓厚的写作兴趣和极高的关注热情。首先，有关她们的书写篇幅大大增加。具体的篇幅统计请见下表：

表1　　　　　　　　邹伊和塞奥多拉的篇幅统计[①]

作品简称	覆盖时段	全书页数	记述她们所处时代的页数	记叙她们的页数	两位女性的页数比例	
					占全书（%）	占所处时代（%）
《编年史》	976年—1078年	353	271	86	24	31
《历史》	1034年—1079年	293	47	8	2.7	17
《历史纲要》	811年—1057年	465	99	22	4.7	22

表1显示，尽管邹伊和塞奥多拉在每部作品中所占的篇幅并不多，但若将她们放在所处的具体时代中加以考量，则得到的数据结果就会发生巨大改观。两位女性"占所处时代"的页数比大大超过其"占全书"的页数比，数值的增长幅度令人震惊。在《编年史》中，两位女性"占所处时代"的页数比同"占全书"的页数比增长29%，而在《历史》中，该增长幅度竟然高达530%！在《拜占庭历史纲要》中，该增长幅度也达到368%。归纳起来，书写邹伊与塞奥多拉的篇幅平均值已达到书写其所处时代篇幅的23%。换句话说，在阅读邹伊和塞奥多拉所处时代的内容时，几乎每隔一至两页就会找到她们的名字，读到以她们为核心展开的历史。

其次，11世纪史家对邹伊和塞奥多拉的记述表现出明显的连贯性与完整性。三部作品的叙述几乎涵盖了她们从出生到死亡的全部生命历程。

[①] 限于表格篇幅，本表将邹伊和塞奥多拉简称为"两位女性"或"她们"。其中，"她们所处时代"是指史家对邹伊和塞奥多拉生活时代的记述，具体指从君士坦丁八世统治至塞奥多拉逝世这31年的时间。"记叙她们的页数"是指每部作品中任何提及邹伊或者塞奥多拉名字的页码范围。

相关统计请见下表：

表2　　　　　　　邹伊和塞奥多拉生命历程一览[①]

历史时期	事件梗概	页数统计		
		普氏	阿氏	斯氏
罗曼努斯三世	邹伊和塞奥多拉的样貌和品性	2	0	0
	邹伊的第一次婚嫁	2	0	1
	邹伊与皇帝的感情不和	3	0	1
	塞奥多拉试图篡位	0	0	3
	邹伊爱上米哈伊尔	5	0	1
	邹伊联手孤儿院长约翰毒害皇帝	3	0	2
米哈伊尔四世	邹伊力挺米哈伊尔登基	2	0	0
	邹伊遭到皇帝的疏远与囚禁	2	0	1
	邹伊收养皇帝的外甥为继子	4	0	1
米哈伊尔五世	邹伊授权继子登基	3	2	1
	邹伊遭皇帝驱逐并被迫当修女	6	1	2
	民众为支持邹伊而发动起义	14	2	4
	塞奥多拉被接到宫中继承皇位	3	2	0
	塞奥多拉对米哈伊尔五世施行瞽目刑罚	3	1	0
	邹伊被接回皇宫	1	1	1
邹伊与塞奥多拉共治	共治的细节，女皇的慷慨	6	1	0
	女皇之间的斗争	4	0	0
君士坦丁九世	邹伊的第三次婚姻	6	1	1
	邹伊的地位遭到君士坦丁情人的威胁	5	0	0
	民众抗议斯格莱瑞娜，支持邹伊	0	0	2
	邹伊逝世	7	0	1
	塞奥多拉艰难夺回统治权	2	0	0
塞奥多拉	塞奥多拉执政细节	10	1	2
	塞奥多拉逝世	1	1	0

从表2可见，尽管史家划分历史时段主要是依据男性皇帝的统治时

[①] 本表"页数统计"的测量方法与表1不同，统计的是三部作品中与每件史实有关的页数，而非任何提及邹伊或塞奥多拉名字的页数。因此，两个表对页数的统计会有数值上的偏差。此外，限于表格篇幅，作者姓名使用了简称。

期,但邹伊和塞奥多拉的生命历程却是首尾连贯、一气呵成的。普塞洛斯对这种完整性叙述做出了巨大贡献。从统计数据来看,除没有谈到"塞奥多拉试图篡位"和"民众抗议斯格莱瑞娜"这两件事外,其他每件事情他都有认真记载。而这与他同两位女性拥有的密切关系是分不开的。他曾在书中不无自负地夸耀:"如果塞奥多拉想要写点儿密信或处理什么私人事务,她总是习惯于找我商量。"① 这份旁人所无法企及的亲密程度日后成为普塞洛斯鲜活刻画两位女性人物形象的重要基础。

从表2中还可总结出,尽管史家叙述的主体还是男性统治者,但在罗曼努斯三世、米哈伊尔四世和米哈伊尔五世时期,两位女性,特别是邹伊皇后才是推动历史发展的关键人物,三位男性皇帝俨然成了她们的配角。比如,是邹伊毒害了罗曼努斯三世并力挺米哈伊尔登基,才有了后来米哈伊尔四世的统治。又如,正是由于民众深爱的邹伊皇后遭到了驱逐,才使得他们爆发了推翻米哈伊尔五世的起义。再如,在政治动荡的关键时刻,是塞奥多拉平息了众怒,化解了社会动荡并最终清除了米哈伊尔五世的政治势力。

综上所述,11世纪拜占庭历史书写转型的第一个重要表现是极大地增加了对人的关注,重新将人作为叙事的主体和故事情节发展的核心,从而突破了传统编年史体例抬高事件的叙述价值、贬低人的叙述价值的局限。在以人为本的叙述理念影响下,史家创造出了以统治者为核心的写作方式,并开始大量使用插叙和倒叙的写作技巧,从而打破了传统编年史严格遵循事件发展顺序的纪年叙述标准。叙事理念和写作技巧的转变又提高了此阶段历史书写对紫衣女性的关注度。这其中,对拜占庭历史具有重要影响的邹伊和塞奥多拉成为这一群体的典型代表。

二

其次,11世纪的历史书写特别强调刻画人物的功力。此阶段的史家

---

① Michael Psellus, *Chronographia*, p. 267.

对人物外貌的细腻描写以及对人物情感和心理活动的敏锐捕捉，突破了以往拜占庭历史书写在刻画人物方面过于呆板、程式化和缺乏个体特征的写作方式。

以往拜占庭历史书写在刻画人物外貌和描绘人物情绪与行为等方面都显露出程式化的缺陷。例如，约翰·马拉拉斯笔下几乎所有的男人都是"睿智的（σοφός）"，所有的女人都是"美丽的（εὐπρεπης）"；不同人物的情绪基本上被模式化成三种状态，即"被弄得心烦意乱（ἀγαναχτειν）"、"被激怒（ὀργιζειν）"或"陷入爱河"。不仅如此，人物的情绪和行为之间也有固化程序，例如当一个人被激怒后便会去杀掉对手；男人爱上女人几乎无一例外地是因为她的美丽（ως εὐπρεπῃ）；或者一个人受到尊敬的原因多半是源于他的睿智（ως σοφός），诸如此类。① 至9世纪，"坚贞者"塞奥发尼斯在上述基础上创造出了一种更具公式性质的"完美形象"模型。皇帝、教士、战士、妇女等不同的社会性别和阶层均有其相应的固定模板。比如，完美皇帝的模型是君士坦丁大帝（Constantine the Great，324年—337年在位），因此对当时统治者的书写便成了一项挑选出符合（或不符合）君士坦丁大帝美德的选择题。② 这种程式化书写禁锢了人物本身具有的独特个性，令人物形象失去了真实性。直到10世纪，在执事官利奥（Leo the Deacon）的努力下，这种呆板状况才有所好转。利奥尝试对人物外貌进行比较细腻的描写，如他笔下的罗斯大公斯维亚托斯拉夫（Sviatoslav I Igorevich，945年—972年在位）拥有中等身材和短平鼻子，留着光头且只有一缕头发垂在头的一侧。③ 不过

---

① Ihor Ševcenko, "Two Varieties of Historical Writing", *History and Theory*, Vol. 8, 1969, No. 3, pp. 332 – 345; E. Rohde, *Der griechische Roman und seine Vorläufer*, New York: Nabu Press, 2010, p. 151, note 1.

② Warren Ginsberg, *The Cast of Characters: The Representation of Personality in Ancient and Medieval Literature*, p. 72.

③ Leo the Deacon, *The History of Leo the Deacon: Byzantine Military Expansion in the Tenth Century*, trans. A. M. Talbot and D. F. Sullivan, Washington, D. C.: Dumbarton Oaks Research Library and Collection, 2005, pp. 199 – 200; 赵法欣:《从〈历史〉中的人物样态看利奥的史学新思想》,《四川大学学报》（哲学社会科学版）2011年第3期。

他对人物形象的塑造依然存在较大局限性,因为他塑造人物形象具有很强的目的性,比如是为了凸显人物在战场上的不同表现。① 因此,10世纪的历史书写也没有摆脱前朝程式化的写作方式。

比较而言,11世纪的历史书写在刻画人物方面获得了杰出的成就。它进一步完善了利奥塑造人物形象的尝试,从而彻底突破了以往历史书写在刻画人物形象时缺乏个体特征的写作缺陷。以紫衣女性为例,她们不再千篇一律,而是独具个性。比如斯基利齐斯在记述米哈伊尔一世的皇后普罗科皮娅时,寥寥数语便勾勒出她勇敢、刚强和有主见的一面。当时,米哈伊尔一世准备懦弱地交出皇权,她却坚决反对皇帝的决定,称"帝国是最好的裹尸布"②。在强大的压力下,她依然能够乐观的自嘲并冷静地分析身处的险境。③ 又如,斯基利齐斯在谈到利奥五世的皇后塞奥多西娅时,用一个"飞奔出闺房"④ 的动作描写便将皇后风风火火的性格表现得淋漓尽致。再如普塞洛斯笔下君士坦丁九世的情人斯格莱瑞娜,她在君士坦丁被驱逐出首都后心甘情愿陪伴在他身边,极富牺牲奉献精神。同时,她还颇具理智与修养,极富政治智慧。例如,有一次她同邹伊和塞奥多拉一起出席庆典,准备接受人民的致敬。但人们不欢迎她的出现,于是大声谩骂她。她听到后依然保持着微笑,仿佛什么都没有发生。直到庆典结束后,她才悄悄找到骂人者,当面向他们请教不满自己的原因。⑤ 所有的细节都是娓娓道来,让读者感觉历历在目。

在众多紫衣女性中,邹伊和塞奥多拉的形象最能体现此阶段历史书

---

① 有关利奥塑造人物形象的研究,可参考赵法欣、邹薇《论利奥〈历史〉中人物形象的特点》,《西南大学学报》(社会科学版) 2012 年第 1 期。

② John Skylitzes, *A Synopsis of Byzantine History*, 811—1057, p. 8. "裹尸布"一语颇有深意。它语出自查士丁尼的皇后塞奥多拉在尼卡起义时的讲话。查士丁尼受此话的鼓舞,打消了逃跑的念头,激发起对抗暴民的斗志,并最终取得了胜利。普罗科皮娅引用此话意欲展现出同塞奥多拉皇后一般坚定的意志。参见 J. B. Bury, *History of the Later Roman Empire from the Death of Theodosius I to the death of Justinian*, Vol. 2, London: Dover Publications, p. 45。

③ John Skylitzes, *A Synopsis of Byzantine History*, 811—1057, pp. 7 - 8.

④ Ibid. , p. 22.

⑤ Michael Psellus, *Chronographia*, p. 185.

写在人物形象描述方面取得的巨大成就。首先，从外貌描写来看，11世纪的历史书写能够有意识地观察两位女性身体的独特魅力，并有针对性地在身材、体型、眼睛、耳朵、鼻子、头发、皮肤等不同方面凸显她们的个体特征。如前所述，普塞洛斯在这方面的叙述最为细腻生动，令人称奇。他笔下的邹伊和塞奥多拉千姿百态，栩栩如生。例如，在描写邹伊时，普塞洛斯先总括她的美，称她是"母仪天下、美至极致的化身"[1]。随后，普塞洛斯由远及近、从头到脚地对邹伊进行精准的白描："她不高，身材显得更丰满些。她有一双大眼睛，眉距较宽，一双乌黑的弯眉令人过目不忘。她还有一个挺拔的鹰钩鼻，金色的头发映衬着她白皙的肌肤，使整个人显得光彩夺目、熠熠生辉。如果你不认识她而摸一下她的手臂，你会认为她只是一位少女，因为她的肌肤没有任何褶皱，是那样的紧致光滑。"[2] 至于塞奥多拉，普塞洛斯这样描述她："她个头很高，体型更显纤瘦。脑袋看上去很小，似乎与整个身材不太相称，远看上去就像一根细长的蜡烛。她口齿伶俐，善于言辞，总是神采奕奕、面带微笑，不放过任何讲话的机会。"[3] 由此可见，普塞洛斯描绘的两位女性不仅外貌不同，就连体态和气质也都独具特色。这种写实性手法最大限度地展现出她们的真实形象，[4] 为之后对两个人不同性格的描写做好了铺垫。

其次，在塑造人物性格时，11世纪的历史书写特别注意将人物的性格同其行为方式结合起来。为此，性格描写便有用语言进行直接描述和用行为描写间接论证性格这两种形式。二者相互验证，相互补充。比如，普塞洛斯直接描写邹伊的性格特点为热情率真，浪漫感性，接受能力强，执行力和表达力差，兴趣广泛，为人慷慨："邹伊领悟力比较强，但是却不善言辞……拥有广泛的爱好，并对性质相反的内容持有相同的热情——比如生

---

[1] Michael Psellus, *Chronographia*, p. 187.
[2] Ibid., p. 158.
[3] Ibid., pp. 55, 158.
[4] 圣索菲亚大教堂现保存着一幅邹伊与其丈夫君士坦丁九世的镶嵌画，画中邹伊的形象同普塞洛斯的描述丝毫不差，足见普塞洛斯写实功力之高超。

和死。因此,她总是令我想到海浪,高高地将小船举起,又重重地将它拍打下去。……她是最为慷慨的女性,大手大脚,一天之内可以将一座金山挥霍光。"① 这些性格特点可以在普塞洛斯对邹伊的行为描写中得到间接验证。比如,当孤儿院长约翰(John the Orphanotrophos)首次把自己的弟弟米哈伊尔引荐给邹伊时,邹伊率真感性的性格令她丝毫不掩饰对米哈伊尔的喜爱:"邹伊双眼因注视着这位俊美的年轻人而进出火光,并立刻被他的魅力俘虏。她不知不觉对他产生了情愫。她对他丝毫不掩饰自己的欲望,常常唤来孤儿院长,并询问他弟弟的近况,还嘱咐他,让他弟弟不要害怕,多进宫来看望她。"② 即使米哈伊尔登基后开始疏远并软禁她,带给她无尽的痛苦,但当她得知自己的爱人削发为僧后,她依然一往情深,无法控制对他的思念与热爱:"她不惜逃离被软禁的女子会馆,不顾道路上所遇的种种艰辛,长途跋涉地来看他。"③ 这些直白大胆、浪漫执着的事情是断然不会发生在塞奥多拉身上的。谈到邹伊广泛的兴趣,普塞洛斯尤为详细地描述了邹伊制作香水的疯狂:"她的寝宫无异于市场中铁匠和工匠的手工作坊,因为屋子里能下脚的地方都摆满了燃烧的火炉。每个仆人负责一道制作香水的程序:一个人装瓶,另一个人搅拌,还有人负责其他事务。冬天里,这些设备倒是可以起到暖炉的作用;但是到了夏天,屋里热得如同蒸笼。仆人们对此苦不堪言,但邹伊却怡然自得。"④

语言的直接描述和行为描写的间接论证的有机结合还体现在,一旦出现不方便直接用语言描述性格的情况,即可用行为间接论证性格的描述来完成。这一特征在邹伊身上得到了充分体现。因为除了可爱迷人的一面外,邹伊的性格中还具有妒忌心强和任性刁蛮的不良特质。史家巧

---

① Michael Psellus, *Chronographia*, pp. 157, 239.
② Michael Psellus, *Chronographia*, p. 76; John Skylitzes, *A Synopsis of Byzantine History, 811—1057*, p. 368.
③ Michael Psellus, *Chronographia*, p. 117.
④ Ibid., p. 187.

妙地运用行为描写方式间接展现了这些特质。比如，当君士坦丁九世的情人斯格莱瑞娜被接进皇宫后，普塞洛斯这样谈道："皇后立刻（对斯格莱瑞娜的到来）表示欢迎。事实上，她已经不再充满嫉妒了。因为她有自己的烦恼，而且年龄太大，失去了嫉恨的力气。"① 言外之意是，但凡邹伊尚年轻，还有气力，她一定会嫉妒皇帝的情人并怀恨在心。邹伊的任性刁蛮主要体现在她对丈夫，或者说对一国之君的挑选上。除第一任丈夫是由父皇君士坦丁八世选中的之外，邹伊的另两位夫君全是凭她的个人喜好才得以登上皇位。罗曼努斯三世逝世后，邹伊不顾大教长君士坦丁·达拉塞诺斯（Constantine Dalassenos）的反对，②"立即为他（指米哈伊尔）穿上了由金丝交织而成的长袍，将帝国皇冠扣在他头上，让他安坐在宏伟的帝王宝座上。她自己则穿了与他相配的衣服，端坐在他身旁。随后，她命令宫中所有喘气的人必须前来觐见，对他们宣誓效忠。"③ 由此可见，邹伊只顾自己发号施令，完全不懂从谏如流，对国家大事仅凭自己的喜好做决断。君士坦丁九世的登基也与邹伊的任性有极大关系。如果不是邹伊的积极争取，一个流放在外的落魄贵族又怎能斗过君士坦丁堡的政治精英，最后夺得皇位呢？而他之所以能迎娶邹伊，也是因为早在他担任罗曼努斯三世秘书之时，便"具备为皇后可以放下一切尊严、不带一点痕迹谄媚皇后的能力，而且还能在各种复杂的环境下都讨得皇后的欢心"④。他的魅力彻底征服了邹伊，"最终，皇后将他牢牢记在心间"⑤。综上，史家对邹伊行为的描写淋漓尽致地展现出她任性刁蛮的公主脾气，而这种任性刁蛮又与邹伊热情似火、浪漫感性的性格吻合一致，极为自然。

---

① Michael Psellus, *Chronographia*, p. 182.
② Timothy Venning ed., *A Chronology of the Byzantine Empire*, London: Palgrave Macmillan, 2006, p. 360.
③ Michael Psellus, *Chronographia*, p. 88.
④ Ibid., p. 163.
⑤ Ibid..

与姐姐邹伊不同，塞奥多拉的性格特点是领悟力差却伶牙俐齿，行动力强，性情沉稳温和，甚至有些呆板。在金钱观上，她比姐姐更有理智和自控力，能分清何时应慷慨，何时该有所节制。上述性格特点在她平息米哈伊尔五世时期的民众暴乱时尽览无余。当塞奥多拉被热情拥护她主持国务的民众和元老贵族接回宫中后，她逐渐领会到这场政治危机对国家所带来的巨大危害。随后，她像换了一个人一样，立刻收回了最初的畏惧与胆怯，连夜召集所有地方官，授权他们即刻解除米哈伊尔五世的全部权力；同时，派自己人平稳地接管各大权力机关，并确保市场继续有序稳定的运行。这一切进展得有条不紊，足见塞奥多拉政治手段的老练成熟。在捉到米哈伊尔五世后，塞奥多拉迅速做出公正的判决，果断对他施行瞽目刑罚，从而断绝政治后患。① 由此可见，塞奥多拉果敢、坚毅、颇富主见的性格在处理政治危机时发挥了极大作用。凭借这些优秀的品格，她不仅顺利地从米哈伊尔五世手中夺回了皇权，接回了遭驱逐的姐姐邹伊，还安定了帝国上下不同阶层的情绪，稳定了动荡不安的社会环境。

此外，塞奥多拉还具有宽厚、仁慈和忍让的性格特征。比如，米哈伊尔五世宫廷政变结束后，元老院无法决定究竟是由年长的邹伊皇后还是由正在主持政务的塞奥多拉执掌帝国大权。最终还是塞奥多拉率先表示愿意同姐姐共同执政，二人才极有风度地相互拥抱，以示友好和睦。② 即便后来邹伊不满足与她继续共治，任性地决定再婚，塞奥多拉依然宽厚忍让姐姐，同意她的决定，自己则退出政坛，继续过上了修女的生活。③ 这种宽厚、仁慈、忍让的性格不仅与她身为修女的虔诚信仰一致，还同她沉稳温和、甚至有些呆板的性情相吻合。

再次，11 世纪的历史书写在重视人物外貌和性格的同时，还极为关

---

① Michael Psellus, *Chronographia*, pp. 145 – 150; Michael Attaleiates, *The History*, pp. 27 – 29; John Skylitzes, *A Synopsis of Byzantine History, 811—1057*, pp. 395 – 396.

② Michael Psellus, *Chronographia*, p. 151.

③ Michael Psellus, *Chronographia*, p. 161; Michael Attaleiates, *The History*, p. 31.

注人物的心理活动。比如，在谈到邹伊善妒吃醋的性格时，普塞洛斯讲述了一件发生在邹伊和塞奥多拉共治前的趣闻。正在元老院犹豫着不知该支持哪位皇位继承人继位时，塞奥多拉的支持者却早已做出了决定。他们"十分了解邹伊善妒的心理，并同时猜得到，她宁可让一个马童登上皇位也不愿意同自己的妹妹分享皇权"①。通过对邹伊心理的准确分析，塞奥多拉一派立刻采取措施，迅速将米哈伊尔五世绳之以法，从而解除掉了邹伊潜在的政治联盟，保住了塞奥多拉日后共治的政治基础。又如，在二人共治时期，社会上分裂成两大阵营。一方拥护塞奥多拉的统治，认为她才是合适的统治人选；而另一方则支持邹伊，认为她拥有一定的从政经验。为此，两方互不相让，争执日益白热化。邹伊听闻此事后，生怕自己的地位被妹妹取代，"预感到他们的决定（很可能是推选塞奥多拉），于是便抢先攫取了帝国大权。然后，她寻思着得再嫁一个男人"②，以达到将妹妹彻底赶出政治舞台的目的。

像这样描写邹伊嫉妒心理的例子还有很多。斯基利齐斯曾记载，1031年9月的一天，罗曼努斯三世正在阿勒颇（Aleppo）执行公务，"塞萨洛尼基主教塞奥发尼斯前来禀报，说邹伊发现塞奥多拉禁闭在修道院里也不老实，竟勾结君士坦丁·迪奥詹尼斯（Constantine Diogenes）③密谋要逃往伊利里亚（Illyricum）。……为此，邹伊气急败坏地闯入皮特里温修道院，强行剃光了塞奥多拉的头发，声称不这样做就没别的法子遏制她无休止的阴谋和令人厌恶的品行。"④ 在斯基利齐斯看来，邹伊告知塞萨洛尼基主教惩罚她妹妹的原因可能有诈；但不论原因的真假，都难

---

① Michael Psellus, *Chronographia*, p. 148.
② Ibid., p. 160.
③ 此人为罗曼努斯三世的侄女婿，其妻子是罗曼努斯三世弟弟瓦西里·阿格罗尼斯（Basil Argyros）的女儿。在担任塞萨洛尼基公爵时，他曾同瓦西里二世的仆人奥雷斯特斯（Orestes）勾结，密谋发动叛乱。事情败露后，他被囚禁到一座铁塔中。当他伙同塞奥多拉越狱之事暴露后，他躲进了布莱克艾瑞尼（Blachernae）宫避难，后被孤儿院长约翰发现，自缢身亡。参见 John Skylitzes, *A Synopsis of Byzantine History*, 811—1057, pp. 355-356, 364。
④ John Skylitzes, *A Synopsis of Byzantine History*, 811—1057, pp. 363-364.

以掩饰她剃光妹妹头发所流露出的嫉妒与恐惧心理。对她来说，似乎只有对妹妹施以迫害才能使她获得内心的平静与政治上的安全感。

综上所述，11世纪拜占庭历史书写转型的第二个重要表现是特别强调细腻生动地刻画人物形象的功力。为了达到力透纸背的效果，此阶段的历史书写创造出了包含刻画人物外貌、人物性格和人物心理活动这三个层次的写作模式，形成了由外及内、形象的视觉效果与抽象的情绪思维活动相结合的系统化写作特点。这其中，性格描写又细化成用语言进行直接描述和用行为描写间接论证这两种形式。二者相互补充，形成了一个有机整体。有了这些创新，11世纪的历史书写得以层层深入地刻画出富有生活气息、复杂又完整的人物形象，从而突破了以往拜占庭历史书写在这方面呆板僵化的写作窠臼。

三

通过对11世纪历史书写转型重要表现的梳理，可以看出，此阶段历史书写的转型实质上是拜占庭史家对古典希腊罗马文化的伟大复兴。正是古典元素的重获新生，才使得该时期的历史书写焕发出新的光彩。不过，这种复兴并不是对古典作品的简单模仿或照搬，而是基督教文化在取得绝对主导权后创造性地吸收、融合古典文化所产生的新书写范式。这种范式从未动摇基督教的崇高地位，同时还起到了推动拜占庭文化发展的作用。[1] 更重要的是，叙事理念和写作方式的改变本质上反映出拜占庭知识分子思想境界的升华。在同样虔诚信奉基督教的前提下，他们由过度僵化地依赖上帝的神圣权威转而变得更富批判性，更具自主性，更有人本主义精神。这种人的转变是拜占庭文化突破发展瓶颈所需的至关重要的步骤。至此，乔治·奥斯特洛格尔斯基所言的希腊文化元素同基督教信仰元素终于完美地融于一体，拜占庭文化在获得了双方充足的滋

---

[1] Anthony Kaldellis, *Hellenism in Byzantium: The Transformations of Greek Identity and the Reception of the Classical Tradition*, p. 169.

养后蜕变成最高阶的成熟形态。①

11世纪历史书写的转型对拜占庭帝国晚期文化的影响极为深远。首先，以统治者为核心的写作方式和人本主义思想得到了快速发展，催生出一系列以人物传记为体裁的历史作品。比如，12世纪科穆宁王朝的公主安娜·科穆宁（Anna Komnene，1083年—1154年在世）就为其父皇阿莱克修斯一世创作了不朽的人物传记《阿历克塞传》。② 作品开篇就描写了阿莱克修斯一世的胜利，随后从他的各种活动中解释这个时代拜占庭人对外战争胜利的原因。全书充满了作者对她父亲的歌颂与敬仰。此外还有约翰·金纳莫斯（John Kinnamos，约1143年—1203年在世）撰写的《约翰和曼努埃尔功德纪》。③ 他重点叙述了科穆宁王朝两位皇帝的事迹，并对曼努埃尔一世（Manuel I，1143年—1180年在位）的文治武功极为推崇，特别是对他的英雄气概赞赏有加。拜占庭帝国灭亡后，这种文化影响依然存在。比如16世纪初，一部由匿名作者创作的人物传记《君士坦丁堡的皇帝、大教长和苏丹》④ 得到了出版，该作品对1391年至1453年间的多位拜占庭帝国皇帝和东正教大教长，以及占领并统治君士坦丁堡的土耳其苏丹进行了细致的描写。实际上，人物传记书写的热潮恰好体现出"传记体著作的出现和流行与历史观念的变化极为相关"的定律。正如有学者指出，"如同历史学的诞生有着一种从神到人的历史意识演变一样，传记体的出现体现了历史进一步'人化'的过程，体现了人本主义思想的普及。"⑤

---

① 乔治·奥斯特洛格尔斯基认为，罗马的政治观念、希腊的文化和基督教的信仰是决定拜占庭帝国发展的主要因素。没有这三种因素，拜占庭的生活方式是无法想象的。参见［南斯拉夫］乔治·奥斯特洛格尔斯基《拜占庭帝国》，陈志强译，青海人民出版社2006年版，第23页。

② Anna Komnene, *The Alexiad*, trans. E. R. A. Sewter, London: Penguin Classics, 2009.

③ John Kinnamos, *Deeds of John and Manuel Comnenus*, trans. Charles Brand, New York: Columbia University Press, 1976.

④ *Emperors, Patriarchs and Sultans of Constantinople*, trans. M. Philippides, Brookline, MA: Holy Cross Orthodox Press, 1990.

⑤ 王晴佳：《西方的历史观念：从古希腊到现在》，北京师范大学出版社2013年版，第64页。

其次，11世纪历史书写的转型将前一世纪开始复苏的古典希腊罗马修辞技艺发展到更高的境界。它更加回归到阿提卡式简洁质朴的文体文风上。① 比如，斯基利齐斯就致力于效仿古典希腊罗马时期的作家，力图"用简洁和真挚的语言撰写史书，并力透纸背地论述历史事件"②。阿塔雷亚迪斯也是如此。他的写作风格一贯以严谨周密和古朴凝练著称。作为11世纪著名的大法官，他首先以其整理罗马法的《律师手册》（Πόνημα Νομικόν）一书而闻名于世。该作品涵盖了从公元前5世纪罗马共和国之初的"十二铜表法"到公元10世纪《皇帝法律要略》（τά βασιλικά, Basilika）之间悠久的罗马法学史，语言凝练、逻辑缜密、篇幅适中，深受后世学者赞誉。③ 在此基础上，阿塔雷亚迪斯在《历史》中秉承只记录"亲身经历、亲眼见证的事件，而非道听途说或者是其他人没有根据的报告"④。这简直同古希腊史家希罗多德和修昔底德在各自作品的开篇叙述一模一样。⑤

不同于前两位史家，普塞洛斯的修辞风格是华丽典雅、随性俏皮的。在《编年史》中，他娴熟地运用各种修辞技巧，显示出其高超的修辞技艺，而这些特点都同他深厚的学术造诣十分相称。首先，普塞洛斯是君士坦丁九世钦点的哲学教授，足可见他的学术影响力在当时就已十分深远。⑥ 他高超的古典哲学造诣令他时常抱怨拜占庭前几代人中"几乎没有饱学之士"，那些人没能力领会亚里士多德的哲学思想和柏拉图寓言的深

---

① 阿提卡式的写作风格又被称为"雅典风格"，其主要特点是克制而简约，其代表史家是塔西佗和撒路斯特（Sallust）。参见［美］唐纳德·R. 凯利《多面的历史：从希罗多德到赫尔德的历史探询》，陈恒、宋立宏译，生活·读书·新知三联书店2003年版，第114页。

② John Skylitzes, *A Synopsis of Byzantine History*, 811—1057, preface, p. 2.

③ Karl Krumbacher, *Geschichte der byzantinischen Litteratur*, London：Forgotten Books, 2018, p. 270.

④ Michael Attaleiates, *The History*, p. 11.

⑤ ［古希腊］希罗多德：《历史：希腊波斯战争史》，王以铸译，商务印书馆1997年版，第1页；［古希腊］修昔底德：《伯罗奔尼撒战争史》，谢德风译，商务印书馆1985年版，第17—18页。

⑥ Michael Attaleiates, *The History*, pp. 35 - 37；陈志强：《拜占庭帝国通史》，上海社会科学院出版社2013年版，第283页。

意，只懂得关心"无原罪成胎说、圣灵感孕这类神秘事物和一些形而上的问题"①。于是，在普塞洛斯的推动下，11世纪拜占庭的学术界掀起了对新柏拉图哲学再研究的热潮，为思想界注入了新的活力，所产生的深远影响甚至能在14世纪意大利文艺复兴运动中找到踪迹。② 其次，普塞洛斯在《编年史》中加入了对哲学、对人性的领悟与反思。这使得《编年史》不仅成为学习古典修辞学的极佳读本，而且它展现出的深邃的古希腊哲学精神更加强了历史书写所应有的思辨性与厚重感。再次，他本人曾自豪地声称已经掌握了哲学、修辞学、几何学、音乐、天文学和神学，总之涵盖"所有知识，不仅包括希腊罗马哲学，而且还包括迦勒底人、埃及人和犹太人的哲学"③，是一位百科全书似的学者。基于普塞洛斯所获的名声与成就，现代学者一致认为他集11世纪最杰出的哲学家、修辞家和演说家于一身，他就是中世纪版的莎士比亚或陀思妥耶夫斯基，④ 他的出现"标志着11世纪拜占庭学术和古典文化的伟大复兴"⑤。

尽管11世纪历史书写的转型在拜占庭文化中至关重要，但不可置否的是，它还存在一定的局限性。其一，拜占庭帝国拥有高等教育的大学和当时有名的知识分子几乎全部生活在君士坦丁堡。这意味着只有在这里才能完成必要的学校教育，有机会接触或实际参与到这场书写转型的历史进程中。⑥ 据出生在外省安塔利亚（Attalia）的阿塔雷亚迪斯自述，

---

① Michael Attaleiates, *The History*, p. 64.
② 赵敦华：《基督教哲学1500年》，人民出版社2007年版，第289—310页。
③ [英] N. H. 拜尼斯编：《拜占庭：东罗马文明概论》，陈志强、郑玮、孙鹏译，大象出版社2012年版，第205页。
④ Jakov Nikolaevic Ljubarskij, "Man in Byzantine Historiography from John Malalas to Michael Psellos", *Dumbarton Oaks Papers*, Vol. 46, 1992, p. 177.
⑤ Michael Angold, *The Byzantine Empire, 1025—1204: A Political History*, London: Longman Publishing Group, 1996, pp. 100 - 101; [美] 唐纳德·R. 凯利：《多面的历史：从希罗多德到赫尔德的历史探询》，陈恒、宋立宏译，生活·读书·新知三联书店2003年版，第124页; Anthony Kaldellis, *Hellenism in Byzantium: The Transformations of Greek Identity and the Reception of the Classical Tradition*, pp. 191 - 202.
⑥ Jonathan Harris, *Constantinople: Capital of Byzantium*, London: Bloomsbury Academic, 2017, p. 6.

他很早便背井离乡，被疼爱他的双亲送往君士坦丁堡接受完整的高等教育。① 普塞洛斯也曾坦言自己从未离开过君士坦丁堡，所到过的最远地方也只是"这里最外围的城墙"② 而已。其二，我们不得不考虑到，推动11世纪拜占庭书写转型的史家们的才华是不可复制的。由此可见，这种环境下的文化复兴根本无法形成强大的群众基础，也无法大范围的改变民心、启迪民智，更无法发展出具有真正"人文主义"精神的文艺复兴运动。

然而，每个时代都有属于它自己的担当。历史书写也是如此，不应被后人苛求。总体而言，11世纪历史书写的转型是极为成功的。它在叙事观念、写作手法和修辞技艺等多个领域创造了全面复兴古典文化的繁荣局面，形成了古典元素与基督教元素有机结合的独具拜占庭风格的新书写范式，从而突破了以往历史书写的窠臼，对后世产生了深远的文化影响。从大历史的角度来看，它既是11—12世纪拜占庭帝国复兴的文化表现，也为14世纪西欧文艺复兴时代的到来打下了坚实的基础。

（发表于《世界历史》2018年第6期）

---

① Alice-Mary Talbot, "Rule of Michael Attaleiates for his Almshouse in Rhaidestos and for the Monastery of Christ Panoiktirmon in Constantinople", John Thomas and Angela Constantinides Hero ed., *Byzantine Monastic Foundation Documents: A Complete Translation of the Surviving Founder's Typika and Testaments*, Washington, D. C.: Dumbarton Oaks Research Library and Collection, 2000, pp. 333, 341.

② Michael Psellos, "The Most Wise and Hypertimos Psellos, Encomium for his mother", Anthony Kaldellis ed., *The Byzantine Family of Michael Psellos: Mothers and Sons, Fathers and Daughters*, Notre Dame, IN: University of Notre Dame Press, 2006, p. 75.

冲突与和平

我们为什么对德宣战

——对一战期间英国反德宣传策略的分析

刘英奇[*]

摘　要：在第一次世界大战期间，英国开展了大规模的战时宣传活动，其中对协约国的主要战略对手德国的抨击与丑化是英国战时宣传的主要内容之一。从策略上来说，英国主要通过三个方面开战反德宣传。一是强调德国的侵略性，渲染德军对他国平民的战争暴行，二是将德皇威廉二世作为德国军国主义势力的人格化代表加以攻击，将英德之战描绘成自由与专制之战，三是否定德国知识界的学术成就，突出他们对专制权力的崇拜和军国主义倾向。从效果上看，英国的反德宣传在战争期间起到了动员国内民众，争取美国等中立国民众同情和支持的效果。但这种宣传所带来的对事实的扭曲和谎言的编织对英国战后的国家形象和国际互信机制都带来了严重的损害。

关键词：布莱斯报告；威廉二世；军国主义；特赖奇克

在第一次世界大战期间，英国和德国作为协约国集团和同盟国集团的主要参战国，在战争中展开了全面的对抗。双方不但在军事上刀兵相

---

[*] 刘英奇，天津师范大学欧洲文明研究院讲师。

见、在经济上相互封锁，还表现在舆论上展开了口诛笔伐。双方都力图占据道德的制高点，将战争的责任推到对方身上。在这场战时宣传的博弈中，英国宣传者取得了巨大的成功。通过对德国军队暴行的揭露和夸大，以及对德皇威廉二世和德国思想文化界代表人物的军国主义言论加以炒作和歪曲，英国不仅增强了英国本土和各殖民地的民众对政府的参战行为的认同，还推动了美国等中立国最终倒向了协约国方面，为协约国集团的最终胜利创造了重要条件，也对一战后的国际关系发展产生了深远影响。本文希望通过对一战时期英国反德宣传手法的分析，进一步增强对宣传这一因素在西方国家国内外政治活动中所发挥的影响的理解，从而加深我们对西方民主社会的特征和国际关系的本质上的认识。①

---

① 英美学者对英国战时宣传的研究在一战结束后已经开始，并在此后数十年的研究中积累了丰富的学术成果。詹姆斯·里德（James Morgan Read）认为英国的反德宣传宣传激化了英国及其盟国民众的反德情绪，所造成的民族主义氛围使协约国的政府和外交人员很难就战后德国问题采取务实和宽容的态度，这是造成《凡尔赛条约》存在大量惩罚性条款的重要原因，也为"凡尔赛体系"的运行埋下了重要隐患。见 James Read, *Atrocity Propaganda, 1914—1919*, New Heaven, Yale University Press, 1972。哈罗德·拉斯韦尔（Harold Lasswell）、詹姆斯·斯凯尔斯（James Duane Squires）和 H. C. 皮特森（H. C. Peterson）认为英国反德宣传更成功的重要原因在于出色的宣传技巧，不少英国宣传团队成员有媒体工作经验，更善于用煽动性的语言刺激读者的情绪。而德国军政部门对宣传人员的严密控制抑制了德国的对外宣传效果。见 James Duane Squires, *British Propaganda at Home and in the United States from 1914 to 1917*, Cambridge, Mass, Harvard University Press, 1935; Horace Cornelius Peterson, *Propaganda for War: The Campaign against American Neutrality, 1914—1917*, Norman, University of Oklahoma Press, 1939。

M. L. 桑德斯（M. L. Sanders）和菲利普·泰勒（Philip M. Taylor）认为，英国政府对战时宣传工作的信任与支持是英国反德宣传宣传成功的重要条件，情报部门的"喂料"让英国宣传部门在与德国的舆论战中屡屡获得先机，直接导致美国参战的"齐默曼电报"事件就是英国情报部门与宣传部门合作的杰作。见 M. L. Sanders & Philip M. Taylor, *British Propaganda during the First World War*, London, Macmillan Publishers, 1982。

约翰·霍恩（John Horne）和阿兰·克莱默（Alan Kramer）反对将英国的反德宣传与炮制谎言等量齐观，他认为德国确实在入侵比利时和法国期间犯下了诸多烧杀抢掠的罪名，但英国等协约国为追求战争动员效果，在宣传中大量采用夸张、扭曲事实的方式，甚至采用没有根据的流言对德国加以抹黑的宣传方式反而给德国民族主义势力否认战争罪行，复活军国主义的行为提供了空间。见 John Horne & Alan Kramer, *German Atrocities, 1914: A History of Denial*, New Heaven, Yale University Press, 2001。我国学界尚没有专门研究这一问题的学术著作，但一些学术论文对这一历史现象有所涉及，包括吴文武：《国际法、女权保护与第一次世界大战期间的英德宣传战》，《史学集刊》2005 年第 2 期；仇海萍：《第一次世界大战前期英国对美国的战争宣传》，《淮阴师范学院学报》2010 年第 6 期；顾国梅、朱静华：《试论一战中的宣传战》，《常熟理工学院学报》2007 年第 1 期。

英国的反德宣传主要对象是英国国内与海外殖民地的人民，以及美国等中立国的民众，他们语言相通，在政治上都深受自由主义思想的影响。针对这一特点，英国的反德宣传主要从以下几个方面展开。

一 指控德国发动侵略战争，屠杀他国人民

尽管英国政府在20世纪初已经与法、俄两国签订了针对德国的政治、军事协定，成为协约国集团的一员。但当1914年7月底战争在巴尔干地区爆发之时，英国社会舆论仍普遍反对英国参与欧洲大陆国家之间的冲突，但8月4日德国军队入侵比利时却让英国社会对战争的态度发生了完全的逆转，英国政府立即决定对德宣战。

英国外交大臣爱德华·格雷在议会发表请求对德宣战的演讲就以德国对比利时的侵略作为主要政治理由："我国在1839年就给予比利时中立国地位以保证，1870年我们再度重申了这一原则，保证低地国家的独立是我国外交政策之基石。并且如果我们现在放任法国被征服，那么孤立无援、尊严丧尽的我们以后还能自我保全么？"[1] 议员们对格雷的演讲报以热烈的欢呼，议会在8月6日决定拨款100万英镑，以支持政府的参战决定。德国对比利时的侵略不仅使帮助英国政府摆脱了参战的后顾之忧，而且也在英国民间激起了狂热的民族情绪。"当宣战的消息传到街头的时候，聚集的人们用大声地欢呼来表达了他们的情感。人们离开了唐宁街，在陆军部门前聚集了起来，在那里，人们不断呼喊着爱国口号，直至今天早上。"[2]

英国政府对德宣战后，战时宣传随即展开，英国政府建立了多个宣传机构，将众多的报人、学者、作家、政界人士等具有强大文字能力和专业知识的人才纳入英国宣传队伍，这些英国宣传者通过在报上发表文

---

[1] Peter. Stansky ed., *The Left and the war: the British Labour Party and World War I*, Oxford, Oxford University Press, 1969, p. 61.

[2] "Patriotic Demostration", *The Times*, August 5, 1914.

章、撰写宣传册、制作讽刺性漫画和发表演讲等各种手段,不遗余力地开展反德宣传。

英国报界是反德宣传的急先锋,其中英国报业大王北岩勋爵(Lord Northcliffe,原名 Alfred Harmsworth)麾下的《每日邮报》和《泰晤士报》表现得尤为突出。北岩勋爵告诉他手下的报纸编辑们:"协约国必须永不懈怠地坚持说他们是故意侵略行为的受害者。"① 在德国入侵比利时后,《泰晤士报》立即发表文章,将战争的爆发完全归咎于德国的侵略政策:"这不是一个令人惊讶的消息,长期持续发生的事实显示了德国是刻意地挑起了这次波及全欧的危机。它的抗议、它的推诿、它的否认都不能改变事实。"② 与报风较为传统、严肃的《泰晤士报》不同,面向大众的《每日邮报》所用词句更为直接和具有煽动性,它常常用简短和具有明确指向性的词句作为副标题,让读者对文章的意思一目了然。在英国宣战当天的报道中,《每日邮报》用了"德国人的侵略"、"城镇被摧毁"等词句来表现德国的侵略者面目③,用"袭击前线的所有人"来突出德国人的残暴和对平民的无视④,用"德国首相自我吹嘘的美德"来讽刺德国首相霍尔维格在比利时问题上的辩解是"满嘴谎言"⑤。

随着战争初期德国军队的迅速推进,整个比利时和法国东北部的大片地区先后落入了德军的控制之下,德军占领区内的当地民众与德军间的紧张关系给英国宣传者提供了绝好的宣传素材。在英国的报纸上,德国军队屠杀比利时和法国平民的报道随处可见,而且其杀人手法也常常令人发指。"……德国枪骑兵射杀了一个年轻人,借口说他是间谍。他的一个邻居接着遭遇了同样的厄运。在另一间屋子里,德国人射杀了房主

---

① Philip Knightley, *The First Casualty: From the Crimea to Vietnam, The War Correspondent as Hero, Propagandist, and Myth Maker*, London, Harcourt Brace Jovanovich Press, 1975, p. 83.
② "The Declaration of War", *The Times*, August 5, 1914.
③ "Fighting in Belgium", *Daily Mail*, August 5, 1914.
④ "German in Great Force", *Daily Mail*, August 5, 1914.
⑤ "Sir Edward Grey's Reply to German Lies", *Daily Mail*, September 16, 1914.

夫妇俩,并放火焚烧了房屋,并当着受害者儿子的面将两具尸体投入到烈火之中。"①"德国人在路上射杀毫无攻击性的行人、骑车者和忙于丰收的农民。他们将村庄里的财富洗劫一空,强征实物和酒,他们将酒分着喝掉直到酩酊大醉。他们在街道上放枪、还向空房子里射击,之后还宣称有居民向他们开火,这才是到时他们去杀人、放火、洗劫房屋和犯下其他罪行的原因。"② 然而,这些新闻报道很多都来自战争期间的流言和各种小道消息,其真实性实际非常令人怀疑。③

除了广泛发行的英国报纸,广泛发行的各种战时宣传册也是英国政府用来引导舆论,丑化德国的重要手段,尤其是在英国战时的对外宣传中,战时宣传册所起的作用极为重要。英国的战时对外宣传中,最为注重的是对美国的宣传。为了让远离战争的美国人感受到德国人的野蛮和残暴,英国议会建立了"德国暴行调查委员会",并邀请在美国有着巨大声望的詹姆斯·布莱斯爵士④担任委员会主席。委员会从流亡到英国的比利时难民和从前线回来的军人那里大量搜集关于德国人在比利时暴行的各种故事,1915年5月12日,一份名为《呈交委员会的关于德国人暴行的证据和档案》的报告最终出版,这份报告常被后人简称为"布莱斯报告",被视为一战期间英国战时宣传的代表之作。

"布莱斯报告"主要是由几百份证人证言组成,主要的内容都围绕着刻画入侵比利时的德国军队的野蛮和残暴而展开。为了让这些德国人的暴行故事显得真实可靠,大部分故事采用第一人称进行,似乎这些故事

---

① "Outrages by Uhlans", *Daily Mail*, August 17, 1914.

② "Outrages Committed by the German Soldiers", *The Western Times*, September 9, 1914.

③ 在一战期间的比利时,德军确实对当地平民犯下了诸多战争罪行,但这一时期英国的新闻媒体在开展对德国的报道时却更注重煽动性而非事件的真实性,很多报道是在不同的流言和故事基础上改编而成。见 Larry Zuckerman, *The Rape of Belgium: The Untold Story of World War I*, New York, New York University Press, 2004。

④ 詹姆斯·布莱斯是英国历史学家和资深外交官,曾写下三卷本政治学巨著《美利坚合众国》(The American Commonwealth),这部作品被誉为是可以与托克维尔的《论美国的民主》一书比肩的政治学名著,布莱斯于1907年到1913年间任驻美大使,他与美国总统威尔逊及其顾问豪斯上校私交甚好,在美国也享有很高的社会声望。

都来自于证人的"亲眼所见"。故事中表现最多的无疑是最能体现德国人野蛮和残暴的一桩桩肆意杀害无辜平民的血案。"我看见四个参与找寻伤者的平民遭到德国人枪击。他们没有做任何应该受到枪击的事情,我不知道这四个人的名字。至少我现在知道的,有 12 名平民就这样被枪杀。"①"镇长的兄弟和牧师被带走,他们被命令面向教堂的墙站着,他们都被德国人用刺刀捅死。"②"在安排他们面对墙站立之后,德国兵离开了他们一段距离,而后射杀了那四个男人。"③

除了这些"普通"的屠杀行为之外,德国人对妇女和儿童的蹂躏和残害行为是报告所着重刻画的内容之一。"在回家的路上我遇到了邻居 D 夫人,她告诉我,几个德国兵将她怀孕八个半月的女儿赶到阁楼上并强暴了她。第二天,孩子出生了,她想上楼照顾她女儿,却被德国人的刺刀所阻止……"④"就在男人们被杀后,我看到德国人逐屋搜查,将妇女和女孩儿们带出来,大约有 20 个人被带出来,她们列队站在尸体旁边,每个人身后都被武器顶着。她们曾试图逃跑。德国人命令她们躺在带到广场上的桌子上面,大约 15 人当即被强暴,每个女性大约被 12 个德国人轮奸……"⑤"我看到德国人从那个农妇的怀里抢走了婴儿。一共有三个德国人,一个军官和两个士兵。两个德国兵拽着婴儿的胳膊,军官用军刀砍下了婴儿的头,婴儿的头掉到了地上,德国人将孩子的尸体踢到了角落里,之后将他的头踢了过去……"⑥

除了各种滥杀无辜的罪行外,表现德国人贪婪和野蛮的抢掠财物、焚烧房屋、炮轰城镇等恶行也在这份报告中随处可见。"8 月 25 日,星期六那天,我看到德国人向那慕尔的一所医院纵火,那所医院挂着白旗,

---

① James Bryce, *Evidence and Documents Laid before The Committee on Alleged German Outrages*, New York, MacMillan Company Press, 1915, p. 10.
② Ibid., p. 11.
③ Ibid., p. 12.
④ Ibid., p. 14.
⑤ Ibid., p. 19.
⑥ Ibid., p. 21.

还配有红十字会的标志。"① "他们焚毁了维勒旅馆,并在同一天焚毁了 62 建房屋。"②

"布莱斯报告"出版后,很快在英国和海外引起了强烈反响。查尔斯·马斯特曼阅读之后,赞叹不已,立即下令将"布莱斯报告"印刷 41000 份发往大洋彼岸的美国。此时的美国社会各界,正因"卢西塔尼亚号"事件而爆发了强烈的反德情绪,因此这份表现德国人"累累罪行"的报告迅速在美国社会流传开来,让美国社会的反德情绪迅速扩大和加深。布莱斯个人在美国的巨大威望也让很多美国人对报告中一个个骇人听闻的故事深信不疑。马斯特曼在给布莱斯的信中兴奋地写道"您的报告已风靡美国,您大概可能知道了,即便最多疑的人也宣称转变了态度,这都是因为报告上签了阁下的大名啊。"③ "布莱斯报告"还被翻译成十几种文字,在美国的各新移民群体中流传。

"布莱斯报告"取得的巨大成功让它很大程度上成为英国反德宣传的蓝本,英国此后出版的很多宣传册从内容选择到文风、语言,都在不同程度上受到"布莱斯报告"的影响,利用目击者证言的手法表现德国人的残暴和冷酷。"根据我方官兵的证言,德国人故意向抬担架的人射击这种事经常发生。因此除了有夜幕的掩护,否则去试图将战壕里的伤员经过开阔地运走几乎必死。但更为严重的暴行是,德国人在战场上会故意对那些无助地躺在地上,毫无防卫能力的伤员们痛下杀手。"④ "我听到几声巨响,一名 154 团的士兵正用枪托砸向一个法国兵(战俘)的脑袋,他很聪明,用的是那法国人的枪托,免得自己的枪托被砸坏……"⑤ "据

---

① James Bryce, *Evidence and Documents Laid before The Committee on Alleged German Outrages*, New York, MacMillan Company Press, 1915, p. 30.

② Ibid., p. 33.

③ Thomas. J. Fleming, *The Illusion of Victory: America in World War I*, New York, Basic Books Press, 2004, p. 54.

④ J. H. Morgan, *A Dishonoured Army: German Atrocities in France*, New York, Spottiswoode & Co., Ltd., 1915.

⑤ H. W. Wilson, *Convicted out of Her Own Mouth: the record of German Crimes*, New York, George H. Doran Company, 1917, p. 8.

那个法国牧师说,德国兵用脚踹英国战俘的肚子,用枪托砸他们的后背,强迫他们睡在泥泞的地上,很多人因此得了肺病。"①

以"布莱斯报告"为代表的很多英国宣传材料都对德军杀人越货的野蛮行径进行了生动的刻画,给人以亲眼所见的感觉,但事实上,英国报纸和各种宣传册上所登载的这些暴行故事,其真实性都大有问题。英国报纸曾刊登了一幅被砍掉双臂的儿童的图片来指责德军在比利时残害妇孺,但实际上这张照片反映的是比利时人在刚果的暴行,而在英国和海外广为流传的德国人用死人尸体炼油的传闻在战后也被证明是伪造,德国人实际上使用的是动物的尸体。② 在战争当中,有跟随德军进行实地的战地采访的记者就曾对英美报纸上登载的关于德军在比利时和法国的暴行故事提出过怀疑和否定,但英国强大的新闻控制能力和英美两国狂热的民族主义情绪让这种质疑的声音很快淹没在了两国的反德浪潮中。在英国宣传者的大肆渲染和美英两国民族主义情绪的推动下,德国人被定位为贪婪而野蛮的征服者,而英国人成功地将自己和法、俄等国打造成国际正义的捍卫者和被压迫人民的保护者,由此在国内和美国等中立国成功地占据了道德制高点。

二 对德皇威廉二世的舆论攻击

英国是欧洲最早结束君主专制、踏上近代民主法治化进程的国家之一。对自由的保护和公民个人权利的重视是英国政治文化传统的重要特点,"生而自由的英国人"常为英国人所津津乐道。因此,在英国与西班牙、法国、俄国等欧洲强国的争霸战争中,英国政府常常会刻意地强调对手在政治上的独裁与专制,把本国同外国间的争霸战争称作是自由与

---

① Foreign Office of Great Britain, *The Treatment of Prisoners of War in England and Germany*, London, 1915. p. 6.
② 见 Arthur Ponsonby, *Falsehood in War-Time: Containing an assortment of lies circulated throughout the nations during the Great War*, London, George Allen & Unwin Ltd., 1928 和 H. C. Peterson, *Propaganda for War: The Campaign against American Netrauility, 1914—1917*, Norman, University of Oklahoma Press, 1939。

专制、文明与野蛮之间的善恶之战,以此来激发本国民众的民族主义情绪,抢占道德制高点,在第一次世界大战中,英国的战时宣传沿用了这一手段,将这场欧洲国家间的争霸战争渲染为遏制德皇为首的德国统治集团扩张野心的正义之战。

战争爆发后,英国政府和舆论界都将攻击的矛头指向以德皇威廉二世为首的德国领导层,断言正是威廉二世等德国领导人的军国主义精神和对外侵略的野心促使德国发动了这场欧洲战争。《泰晤士报》在战争爆发后发表文章,称德皇一手策划了这场大战:"历史会告诉我们,德皇要对这场欧洲战争负责。如果没有德国事先的支持,奥国永远不可能对塞尔维亚发动缺乏依据的攻击。"[1]《泰晤士报》甚至将威廉二世称为人类之敌:"因为德皇拥有实现自中世纪以来德国就怀有的统治欧洲的野心之能力,因此他是本世纪对大众自由和人类发展威胁最大的一个人。"[2]

事实上,德皇威廉二世与英国王室有着很深的渊源,他是英国维多利亚女王的外孙,维多利亚女王去世之时威廉二世站在旁边的温情场面让不少英国人对这位德国皇帝曾抱有好感和希望。但威廉二世上台后所推行的"世界政策"让英国的政客和媒体人对他恶感倍增,"一想到这个现代阿提拉竟是我们英国王室家族的一员就让我们很悲哀"[3]。英国宣传者力图澄清德皇与英国王室的关系,这位英王乔治五世的表兄事实上自幼就与英国人热爱自由与理性等传统格格不入。"所有女人——至少所有英国女人——那些必须陪伴这位威廉王子长大的那些人在他左右的时候都怀着恐惧和厌恶之心……人们认为他非常冷酷,极为自私、可以表现粗鲁,是一个没有善心和同情心或任何温和品质的年轻人。"[4]

---

[1] "The Menace of the Kaiser", *The Times*, August 14, 1914.

[2] "The Kaiser as the Peril", *The Times*, August 14, 1914.

[3] Edward Legge, *The Public and Private Life of Kaiser William II*, London, Eveleigh Nash Press, 1915, p. 1.

[4] William. T. Hornaday, *A Searchlight on Germany: Germany's Blunders, Crimes and Punishment*, New York, American Defense Society, 1917, p. 3.

除了强调威廉二世自小就劣迹斑斑外，英国的报纸和各类宣传材料主要从两方面攻击德皇，一是抨击他傲慢无礼，野心勃勃。《西部公报》认为德国要求比利时政府借道的要求体现了威廉二世让人无法忍受的傲慢："我们可以断言，在整个的国际历史上，还没有哪个君王表现得如过去几天里的德皇那样高傲，就连拿破仑都没达到那种程度。"① 《泰晤士报》将发生这场战争的根本原因归因于德皇威廉二世的扩张野心和他的"世界政策"上："他的野心是要将德意志帝国从一个大陆强国转变成一个世界强国。这包括用世界政策取代了俾斯麦那种将力量集中于欧洲的政策，而且随着这种转变，德国在海军和殖民事业上与英国形成了敌对关系——德皇宣布'三叉戟必须掌握在我们手中'。"② 英国宣传者们甚至利用威廉二世的身体缺陷对他进行人身攻击："德皇有一只残缺的手和一只流脓的耳朵，他还有一颗卑微的灵魂，他的头脑里总是涌动着夜郎自大的想法。他有一位高贵的外祖母。他在一定程度上继承了她的能力，却没继承她的爱心。他有她持之以恒的精神，却没有她的高瞻远瞩。他自我膨胀而又孤芳自赏，像个骄傲得让人难以忍受的傻瓜。"③

英国宣传者对德皇的第二个攻击指向了德皇的军国主义倾向和霸道野蛮的本性。德皇威廉二世深受普鲁士军国主义传统的熏陶，并在推行扩军备战政策的同时时常发表军国主义言论，他在1900年对前往中国参加八国联军镇压义和团运动的德军官兵讲话中曾提出"你们要像一千年前阿提拉手下的匈奴人那样创造历史……你们要在中国如法炮制，让中国人再也不敢对我们德国人不敬。"④ 在第一次世界大战中，英国人将威廉二世的这段话反复提及，并戏称他是"现代阿提拉"，并常常用"匈奴

---

① "The Kaiser's Arrogance", *Western Gazette*, August 7, 1914.

② "Germany's World Policy", *The Times*, August 5, 1914. 德皇所说的"三叉戟"(Trident) 是希腊神话中海神波塞冬手中的武器，这里借指强大的海军。

③ Frederic. D. Ellies, *The Tragedy of the Lusitania*, London, National Publishing Company, 1915. p. 103.

④ Michael. A. Palmer, *The German Wars: A Concise History, 1859—1945*, London, Zenith imprint Press, 2010, p. 57.

人"(The Huns)来代指德国人,暗指他们和匈奴人一样野蛮和暴力。但实际上,英国和德国一道参加了八国联军侵华战争,英军和德国军队一样在战争中对中国民众实施了烧杀抢掠等诸多罪行,英国人对此却不愿提及和承认。为了让国内外民众相信德皇的侵略本性,"威灵顿馆"等英国宣传机构将威廉二世历年的军国主义言论加以搜集和整理,将他在战前的军国主义言论编辑成宣传册,在国内外广为发行。一旦有德军的"暴行"发生,英国宣传者立即将其与德皇的"野蛮"、"残暴"的作风联系起来。

1915年5月,英国邮轮"卢西塔尼亚号"在爱尔兰附近海域被德国潜艇击沉,这次惨剧造成1198人死亡,遇难者大部分来自英属加拿大,但有198人为美国公民,其中包括了美国钢铁巨头阿尔弗雷德·范德比尔特,英国宣传者利用这一机会在美国掀起反德狂潮。事件发生后,英国各家报纸立即把矛头指向了德皇,称"卢西塔尼亚号"事件是"德皇所犯下的最邪恶的罪行"[1],有的报纸甚至提出,击沉"卢西塔尼亚号"这一暴行说明两年前德皇对泰坦尼克号事件的哀悼纯属"虚情假意"。[2] 英国宣传者引用"卢西塔尼亚号"船长特纳的话向德国统治者发出了饱含血泪的控诉:"我们也要对那艘潜艇的长官、对德国皇帝和德国政府发出控诉,正是他们发出的命令,在文明世界的注视之下犯下了整个这一罪行。"[3] 但事实上,"卢西塔尼亚号"惨剧与英国利用客轮从美国偷运军火的行为密切相关,根据战后的调查,"卢西塔尼亚号"的船舱底部藏匿了大量的子弹、雷管和导火索等军火物资。

1915年10月,一位在比利时设立医院,收治协约国伤兵的英国护士伊迪丝·卡维尔被德国军事法庭认定犯有帮助战俘逃跑等罪行被德国当局判处死刑,尽管有英美两国的各界人士的求情,但她仍被德国当局处

---

[1] "The Kaiser's foulest Crime", *Nottingham Evening Post*, May 8, 1915.
[2] "The Hypocritical Kaiser", *The Birmingham Daily Mail*, May 8, 1915.
[3] Lorgan Mashall, *Horrors and Atrocities of The Great War, Including The Atrocities of The Lusitania*, London, G. F. Lasher Press, 1915, pp. 61 – 62.

死。此事在英美两国社会上引起了极大的愤怒,英国报界和各宣传机构借此机会再度对德皇发难,声称德皇是此案的幕后凶手。实际上,德皇并未真正插手此案,但英国宣传者提出"正如德皇要为对比利时的入侵和因此而引起的相关暴行负责一样,他无法推脱自己的责任,就像麦克白不能说他两个属下的行为与他无关一样。"① 英国宣传者们之所以在这件事上发难,是因为卡维尔所从事的人道主义工作和柔弱的女性形象能够在英美民众中间赢得无限的同情,而她临刑前的极富人道主义精神的名言"我认识到爱国主义是不够的,我必须不对任何人怀有怨恨或仇视之心。"② 让她在英美两国民众心中成为天使一般的人物,也让处死她的德国当局显得如魔鬼般邪恶。

为了让美国人切身感受到德国人的威胁,英国宣传者还不断暗示德裔美国人在美国进行阴谋活动的危险,以引起美国社会对德国的警惕和恐惧。"德皇告诉洪·詹姆斯·W. 杰拉德,他在美国有成千上万的忠诚臣民,杰拉德先生回答说,美国也有很多的灯柱,如果那些人不忠于我国政府的话,足够将那些人吊死。"③

英国宣传者对德皇的攻击一般不是完全的凭空捏造,而是通过对威廉二世在不同时期的军国主义言论加以搜集、整理,在报纸上进行持续刊登和具有引导性的分析,或是在各种宣传册上对德皇的好战言论予以集中展示,使威廉二世作为野心勃勃的军国主义分子的形象深入人心,成为普鲁士专制和好战倾向的人格化象征。英国宣传者的这种移花接木的手段让广大英国民众产生了这样的感觉,英国政府的参战并不是为了争权夺利,而是为了捍卫欧洲免遭专制暴君的侵略和统治,很多英国人由此重温起英国打败路易十四、拿破仑和尼古拉一世等专制君主,多次"拯救"欧洲大陆

---

① James. M. Beck, *The Case of Edith Cavell: A Study of Non-Combatants*, London, Central Committee for National Patriotic Organizations, 1915, p. 8.
② 前引书,第 67 页。
③ George James Jones, *Is the Kaiser's God the Christian's Devil*, New York, T. J. Griffiths Press, 1918, p. 12.

的光辉历史,从而使英国民众的参战热情随着时间的推移仍能保持下去。

英国宣传者针对德皇的宣传所起到的另一个作用是成功地在与英国有着相近政治文化的美国掀起了对德国的排斥和敌视情绪,而威廉二世和德国高层的错误政策客观上为英国宣传推波助澜。"卢西塔尼亚号"事件和齐默曼电报事件尤其给英国宣传者的反德宣传提供了绝好的素材,使美国社会的反德情绪与日俱增,最终为美国放弃中立,加入协约国阵营作战的政治选择提供了强大的社会舆论动力。

三 对德国知识界的批评与丑化

在第一次世界大战以前,德国在学校教育和科学研究上处于世界顶尖水平,高傲的英国人对此也自叹弗如,"那片土地上的文化孕育了康德,而我们的文化却孕育了很多虚伪的陈词滥调。"① 维多利亚时代的英国教育改革家马克·佩蒂森认为:"世界上的学界资本掌握在德国人手里。"② 20世纪初的英国学者很多都有着留学德国的经历,他们与很多德国学者有着良好的私人友谊,对英德两国刀兵相见的残酷事实难以接受,曾留学德国的著名英国经济史学家威廉·阿什利在战争爆发后哀叹:"在今后的很多年里,也许是我的余生中,我所珍视的两国间的亲密合作不会再有了。"③ 但德国知识界对战争的国内公开支持让很多英国人对德国知识界的印象迅速逆转。

1914年10月,包括著名物理学家伦琴、化学家欧立希在内的93位德国著名知识分子发表了《德国知识分子宣言》,称"作为德国科学和文化界的代表,我们在这里要向文明世界表达我们对谎言和污蔑的抗议,

---

① Stuart Wallace, *War and the Image of Germany: British Academics, 1914—1918*, Edinburgh, John Donald Publishers Ltd., 1988, p.1.

② Thomas Weber, *Our Friends "The Enemy": Elite Education in Britain and Germany Before World War I*, Stanford, Stanford University Press, 2008, p.54.

③ William James Ashley, *The War and its Economics Aspects*, London, Oxford University Press, 1914, p.4.

我们的敌人用那些不实之词不遗余力的对德国的生存之战（这场战争是强加给我们的）进行玷污……德国军队和人民是一体的，今天，这种意识让七千万德国人不分阶层、职位、党派，如兄弟般团结在一起。"① 德国知识界这种对战争行为的辩护和支持让很多英国知识界人士感到震惊和愤怒，英国报界和各宣传机构趁机组织和发动英国知识界人士对德国文化和德国知识界进行全面性的否定和批评。

英国宣传者们首先试图去打破英国学界对德国科学和教育水平的崇拜，对德国人的在科学、文学、音乐等方面的成就提出了质疑。1914年12月，《泰晤士报》发表了牛津大学亚述学教授塞斯的文章，否定德国在科学发展和学术研究方面处于领先地位，称"在科学、文学、古典学、哲学、天文学、艺术、建筑和考古学上，没有一个顶尖人物是德国人，我们还可以继续添加其他学科，如农学、灌溉、废物回收与给水、极地和地理探索、公共卫生和诊断与药学的诸多分支学科，情况也是如此。"② 塞斯的说法得到了动物学家雷·兰开斯特的呼应，兰开斯特认为德国在科研领域的优势地位是一种"幻觉"，是近期从德国大学中留学归来的一些青年英国学者的"不负责任的夸夸其谈"③。伴随着这股对德国科研实力和学术成就全面否定的浪潮，一些学者对英国学界的"德国依赖症"提出了批评，认为"这产生了一种奴隶学术，尽管仍有一些令人欣慰的例外。"④ 阿什利也提出："（在德国之外）存在着几乎有着同等价值的知识，知识是透明的、可辨别的、平衡的，我们可以从其他地方更好地学到这些知识。"⑤ 另外，强调德国学者的血统或文化传承上的外国渊源也

---

① *The New York Times Current History: the European War*, New York, The New York Times Company, Vol. 1, p. 186.
② "German Professors and Pretensions", *The Times*, December 28, 1914.
③ "German Claim in Science", *The Times*, December 26, 1914.
④ Walter Raleigh, *A Selection from the Letters of Sir Walter Raleigh, 1880—1922*, London, Methuen Publishing, 1928, p. 169.
⑤ William James Ashley, *The War and its Economics Aspects*, London, Oxford University Press, 1914, pp. 4 – 5.

是英国宣传者们的手法之一，例如《泰晤士报》记者斯蒂芬·格拉汉姆提出尼采身上更多的血统来自波兰①。

英国宣传部门对德国学者们的另一个指控是指责他们没有知识分子所应有的理性和中立的态度，完全依附于德皇威廉和军国主义势力，公然为德国的侵略行为辩护。历史学家欧内斯特·塞德勒认为，德国的教育导致了"单方面的杰出成就"，"（德国教育）精密的组织、国家的大力支持，削弱了其道德独立性。"② 牛津大学学者们炮制的宣传册中甚至提出，作为德意志自由和理性精神象征的著名启蒙思想家康德，在本质上也是君主专制和军国主义的拥护者，康德倡导的共和主义与法治精神与英国人以保护公民个人自由权利的法治、共和等政治概念有着本质的区别。"共和主义在他（康德）看来应该意味并应该意味着体现公共福祉的法治，而一切个人和阶级的利己主义应该被清除掉……康德在他那个时代对自己成为一个自认为是"国家第一公仆"的王室的臣民感到非常满意……康德不是一个和平主义者，他愿意承认在战争中'深藏着并设计了体现着高级智慧的计划，以准备、如果不是建立的话，在国家自由中对法律的遵守，在这一过程中这些国家会形成一个完善的道德系统。'他甚至准备承认战争对一个民族能起到净化和提升的作用。"③

此外，英国宣传者还利用德国学者对本国政府的进行辩护、攻击协约国时所用的言论选择性地登在报上和各种宣传材料中，通过德国人之口来让英国和美国民众感受德国知识界的傲慢、野蛮和军国主义倾向。其中最经常被英国宣传者们提到和引用的德国思想家是哲学家尼采和历史学家特赖奇克。

---

① "Springs of the Slave Spirit", *The Times*, October 31, 1914.
② William Paterson, *German Culture: The Contribution of the Germans to Knowledge, Literature, Art and Life*, London, T. C. & E. C. Jack, 1915, p. 301.
③ John Muirhead, *German Philosophy and the War*, London, Oxford University Press, 1915, p. 8.

英国宣传者抓住尼采的一句名言"上帝已死"和"权力意志"理论来攻击德国现代哲学的离经叛道和专制倾向。"'我谴责基督教',尼采大声说,'在我看来,它是最大的骗局。'……这种亵渎神灵的精神似乎已经传染给了这个国家的军队。鲁汶的毁灭向我们展示了"权力意志"这个让人感兴趣的理论付诸实践的后果。"① 一些英美学者对如此庸俗和片面地解读尼采提出了批评,但却无力扭转人们对尼采的恶劣印象。加拿大哲学家赫伯特·斯图尔特悲哀地说:"在现如今一片狂热的话语当中,当然会有过度的夸张和误解,不幸的是,让英国的读者获得真相有些困难。"②

与对尼采的思想进行庸俗化和歪曲性的解读不同,特赖奇克的作品和言论中严重的民族主义思想和军国主义倾向让英国宣传者们甚至不必对其作品进行过多的"加工"。特赖奇克公然鼓吹战争具有"积极作用",他认为,"上帝会确保作为人类种群良药的战争要经常发生。"③ 在国际关系上,他认同社会达尔文主义的原则,认为"只有勇敢的民族才能确保自己的生存、未来和发展;弱小和懦弱的民族则被淘汰,而且本应如此。"④ 特赖奇克严重的反英情结也是刺激英美读者的"良药",他一直将控制海洋,占据大片殖民地的英国视为实现德国霸权的死敌,甚至提出"如果说拿破仑的哪一件政策是正义的话,那就是他对海上自由的追求。"⑤ 英国宣传者在向英美读者不遗余力地展现特赖奇克极端思想和言论的同时,还试图让读者相信特赖奇克代表着德国思想界的主流,是"德国的灵魂",但实际上,特赖奇克的极端民族主义观点在德国史学界影响有

---

① "A Conflict of Ideals", *The Times*, September 7, 1914.
② Herbert Leslie Stewart, *Nietzsche and the Ideals of Modern Germany*, London, Edward Arnold Press, 1915, p. 4.
③ Adolf Hausrath, *Treitschke: His Doctrine of German Destiny and of International Relations*, London, C. P. Putnam's Sons Publishing, 1914, p. 5.
④ Heinrich Von Treitschke, *Selections From Treitschke's Lectures on Politics*, Translated by Adam L. Gowans, London, Gowans & Gray Ltd., 1914, p. 11.
⑤ "The Enemy of Europe", *The Times*, September 4, 1914.

限,他的言论常常受到主流的兰克学派史学家们的抨击,但英国宣传者们对此却视而不见。

在战争的大环境下,英国知识分子对德国知识界的好感甚至崇拜之情迅速扭转,两国学界间多年的互信和友谊在战时的民族主义大潮冲击下中断,众多英国知识分子在德国知识界发表支持政府战争决策的宣言后宣布与德国知识界"划清界限",并加入了威灵顿馆、战争目标委员会等宣传组织,成为英国战时宣传队伍中的一员。他们的转向在增强英国反德舆论的同时也推动了两国思想界走向了进一步的敌视与对立,这种对立情绪对战后两国的交往

结 语

在第一次世界大战期间,英国的战时反德宣传成为英国动员国内各阶层民众,争取中立国舆论同情与支持的重要手段。凭借着对洲际交通、通信的实际控制和强大的信息传播能力,英国宣传机构将大量含有英国战时宣传材料的报纸、宣传册等图文资料在英帝国内和美国等中立国广泛发行,在相当程度上造成了世界各地亲英反德的舆论倾向,英国的反德宣传刺激了国内民众的民族情绪和参战热情,并对美国等中立国在战争后期加入英国一边对德奥宣战起到了重要的推动作用。

然而,英国利用社会上狂热的民族主义情绪和出版审查制度提供的有利形势,广泛采用了断章取义、歪曲事实、捏造证据等手段煽动反德舆论的策略也带来了诸多的负面影响。在战后,很多关于德国人暴行的虚假信息被一一揭露,英国政府和各报业集团的信誉度严重下降,"宣传"一词在一战之后开始成为带有贬义的政治词汇,英美政治家和思想家们长期标榜的民主制度和自由观念也遭到了很多人的怀疑。[①] 英国自由

---

① 对"宣传"(Propaganda)一词语义的恶化,厄尔温·费洛斯曾进行了专门的分析,认为第一次世界大战期间各国在战时宣传中广泛存在歪曲事实和编造谎言的行为是导致"宣传"一词具有负面含义的重要转折,见 Erwin W. Fellows, "Propaganda" History of a Word, *American Speech*, Vol. 34, No. 3, pp. 182 – 189。

党议员阿瑟·庞森比哀叹:"宣战之后,真相第一个受伤。"① 英国的反德宣传激起了德国人强烈的民族仇恨,给鲁登道夫和希特勒等极端民族主义者和军国主义分子在德国的崛起提供了历史资源,包括德国、意大利等地的法西斯分子从英国的战时宣传的成功中汲取了相当的灵感和能量,"宣传"成为此后法西斯势力在意大利、德国等地建立极权统治,发动侵略战争的重要助力。

[发表于《历史教学》(下半月刊) 2017 年第 12 期]

---

① Arthur Ponsonby, *Falsehood in War-Time: Containing an assortment of lies circulated throughout the nations during the Great War*, London, George Allen & Unwin Ltd., 1928, p. 11.

十月革命视域下苏（俄）远东苏维埃政权的建立

黄秋迪[*]

摘　要：1917年11月7日，彼得格勒武装起义的胜利拉开了十月革命的序幕。苏维埃政权开始在全国"凯歌行进"，远东地区也汇入到波澜壮阔的革命洪流中。在苏（俄）中央委员会的领导下，远东各地至1918年5月，经过四个发展阶段，普遍建立苏维埃政权，确立了十月革命在苏（俄）的全面胜利。远东苏维埃政权是在严酷的国内外环境下建立起来的，有效的斗争策略保证了革命逐步推进，但是，苏维埃和地方自治管理局两个政权并存、苏维埃政权建设实行"一刀切"等问题，在一定程度上影响了远东地区苏维埃政权的稳固。

关键词：苏（俄）远东苏维埃政权

1917年11月7日（公历），彼得格勒武装起义的胜利拉开了十月革命的序幕。全俄工兵苏维埃第二次代表大会宣告："临时政府已被推翻，全部地方政权一律转归工兵代表苏维埃。"[①] 苏维埃政权开始在全国"凯歌行进"，远东地区也汇入到十月革命波澜壮阔的洪流中。长期以来，国

---

[*] 黄秋迪，天津师范大学历史文化学院副研究员。
① 《列宁选集》第3卷，人民出版社1995年版，第338—339页。

内学术界更多地把注意力投向了作为十月革命中心的欧俄地区，而对远东地区革命的情况研究甚少。本文旨在通过对远东苏维埃政权建立进程的个案考察，凸显远东地区革命特点，以深化认识苏俄社会主义革命政权建设的复杂性和艰巨性。不当之处，敬请专家学者指正。

一　远东地区对欧俄革命的最初回应

远东地区对欧俄爆发的十月革命反应迟钝而冷漠。彼得格勒爆发武装起义以及苏维埃掌握国家政权的消息，在起义当晚本可以以电报的形式传送到远东地区，但事实上并非如此。临时政府司法部长向全俄邮电系统发布通令，要求拦截号召推翻临时政府和抵制临时政府命令的电报。因而，关于革命的进展情况只是断断续续传到远东地区。直到11月16日，《红旗报》社论才宣布"革命胜利了！英勇的彼得格勒无产阶级和士兵胜利了，那些所有要求与资产阶级反动派决裂的人们胜利了"。11月20日，该报刊发了第一篇报道苏维埃政府的文章《新政府万岁！列宁——人民委员会苏维埃主席！》。当天，《符拉迪沃斯托克苏维埃通报》刊登了参加全俄工兵苏维埃第二次代表大会的符拉迪沃斯托克苏维埃代表Ф. И. 布加耶夫发回的关于彼得格勒武装起义胜利的电报。11月11日，该报又大量转载了终于到达当地的中央报纸和西伯利亚报纸上的文章，首都发生的历史事件才清晰地呈现出来。11月26日，Г. Ф. 拉耶夫带回了印有《和平法令》、《土地法令》等文件的中央报纸。11月27日，当地的报纸转载了这些文件。

哈巴罗夫斯克的革命形势也不容乐观，对欧俄革命甚至持抵触态度。在当地的苏维埃、城市自治机构中，温和社会主义党派仍占据着主导地位。11月9日，获知彼得格勒的消息后，哈巴罗夫斯克工人士兵代表苏维埃执行委员会以多数票数通过决议，谴责"苏维埃为夺取政权而发动的暴力武装起义"。①

---

① Приамурская жизнь. 1917, 10 ноября.

在布拉戈维申斯克，收到彼得格勒开始起义的电报后，临时政府委员 Н. Г. 科热夫尼科夫向民众发布了呼吁书，号召民众"不要听信谣言，而要紧紧地团结在我们自己选举的自治机构周围"。在 11 月 9 日由各党派代表、社会机构代表、行政机构代表参加的城市杜马扩大会议上，以及 11 月 11 日召开的市工人士兵代表苏维埃会议上也通过了类似的决议。当报道彼得格勒事件的中央报纸到达后，由布尔什维克领导，当地开始了争取承认苏维埃政府和权力转给苏维埃的斗争，随后的工人士兵集会通过了支持彼得格勒革命的决议。但当地自治委员会、工人代表苏维埃、孟什维克—社会革命党组织的领袖们不支持这一要求，将希望寄托于地方自治会。州地方自治会议拒绝承认苏维埃政府，并声明自己是阿穆尔州最高行政权力机关，剥夺州人民委员行政权力。56 个议员代表中有 23 个社会革命党人、9 个孟什维克、2 个人民社会党人、3 个阿穆尔共和党人、1 个布尔什维克，其余为无党派人士。阿穆尔州其他地区的情形也大致相同，结雅和斯沃博德内的市苏维埃、关达基和鲁赫洛沃等镇苏维埃、州农民苏维埃还处于社会革命党和孟什维克的控制下。

萨哈林州和堪察加州对待彼得格勒事件的态度与阿穆尔州相似。在萨哈林州，临时政府委员 В. М. 波尔瓦特在获知彼得格勒起义的消息后，立刻召集州苏维埃执委会、市杜马、各政党组织成员和代表，通过了谴责彼得格勒无产阶级的决议。由孟什维克和社会革命领导的萨哈林州工兵代表苏维埃拒绝承认人民委员会。类似的情形还发生在北萨哈林岛。

总之，当时远东地区对十月革命的最初回应整体较冷漠，边区苏维埃委员会未对彼得格勒事件进行讨论就做出决定，"走出当前局势的唯一出路是建立对广大民主阶层负责的统一革命政府。"因此，它建议所有苏维埃保持平静，坚决支持建立统一革命政府，并在自己致彼得格勒苏维埃、苏维埃代表大会和临时政府的电报中表达了这种想法。建立民主联合政府的要求反映了多数远东民众的立场。城市苏维埃、自治机构、各地农民苏维埃、哥萨克高层以及孟什维克—社会革命党领导者也都不承认苏维埃政府,或者只是承认到全俄立宪会议召开之前。当地的报纸——《阿穆尔真理报》、《召唤报》、《遥远的边区》、《劳动之音》、《人民的事业》等刻意隐瞒苏维埃政府的法令,不予报道。

二 权力收归苏维埃的斗争

远东多数地区对欧俄革命态度由抵触逐渐转向支持。到1917年11月下旬,远东居民基本上都知晓了首都发生的革命事件,了解苏维埃政府的组成以及它颁布的第一批法令。这种情况极大地改变了远东的政治环境,并对苏维埃夺取政权的进程起了决定性的影响。远东建立苏维埃政权的斗争由俄国社会民主工党(布)远东局领导,其成员包括一些著名的布尔什维克,如 А. Я. 涅伊布特、В. Г. 安东诺夫、Г. Ф. 拉耶夫、К. А. 苏哈诺夫、П. М. 尼基福洛夫、И. Г. 库什纳列夫等等。滨海州在夺取权力的斗争中走在整个远东前列,为边区其他地方树立了榜样。

符拉迪沃斯托克苏维埃发挥了重要作用。11月9日,俄国社会民主工党(布)远东边区委员会全体会议在符拉迪沃斯托克召开,号召群众支持全俄中央执行委员会和苏俄人民委员会。11月18日,改选符拉迪沃斯托克苏维埃执行委员会,新一届执委会有18名布尔什维克、11个社会革命党(主要是与布尔什维克合作的左派)、8个无党派人士和3名孟什维克,А. Я. 涅伊布特当选为执委会主席。布尔什维克领导的新执委会成为带有无产阶级专政职能的苏维埃权力机构。11月21日,符拉迪沃斯托克苏维埃召开全体会议,通过建立红色禁卫军(赤卫队)决议,认为这将是一支能够保证城市秩序、消除反革命势力的武装力量。11月24日,苏维埃全体大会确定了以 А. Я. 涅伊布特为首的苏维埃执委会主席团。涅伊布特在大会上做报告,表达对推翻临时政府的彼得格勒无产阶级的支持。12月1日,全体苏维埃代表会议通过支持中央地区工人、士兵、农民苏维埃和实施苏维埃政权所有法令的决议,批准召开第三届边区苏维埃代表大会的决定。① 这样，符拉迪沃斯托克正式宣布成立苏维埃政权。随后，尼科利斯克—乌苏里斯基在 11 月 24 日、苏城在 11 月 29 日相继建立苏维埃。

在滨海各地，哈巴罗夫斯克形势最为复杂。12 月 5 日，哈巴罗夫斯克军械厂工人和职员全体会议决定将权力转交给苏维埃。12 月 8 日，卫成部队在苏维埃办公大楼外举行武装示威，要求苏维埃接管权力，但多数代表仍旧不承认苏维埃政府。在工人、士兵强烈要求下，12 月 12 日，哈巴罗夫斯克苏维埃代表全体会议选举出第三届远东苏维埃代表大会的参会代表，其中包括 6 名布尔什维克、1 名孟什维克、3 名社会革命党和 2 名无党派人士。随后，根据布尔什维克党组织建议，对哈巴罗夫斯克苏维埃所有代表进行改选，社会革命党人和孟什维克被迫放弃领导权。12 月 19 日，新一届苏维埃宣布毫无保留地承认苏维埃政府，获得 82 张赞成票、26 张反对票、6 张弃权票。这样，哈巴罗夫斯克苏维埃成为无产阶级专政机构。12 月 22 日，成立以布尔什维克 Л. Е. 格拉西莫夫为首的苏维埃临时执行委员会，并宣布建立苏维埃政权。②

在布拉戈维申斯克，11 月 20 日全市会议上，布尔什维克完成组织建设，并选举成立市布尔什维克委员会，主席是 Я. Г. 沙菲尔。11 月 23 日，在布尔什维克 Ф. Н. 幕黑担任主席的卫成部队士兵会议上，通过了"将权力交到工人、士兵和农民代表苏维埃手中"的决议。但是，12 月 15 日，州地方自治管理局宣布自己接管全州事务，由前布拉戈维申斯克"公共安全委员会"主席孟什维克 И. Н. 希什洛夫担任领导，要求所有行政机关和组织服从自己，完全漠视苏维埃。③ 布尔什维克指出地方自治机构的反人民性，向群众广泛宣传十月革命，党组织获得巩固，成员也大量增加，到 12 月上旬已超过 150 人。12 月中旬，布拉戈维申斯克卫成军士兵

---

① Известия Владивостокского Совета рабочих и солдатских депутатов. 1917, 4 декабря.
② 初祥：《远东共和国史》，黑龙江教育出版社 2003 年版，第 43 页。
③ ГААО. Ф. 185. Оп. 1. Д. 1. Л. 8.

代表苏维埃进行改选,主席是布尔什维克 Ф. Ф. 盖杜柯夫,副主席是 О. И. 索莫夫。新当选的代表大多支持将权力转交给苏维埃,但布拉戈维申斯克斗争环境仍然很复杂,反革命力量企图把这一地区变为反苏维埃堡垒。

在萨哈林州的尼古拉耶夫斯克,当地布尔什维克党组织在群众中进行大量动员工作,组织会议、集会和游行,号召必须将权力转移给苏维埃并承认苏维埃政府。12月上旬,当地卫戍士兵发布声明,坚定支持布尔什维克的上述要求。尼古拉耶夫斯克士兵代表苏维埃更换了自己在州苏维埃中的代表,要求重新选举州苏维埃执行委员会成员。12月26日,在州工人、士兵、农民代表苏维埃全体会议上,原执行委员会不得不放弃自己的权力。苏维埃政权支持者进入新执委会,主席是布尔什维克 Е. И. 特鲁宁,秘书是布尔什维克 Г. И. 普里克沙伊季斯。苏维埃宣布自己是中央苏维埃政权在当地的分支机构,但是仍面临着来自城市杜马、自治管理局和州委员波尔瓦托夫的阻挠。

在堪察加的彼得巴甫洛夫斯克,当地官员领导的州委员会拒绝承认苏维埃政府。11月上旬,随着布尔什维克 А. С. 托波尔科夫和 И. Е. 拉林归来,局势开始变得对苏维埃有利,在工人、士兵、知识分子代表中形成了一股支持苏维埃的积极力量。12月20—21日,进行了彼得巴甫洛夫斯克市第一届工兵代表苏维埃的选举。12月23日,召开了第一届苏维埃会议,И. Е. 拉林被选举为执委会主席,А. С. 托波尔科夫为副主席。城市苏维埃也号召劳动者团结在自己周围,宣传巩固工农联盟,实现在城市和全州范围内权力向苏维埃的转移。在这种革命形势下,州自治委员会的领导不得不承认苏维埃,但并不承认它是权力机构,而是"社会民主组织"。

三 《远东权力归苏维埃宣言》出台

在远东两个最大的苏维埃——符拉迪沃斯托克苏维埃和哈巴罗夫斯克苏维埃掌握政权的情况下,12月25日,第三届远东边区工人和士兵代表苏维埃大会在哈巴罗夫斯克召开，阿穆尔州和滨海州农民苏维埃未出席。А. М. 克拉斯诺谢科夫被选举为大会主席。与会代表共计84人，代表远东15个城市和工人新村的苏维埃。在政党属性上，有46名布尔什维克、27名社会革命党（多是左翼）、9个孟什维克和2个无党派人士，这种代表构成与第二届远东边区苏维埃大会的代表构成有极大的差别，上届代表中占据主导地位的是孟什维克和社会革命党。

此次大会最重要和统括全局的议题是政权问题。代表们进行了激烈的斗争，孟什维克代表Н. 瓦库林认为，"俄国被一些邪恶的事件带进了死胡同"，并希望大会"给新的边区委员会指出一条正确的前进道路"。克拉斯诺谢科夫反对这种言论，并做出回应："我要说，当前是最为幸运的，或者说期盼已久的时刻，革命无产阶级的真实意志得以完全显现……我坚信，现在胜利已经站到了我们这一边"。①

12月27日，大会以高票（69票赞成，4票反对，6票弃权）通过《远东权力归苏维埃宣言》，承认人民委员会为"唯一的中央政权"，而地方苏维埃是中央苏维埃政权在远东地区的唯一合法代表。大会决定委托边区苏维埃委员会负责"毫不偏离地执行以人民委员会为首的工农政府的法令、决议，以自己手中掌握的一切资源和措施与反革命、粮荒、铁路中断、邮电破坏、金融崩溃做斗争，并依靠广大劳动人民建立稳固的政权。"② 在随后的日程中，大会还讨论了军队民主化问题、边区经济发展问题、粮食供应问题、国民教育问题等。

1918年1月2日，是大会日程的最后一天。代表们讨论了左翼社会革命党和布尔什维克党团起草的决议，指出此次大会是12月27日苏维埃权力宣言的平台，但"与此同时……认为，为了对俄国革命任务进行继续深化和拓展，为了与资产阶级反革命作斗争，必须要求地方自治管理

---

① John J. Stephan, *The Russian Far East—A History*, Stanford, California: Stanford University, 1994, p. 115.

② Дальсовнарком. 1917—1918 гг.: Сборник докладов и материалов. Хабровск, 1969. C. 29.

局和工人、士兵、农民代表苏维埃的联合齐心工作"。边区苏维埃委员会的官方名称变为远东边区工人、士兵和农民代表苏维埃与自治管理局委员会，23个席位是按照下列形式分配的：工人、士兵和农民代表苏维埃各6席，地方自治管理局5席。这种分配虽然保证了边区委员会在各种表决时苏维埃获取多数票，但也预示着苏维埃与地方自治管理局间将出现新的对抗。最后，大会选举产生了边区委员会新的成员，其中8个布尔什维克，4个左翼社会革命党。主席是 A. M. 克拉斯诺谢科夫。

第三届远东边区工人和士兵代表苏维埃大会成为远东政治生活的重要里程碑。它宣布苏维埃是中央苏维埃政权在地方唯一合法的权力机构。所有远东苏维埃接管行政权力，并应该保证苏维埃政权政策的实施，保证执行苏维埃政府的所有指示、法令、法律和政策安排。远东开始了建设苏维埃政权和推行革命变革的新阶段。

四 远东苏维埃化的完成

第三届边区苏维埃代表大会过后，边区苏维埃与自治管理局委员会（下面简称为"边区委员会"）成为最重要的组织中心。1918年初，委员会对其组织架构进行构建，分配了各成员职务：主席 A. M. 克拉斯诺谢科夫、副主席 Г. И. 卡尔马诺维奇、秘书 М. И. 古别里曼、军事委员 Э. К 基斯捷尔（布尔什维克）；劳动和运输委员 А. Э. 卡尔宁（布尔什维克）；财政委员 Г. И. 卡尔马诺维奇、食品和农业委员 В. Е. 杜姆金、教育委员 С. П. 谢别特诺夫。边区委员会机关报是《远东消息报》，总编辑 Н. 涅利乌斯（布尔什维克）。①

边区委员会开展了一系列创造性工作，其中最主要的就是保证边区苏维埃化完成。这个计划中首要任务是消灭布拉戈维申斯克农村和城市自治局临时委员会。为了巩固自己地位，临时委员会于1918年1月23—

---

① Мухачев Б. И. История Дальнего Востока России（Книга 1）. Изд. Владивосток, 2003. С. 163.

25 日在布拉戈维申斯克召开边区自治组织代表大会,参加人员有 8 个阿穆尔州代表,9 个滨海州代表,阿穆尔哥萨克和乌苏里哥萨克各 1 个代表。边区委员会派 А. М. 克拉斯诺谢科夫参加大会。经过 3 天激烈讨论,根据克拉斯诺谢科夫建议,大会决定:"1. 12 月 24 日布拉戈维申斯克边区农村和城市自治局临时委员会予以解散,并将自己的权力归还大会。2. 远东边区工人、士兵和农民代表苏维埃委员会是管理整个边区事务和与中央政权联系的唯一的政权机构。"① 根据这份决议,临时委员会将其所有文件转交给边区苏维埃委员会。

在滨海州,1917 年末 1918 年初,除符拉迪沃斯托克、哈巴罗夫斯克外,尼科利斯克—乌苏里斯基、苏城、伊曼等较大城市也基本建立苏维埃政权,并取得对当地自治机构的优势地位。滨海州完全苏维埃化也面临着严重问题:第一,苏维埃必须要增强自身力量,具备掌握城市所有事务管理权的能力;第二,符拉迪沃斯托克苏维埃必须要控制州自治管理局机构;第三,滨海州还存在一个具有反苏维埃倾向的机构——乌苏里哥萨克军队管理局,它不承认权力归苏维埃。在明确下一步工作目的和任务后,符拉迪沃斯托克苏维埃政权开始同各派力量进行坚持不懈斗争,到 1918 年 3—4 月中旬,滨海州苏维埃化进程已经大体完成,但是反对力量依然十分强大,在符拉迪沃斯托克和滨海州部分地区实际上呈现出双头政权即苏维埃和自治管理局并存局面。

在阿穆尔州,1918 年 1 月 17—18 日,布拉戈维申斯克举行苏维埃全体代表大会,布尔什维克、市布尔什维克委员会主席 Я. Г. 沙菲尔当选为第三届全俄苏维埃代表大会参会代表。1 月 26 日,在 А. М. 克拉斯诺谢科夫出席的苏维埃例行代表会议通过布尔什维克党团提议:承认列宁领导的人民委员会为全国范围内唯一合法的权力机构,在远东边区苏维埃委员会是唯一合法权力机构,在各地方则是工人、士兵和农民代

---

① Голос труда. 1918. 29 января.

表苏维埃。① 苏维埃执委会主席团成员有 Ф. А. 穆辛（主席）、С. Я. 沙特科夫斯基（副主席）、Ф. Н. 修特金和 Н. И. 库兹涅佐夫（秘书），四人均是布尔什维克。然而，布拉戈维申斯克苏维埃的活动还有很大局限，市杜马和市管理局并不承认苏维埃权力，很多城市事务还处在它们管理之下。这里实际上也出现了两个政权并立局面。

1918 年 2 月 16—26 日，第二届全西伯利亚工、兵、农及哥萨克苏维埃代表大会在伊尔库茨克召开，远东各地代表也参加大会。这次会议布尔什维克占据多数，标志着苏维埃开始布尔什维克化。据统计，远东苏维埃政权管辖的地区人数为：边区委员会 50 万人，布拉戈维申斯克 1.7 万人，滨海省农民 30 万人。②

1918 年 2 月 25 日到 3 月 4 日，第四届阿穆尔州农民代表大会在布拉戈维申斯克召开。大会坚定而明确地宣布阿穆尔州权力归苏维埃，决定全面建设苏维埃以代替自治组织，并初步拟定了阿穆尔州社会主义改造全面规划。大会选举成立州执行委员会，授权其管理全州事务。由 Ф. Н. 穆辛担任执行委员会主席。③ 在萨哈林州，1918 年 1 月 25 日，萨哈林州苏维埃执行委员会进行了改选，新当选成员多是布尔什维克及其支持者。苏维埃决定将萨哈林州的权力夺取到自己手中，但是考虑到当地政治局势，建议州执行委员会吸纳市杜马和州自治会议各 5 名代表，建立联合机构。到 1918 年 5 月末，各地几乎都成立了农村的、乡的和县的苏维埃。

在堪察加州，根据第三届边区苏维埃代表大会关于在远东建立苏维埃政权的决议，彼得巴甫洛夫斯克市苏维埃决定 1918 年 1 月 14 日举行全体代表会议，提出在城市成立苏维埃政权。但是，出现两个政权——州苏维埃和州委员会并立局面。1918 年 3 月 6 日，州苏维埃要求州委员会更名为苏维埃，并实施"中央、边区和州权力机关的法令和决议"。1918

---

① ГААО. Ф. Р. 81. Оп. 1. Д. 16. Л. 11.

② Russell E. Snow, *The Bolsheviks in Siberia 1917—1918*, Cranbury, New Jersey: Associated University pressesInc, 1977, p. 221.

③ ГААО. Ф. Р. 114. Оп. 1. Д. 6. Л. 8.

年 4 月 7—8 日，州苏维埃部分成员进行了改选，И. Е. 拉林被选举为州苏维埃主席，彼得巴甫洛夫斯克苏维埃活动进入正常轨道。随着开航期到来，在科曼多尔郡岛的阿留申人也建立了苏维埃，这是北方少数民族苏维埃建设的初次尝试。远东小民族还参加了 5 月在哈巴罗夫斯克召开的阿穆尔渔民代表大会。① 据 1918 年 5 月 18 日堪察加州苏维埃答复苏俄内务人民委员会文件，在东北地区共建立 18 个少数民族苏维埃。

1918 年 4 月 8—14 日，在哈巴罗夫斯克举行第四届远东边区苏维埃代表大会，107 个具有表决权代表和 62 个具有建议权的代表参加大会，代表远东地区的各个州，其中多数代表是工人、农民和哥萨克。边区苏维埃委员会主席 А. М. 克拉斯诺谢科夫指出："在我们边区未来历史中，这个阶段将以劳动人民夺取远东的伟大成就而载于史册"。② 在过去几个月，苏维埃政权与自治组织的合作策略，拉近了苏维埃与农民大众距离，促进了苏维埃政权在农村建立。但是考虑到无法与自治局和城市自治管理局继续合作，大会决定撤销这些自治组织。同时，大会通过《关于远东边区组建农民、工人和哥萨克代表苏维埃的决议》，确定了苏维埃的体制设置、苏维埃的活动范围以及依靠苏维埃政府的法令开展工作等原则。第四届边区苏维埃代表大会选举了以 А. М. 克拉斯诺谢克夫为首的边区苏维埃委员会的新成员。5 月 8 日，边区苏维埃委员会改组为远东人民委员会。大会结束后，逐步撤销自治局和城市自治管理局的工作。到 1918 年 5 月，在远东建立苏维埃政权的活动实际上已经完成了。

结　论

纵观这段历史，可以看出远东苏维埃政权的建立绝不是个一帆风顺的过程。十月革命后，远东政治形势十分复杂。一方面，协约国开始策

---

① 徐景学：《西伯利亚史》，黑龙江教育出版社 1991 年版，第 447 页。
② Протоколы Ⅳ съезда Совета рабочих, солдатских, крестьянских и казачьих депутатов, Хабаровск, 1918. С. 2.

划武装干涉苏（俄），酝酿反苏维埃的阴谋。1917年11月，巴黎的盟国最高委员会会议制定了反对苏（俄）的军事干涉计划。11—12月间，协约国划分了各国在苏俄的"行动地区"，其中美、日在西伯利亚和远东，帝国主义武装干涉即将拉开帷幕。另一方面，远东也是国内反革命势力最为猖獗的地区，以谢苗诺夫、加莫夫、卡尔梅科夫为首领的三路白匪军在外贝加尔、阿穆尔、滨海等地向革命发起疯狂反扑。此外，远东各派政治力量混杂，党派林立，也为苏维埃政权的建立设置了障碍。孟什维克、社会革命党右翼分子的力量很强大。十月革命前夕，远东的孟什维克就提出：反对"暴力变革的一切尝试"，阻挠工人阶级夺取政权；而社会革命党一贯主张革命的任务不是夺取政权，而是崇尚立宪会议，企图通过民主途径逐渐将资产阶级排挤出政权。十月革命后，远东的社会革命党右翼分子一面佯装支持苏维埃，一面又伙同孟什维克，与白卫军相勾结，妄图破坏革命。

在这种严酷的内外部环境下，远东布尔什维克审时度势，制定有效的斗争策略，对这些机会主义派别采取了早期和解、后期斗争的方式，逐渐取得了苏维埃政权的领导权，保证各地苏维埃政权的建立。[①] 同时，远东苏维埃政权和地方自治机构进行了有效的合作与斗争。十月革命初期，整个苏（俄）范围内保留了农村和城市的自治管理组织。为了领导它们的活动，根据1917年12月29日全俄中央执行委员会的决议，成立了地方自治管理委员会。1917年1月6日，内务人民委员会发布《地方自治组织条例》，提出"使地方苏维埃成为实际的地方政权机构"的任务，要"消灭地方自治组织应逐步进行，由苏维埃逐渐接管其工作"，并且建议苏维埃在"运用农村和城市自治组织的组织机构时要做一些相应的改变"。远东边区委员会在第三届边区苏维埃代表大会后，不仅是苏维埃的机构，也成为自治管理局的机构。这个方针是符合当时革命形势需

[①] Alan Wood, *The History of Siberia from Russian Conquest to Revolution*, London and NewYork: Routledge, 1991, p. 163.

要的。

但是,另一方面,由于苏维埃和自治局双方不愿在均等基础上建立联合政权,所以无法保证联盟的长久。因而,远东各地基本都出现了两个政权并存局面,埋下了争夺权力归属的隐患。此外,远东苏维埃建设实行"一刀切"的方式,不仅没有促进苏维埃政权组织角色的巩固,反而破坏了其社会基础,导致农民阶层在苏维埃和地方自治会之间摇摆不定。第四次边区苏维埃代表大会对自治局和城市自治管理局的解散则进一步刺激了苏维埃政权反对者数量增长,加速了白卫势力猖獗的反革命活动。因此,十月革命时期苏俄远东地方革命政权基础脆弱,革命形势在面临帝国主义武装干涉时比欧俄地区更为严峻复杂,政权出现暂时被白匪势力颠覆现象也就在所难免。

(发表于《北方论丛》2015 年第 4 期)

二战以来联邦德国乡村地区的发展与演变

孟广文　Hans Gebhardt[*]

摘　要：二战以后联邦德国[①]已成为世界第四和欧洲最大的经济体，然而，城乡以及联邦各州之间，特别是东西部之间的区域发展仍然不平衡。本文在国内相关初步研究基础上，从动态、区域和景观视角对联邦德国战后至今乡村地区整体发展过程、特征与区域差异及未来发展趋势进行了分析与研究，并对我国乡村地区未来发展思路进行了探讨。战后德国乡村地区经历了农业规模减小、生产率提高，传统乡村景观改变，特别是德国东西部地区乡村差异化发展的过程。原东德地区经过社会主义改造由传统乡村和农业向农田规模化、经营产业化、居住城镇化、农民工人化的社会主义集体农庄和集体农业转变，但德国统一后这一体系难以适应欧盟的标准，导致农村衰落，居民大规模外迁。经过战后短暂的再城市化，原西德乡村地区经历了一个逆城市化过程，大量工厂和年轻人搬到农村，很多乡村已经由传统的农庄转变为有吸引力的现代化居民点。然而，尽管乡村现代化改善了乡村基础设施和居住环境，但城市风格的楼房和宽阔笔直的道路也破坏了乡村原有的结构形态和优美的自

---

[*] Hans Gebhardt，德国海德堡大学地理研究所所长；孟广文，天津师范大学欧洲文明研究院、城市与环境科学学院教授。

[①] 二战以前德国称为德意志帝国（第二帝国），简称为德国；二战后，西德为联邦德国，东德为民主德国；德国再次统一后，沿用了西德的国号，统称为联邦德国或简称为德国。

然风貌。70年代以后西德开始制定乡村发展和更新规划，并实施"我们的乡村应更美丽"的行动计划，其主要目标包括提高农产品质量和种类、开发农业房地产和乡村旅游，初步实现了传统乡村和农业向现代化和生态化的转变。联邦德国乡村地区未来四个发展的趋势包括高科技农业、可更新的能源、生态公园和非农业化发展。根据联邦德国发展经验和我国乡村城市化的现状，我国的城乡一体化路径应首先完善乡村发展的政策纲领、规划体系和行动计划，鼓励当地居民参与乡村发展规划的制定；城乡一体化应包括乡村城市化与乡村现代化及生态化两部分；具有特色的乡村地区应实现基础设施和公共服务现代化，但保持村庄形态结构和景观的乡村风貌；提高农产品质量和数量，发展乡村地产和乡村服务业；部分生态脆弱的乡村地区进行生态移民，建成生态和自然公园。

关键词：文化景观；乡村发展规划；乡村转型；新农村建设；联邦德国

一 引文

二战以后，在经历了迅速的工业化和城市化之后，联邦德国已成为世界第四和欧洲最大的经济体，然而，城市与乡村之间，联邦各州之间，特别是东西部区域发展仍然存在结构性不平衡问题。几十年来，德国乡村地区的人口就存在持续减少的趋势，德国重新统一只不过加速了已经开始的这一过程。1990年以来，原东德一些乡村地区的人口已经下降了20%，特别是18至29岁青年人口的外迁比例最高。基于这些问题，德国一些学者在区域规划和区域政策层面提出了如下问题[①]：德国乡村是过去遗留下来的幽灵抑或仍能成为未来工作和生活具有吸引力的地方？我们如何解决居民外迁问题，或者如果外迁继续，存在哪些保持乡村活力的

---

① G. Henkel, *Changing Concepts for and Features of Village Development in Germany from 1950 to the Present*, In: D. SCHMIED, /O. WILSON, (Hg.), *The Countryside in the 21st Century*, Bayreuth: Naturwissenschaftliche Gesellschaft Bayreuth e.V. (Bayreuther Geographische Arbeiten, 26), 2005.1324.

可能性？哪些产业是可持续的，那些投资能被投入在非农产业领域？在这个意义上，中国同样面临着如何应对大量人口从居住和就业环境不佳的乡村地区向大城市，特别是沿海地区迁徙所产生的挑战，因此，联邦德国有关乡村地区的发展规划、政策和实施经验对正在经历世界历史上最波澜壮阔城市化的中国具有一定参考意义。

　　二战后德国的乡村发展与转型经历了三个阶段：再城市化、农村现代化和农村生态化。德国地理、规划和社会等领域的学者对德国乡村的地位与作用[1]、乡村变迁过程和区域差异[2]、乡村转型政策与法规、规划目标、内容与政策[3]、农村现代化过程中过度强调现代化功能而对乡村内在肌理和风貌的破坏及如何进行可持续的村庄更新[4]，农村未来的发展方

---

[1] W. Batzing, *Verschwindet der ländliche Raum Perspektiven nach 2001*, Pro Regio, 2001, (26/27), 511; C. Hauptmeyer, & G. Henkel, *Dörfliche Lebensstile*, In: U. Altrock & S. Guntner & S. Huning (Hg.), *Landliebe—Landleben: ländlicher Raum im Spiegel von Sozialwissenschaften und Planungstheorie*, Cottbus: Altrock, 2005 (12): 4350; G. Henkel, (Hg.), *Dörfliche Lebensstile: Mythos*, Chance oder Hemmschuh der ländlichen Entwicklung Essen: Institut für Geographie der Universität Duisburg-Essen (Essener Geographische Arbeiten, 36), 2004a; Naisbitt John, *Megatrends 2000*, Econ Verlag, 1990.

[2] B. Braun, *Wirtschaftsstruktureller Wandel und regionale Entwicklung in Deutschland*, Geographische Rundschau, 2004, 56 (9): 1219; G. Henkel, *Der ländliche Raum*, Gegenwart und Wandlungsprozesse seit dem 19, Jahrhundert in Deutschland, Berlin, Stuttgart: Borntraeger, 2004b; A. Milbert, *Transformation in Rural Areas in Germany*, Geographische Rundschau: International Edition, 2005, 1 (1): 2329; A. Milbert, *Wandel der Lebensbedingungen in ländlichen Raum Deutschlands*, Geographische Rundschau, 2004, 56 (9): 2633; H. Margel, *Dorfernererung in Deutschland*, Stuttgart, DG Bank, 1992.

[3] A. Mayr, *Regionale Disparitäten im wieder vereinigten Deutschland*, Petermanns Geographische Mitteilungen, 2000 (114): 3038; U. Grabski-Kieron, *Integrated rural development and its implementation in Germany*, In: D. Schmied, /O. Wilson, (Hg.), *The Countryside in the 21st Century*, Bayreuth: Naturwissenschaftliche Gesellschaft Bayreuth e. V. (Bayreuther Geographische Arbeiten, 26), 2005, 2534; A. Haeger, /D. Kirschke, *Politik für den ländlichen Raum*, Raumforschung und Raumordnung, 2007 (4): 275287; M. Kocks, *Konsequenzen des demographischen Wandels für die Infrastruktur im ländlichen Raum*, Geographische Rundschau, 2007 (59): 2431; F. Schlosser, *Laendliche Entwicklung im Wandel der Zeit—Zielsetzung und Wirkerung*, TUM, 1999 (1): 184-187.

[4] S. Arens, *Conversion of Redundant Agricultural Buildings and the Implications for Rural Development*, In: D. Schmied, /O. Wilson (Hg.), *The Countryside in the 21st Century*, Bayreuth: Naturwissenschaftliche Gesellschaft Bayreuth e. V. (Bayreuther Geographische Arbeiten, 2005; A. Theodor, *Fortschritt ohne Selenverlust*, Bern: Hallway Verlag, 1998; C. Habbe, Landzettel W. Wang Lu., *Die Gestalt der Dorfer*, Magdeburg: Ministerium fuer Ernaehrung, Landwirtschat und Forsten des（转下页）

向等进行了系统研究①。我国部分学者对德国乡村地区的土地整理、村庄更新与规划、农村合作社和农村产业发展等方面进行了初步介绍与研究②，但仍然缺少从动态发展以及区域和景观视角对联邦德国战后至今乡村地区整体发展过程、特征与区域差异的综合分析与研究。

本文共分为四部分。首先以二战以来至今德国乡村地区发展与变化为主线，在回顾和总结联邦德国乡村地发展过程和特征基础上，对比分析德国城乡之间、东西部之间乡村地区发展道路和特征的区域差异，预测未来德国乡村地区发展的趋势，并结合我国乡村发展现状，探讨未来我国城乡一体化的路径选择与政策。

二 德国乡村地区的结构变迁及存在问题

德国8200万总人口中的绝大部分生活在城市地区，其中大约33%的人口生活在人口规模超过10万人以上的城市地区，只有约10%人口生活在人口规模小于2千人的乡村地区。2006年农业总产值占国民生产总值的比例仅为1.1%，但乡村地区却占有2/3的国土面积，而且，农业对保护文化景观和旅游吸引力变得越发重要。自工业化以来，德国在经济结构、农业劳动生产率、文化景观和区域差异等方面发生了巨大变化。

（一）产业结构的转变

自1882年，特别是二战以来，德国的经济结构发生了根本性的转变。

（接上页）Landes Sachsen-Anhalt, 1994; Deisenhofer, P., *Die Dorferneuerung nach dem Flurbereinigungsgesetz und die staetebauliche Dorfsenierung*, Bonn: Domus Verlag, 1996.

① H. Bese, *Dorferneuerung Erganzinge*, Aachen: Shaker Verlag, 2003; Breuer, T./Holm-MüLLER, K., *Entwicklungschancen für den ländlichen Raum*, Standortfaktoren der Produktion biogener Kraftstoffe in Deutschland, Informationen zur Raumentwicklung, 2006 (1/2): 5566.

② D. Schmied, /O. Wilson (Hg.), *The Countryside in the 21st Century*, Bayreuth: Naturwissenschaftliche Gesellschaft Bayreuth e. V. (Bayreuther Geographische Arbeiten, 26), 2005; 常江、朱冬冬、冯姗姗:《德国村庄更新及其对我国新农村建设的借鉴意义》,《建筑学报》2006年第22期；王路:《农村建筑传统村落的保护与更新——德国村落等新规划的启示》,《建筑学报》1999年第11期；剑平、毕宇珠:《德国城乡协调发展及其对中国的借鉴——以巴伐利亚州为例》,《中国土地科学》2010年第24卷第5期；丁声俊:《德国的农村经济与合作》,中国商业出版社1994年版；肖鲍:《德国农村转型》,《中国老区建设》2003年第6期。

农业所占比重不断下降，而工业和服务业比重不断上升，而且自 21 世纪开始，第三产业已经居于主导地位（见图 1）。以各产业从业人口为例，1925 年工业就业人口已超过了农业和第三产业；二战以后，第三产业超过了农业，居就业人口第二位；2001 年以来，第三产业就业人口开始超过第二产业，居于领先地位[①]，例如，2010 年第三产业就业人口达到 74%。

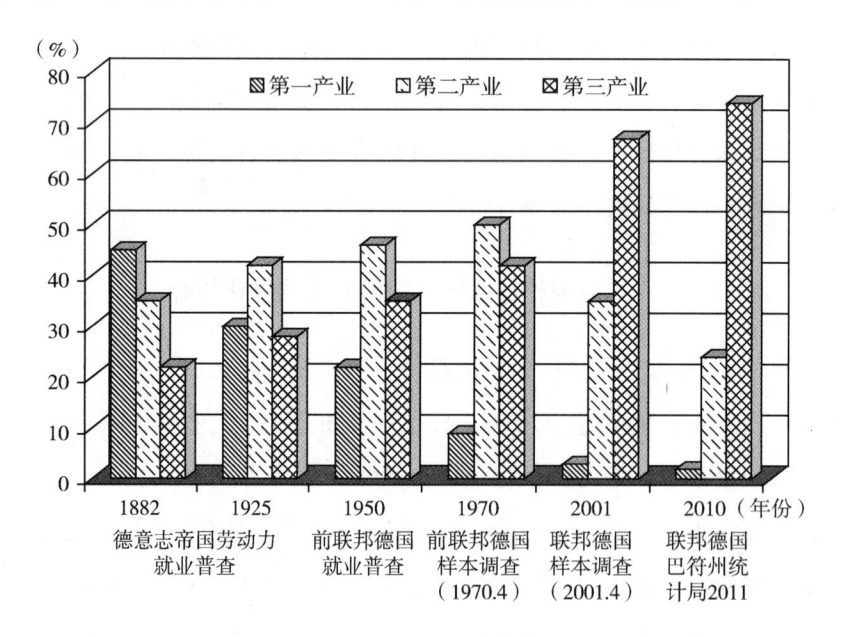

图 1　1882 年以来德国产业结构的发展变化（就业人口比重）

（二）农业企业、农业就业人口绝对数量和农业劳动生产率的变化

自 20 世纪 50 年代以来德国农场数量和农业就业人口急剧下降，但劳动生产率却大幅度提高[②]。例如，1949 年农场数量为 160 万多个，到 2009 年下降为 33 万多个。同期，农业就业人口也由 480 万人下降为 85 万多人。一般而言，乡村地区的农业就业人口低于就业总人口的 10%。

---

① H. Gebhardt & R. Glaser, W. Schenk (Hg.), *Geographie Deutschlands*, Darmstadt: Wissenschaftliche Buchgesellschaft, 2007.

② T. Breuer & K. Holm-MüLLER, *Entwicklungschancen für den ländlichen Raum*, Standortfaktoren der Produktion biogener Kraftstoffe in Deutschland, Informationen zur Raumentwicklung, 2006 (1/2): 5566.

作为技术和生物创新以及农业专业化和合理化的结果，尽管农场和农民就业人口数量下降，农业生产率却成倍提高。例如，1950年一个农民可以供养10人，而到2009年却可供养140人（见图2）。

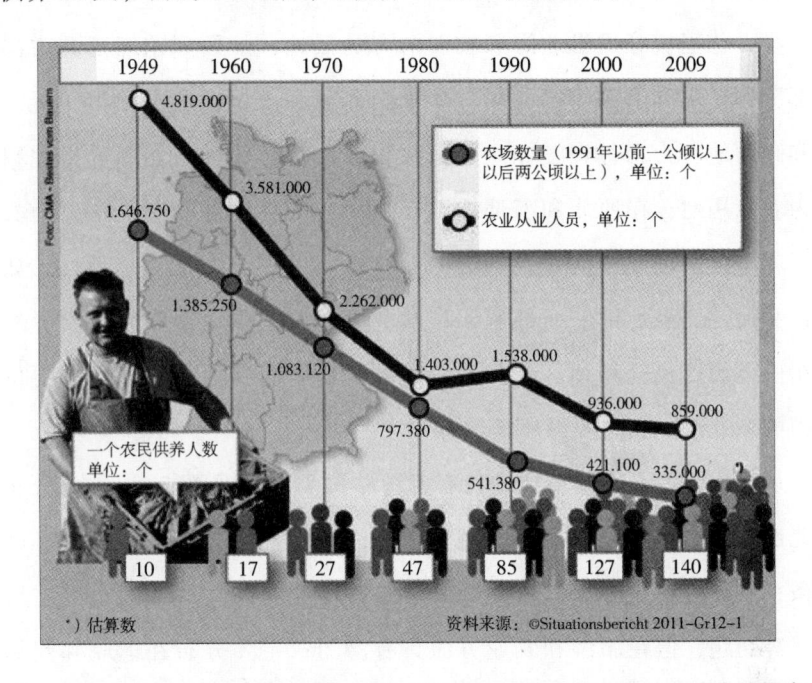

图2 1949年以来德国农场数量、农业就业人口下降趋势和劳动生产率的提高

（三）乡村聚落结构、社会和文化景观的变化

由于技术进步、产业结构转变和产业布局向乡村地区的扩散，乡村土地利用、聚落、社会和文化结构和景观也发生了巨大变化。今天，大多数乡村改变了由农业和农民居民塑造的单一的用地结构，聚落形态和建筑风格，而且乡村地区已经没有了铁匠、裁缝和鞋匠①等传统手工业。更重要的是，大多数乡村已经失去或改变了过去乡村典型的"社会基础设施"昔日的模样，诸如村主任、村委会、学校、派出所、商店、小旅

---

① G. Henkel（Hg.）, *Dörfliche Lebensstile：Mythos*, Chance oder Hemmschuh der ländlichen Entwicklung? Essen：Institut für Geographie der Universität Duisburg-Essen（Essener Geographische Arbeiten, 36），2004a.

馆和饭馆等都具备了部分现代城市化的特征。

（四）乡村地区发展问题的区域差异

德国乡村地区的发展与问题受区域条件差异的影响。按自然条件区域差异，德国被分成沿北海和波罗的海的低地，从西到东绵延并占国土大部分的低山和南部小部分阿尔卑斯山北麓高山地区三个自然单元。低山和高山地区为森林覆盖，主要为林牧业；而北部和东北部的低地则主要为农业用地；在西北和南部地区有大面积的草原和草甸，主要为农牧业。就政区地理位置而言，德国的乡村地区大多分布在边境地区，如西北部和荷兰交界地区、西部和比利时交界地区、东北部和波兰交界地区及东南部和捷克交界地区。具有较大经济发展问题的乡村地区主要位于德国的东北部，而主要城镇地区分布在西部和南部。

从本质上说，德国乡村地区有四种结构类型（见图3）。主要分布在东北部的结构性最脆弱的乡村地区积累了大量问题，如居民外迁，经济萧条；主要分布在中部和东北部属于结构性脆弱的乡村地区也存在居民外迁等问题，但在旅游和农业方面具有潜力；主要分布在老联邦州属于结构性中等脆弱的乡村地区具有发展潜力，能够创造第二和第三产业就业机会；主要分布在老联邦州属于结构性优势的乡村地区大多接近和其具有密切经济文化交流的发达城市地区，因而成为具有吸引力的生活居住区[①]。

三 二战以来德国乡村发展的区域差异分析

二战前，大多数德国的乡村具有以小农场和农民为主，规模小且结构简单的聚落景观特征。战后受世界经济和政治影响，德国东西部地区的乡村各自走上了不同的发展道路，具备了不同的区域特征。西德自20世纪50年代起实行资本主义经济模式，农业深受欧共体和欧盟的

---

① Bundesamt Für Bauwesen und Raumordnung (BBR), *Raumordnungsbericht*, 2005.

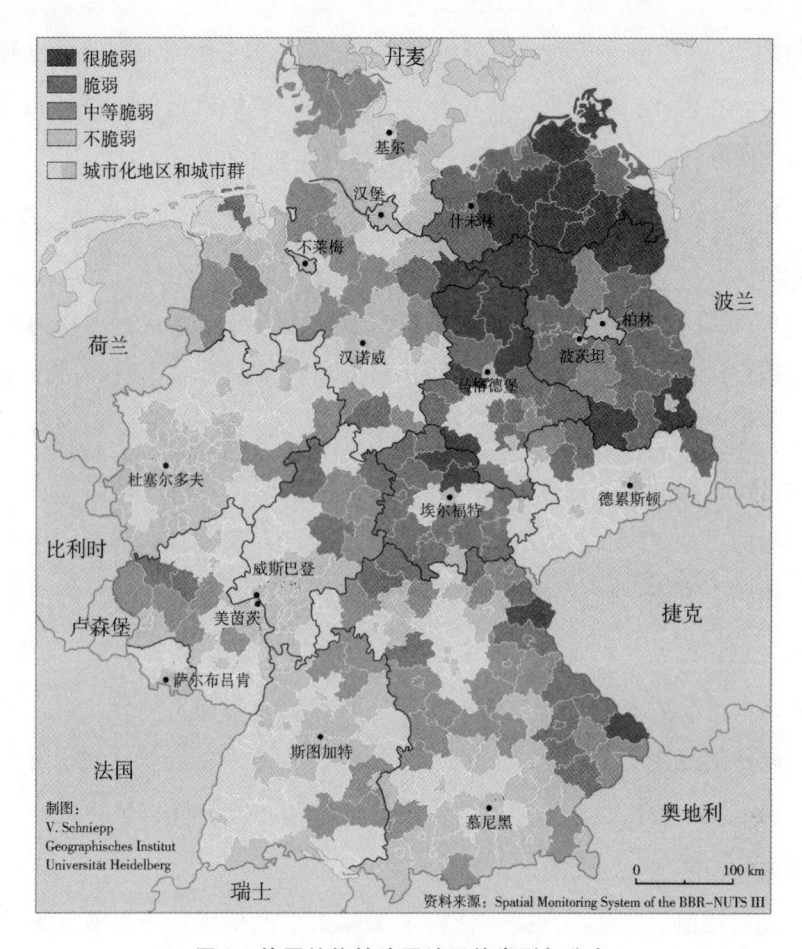

图3　德国结构性脆弱地区的类型与分布

农业政策影响，而东德实行社会主义经济模式，发展了和苏联相似的农业生产联盟模式（集体农庄），这对前民主德国乡村地区发展影响至今。

（一）东德地区的乡村发展过程与特征

战后，德国东北部的大地主即"容克"的耕地被分给小农业生产者，土地归农民所有，但自20世纪50年代以来，东德通过土地改革完成了私有土地向具有大面积土地、中心农机站和新居民点的集体农庄和国营农场的转变。在40年间，为了提高生产率，按照社会主义原则，通过土地改革、集体化和合作生产三个步骤，土地景观发生了根本的转变①。直到今天，我们仍能看到德国东西部平均农业经营单位的巨大差异。在西德，一般农场具有 5 公顷到 10 公顷的耕地规模，最大可达到 20 到 50 公顷，而东德耕地规模最大可以达到 1000 公顷。

社会主义体系和农民对城市生活的向往改变了乡村的形状、规模、社会组成和经营方式。过去，传统的德国乡村的房屋形状、村庄形状和乡村景观具有较大的差异性。除了由于不同农业垦殖项目而出现的新的和规则村庄外，东德地区一些老的、被农田包围的自然形态的村庄往往存在了上百年，然而，经过 40 多年的社会主义建设，这一乡村的巨大差异性已经转变成在某种意义上可称之为小城镇的类型统一的居住区。一个典型的民主德国农业生产单位有 5 到 10 个居民点组成，包括一个具有管理机构、农业机械修理站、学校、餐馆和电影院等其他基础和服务设施的中心居民点，农业工人的住房大都为类似于城市的三至四层的楼房。尽管这种改变后来被认为失去了农村原有特色，得到了部分修正，但毕竟已根本上改变了东德乡村地区原有的风貌②。农业的经营方式也发生了根本性变化。农民成为农业工人，具有固定的工作时间，居住区社会基础设施，但不能独自占有农产品。

随着德国重新统一，这一社会主义体系轰然倒塌了。失业、土地交易权属不确定性以及农业生产向欧盟标准困难的适应过程造成人口大规模向外迁移（见图 4）。依据新的法律，剩余的农业生产单位也被按资本主义方式重组，但结果总体上来说不理想。

人们希望重新建立以前存在的或现在西德正在实行的农业生产方式，但实际上只有很少的传统农场被重新建立起来了。原因很简单，在社会主义体系中，农业工人享有和一般产业工人相似的工作条件，如固定的工作时间、夏季几个星期的假期等，而在传统的农场，一般情况下，农

---

① G. Henkel, *Der ländliche Raum*, Gegenwart und Wandlungsprozesse seit dem 19, Jahrhundert in Deutschland, Berlin, Stuttgart: Borntraeger, 2004b.

② 郑坤生：《民主德国的村镇建设》，《小城镇建设》1990 年第 2 期。

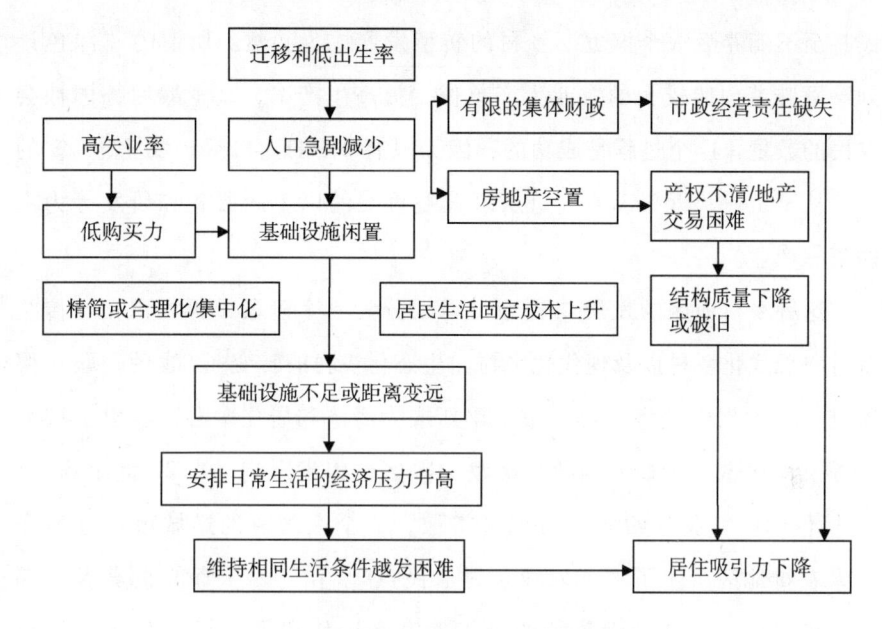

图 4 统一后东德集体经济和村镇的衰落

民不能离开农场度假,因为没有其他人帮助他照顾家畜或农田。在社会主义体系中工做了几十年的农业工人不能或不愿意做这种资本主义体系下自己承担风险的工作。结果是生产率较低的德国东北部地区失去了大量人口。许多建筑物空置,农业机械在风雨中生锈,乡村已失去居住的魅力,没有人愿意在已破败的社会主义农业上投资。例如,在勃兰登堡州仅在 1989 至 1994 年间,农业就业人口由 15 万下降到 2 万人。2006 年统计表明,除萨尔州之外,新联邦州为人口净流失的地区。其中,萨克森—安哈尔特州流失人口最多,达 1.7 万多人[①]。

(二) 西德地区的乡村发展过程与特征

在西德的乡村发展不像东德这样具有悲剧性,但随欧盟经济的一体化深入也使农业失去了先前的重要性。特别是小规模农业经营者已不能够和机械化及工业化大农业相竞争,而大多数只有 10 到 20 公顷耕地的农

---

① *Statistisches Bundesamt*, Bundeslaender—Strukturen und Entwicklungen Ausgabe 2008. Wiesbaden.

民甚至不能养活一个家庭。乡村的转型发展成为必然。所谓的"绿色计划"意味着创造较大的农业生产单位，提高生产率，减少战后德国社会农民的数量。这个过程是成功的，因为只有2%的人口从事农业，1/3的人口从事工业，近2/3的人口从事日益重要的以生产服务和研发等为主的第三产业。

这种乡村地区的发展与转型可以划分为三个阶段：再城市化、传统乡村向现代化乡村以及现代化乡村向生态化乡村的转变[1]。战后，联邦德国进行了大规模城市重建，城市重新成为经济和居住中心，但由于城乡均等发展区域政策以及地价、劳动力等区位因素影响，在20世纪60至70年代期间工业开始向乡村地区扩散，一个大规模的逆城市化过程在广大农村地区产生了"非农业乡村居民点"。由于私人轿车的普及，部分城市居民，尤其是带孩子的青年人家庭迁移到了"绿色"的乡村地区，而大规模道路交通等基础设施建设为这一趋势提供了可能性。在农村现代化过程中，传统村落得到改建和扩建，道路、水电等基础设施得到大规模建设，但同时也出现了过度强调现代化功能的趋向，宽直的道路、城市的建筑风格以及对传统要素的摈弃破坏了农村原有的聚落形态和自然风貌[2]。20世纪70年代以后，随着环保和生态意识觉醒，德国开展了"我们的乡村应更美丽"的乡村转型，乡村原有形态和自然环境、聚落结构和建筑风格、村庄内部和外部交通按照保持乡村特色和自我更新的目标进行了合理规划与建设。90年代以来，可持续发展理念融入村庄更新与实践，乡村地区的生态价值、文化价值、旅游休闲价值被提高到和经济价值同等重要的地位。一些学者甚至提出村庄是未来的

---

[1] D. Schmied & O. Wilson (Hg.), *The Countryside in the 21st Century*, Bayreuth: Naturwissenschaftliche Gesellschaft Bayreuth e. V. (Bayreuther Geographische Arbeiten, 26), 2005; 肖鲍：《德国农村转型》，《中国老区建设》2003年第6期。

[2] A. Theodor, *Fortschritt ohne Selenverlust*, Bern: Hallway Verlag, 1998; C. Habbe, Landzettel W. Wang Lu, *Die Gestalt der Dorfer*, Magdeburg: Ministerium fuer Ernaehrung, Landwirtschat und Forsten des Landes Sachsen-Anhalt, 1994; Deisenhofer, P. *Die Dorferneuerung nach dem Flurbereinigungsgesetz und die staetebauliche Dorfsenierung*, Bonn: Domus Verlag, 1996.

口号①。

今天，德国大多数居住在农村的居民已经不再是农民。他们工作在周边城市，利用私人轿车每日往返于居住的乡村和工作的城市之间。这一乡村经济和社会发展过程在德国创造了一个新的文化景观—非农业乡村居民点②，先前的农民村落已经改变了其面貌和结构（见图5）。

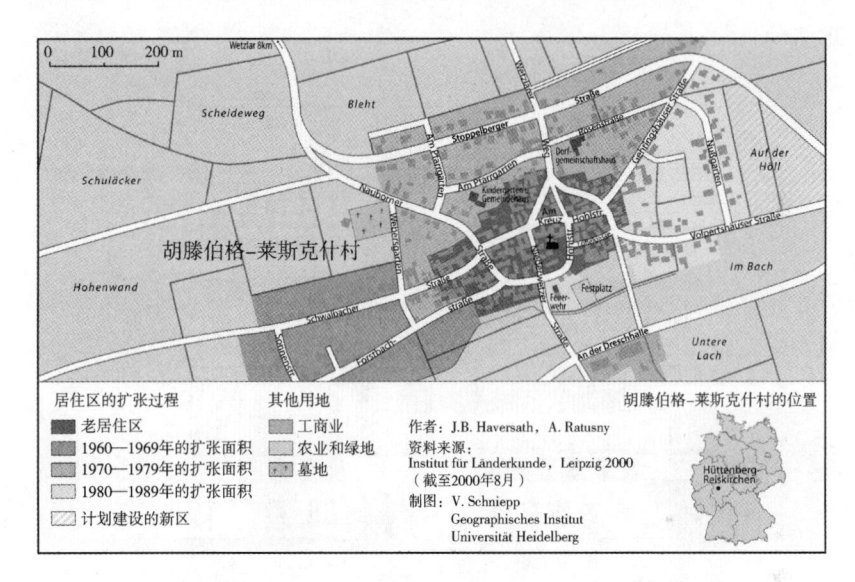

图 5　西德地区一个小农庄到一个具有吸引力的居住地的演变
（胡滕博格—莱泽克什村，2000 年）

图 5 表明临近小城的一个古老乡村的空间演化过程。在这个农庄的历史核心区由基督教教堂和老的农场组成，但随着经济的发展，这一老的核心区逐渐被居住区环抱。首先是 20 世纪 60 年代期间在村庄老区西部建立的一个开放的居住区；后来，东部和北部规划建立了其他居住区，不远处是一个小的工业区；最后，胡滕博格—莱泽克什村完成了由先前

---

① A. Milbert, *Wandel der Lebensbedingungen in ländlichen Raum Deutschlands*, Geographische Rundschau, 2004, 56（9）: 2633; Margel, H., *Dorfernererung in Deutschland*, Stuttgart, DG Bank, 1992.

② INSTITUT FüR LÄNDERKUNDE（Hg.）, *Bundesrepublik Deutschland; Nationalatlas*, Dörfer und Städte, 2002,（5）. Heidelberg: Spektrum Akademischer Verlag.

的一个小农庄到一个具有吸引力的居住地的演变。

作为这一社会和经济过程的结果，传统的住房改变了其形式和功能①。原来的养殖场停满了私人轿车，原来的马棚变成了商店，住房原来兼具的饲养和仓储功能逐渐被商业功能所代替。住房的结构也复杂化，高度和楼层增加，甚至城市住房的装饰风格也被用于乡村住房的建造（见图6）。

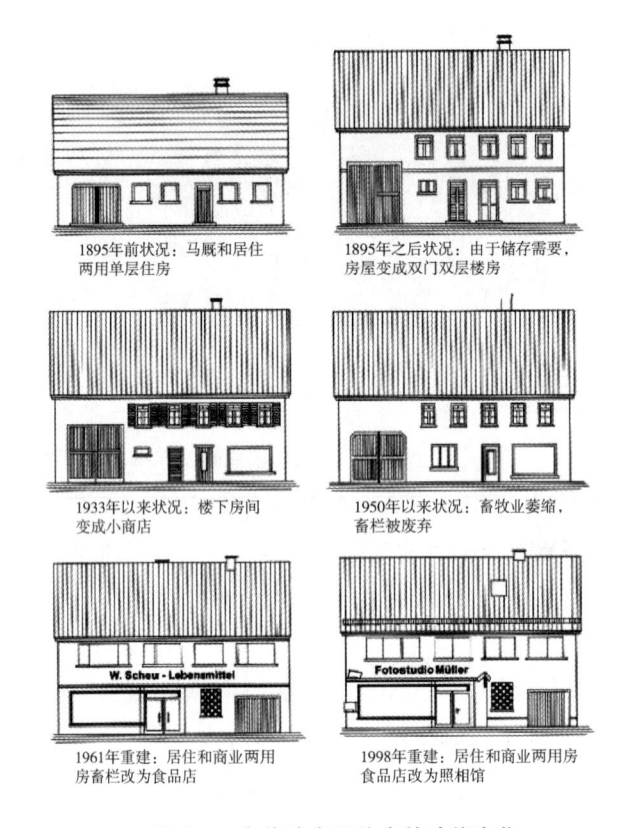

1895年前状况：马厩和居住两用单层住房

1895年之后状况：由于储存需要，房屋变成双门双层楼房

1933年以来状况：楼下房间变成小商店

1950年以来状况：畜牧业萎缩，畜栏被废弃

1961年重建：居住和商业两用房畜栏改为食品店

1998年重建：居住和商业两用房食品店改为照相馆

图6　一个传统农民住房的功能变化

联邦德国乡村地区成功转型与发展有赖于三个因素：乡村地区发展一体化规划纲领、刚性规划体系和柔性规划体系的制定以及"我们的乡

---

① G. Henkel, Der ländliche Raum, *Gegenwart und Wandlungsprozesse seit dem* 19, Jahrhundert in Deutschland, Berlin, Stuttgart: Borntraeger, 2004b.

村应更美丽"行动计划的实施。在德国,已经为乡村地区发展提出了由规划目标、规划区域和政策等要素构成的一体化的规划纲领①。乡村规划的参与者由三方组成,即决策者、所涉及的居民和一些公共和私人团体机构。三方通过充分沟通协商和妥协最终制定出一个乡村发展规划。总体规划纲领包括规划目标、规划项目内容、规划区域、协调机制、时间安排和政策支撑等方面。

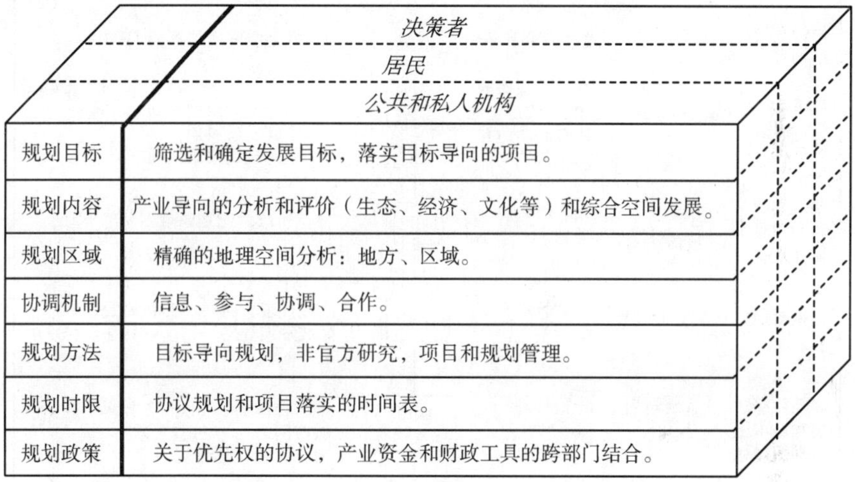

	决策者
	居民
	公共和私人机构
规划目标	筛选和确定发展目标,落实目标导向的项目。
规划内容	产业导向的分析和评价(生态、经济、文化等)和综合空间发展。
规划区域	精确的地理空间分析:地方、区域。
协调机制	信息、参与、协调、合作。
规划方法	目标导向规划,非官方研究,项目和规划管理。
规划时限	协议规划和项目落实的时间表。
规划政策	关于优先权的协议,产业资金和财政工具的跨部门结合。

图 7　德国乡村发展一体化规划纲领

在此基础上,具有法定的刚性规划体系和非法定的柔性规划体系互相补充,共同保证了的德国乡村的成功转型(见图 8)。德国乡村规划总体上和德国的空间规划具有相对应的结构和体系,即从上到下也分为欧盟、联邦、州、区域和城市与地方。在不同的层次上具有不同的目标和任务,具有从宏观到微观,从抽象到具体的规律与特点。由于德国土地平均单位规模较小,且东西德区域条件不同,乡村发展规划的核心是土地结构的改革,具体内容为土地管理和土地整理。法定的乡村规划是政

---

① F. Schlosser, *Laendliche Entwicklung im Wandel der Zeit—Zielsetzung und Wirkerung*, TUM, 1999 (1): 184 – 187.

府促进乡村发展的法定工作,具有法定的程序和内容要求,规划的实施具有强制性,而非法定的乡村规划是对法定乡村规划的补充与完善,具有一定的引导和指导作用和弹性[①]。

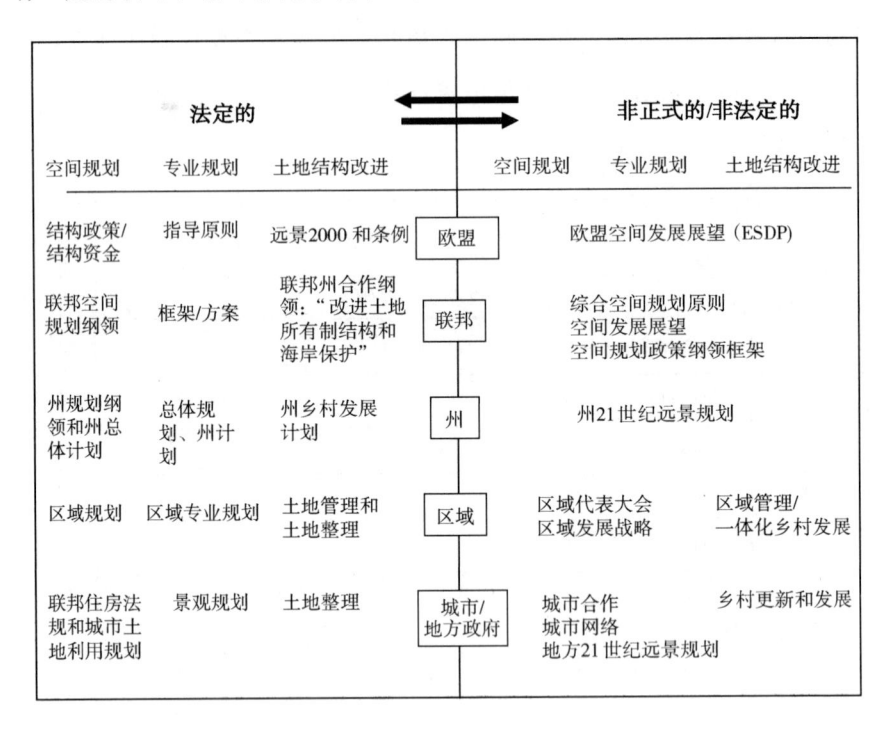

	法定的				非正式的/非法定的	
空间规划	专业规划	土地结构改进		空间规划	专业规划	土地结构改进
结构政策/结构资金	指导原则	远景2000和条例	欧盟	欧盟空间发展展望(ESDP)		
联邦空间规划纲领	框架/方案	联邦州合作纲领:"改进土地所有制结构和海岸保护"	联邦	综合空间规划原则 空间发展展望 空间规划政策纲领框架		
州规划纲领和州总体计划	总体规划、州计划	州乡村发展计划	州	州21世纪远景规划		
区域规划	区域专业规划	土地管理和土地整理	区域	区域代表大会 区域发展战略	区域管理/一体化乡村发展	
联邦住房法规和城市土地利用规划	景观规划	土地整理	城市/地方政府	城市合作 城市网络 地方21世纪远景规划	乡村更新和发展	

图8 德国乡村发展的规划体系

一般而言,一个传统的乡村对城市居民没有吸引力。畜栏的气味、动物粪便、老而破旧的房屋以及农机难以吸引城市居民,特别是富裕居民。为改变这一现状,联邦德国实施了一个成功的乡村发展规划——"我们的乡村应该更美丽"(见图9)。其主要目的是通过更新传统住房而使乡村对房屋的未来新主人更有吸引力。这一规划分为区域/地方和目标乡村两个层次。就目标乡村而言,如何使乡村更美丽的规划包括三个方面,即提高农产品质量和种类,开发农业房地产和开展农业服务或乡村旅游,

---

① F. Schlosser, *Laendliche Entwicklung im Wandel der Zeit—Zielsetzung und Wirkerung*, TUM, 1999 (1): 184 – 187.

并提出了具体的措施。该计划明确了乡村的区位，在区域发展轴线中的地位，农业发展水平，规划制定水平和实施状况以及社会经济和政治因素为实现这三方面目标的主要影响因素。该计划20世纪90年代开始主要在联邦德国的中部山区实施，后来扩展到其他和东德地区。很多新的创意被用于老房子的改造，以满足新的用处[①]。

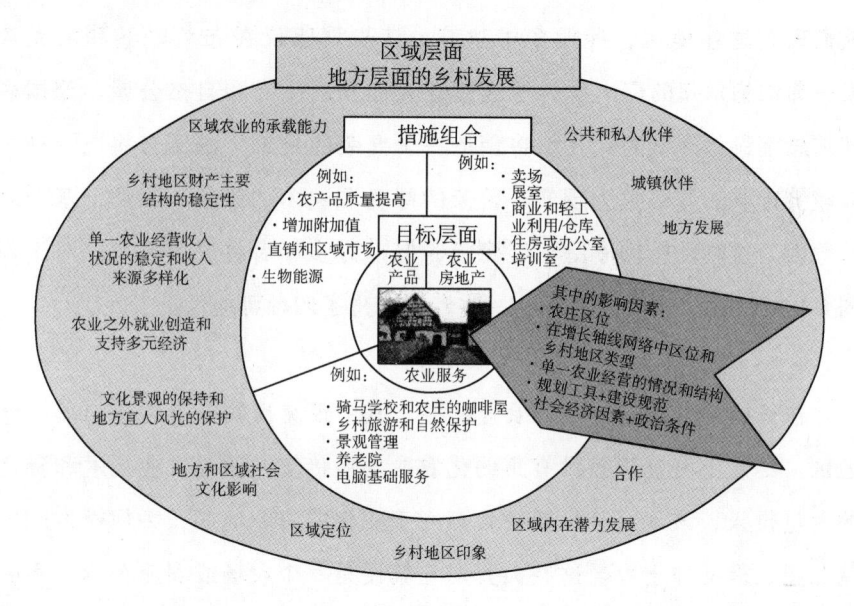

图9　德国西部乡村"我们乡村应更美丽"发展规划主要内容与措施

但是，只是改变居住区和找到旧房屋新用处是不够的。一个根本的问题是如何实现乡村地区的可持续发展，既解决乡村地区失业、居民外迁和基础设施欠缺等问题。对此，有不同的解决方案。

四　未来联邦德国乡村地区的发展与展望

对于德国东北部地区大多数结构性脆弱地区而言，可能没有真正的

---

① S. Arens, *Conversion of Redundant Agricultural Buildings and the Implications for Rural Development*, In: D. Schmied & O. Wilson, (Hg.), *The Countryside in the 21st Century*, Bayreuth: Naturwissenschaftliche Gesellschaft Bayreuth e. V. (Bayreuther Geographische Arbeiten, 2005, 4351.

可预见的解决方案。十多年来德国政府在德国东部道路建设、科技基础设施改善和工业设施建设等方面的大规模投资没有取得预期成效。乡村居民外迁仍在继续,特别是年轻专业人才和年轻的家庭前往德国东部城市,或干脆直接前往西德的经济中心。因此,德国历史上第一个私人研究所—柏林民主研究所—认为,不要给予这些地区经济援助,而是帮助人们离开这些地区,拆毁乡村建筑。该规划建议在布兰登堡和梅克兰堡—弗泊梅尔州的广大乡村地区建立大面积的生态和自然公园。德国联邦前总理科尔许下的"我们将创造一个繁荣的景象"的诺言将以一种令人啼笑皆非的方式成为现实—繁荣的绿色和树木的景象。当然,基于政治原因,这些设想仍停留在纸面上,但也许多年后将成为现实。对于德国乡村地区的未来发展路径,一些专家提出了四种可能性:

(一) 高效率大规模高科技农业

在德国部分地区分布着农业硅谷,其中最突出的一个位于南奥登堡地区。尽管土壤贫瘠且没有集约化农业发展传统,通过农业技术和资金的大量投入,该地区已发展成为高度工业化的农业地区,大规模生产肉鸡、蛋、肉类和土豆。这些大公司与其说是一个农场或农业企业,不如说是一个工厂。他们成功地向国外出口全套的农业企业设备和经营方式,例如,完整的养鸡场、全自动鸡蛋生产工厂、计算机控制的动物饲喂设备等等。从经济角度来看,这一地区的农业发展相当成功,但规模农业生产引起严重的生态问题,特别是化学物和动物粪便引起的环境污染。

(二) 第一和第二代可更新的能源生产

在目前气候变暖和温室效应影响的今天,人类面临的巨大挑战是如何减少煤炭、石油和其他化石能源的消耗,如何利用风能和潮汐能源等可更新的能源,以及如何为小轿车生产清洁能源,例如,来自于农业产品的的生物气体。乡村地区可以和美国及巴西一样,成为可更新能源原料的生产基地。人口稀少的德国东部地区未来可以发展这种类型农业,但是,从另一方面来看，生物能源工厂如何获得经济效益仍是一个挑战①。

(三) 非农业多样化发展

一些具有吸引力的老农庄可以被用于度假活动或第二处居所，可以建立面向有孩子家庭的乡村旅游，或出售城市居民地方特色农产品。另一种可能性是为老人建高级养老院。在乡村地区，土地、护理、医生和其他健康基础设施较之城市价格较便宜。一般而言，人们愿意生活在一个自然条件良好没污染的地区，特别是对生态敏感的人群愿意生活在能获取生态产品的地区。乡村地区也能够吸引追求特殊精神需求的画家、艺术家和其他具有另类生活方式选择的人群。

从经济层面上考虑，建立娱乐休闲活动，特别是大的休闲公园和其他休闲娱乐产业设施具有更大可行性。近来，德国乡村地区的休闲娱乐和创造的价值正在增长，因其能创造就业机会和附加值。旅游业优先发展起来的地区往往是具有特别自然禀赋的地区，如阿尔卑斯山区、北海和波罗的海沿海地区。地方性的休闲度假地区也已分布在大城市连绵区和城市化地区之间。近几年来，在欧洲的一些乡村地区，特别是位于重要城市化地区中等距离的乡村地区建立了一些游乐园，如巴黎郊区的迪斯尼乐园。这些游乐园的理想化区位应位于三四个大城市之间的地区，面向家庭的德国乐高乐园（Legoland）是一个典型的案例②。从斯图加特和慕尼黑开车一个半小时就可到达用塑料制成的迷你型德国新天鹅城堡和汉堡港等世界景观的乐高乐园。德国北部的乡村地区海德乐园建有世界上最陡峭的木制滑道以及海豚和海盗喜剧表演。

一个最新的项目是由一个来自马来西亚的企业家投资的主题公园。

---

① T. Breuer & K. Hol-MüLLER, *Entwicklungschancen für den ländlichen Raum*, Standortfaktoren der Produktion biogener Kraftstoffe in Deutschland, Informationen zur Raumentwicklung, 2006 (1/2): 5566; D. Schmied & O. Wilson (Hg.), *The Countryside in the 21st Century*, Bayreuth: Naturwissenschaftliche Gesellschaft Bayreuth e. V. (Bayreuther Geographische Arbeiten, 26), 2005.

② INSTITUT FüR LÄNDERKUNDE (Hg.), *Bundesrepublik Deutschland: Nationalatlas*, Freizeit und Tourismus, 2000, (10). Heidelberg: Spektrum Akademischer Verlag.

一个原飞机制造厂的厂房改建成的"热带岛屿"。热带岛屿包含有一个白色沙滩、一个蓝色的潟湖、一个超过500种植物的热带雨林和一个热带村庄。这个公园距离柏林只60公里之遥。此外，另一个有意思的游乐园由前东德的煤矿改建成的游泳场、游乐场和音乐厅。在德国有几十个高质量的主题公园，而且，这已成为大城市周围的增长型产业。因此，游乐公园对于德国部分乡村地区的发展具有一定的重要意义。

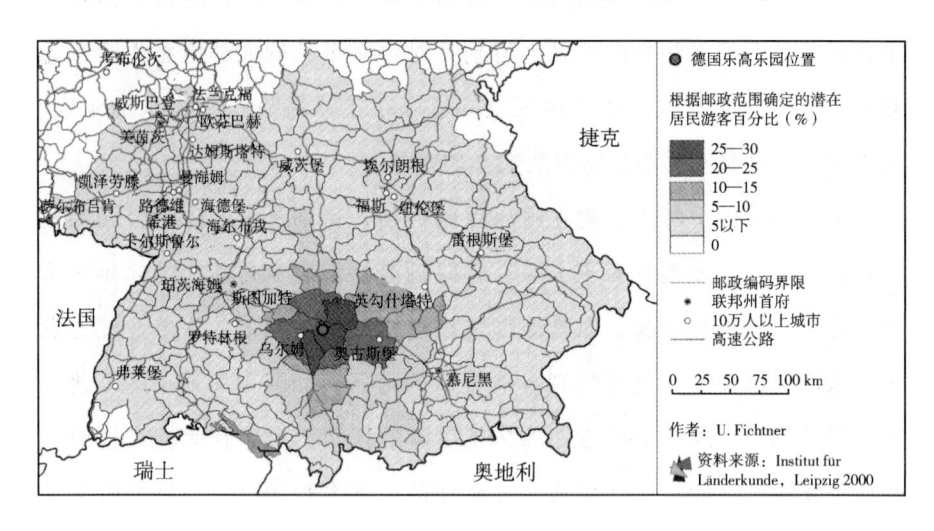

图10 德国乐高乐园吸引范围预测

（四）建设大面积生态和自然公园

目前还没有一个通用的促进德国旧村庄和乡村地区发展的解决方案。从地理学的观点出发，我们需要在不同的地区应用不同的项目。也就是说我们需要能够利用地方和区域潜力的发展项目。在像德国这样高度工业化和高技术化的国家，乡村地区的主要的功能不能只是提供农业产品。农业越来越具有责任在边缘地区保护一个多样性的文化和自然景观和生态多样性，如动植物栖息地，因此，部分农业地区也许应该重新变成生态公园或自然公园，恢复该地区原有的自然风貌。

五 德国乡村经验对中国城乡一体化发展的启示

众所周知,联邦德国最有魅力之处不是其城市,而是其兼有古朴宁静、安乡守土的田园风光和完善便利的基础设施与公共服务的乡村地区。尽管中德之间自然条件、资源禀赋、工业化程度以及社会文化传统不同,但德国战后在促进乡村转型发展政策与实践中有关乡村价值再认识、乡村转型(产业转型、生态转型、区域转型)规划纲领和规划体系的制定以及行动纲领的实施对我国波澜壮阔的城市化和城乡一体化仍具有一定参考意义。我国城乡一体化理论研究和政策实施面临着如下挑战:是通过城市消灭乡村获得城市化和工业化所需的土地,还是保留部分乡村地区,实现乡村地区现代化?在城乡一体化基础上,如何处理好乡村地区传统风貌和现代化更新?实现乡村地区现代化和可持续发展的动力何在?

(一) 完善涵盖城乡的政策纲领、规划体系和行动计划

我国的城市发展政策是控制大城市,积极发展中小城镇,但在具体实施过程中,城市发展现状却与此不一致,中小城市的发展被大城市过度膨胀所掩盖,大城市(含超级大城市)的交通堵塞、住房紧张和环境污染日益严重,扩张趋势难以抑制,而中小城市公共服务投资不足,难以形成吸引力。产生这一问题的原因主要是各个既得利益集团的影响和导致事实上对大城市的投资倾斜。基础设施和公共服务设施在大城市的高度集中,造成中小城市生活质量不佳和公共服务设施以及发展机会的相对匮乏,以至于对乡村和中小城市居民产生难以抗拒的吸引力。因此,减少对大城市,特别是特大城市公共服务设施的过多投资是解决特大城市城市问题的根本措施,也是我国城乡发展政策的核心内容[①]。

我国的城市和土地利用规划体系已经把乡村地区土地利用和土地整理等纳入规划范围,但对建筑和景观规划还没有纳入法定规划体系,这

---

① 孟广文:《何谓宜居城市》,《城市空间设计》2009 年第 5 期。

直接导致对具有传统和文化价值的乡村难以得到保护与利用，也影响到整个乡村地区文化传统的传承。此外，乡村地区的发展还缺少具有引导意义的发展规划和行动计划以及乡村地区合作网络，特别是可操作和稳定规范的乡村发展财政支持政策，因此造成了目前乡村地区被动因应城市土地需求压力的城市化和自发无序的乡村现代化，而后者是以一种只有城市化部分建筑景观特征，而缺少城市化基础设施和公共服务的伪城市化。这种乡村伪现代化和伪城市化已经对乡村的传统和文化景观带来了难以弥补的破坏。制定能够覆盖乡村的建筑和景观规划、发展规划和乡村合作网络已成为解决目前乡村发展与建设问题措施之一。

（二）乡村地区发展规划建设与居民参与

乡村地区发展涉及政府、建设和规划部门和农民三方面利益主体。就一般状况而言，乡村发展规划与建设方案应是三方相互妥协的结果，但我国目前的体制决定了政府主导，公共和私人机构辅助，居民从属的乡村发展与规划建设格局。这一格局具有效率高的优点，但同时也容易造成规划短视，缺少弹性，忽视农民利益等规划与社会问题。因此，我国乡村发展应从保护弱势乡村居民的角度出发，允许失地乡村居民参与乡村发展规划的制定，保证其能够分享土地增值收益，避免造成乡村发展规划实施产生高昂社会和生态成本。

（三）城乡一体化应包含有乡村城市化和乡村现代化

我国采用"城乡一体化"城乡发展政策比较准确地反映了我国城乡两元社会和巨大区域差异的现实。城乡一体意即城市和乡村共同协调发展，一方面通过乡村地区给城市提供剩余劳动力和土地，满足城市地区工业化和城市化扩张的需要；另一方面通过城市对乡村地区的产业、基础设施和公共服务的投资，改变乡村地区落后城市的现状。因此，在发达的大城市地区，城乡一体化的含义是以乡村地区城市化为主，特别是临近城市中心地区的郊区，但也不排除部分具有历史文化传统村庄继续保留，实现现代化和生态化。这样既能平衡郊区地区低密度用地结构和城市中心区高密度用地结构，提高居住环境质量，也能保护这一地区历史与文化传统的传承。在土地供求压力过大的地区，或现有单一乡村达不到保护性规划与建设门槛要求的情况下，可以通过提取该地区典型聚落形态、建筑和文化要素建设"民俗村"，达到既满足城市化对土地的需求，又能保护和开发当地的传统和文化，发展乡村旅游，给失地农民提供就业机会的目的[①]。在欠发达的中小城市化地区，城乡一体化的含义是以乡村地区现代化为主，乡村城市化为辅，重点保护具有历史文化传统村庄，促进乡村地区的可持续发展。

（四）发展现代特色农业和非农产业

除了政府和城市的支持和反哺政策之外，乡村地区的可持续发展的根本动力还在于自身的产业发展。由于我国巨大的区域差异，不同的乡村地区实施不同的乡村产业发展政策是现实合理的选择。在经济发达和城市化水平较高的沿海地区，部分环境承载力较高的乡村地区可以发展高科技现代农业，有机和生态农业；部分生态环境优美，历史与文化传统悠久，基础设施完善的乡村地区可以在现代农业基础上发展乡村旅游、乡村房地产和休闲娱乐业。在经济和城市化水平相对较低的中西部，部分环境承载力较高的乡村地区可以发展中科技现代农业和生态农业；部分生态环境优美，历史与文化传统悠久，基础设施完善的乡村地区可以在现代农业基础上发展乡村旅游和休闲娱乐业；部分生态环境脆弱的乡村地区实行退耕退牧还草还林政策，建设自然和生态公园，发展生态旅游产业。

（五）乡村更新规划的传统和文化保护原则

具有保护价值的传统乡村的更新与改造应包括乡村聚落外部环境（风景与交通）和内部结构（功能分区与建筑）两方面[②]。乡村聚落外部

---

① 孟广文、王卓、柳海岩：《东丽湖民俗公园规划建设研究》，《城市》2009年第b3期。
② 王路：《农村建筑传统村落的保护与更新——德国村落等新规划的启示》，《建筑学报》1999年第11期。

环境应包括区位、人口、基础设施等边界条件,地标景观和对外道路交通。其中地标景观也称为第一印象场所,是作为村庄的标志和集体记忆,是乡村文化传统和周边自然风景的融合,是吸引到访者首要因素。交通优先原则使宽直的道路提高了通行率,但容易破坏原有乡村道路的有机品格和村民的"记忆窄点",而自然弯曲的乡村道路能够增加乡村景观的节律变化,增加过往车辆停留的可能性。为了土地利用合理和乡村管理高效,乡村聚落内部应按功能划分为中心服务、居住、工业和生态功能区。此外,保留与完善乡村聚落内部肌理,提炼典型建筑风格与元素,选择和维护乡村标志性建筑,以营造传统与现代相融合的乡村风貌。

(发表于《地理学报》2011 年第 12 期)

第一次石油危机与东欧剧变
——以波兰为例

刘合波[*]

摘 要：20 世纪 60 年代，美苏缓和促进了东西方经贸关系的发展。波兰充分利用当时有利的国际形势，采取了依靠西方高速发展经济的战略，这既加深了波兰卷入世界经济的程度，也使其要面对国际市场变动带来的风险。第一次石油危机的爆发，引起了世界经济的震动，波兰因之外债剧增，国内经济陷于困境，从而为波兰发生剧变埋下了伏笔。石油危机使波兰经济深陷债务危机，波兰统一工人党的解决乏力导致波兰经济持续恶化、社会动荡与反对派组织的成立，加之外部诸因素的影响，波兰最终发生剧变，由此开启了东欧社会主义阵营走向瓦解的进程。

关键词：第一次石油危机；东欧剧变；波兰统一工人党；冷战

二战结束之后，东欧各国先后走上了社会主义道路，按照苏联模式建立了政治经济体制。到 20 世纪 50 年代中期，东欧各国都基本上建立起了社会主义经济基础，但各国教条式地照搬苏联高度集中的经济体制、片面发展重工业的措施，使国家在经济上遇到了巨大困难。冷战后期，

---

[*] 刘合波，天津师范大学欧洲文明研究院副教授。

东欧各国经济持续恶化，政治改革受挫、民众不满等问题交织在一起，加之西方国家推行"和平演变"政策、苏联放松对东欧的控制等因素，最终导致东欧发生剧变。

东欧剧变率先从波兰开始，随之波及匈牙利、捷克斯洛伐克、罗马尼亚、保加利亚等国家。对于东欧社会主义政权的瓦解，学界从政治、经济、文化等各个层面都已进行了深入剖析，但对1973年爆发的遍及世界范围的第一次石油危机与东欧剧变之间的关系，大多数研究仅限于背景的描述，对于石油危机在其中的作用却缺乏深入剖析。关于第一次石油危机，国内外学界主要集中于其对美国、西欧、日本等西方国家的影响，而忽视了石油危机对东欧社会主义阵营国家的影响，因之鲜有从石油危机方面研究东欧剧变的专门论述。通过研究可以发现，在引发东欧发生剧变的诸多经济因素中，第一次石油危机对东欧国家的打击，是其中一个不可忽视的变量。对东欧国家而言，第一次石油危机并没有产生像严重依赖中东石油的西方国家那样立竿见影的效果，但它给东欧社会主义国家带来的巨额外债等间接性破坏后果却是深远的，甚至延伸至政治领域。在这一方面，社会主义政权率先瓦解的波兰有代表性。本文将在梳理20世纪60年代末70年代初东西方发展经贸关系的基础上，阐述第一次石油危机对波兰经济、政治带来的影响，以此分析第一次石油危机在东欧剧变中的作用。

一 东西方经贸关系的加强与东欧国家对国际市场的依赖

从冷战爆发到20世纪50年代中后期，以美国为首的西方阵营与以苏联为首的东方阵营在政治、经济、军事等领域的激烈对抗，是东西方关系的主旋律，这种态势也严重影响了双方的经贸联系。东西方之间的冷战，使这一时期的双方经贸关系基本上有名无实，贸易额微乎其微。赫鲁晓夫上台之后，东西方贸易虽有增长但仍非常缓慢。1961年东西方的贸易额只有43亿美元，仅占西方国家世界贸易总额的2.4%。尽管在整个60年代与西方的贸易额占到了东欧社会主义国家世界贸易总额的 21%，但当时在东欧各国占主导的是自给自足的经济模式，而不是对外贸易。① 双方在这一时期极为有限的贸易额，表明冷战初期东西方经济贸易间存在的巨大隔阂。自 20 世纪 60 年代以来，美苏缓和促进了东西方经贸关系的发展，东欧国家随之加强了与西方的经贸联系，从而加深了卷入世界经济的程度。但波兰等东欧国家对西方市场的过度依赖，使这些国家势必要承担国际市场变动带来的风险。这些都为第一次石油危机对东欧国家产生影响提供了条件。

（一）美苏缓和与东西方经贸关系的加强

1962 年古巴导弹危机之后，美苏开启了冷战时期第一个阶段的缓和。20 世纪 60 年代末 70 年代初，美苏进入第二个缓和时期，1972、1973 年美国总统尼克松和苏联领导人勃列日涅夫分别在莫斯科和华盛顿的会晤，标志着美苏缓和进入高潮阶段。② 冷战的缓和态势为东西方的经济往来打开了大门。60 年代的西方国家社会稳定，经济发展迅速，尤其是西欧，在经过了 50 年代的稳定增长之后，到 60 年代进入繁荣发展的"黄金时代"。70 年代初，西欧经济共同体在世界经济中已发展成为与美国抗衡的重要力量。在美苏缓和及西方经济不断发展的情况下，苏联逐渐改变了过去不承认欧共体的态度，转而认可欧共体，并积极与之建立经济贸易关系。与此同时，"苏联在与东欧国家的经济发展过程中，越来越感到东欧成为其经济负担，这个 60 年代的问题在 70 年代加强了。为了摆脱来自盟国的经济负担，苏联开始鼓励东欧国家与西方国家发展经济贸易"。③ 这进一步促进了东西方贸易的发展。此外，以苏联为首的经互会国家需要西方的技术与贷款，欧共体在发展经济的过程中则需要不断扩大市场，

---

① Robert V. Roosa, Armin Gutowski, Michiya Matsukaw, *East-West Trade at a Crossroad: Economic Relations with the Soviet Union and Eastern Europe*, New York: New York University Press, 1982, pp. 11 - 12.

② 关于缓和的阶段与相关概念的界定，参见刘合波《尼克松政府对中东危机的政策研究》，中国社会科学出版社 2015 年版，第 59 页。

③ David Ost, *Solidarity and the Politics of Anti-politics: Opposition and Reform in Poland since 1968*, Philadelphia: Temple University Press, 1990, p. 192.

两大经济体互补性的需求为双方在经济上走近打下了基础,也为经互会成员国同西方国家发展经贸关系提供了条件。因此,在美苏缓和的态势下,东西方在这一时期加强了经济上的往来。美苏两大阵营间的贸易往来增多,彼此依赖度也增强了,尤其是战后缺少资金与技术的东欧各国,对西方国家有着更高的依赖程度。应当说,东西方经济联系的加强是战后经济全球化的趋向之一,但社会主义国家同时也开始承担来自全球的金融与经济风险,这为日后石油危机对东欧国家产生影响埋下了伏笔。

(二) 波兰与西方经贸关系的发展

就波兰而言,由于苏联技术落后及其在波苏贸易中主要将波兰看作是原材料的提供者等原因,也促使波兰积极发展与西方的经贸关系。① 因此,在美苏缓和的形势下,波兰充分利用有利时机,积极发展与西方的关系,为改善波兰的经济状况打开局面。在哥穆尔卡执政时期,戴高乐于1965年访问波兰;英国和波兰关系稳定,是波兰非社会主义阵营中重要的贸易伙伴。在盖莱克执政时期,波兰展开了强大的外交攻势,首先是与联邦德国签署了奥德—尼斯河的边界条约;其次是波兰与西方国家进行互访,盖莱克访问了法国、比利时等西方国家,而包括美国总统尼克松在内的西方国家领导人也对波兰进行了访问。这些频繁的外交互访,促进了波兰与西方国家的经贸往来。② 在与波兰展开经贸往来的西方国家中,美国表现得最为积极。从20世纪50年代末美国就向波兰提供贷款和出售谷物,到尼克松政府时期,美国决定由美国进出口银行对向波兰贷款提供担保,同时加大对波兰的技术与经济援助,如向波兰转让石油裂化技术、延长波兰最惠国待遇、进口波兰的产品等。③ 波兰与

---

① Wanda Jarzabek, *Hope and Reality: Poland and the Conference on Security and Cooperation in Europe, 1964—1989*, Washington D. C., CWIHP of the Woodrow Wilson International Center for Scholars, 2008, pp. 9 – 10.

② R. F. Leslie, *The History of Poland Since 1863*, New York: Cambridge University Press, 1980, pp. 396, 428.

③ "Highlights of a report presented to the Ninth Convention of the Polish American Congress (PAC) by its President Aloysius Mazewski", *Declassified Documents Reference System (DDRS)*, Document Number: CK3100687415, Farmington Hills, Mich.: Gale, 2015, pp. 7, 12.

西方国家经贸关系的加强,也使波兰逐渐加入到世界经济一体化进程中。1967 年波兰加入关税与贸易总协定,其中波兰要履行的义务之一是其进口额的 7% 必须来自西方国家。60 年代末,西欧共同市场形成统一的农业政策及逐步引入的针对第三方的统一关税政策,都使波兰在通过与西欧发展经贸关系来获取其资金与技术的过程中,不断调整经贸政策以适应国际贸易的需要。① 波兰与西方国家的经贸往来,加快了波兰自身经济政策的调整,也加深了对国际贸易的依赖,这集中体现在盖莱克执政时期。

20 世纪 60 年代,西方经济的持续高速发展所形成的国际借贷资本丰富、原材料价格低的局面,及美苏缓和带来的有利政治形势,"使波兰盖莱克政府确立了通过加大对外贷款和进口的力度来发展波兰的战略"。② 盖莱克的前任哥穆尔卡一直寻找但却没能找到获取西方长期贷款或与西方资本主义国家形成贸易伙伴的渠道,70 年代初东西方的缓和带来了当时经济气候的变化,西方国家改变了此前与东方社会主义国家开展经贸关系的态度,这为盖莱克实施改变波兰经济现状的战略提供了契机。"但盖莱克向西方大举贷款增加投资,也是 70 年代初波兰最初成功和最终出现困难的主要原因"。③ "盖莱克政府在 1971 年年底制定的雄心勃勃的新战略,与世界市场的波动产生了灾难性的互动。波兰政府依赖西方资本市场及其金融借贷体制的政策,使波兰与西方市场紧密地连接在一起,一旦西方市场发生震动,波兰也将就将会深受其害"。④

1973 年第一次石油危机的爆发,给波兰经济带来了严重的后果。

---

① Wanda Jarzabek, *Hope and Reality: Poland and the Conference on Security and Cooperation in Europe, 1964—1989*, Washington D. C., CWIHP of the Woodrow Wilson International Center for Scholars, 2008, p. 10.

② Norman Davies, *Heart of Europe: The Past in Poland's Present*, New York: Oxford University Press, 2001, p. 327.

③ R. F. Leslie, *The History of Poland Since 1863*, New York: Cambridge University Press, 1980, p. 415.

④ Egon Neubergerv, Laura D'Andrea Tyson, eds., *The Impact of International Economic Disturbances on the Soviet Union and Eastern Europe: Transmission and Response*, New York: Pergamon Press, 1980, p. 25.

二 石油危机对波兰经济的沉重打击

1973年十月战争爆发后,阿拉伯石油输出国组织先后采取了削减产量、贸易禁运等措施,拉开了第一次石油危机的序幕。1973年12月22—23日,石油输出国组织各成员国的部长决定将石油价格由每桶5.12美元提高到11.65美元。基辛格称之为"第二次石油冲击"——"石油输出国组织在48小时内的决定,就使美国、加拿大、西欧和日本在石油上一年多支付400亿美元"。① 能源危机带来的石油价格的数倍增长,对各国经济造成了消极影响,尤其是对严重依赖石油进口的西方国家的直接打击巨大。"石油危机导致了世界经济的衰退,1973年也因此成为世界经济进入低迷时期的标志"。②

在石油危机的影响之下,国际能源和原材料价格猛涨,农产品和工业成品价格下跌,从而使各国面临生产成本增加、资金相对短缺等问题,这对东欧社会主义国家产生了巨大影响。"在1973年后的第一个五年,东欧国家的贸易赤字不断增长,贸易额下降了10%—20%。到1985年,由于严重依赖能源进口,东欧各国的对外贸易下降了26%—32%",③ 这给东欧社会主义国家带来了巨大困难。高度依赖西方的波兰受1973年经济危机的影响最为严重,这主要表现在以下两个方面:一方面是石油危机引发了西方国家的经济危机,西方因之减少对外贷款、提高贷款利率,这给严重依赖西方贷款的波兰在经济上带来了巨大冲击;另一方面是石油危机期间西方国家对波兰商品出口的限制,对波兰国际债务剧增的助推作用。这两个方面结合的产物,是波兰在70年代后半期至80年代不得不面对的债务持续走高的现实。

---

① Henry A. Kissinger, *Years of Upheaval*, Boston: Little, Brown, 1982, p. 885.
② Fiona Venn, *The Oil Crisis*, London: Pearson Education Limited, 2002, p. 149.
③ T. Berend, *From the Soviet Bloc to the European Union: The Economic and Social Transformation of Central and Eastern Europe since 1973*, New York: Cambridge University Press, 2009, pp. 32 – 33.

首先是石油危机使波兰借贷利率不断上扬而带来的巨额债务问题。依靠从西方大量贷款、进口来发展波兰的经济，是盖莱克推行波兰经济改革的主要模式，为此波兰从1971—1980年向西方贷款达200亿美元。在最初的几年中，波兰利用宽松的国际经济形势取得了一定的成就，但在1973年石油危机之后，这种暂时的繁荣逐渐消失了。石油危机带来的通货膨胀及生产成本提高，使西方国家收缩资本，逐渐停止和收回短期贷款，"从1976—1977年西方国家对波兰的贷款下降了"。[1] 但从1975年开始西方国家对波兰的贷款利率却逐年提高了，这不仅使波兰的债务不断增多，也加剧了波兰资金回笼的难度。根据波兰经济学家斯太凡·英德里霍夫斯基的估算，"1975年的平均利率是8%，1976年和1977年为9%，1978年和1979年为10%，1980年为11%。波兰的外债大幅度上升，在经互会国家中遥遥领先。1976年为120.87亿美元，1977年为153.66亿美元，1978年为185.07亿美元，1979年为218.64亿美元，1980年达到249.69亿美元"。[2] 巨额外债沉重打击了波兰的经济基础，成为引发波兰国家危机的重要因素之一。

其次是西方国家对波兰商品出口的限制。1973年是西方经济发展的分水岭，石油危机的爆发，使西方开始进入经济危机期，世界范围的通货膨胀、原材料涨价及部分市场的关闭，都深刻影响着已卷入世界市场的波兰经济。在经济危机面前，"西方国家实行关税保护政策，限制波兰商品的进口；而波兰商品质量的低下又无法在西方市场进行竞争，许多商品被迫运回国内低价销售，波兰的国际收支状况日益恶化"。[3] 在从20世纪70年至80年代初的绝大部分时间里，波兰与西方国家的

---

[1] Egon Neubergerv, Laura D'Andrea Tyson, eds., *The Impact of International Economic Disturbances on the Soviet Union and Eastern Europe: Transmission and Response*, New York: Pergamon Press, 1980, p.9.

[2] ［波］斯太凡·英德里霍夫斯基：《波兰的债务》于欣、周晴译，世界知识出版社1984年版，第5页。转引自刘祖熙、刘邦义《波兰战后的三次危机》，世界知识出版社1992年版，第149页。

[3] 刘祖熙：《波兰通史》，商务印书馆2006年版，第524页。

贸易都呈逆差趋势，而在石油危机爆发之后，这种趋势更为明显。在与西方国家的贸易中，波兰在1970—1971年尚有盈余，但从1972年开始就已经出现贸易逆差，尤其是从1973年开始，波兰的贸易逆差陡增。1972年波兰与西方国家的贸易逆差是3.17亿美元，1973增至13亿美元，到1976年达到了32亿多美元，这种贸易逆差情况一直延续到80年代初期。① 伴随巨额的贸易逆差，波兰的外债节节攀高。在整个东欧社会主义国家的总债务中，1971年波兰占16.3%，1975年占到39.6%，1980年则升至42.5%。② 债台高筑的波兰，成为当时东欧社会主义国家中外债增长速度最快、数量最大的国家，这严重影响了波兰的经济发展与社会稳定。

　　助推波兰经济进一步恶化的因素，除了波兰借贷利率的升高和西方对波兰商品出口的限制之外，还有一个重要因素，是苏联在石油危机爆发之后提高了向东欧国家输出石油的价格。"1973年第一次石油危机爆发之后，苏联认为义务低价卖给东欧国家的石油，可以高价卖给西方换取本国必须的'硬通货'"。③ 在这种情况下，苏联提高了对东欧国家的原油出口价格。苏联是东欧国家最主要的能源供应国，"鉴于国际市场上石油价格四倍的增长及其他原材料价格的猛涨，苏联提出了'布加勒斯特公式'（Bucharest Formula）——将世界石油市场价格前5年的平均值设定为出口给东欧国家的石油价格"。④ 按照这一公式，"1975年苏联向东欧国家出口的石油价格是每桶6.5美元——远低于当时国际市场每桶10—11美元的价格，但仍大大高于东欧国家预期的当年每桶3美元的协议价，

---

① Roger E. Kanet, ed., *The Soviet Union, Eastern Europe and the Third World*, New York: Cambridge University Press, 1987, p.142.

② Robert V. Roosa, Armin Gutowski, Michiya Matsukaw, *East-West Trade at a Crossroad: Economic Relations with the Soviet Union and Eastern Europe*, New York: New York University Press, 1982, p.23.

③ David Ost, *Solidarity and the Politics of Anti-politics: Opposition and Reform in Poland since 1968*, Philadelphia: Temple University Press, 1990, p.192.

④ Christopher Coker, *The Soviet Union, Eastern Europe, and the New International Economic Order*, New York: Praeger, 1984, p.24.

东欧国家将因之而不得不额外多支出14亿美元用来购买石油"。① 这使东欧国家面临巨大的压力。尽管如此，苏联仍根据"布加勒斯特公式"在不断调整石油价格。1978年，苏联将出口东欧社会主义国家的石油价格提高到石油输出国组织所定石油价格的75%，1983年提高到80%，1984年则宣布以世界市场的石油价格为出口价格标准。作为东欧社会主义主义国家，波兰在整个70年代所进口的原油当中，有80%是来自苏联，苏联出口石油价格的飞涨，使得本来经济状况就日益严峻的波兰，更加雪上加霜，从而进一步加剧了波兰外债骤增的恶劣形势。②

石油危机带来的连锁反应，沉重打击了波兰经济，波兰的经济基础因之受到严重侵蚀，盖莱克的高速发展计划因之遭受严重挫折。但盖莱克政府低估了石油危机的冲击性及其造成的破坏性后果，不仅没有从中总结经验教训，相反却进一步采取了推动经济高速发展的政策，这种不顾现实的举措很快就使改革陷于困境。对外贸易中的入不敷出及大量外债的存在，使盖莱克政府不得不采取了提高物价等举措，但这些政策遭到波兰民众的极力反对。从70年代中期一直到80年代，经济形势不断恶化的波兰一直动荡不安，最终成为引发1989年剧变的重要因子。

三 石油危机与波兰剧变

盖莱克最初是希望国内经济改革与西方技术引进相结合，从而促进现代经济的发展。然而后来，"盖莱克抛弃了国内改革而将赌注压在与西方国家的关系上"，③ 这使波兰要面对国际经济波动带来的风险。与此同时，盖莱克的经济发展战略在波兰民众中形成的高福利、高消费心态，

---

① "Developments in Oil Market", Feb., 20, 1975, *DDRS*, Document Number: CK3100201267, Farmington Hills, Mich.: Gale, 2015, p. 19.

② Christopher Coker, *The Soviet Union, Eastern Europe, and the New International Economic Order*, New York: Praeger, 1984, pp. 26 – 27.

③ David Ost, *Solidarity and the Politics of Anti-politics: Opposition and Reform in Poland since 1968*, Philadelphia: Temple University Press, 1990, p. 55.

一方面使政府财政不堪重负；另一方面也使民众难以接受商品紧缺、物价提高的现实。第一次石油危机引发的国际经济危机，也导致波兰出现通货膨胀、物资供应紧张、债务走高等问题，这些问题严重冲击了波兰国内脆弱的经济基础，由此成为从20世纪70年代中期到80年代末波兰社会危机此起彼伏的关键因素之一。

（一）石油危机使盖莱克的高速发展战略受挫

1970年底上台的盖莱克提出了借助外资和技术力量，高速度、高积累、高福利发展经济的政策，要"再建一个新波兰"，并据此制定了第四个"五年计划"即"四五计划"。盖莱克的高速发展计划在初期阶段取得了一定的成就，1973年的职工实际工资收入比1970年高24%，从1974年起全部农村居民享有公费医疗待遇，现代化的生活用品日益普遍化，"普遍有了现代化的家用电器设备和现代化的生活用具，越来越多的家庭有了小汽车"。① 波兰在70年代上半期的投资增长了133%，1975年国民生产总值增长了29%。然而，这些成就都是以巨额贷款和高投入为基础的，"是在当时有利的国际环境下通过陈旧性扩张、增容过时工业部门实现的，并不是通过结构性变革或技术更新实现的"。② 提高工资、冻结食品物价及大量进口西方消费品，在波兰制造了危险的虚假繁荣。

"20世纪70年代是世界通货膨胀时期，波兰融入世界经济的程度越高，国内的通货膨胀就会越大。投资繁荣与国内的通货膨胀带来了波兰经济过热的情况，但波兰对此并没有加以控制，依然进行大规模的对外贷款"。③ 事实上，早在1973年第一次石油危机爆发之后不久，西方国家持续经济增长所带来的贷款利率低、原材料价格低等经济红利就迅速消

---

① 刘祖熙：《波兰通史》，商务印书馆2006年版，第523页。
② T. Berend, *From the Soviet Bloc to the European Union: The Economic and Social Transformation of Central and Eastern Europe since 1973*, New York: Cambridge University Press, 2009, p. 32.
③ R. F. Leslie, *The History of Poland Since 1863*, New York: Cambridge University Press, 1980, pp. 396, 421.

失,这实际上已经为在经济上过度依赖西方贷款的波兰敲响了警钟。但"四五计划"取得的成就,使波兰统一工人党忽视了取得这些成就的国内外背景、国际市场中所暗含的不确定因素,以及哥穆尔卡时期提高物价带来的教训。盖莱克领导的波兰统一工人党在1975年12月召开的"七大"中通过了"五五计划",继续推行"高速发展战略"。然而在石油危机影响之下,1975年成为波兰由暂时繁荣转向长期社会危机的关键性年份,石油危机带来的通货膨胀、物价飞涨、商品供应紧张等问题,在这一年年底已经逐渐发展成为波兰社会的显性现象。从70年代中期到80年代末,盖莱克政府时期形成的债务、商品匮乏与物价等问题,一直是影响波兰稳定的顽疾。

(二) 石油危机成为波兰社会危机的重要诱因

在波兰,商品提价是个非常敏感的问题。早在1970年圣诞节前夕,哥穆尔卡领导的波兰统一工人党就因提高食品价格爆发了"十二月事件"——席卷波兰全国的罢工潮与大规模示威游行。[1] 随后哥穆尔卡被撤销波兰统一工人党第一书记职务,涨价政策也被取消。从1970年底到1976年6月,波兰的商品价格仍基本保持在60年代的水平。但哥穆尔卡的继任者盖莱克为稳定物价而实施的巨额农业补贴使波兰财政不堪重负,工资的不断增长和从1974年就开始出现的农业连年歉收也加剧了商品供应的压力。在石油危机的打击之下,波兰脆弱的经济形势急剧恶化。在外债高筑、国内经济压力不断增大的情况下,1976年6月25日,盖莱克不得不采取了哥穆尔卡曾采取的措施——提高商品价格。其中规定肉类提价50%,肉制品提价90%,糖的价格提高1倍,其他商品都基本提价30%。这一食品提价政策成为引发1976年波兰"六月事件"的导火索。尽管波兰统一工人党为防止出现抗议事件采取了各种防范措施,但提价方案被波兰议会通过的第二天就遭到民众的强烈反对。拉多姆市、华沙

---

[1] Anita Prazmowska, *Poland: A Modern History*, London: I. B. Tauris, 2010, p. 195.

郊区等地都发生了罢工、抗议活动，游行示威的群众与警察发生冲突并造成多人伤亡。① 在民众抗议的压力下，盖莱克被迫放弃提价方案，"六月事件"得以平息。

"六月事件"产生了两个后果，一是波兰国内的经济形势持续恶化，商品匮乏程度进一步加深。"六月事件"之后，盖莱克并没有认真总结教训解决波兰当前的经济问题，结果是波兰投机倒把盛行、黑市猖獗，市场更加混乱，这进一步加剧了波兰经济的恶劣形势。二是波兰的政治环境日趋复杂，反对派建立了"保卫工人委员会"，"指导1977—1980年的工人抗议行动，公开采取反对盖莱克政府的活动"。② 这两个后果直接促成了1980年危机和更大的反对派组织的成立，进一步解构了波兰统一工人党的权威与领导力。到1980年，波兰的外债急剧增加，经济压力越来越大，7月盖莱克政府不得不再次宣布提高食品价格。政府的决定使格但斯克、什切青等地的工人展开了战后波兰规模最大、持续时间最久的罢工。在政府与罢工工人成立的罢工委员会进行谈判过程中，波兰统一工人党内部进行了一系列的人员更换，1980年9月盖莱克被解除波兰统一工人党第一书记职务，但这并没有阻挡住1980年危机的发展。危机促成了团结工会的成立，1981年团结工会提出了政治多元化及根本改变当前的政治体制等要求，遭到政府的反对。1981年12月13日，波兰政府实施戒严令，宣布团结工会为非法，团结工会转入地下，1980年事件基本平息下来，但波兰统一工人党的威信却遭到进一步的削弱。③

1982年1月，盖莱克的继任者卡尼亚针对当时波兰的经济形势，对波兰的经济体制进行了部分改革，从1983—1985年，国民经济得到一定

---

① A. Kemp-Welch, *Poland under Communism: A Cold War History*, New York: Cambridge University Press, 2008, pp. 206 – 209.

② Robert Bideleux and Ian Jeffries, *A history of Eastern Europe: Crisis and Change*, New York: Routledge, 2006, p. 514.

③ David Ost, *Solidarity and the Politics of Anti-politics: Opposition and Reform in Poland since 1968*, Philadelphia: Temple University Press, 1990, pp. 79, 149.

程度的提高。但自盖莱克以来波兰沉重的经济负担无法在短期内得到解决，1986年波兰的外债达到386亿美元，经济陷入崩溃边缘。在这种情况下，在已被取缔的团结工会的煽动下，工人开始罢工，从而爆发了自1982年以来波兰规模最大的罢工潮，民众逐渐丧失了对波兰统一工人党的信心。在罢工与政治危机的双重压力之下，1988年波兰统一工人党最终承认了团结工会的合法地位；随后又通过决议，接受"政治多元化"和"工会多元化"。波兰统一工人党的这些主张，实际上已经迈出了波兰剧变的关键一步。① 1989年6月，团结工会在选举中的大获全胜。团结工会的上台，标志着波兰社会主义政权的瓦解与政治经济制度的剧变。

（三）第一次石油危机对波兰剧变的诱发与催化作用

波兰的经济、社会变迁表明，20世纪60年代末70年代初东西方经贸关系出现转折与第一次石油危机的爆发，是促使东欧走向剧变的重要因素。自1962年古巴导弹危机以来，以美苏为首的东西方关系的缓和，使苏联、东欧社会主义国家与西方国家在经济方面接触增多。60年代末是东欧社会主义国家进行改革的时期，同时也是西方国家开始由经济发展的"黄金时期"逐渐走向低迷的时期。西方国家的发展情势使当时的国际市场出现了国际游资多、原料成本低、贷款利率低的现状，这为东欧国家利用国际市场的有利形势来发展经济提供了契机。但1973年第一次石油危机的爆发带来的通货膨胀及原材料涨价等经济波动，使这种局面成为历史。严重依赖国际市场的部分东欧国家，在经济上很快陷入债务陷阱，这些国家因之不得不采取提高物价等措施来解决当前的经济困境，但这引起了民众的极大不满，进而导致反对政府的行动及组织的出现。尽管各国政府此后不断调整、改革，但始终未能改变经济形势持续恶化、社会不满情绪不断高涨及政局不稳的局面，这种情况一直持续到1989年东欧剧变，这些都与第一次石油危机有着必然的关系。波兰社会

---

① 刘祖熙：《波兰通史》，商务印书馆2006年版，第542—543页。

的发展轨迹就是其中的一个缩影。

结 语

社会主义国家在发展国民经济过程中多渠道拓展对外经贸关系本无可厚非，甚至需要大力倡导，但国家的改革与未来的发展不能完全或主要依赖西方国家。在冷战时期，采取苏联经济模式的东欧国家，其经济基础异常薄弱，而在与西方国家发展贸易的过程中过度依赖西方国家推进经济改革的措施，则进一步加剧了这些国家经济的脆弱性。已卷入世界经济的东欧国家不得不面对来自中东石油战争所产生的"蝴蝶效应"，第一次石油危机表明了战后经济全球化所带来的全球性风险。与此同时，在经济全球化的进程中，经济上相互交织与渗透的东西方国家，在经济水平与抗风险能力上是不对称的。在这种情况下，社会主义国家在探索适合本国国情的发展道路中，应加强风险意识、构建应对国际经济风险的相关机制，提高抵抗风险的能力。

（本文已发表在《当代世界与社会主义》2016 年第 6 期）